플랫폼 비즈니스의 미래

플랫폼
비즈니스의 미래

개정증보판

토크노믹스 시대와 산업 플랫폼 전쟁,
어떻게 준비할 것인가

이성열 · 양주성 · 오태완 지음

리더스북

초연결 시대에 기업의 미래 생존과 경쟁력은
기업이 디지털 혁신을 얼마나 앞서 실행하느냐에 달렸다.

K 디지털 혁신을 소개하며

이성열 박사를 알고 지낸 지도 20년이 훌쩍 흘렀다. 그는 30여 년간 글로벌 컨설팅 회사에서 산업 전문가로, 혁신의 전도사로 활약하며 현장과 신기술 간의 틈을 좁히는 데 힘써왔다. 또한 새롭게 다가오는 미래의 트렌드와 혁신방법론을 현장의 기업 고객들이 내재화할 수 있게 도와준 혁신가이기도 하다. 2019년에 출간한 디지털 혁신 분야의 베스트셀러인 『디지털 비즈니스의 미래』에도 그러한 본인의 노하우와 경험, 시각이 오롯이 담겨 있어 많은 경영자와 학자로부터 좋은 반응을 얻었다.

이번 신간을 준비하는 과정에서 인터뷰 요청을 받았을 때 흔쾌히 수락한 이유도 이런 현장 중심의 디지털 혁신과 플랫폼 비즈니스에 대한 가이드가 경영자나 담당자에게 실질적 도움을 줄 수 있으리라는 믿음 때문이었다. 이 분야의 대다수 베스트셀러가 번역서이거나 아니면 외국 이론이나 모델을 바탕으로 한국 기업의 사례를 설명하는 식이다. 그래서 우리 실정에 잘 맞지 않을뿐더러 너무 이론에 치우쳐 읽고 나서도 별 감흥이 없을 때가 많다. 이론과 현실의 괴리가 크기 때문이다.

이성열 박사의 접근 방식은 다르다. 일일이 발로 뛰어 한국 플랫폼 기업들의 사례를 모으고 거기서 이론과 모델을 추출한 다음 이를 현장에 바로 적용할 수 있도록 친절한 가이드를 제시한다. 그야말로 신선하고 현실적이다. K 콘텐츠, K 신기술이 전 세계로 뻗어가고 관심을 받는 요즘에 이 책이 K 디지털 혁신에서 글로벌 베스트셀러 사례가 될 수도 있겠다는 생각도 해본다. 디지털 혁신, 플랫폼 비즈니스 혁신, 인공지능, 클라우드, 데이터 기술에 기반한 신사업 혁신 등을 꿈꾸는 모든 분께 이 책은 필독서로 자리매김할 것이다.

백상엽 카카오엔터프라이즈 대표

—— 스타트업 창업자나 기업의 임원들은 현실적으로 실무에 도움 되는 책들 외에 경영 전문 서적을 읽기도 힘들 때가 대부분이다. 그럼에도 불구하고 이 책은 꼭 권하고 싶다. 일단 재미있다. 그리고 매우 전문적이다. 이 두 가지를 모두 충족시키는 책은 찾아보기 힘든데, 저자는 이 둘의 균형을 어느 정도 잘 맞추었다.

— 석창규 웹케시 그룹 회장

—— 디지털 혁신이나 플랫폼 사례를 많이 접하긴 했지만, 미래를 준비하기 위해서는 이론이 필요하다. 오랜만에 사례와 이론을 같이 제시한 책이 나와서 강력히 추천한다.

— 김종윤 야놀자 대표

—— 산업과 기업의 사례를 정리 요약한 책들은 많지만 이 책의 특징은 좀 더 특별하다. 많은 시간을 들인 검증 끝에 이론과 모델을 만들고, 그 틀로 산업과 기업의 변화를 설명하고 있어 지적 욕구를 충족시켜준다. 외국에는 그런 책들이 많은 편인데, 한국에서 한국 기업의 사례들로 만든 책을 발견할 수 있어서 반가웠다. 꼭 읽어보기를 권한다.

— 김정욱 EY 컨설팅 Korea 대표

—— 플랫폼 모델이 새로운 가치 창출 모델이라는 생각이 새롭다. 기업가치를 계산하는 패러다임을 바꿀 수 있는 근거 모델을 제시하고 있다.

— 이석우 두나무 대표

—— 디지털 혁신은 데이터의 시대를 열었다. 경영과 비즈니스 모델 시각에서 데이터 혁신을 바라보는 관점이 신선하다. 대학이나 대학원에서 교재로 써야 할 정도로, 깊이 있는 연구와 사례 분석을 통해서 이론을 도출한 책이다. 이론과 모델을 다루지만 재미있다.

— 박주석 경희대학교 교수, 마이데이터협회 회장

—— 기업이 디지털 혁신 전략을 중심으로 전략을 수립해야 한다는 저자의 말에 공감한다. 디지털 혁신이 전략과 따로 수립되는 게 아니라 전략의 핵심이라고 늘 생각해왔는데 구체적인 모델을 제시해주어서 도움이 된다.

— 박상진 네이버파이낸셜 대표이사

—— 플랫폼 기업과 스타트업 창업자들의 이야기를 많이 듣는다. 그러나 전통 기업은 소수의 인재가 아니라 수많은 직원과 부서, 의사결정 과정, 그리고 합의와 공감이 필요하다는 저자의 이야기가 매우 와닿는다. 기업을 경영하는 입장에서 저자가 제안하듯이 기업에는 기업의 언어가 필요하다. 디지털 혁신의 언어를 만들어준 저자에게 감사한다.

— 이재진 웅진씽크빅 대표

미래 산업을 이끌어갈 토크노믹스와 산업 플랫폼

—— 『플랫폼 비즈니스의 미래』를 출판하고 1년 동안 많은 사랑을 받았다. 경영 전략서로는 드물게 1만 부를 넘겼으며, 많은 기업 및 경제 단체 등으로부터 강연 요청들이 있었고, 대표적인 국내 기업들이 책에서 제안한 모델을 기반으로 실제 플랫폼을 구축하고 운영하였다. 강연이나 프로젝트 등을 통해서 실제 산업 현장에서의 많은 의견들을 접할 수 있었다.

증보판을 내기로 결심한 것은 최근의 일이다. 가장 큰 이유는 두 가지를 보완하고 싶었기 때문이다. 첫 번째는 '토크노믹스(Tokenomics)'이다. 블록체인 기반하의 웹 3.0 플랫폼의 핵심 모델인 토크노믹스는 최근 1년 동안 플랫폼의 새로운 진화를 주도하고 있다. 그러므로 디지털 플랫폼 모델을 이야기할 때 토크노믹스가 만들어가는 미래 플랫폼에 대해서 좀 더 설명이 필요하다고 생각했다. 두 번째는 '산업 플랫폼'이다. 실제로 산업 현장에서 전통 기업들이 플랫폼을 도입하면서 기존 가치사슬과 융합된 디지털 플랫폼이 만들어지는 사례들이 나타났다. 우리는 이러한 사례들을 '산업 플랫폼'이라고 이름 지었다. 전통 산업 현장에서 새로운 혁신을 일으키고 있는 '산업 플랫폼'에 대해서 추가로 써야 한다고 생각했다. 즉 토크노믹스와 산업 플랫폼, 이 두 가지 주제에 대한 필요성 때문에 증보판을 내게 되었다.

초판을 읽은 독자들 중에 파트 4에 대한 아쉬움을 피드백으로 남긴 분들이 있었다. 미래를 이끌어갈 디지털 기술들에 대한 소개 파트로는 훌륭하지만 이러한 디지털 기술들이 미래의 플랫폼에 어떻게 변화를 일으킬지에 대한 설명과 사례가 부족했다는 지적이었다. 사실 그 부분이 충분히 다루어지지 못했고, 또 한편으로는 책이 출간된 이후에 새로운 변화가 급속하게 일어나고 있었다. 블록체인, 메타버스, NFT 등과 같은 떠오르는 기술들은 탈중앙화 금융경제 모델을 제시하고 있고, 이에 기반하여 웹 3.0이라고 불리는 미래 플랫폼들이 등장하고 있다.

미래 플랫폼의 핵심 모델은 최근에 떠오르고 있는 '토크노믹스'이다. 이 부분에 대한 아쉬움을 증보판에서 해소하기 위해 이 책의 공저자인 양주성 대표가 이끌고 있는 디지털혁신연구소(DIRI)에서 블록체인과 토크노믹스를 연구하고 있는 오태완 연구원을 새로운 공저자로 영입하여 많은 논의를 하였다. 필자는 가까운 미래에 전통 기업의 산업 플랫폼들이 토크노믹스를 도입할 것이라고 생각한다. 토크노믹스는 기업의 새로운 혁신 도구가 될 것이다. 파트 5에서는 토크노믹스에 대한 설명과 탈중앙화 경제 체계, 토크노믹스 설계에 필요한 모델에 대해서 다룬다.

파트 6은 '산업 플랫폼'을 다룬다. 최근에 전통 기업들이 디지털 플랫폼 모델을 도입하기 시작하였다. 특히 다수의 전통 기업들이 책에서 제시한 모델을 바탕으로 기존의 가치사슬 사업에 플랫폼 모델을 도입하여 창의적인 혁신을 일으키기 시작했다. 전통 기업들도 디지털 플랫폼 모델을 혁신의 도구로 사용하기 시작한 것이다. 이렇게 가치사슬 사업과 결합하여 산업 내에서 경쟁우위를 차지하게 하는 디지털 플랫폼을 '산업 플랫폼'이라고 정의할 수 있다. 제조업, 물류업 등 전통 산업이 많은 한국의 산업구조를 고려해볼 때 '산업 플랫폼'은 한국의 산업 혁신을 이끌어갈 수 있다는 점에서 이 주제를 좀 더 상세하게 다루는 파트를 추가해야 한다고 생각했다.

파트 5 '토큰'과 파트 6 '산업'이 추가되어 토크노믹스와 산업 플랫폼에 대해서 설명함에 따라 네 개의 새로운 사례들도 추가된다. 인터뷰에 응해주신 컴투스의 송재준 대표님, 데브시스터즈의 김종흔 대표님, 풀무원 푸드앤컬처의 이우봉 대표님, 아이티센 그룹의 강진모 회장님께 감사드린다.

2022년 9월

이성열

연결이 바꾸는 혁신의 미래

—— 2007년 스마트폰과 클라우드 컴퓨팅의 등장으로 세상은 연결되었고 초연결 시대가 열렸다. 그리고 15년 만에 세상이 바뀌었다. 돌이켜보면 그 당시에 새로운 혁신이 시작되었다. 그것은 디지털에 의한 혁신이 아니라, 디지털이 만들어낸 연결이 일으키는 새로운 방식의 혁신이었다. 인간은 매우 창의적이어서 세계를 변화시키는 훌륭한 아이디어들을 끊임없이 개발해낸다. 연결은 각 개인의 아이디어가 세계적인 변화를 일으키는 것을 가능하게 했다. 우리는 이 새로운 혁신을 '디지털 혁신'이라고 부른다.

초연결 시대에 세상을 바꾼 디지털 혁신의 핵심은 우리에게 익숙한 것이 아니었다. 창의적인 비즈니스 모델들로 무장한 수많은 기업이 불과 몇 년 만에 기업가치가 수조에서 수십조가 되는 회사로 성장하는 것을 목도하면서, 이전과는 다른 방식으로 혁신이 일어나고 있음을 알게 되었다. 우리는 성공한 기업들이 채택한 디지털 비즈니스 모델들에서 공통점을 추출해 포괄적인 모델을 발견할 수 있는지를 연구했다. 그 결과, 가장 큰 공통점은 가치를 창출하는 새로운 방식이었다. 이러한 새로운 가치 창출 방식은 기존의 가치사슬 모델과 매우 달랐다. 가장 큰 차이점은 한계비용이 0에 가깝고, 지수적 성장이 가능하다는 점이다. 그야말로 새로운 가치 창출 모델의 탄생이다. 우리는 이 모델을 '디지털 플랫폼 모델'이라고 부른다. 초연결 환경, 개인들의 창의성, 고객의 선택 등이 함께 만들어낸 혁신의 결과물이다.

전통 산업에서 창조적 혁신을 일으키는 디지털 혁신에 대해서 이제는 좀 더 이론적으로 접근할 때가 된 것 같다. 그래야 미래를 준비할 수 있지 않겠는가. 디지털 플랫폼 모델은 최근에 일어나는 일들을 설명해주지만, 미래를 준비하려면 모델만 가지고는 부족하다. 디지털 플랫폼 모델을 중심으로 미래를 계획할 수 있는 새로운 전략체계가 필요하다. 전통 기업은 더 이상 친숙한 물리적 세계가 아니라 미지의 디지털 세계에서 개인의 창의성과 경쟁해야 한다. 기업은 물리적 세계와 프로세스의 세계에서 살아왔는데, 개인은 디지털과 데이터의 세계에서 도전해온다. 디지털 플랫폼 모델과 새로운 전략체계는 디지털 세계에서 전통 기업이 사용할 무기가 될 수 있다.

스타트업 창업자는 창의적인 아이디어를 가지고 고객·시장과 부딪혀가면서 디지털 비즈니스를 만들어간다. 경험과 직관으로 시장을 배우고, 전략을 세우고, 비즈니스 모델을 설계한다. 반면 전통 기업이 디지털 혁신을 하기 위해서는 모델과 전략체계가 필요하다. 스타트업은 창업자 한 명의 머릿속에서 의사결정이 이루어지지만, 전통 기업의 의사결정은 많은 부서와 여러 사람을 거쳐야 하기 때문이다. 이 책은 새로운 가치 창출 모델인 디지털 플랫폼 모델과 미래를 준비할 수 있는 새로운 디지털 혁신 전략체계에 대해 쓴 책이다. 개인과 스타트업에서 시작하지만, 전통 기업을 위한 책이다. 잊지 말아야 할 것은 스타트업도 성장하면 전통 기업이 된다는 점이다. 물론 여기서 제시되는 모델과 체계는 스타트업 창업자에게도 도움이 될 것이다. 스타트업 창업자에게는 사치일 수 있지만 시간을 낼 수 있다면 직접 경험하면서 이해하기 전에 이론을 조금 공부해두는 것이 시행착오를 줄이는 방법이다.

필자는 세 권의 책을 썼다. 30년간 한국, 미국, 유럽, 일본, 중국 등 글로벌 기업에서 겪은 컨설팅 경험을 바탕으로, 경영 혁신과 디지털 혁신에 관해 쓴 책들이다. 책을 쓰기 시작한 동기는 단순했다. 새로운 혁신 사례가 책으로 나왔을 때, 그 아이디어는 10년 전의 혁신 아이디어인 경우가 많았다. 그래서 산업 현장에서 경영 컨설팅을 하는 사람이 그 당시의 이야기를 쓰면, 2~3년 안에 일어날 혁신 이야기가 대중에게 알려질 수 있다는 생각으로 책을 쓰기 시작했다. 그러나 이번 책은 다르다. 과거와 현재를 정리하는 것이 아니라 미래에 대해 쓰고자 했다. 미래를 예측하기 위해서는 이론이 필요하다. 이론을 바탕으로 한 모델과 체계는 미래의 기회를 조금이라도 엿볼 수 있는 틈을 제공한다. 이 책에서는 최근 디지털 혁신으로 인한 산업의 변화와 앞으로 다가올 미래의 변화를 설명하는 데 필요한 '디지털 플랫폼 모델'과 '디지털 혁신 전략체계'를 제시한다.

디지털 플랫폼 모델은 데이터와 디지털과 플랫폼이 창의적으로 만나서 만들어진 새로운 가치 창출 모델이다. 디지털 혁신 전략체계는 디지털 플랫폼 모델을 바탕으로 디지털 혁신이 일으키는 변화의 핵심인 고객과 속도를 중심으로 설계되었다. 이 책의 내용은 다섯 개의 키워드로 설명할 수 있다. 데이터, 디지털, 플랫폼, 고객, 속도이다. 이 다섯 개의 키워드는 기존 전략체계에 근본적인 변화를 가져온다. 디지털 혁신 전략의 핵심은 고객과 함께 창조적인 혁신을 해나가는 과정으로 전략을 새롭게 정의하는 것이다. 고객, 파트너 들과 에코 생태계를 만들어가면서, 고객을 중심으로 서로 소통하고, 고객의 의견을 빠르게 반영할 수 있는 디지털 플랫폼을 수립하는 것이 전략의 핵심이다. 이는 전략이 기업 내부의 경영자들에게서 벗어나서 고객과 함께 공동으로 수립하는 포괄적 참여의 영역으로 가고 있음을 보여준다.

디지털 혁신 전략을 수립하고 비즈니스 모델을 설계한 후 플랫폼을 구축하면 디지털 사업을 시작할 수 있다. 그런데 디지털 혁신 전략 수립과 비즈니스 모델 설계의 반복된 순환은 플랫폼이 만들어지고 나서도 꾸준히 그리고 더 자주 발생한다. 전략 수립의 근본적인 패러다임 변화다. 일단 플랫폼이 만들어지면, 전략이 플랫폼 안으로 들어온다. 플랫폼이 구축되고 나면 고객들과의 소통을 통해서 데이터가 쌓이기 시작한다. 고객의 참여로 얻은 데이터는 계속해서 새로운 것을 말해줄 것이고, 이를 신속하게 반영하면서 플랫폼은 진화해나간다. 디지털 플랫폼은 끊임없이 진화하는 생물이다. 특정 비즈니스 모델을 위해 설계된 플랫폼이 성공해 에코 생태계가 만들어지면 고객과 파트너와 공동으로 혁신하고, 자주 전략을 수정하고, 플랫폼을 중심으로 다양한 디지털 비즈니스 모델들이 빠르게 구현된다. 플랫폼에서 공동 혁신을 통해 전략은 수시로 수정된다. 데이터, 고객, 속도가 디지털 플랫폼에서 만난다.

파트 1은 연결이 일으키는 혁신에 관한 이야기이다. 최근에 일어난 변화와 현재 일어나고 있는 디지털 혁신을 정리했다. 책 전체에서 설명하고자 하는 주제들을 파트 1에서는 이야기로 쉽게 풀었고 최대한 객관적으로 쓰려고 노력했다.

파트 2는 '고객'과 '속도'에 관한 이야기이다. 30년에 이르는 필자의 글로벌 컨설팅 경험과 디지털 혁신에 관한 연구에 기반해서 만든 새로운 '디지털 혁신 전략체계'를 제안한다. 고객과 속도라는 관점에서 플랫폼 안으로 들어간 전략과 마주한 전통 기업의 관점에서 썼다.

파트 3은 '데이터', '디지털', 그리고 '플랫폼'에 관한 이야기이다. 이론을 설명하는 부분으로, 필자와 공저자 양주성이 가장 많이 연구하고 토론했던 디지털 플랫폼 모델의 이론을 담았다. 디지털 플랫폼 모델을 이용해서 디지털 비즈니스 모델을 설계하는 데 필요한 모든 구성요소를 최대한 사례로 자세히 다룬다. 다소 딱딱하고 어려운 내용이지만 이 책의 핵심이기도 하다.

파트 4는 미래에 관한 이야기이다. 미래의 핵심 트렌드로 부상한 세 가지 디지털 기술인 인공지능, 블록체인, 메타버스를 이용해서 약간 열린 틈새로 미래를 엿보려고 한다. 젊은 세대인 공저자 양주성이 연구해서 썼다. 떠오르는 디지털 기술과 플랫폼에 관한 이야기여서 가장 재미있는 부분일 것이다.

바쁜 시간을 쪼개 인터뷰를 허락해주신 웹케시 그룹 석창규 회장님, 카카오엔터프라이즈 백상엽 대표님, 야놀자 김종윤 대표님, 두나무 이석우 대표님, KB 금융지주사 조영서 연구소장님, 풀무원의 이상부 원장님, 플록스 이은성 대표님, 그리고 미국에서 화상 인터뷰로 참여해주신 센드버드의 김동신 대표님과 유데미 그렉 코카리(Gregg Coccari) 대표님께 깊은 감사의 말씀을 드리고 싶다.

2021년 10월
미래에 대한 새로운 희망을 품고서 서재에서
이성열 박사

목차

PART 1   연결 : 혁신을 일으키다

PART 4   미래 : 디지털 기술이 몰고 올 변화

PART 5   토큰 : 토크노믹스가 그리는 미래 플랫폼

PART 1

연결 ────────────────────────────────────

혁신을 일으키다

─────── 우리는 아날로그에서 디지털로, 휴대전화를 거쳐 스마트폰의 시대까지 숨차게 달려왔다. 이제 소셜네트워크와 메신저를 통해 24시간 타인과 연결되어 소통한다. 연결은 기업의 흥망성쇠를 결정하기도 한다. 2009년 애플과 구글은 각각 iOS와 안드로이드 OS를 선보이며 모바일 시장을 급격하게 변화시키고 있었다. IBM 뉴욕 본사에서 IT 산업 글로벌 리더로 일하던 필자는 노키아의 대응 전략을 논의하기 위해 헬싱키로 출장을 갔는데 예정된 워크숍이 돌연 취소되었다. 마이크로소프트 출신 새 CEO의 취임이 발표되었고 곧이어 노키아는 스마트폰 OS로 윈도우를 도입하겠다는 전략을 발표했다. 그러고 나서 몇 년 후 세계 1위였던 노키아 모바일 폰은 시장에서 사라졌다. 놀랍게도 그 빈자리를 삼성이 차지했다. OS 최강자인 마이크로소프트와 모바일 최강자인 노키아가 만났는데, 어떻게 이런 결과가 벌어졌을까? 얼마 후 삼성전자 고위임원과 식사 중에 그 답을 찾을 수 있었다. "삼성은 연결을 택했어요. 우리는 안드로이드, 윈도우, 삼성 고유 플랫폼까지 모두 지원합니다." 연결의 본능과 진화하는 디지털 기술은 혁신을 일으킨다.

CHAPTER 1

초연결 시대가 불러온 변화

―――― 2007년 실리콘 밸리에서 혁신이 시작되었다. 토머스 프리드 먼(Thomas Friedman)은 저서 『늦어서 고마워』에서 2007년을 가속의 시 대가 시작되는 변곡점의 해라고 말한다. 애플 아이폰, 아마존웹서비스 (AWS), 구글 안드로이드, 페이스북 등 많은 변화가 동시다발적으로 일어 났기 때문이다. 그러나 2007년에 시작된 가장 중요한 변화는 애플의 아 이폰 탄생과 아마존의 클라우드 컴퓨팅의 시작이다. 스마트폰과 클라우 드 컴퓨팅의 만남은 초연결 시대를 열었다. 개인이 언제 어디서나 컴퓨 팅 파워에 연결되는 새로운 시대가 시작된 것이다. 스마트폰과 클라우드 컴퓨팅이 등장하면서 기존의 IT 산업에서 발전을 거듭하던 인공지능, 사 물인터넷(IoT), 빅데이터, 가상현실, 블록체인 등의 디지털 기술이 급속

그림 1-1 | 디지털 혁신

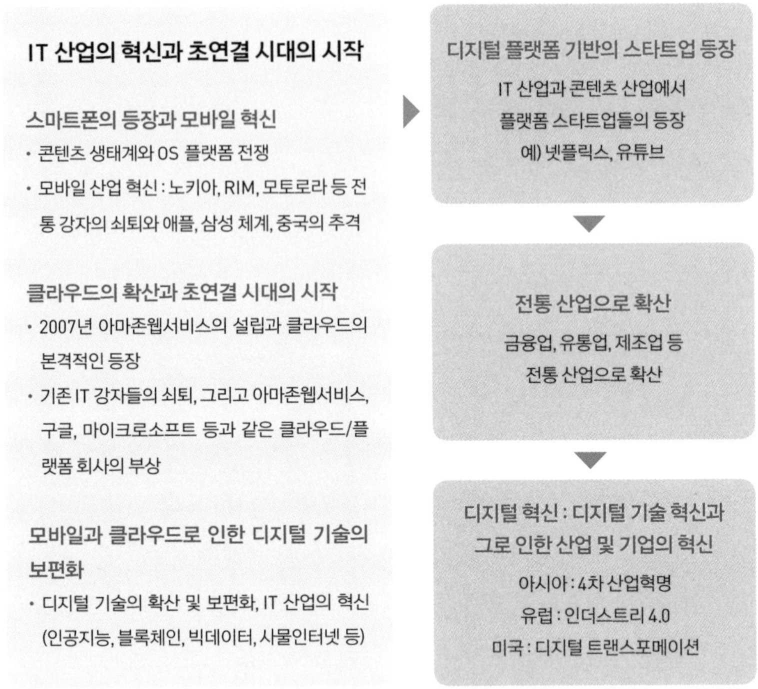

IT 산업의 혁신과 초연결 시대의 시작

스마트폰의 등장과 모바일 혁신
- 콘텐츠 생태계와 OS 플랫폼 전쟁
- 모바일 산업 혁신 : 노키아, RIM, 모토로라 등 전통 강자의 쇠퇴와 애플, 삼성 체계, 중국의 추격

클라우드의 확산과 초연결 시대의 시작
- 2007년 아마존웹서비스의 설립과 클라우드의 본격적인 등장
- 기존 IT 강자들의 쇠퇴, 그리고 아마존웹서비스, 구글, 마이크로소프트 등과 같은 클라우드/플랫폼 회사의 부상

모바일과 클라우드로 인한 디지털 기술의 보편화
- 디지털 기술의 확산 및 보편화, IT 산업의 혁신 (인공지능, 블록체인, 빅데이터, 사물인터넷 등)

디지털 플랫폼 기반의 스타트업 등장
IT 산업과 콘텐츠 산업에서 플랫폼 스타트업들의 등장 예) 넷플릭스, 유튜브

↓

전통 산업으로 확산
금융업, 유통업, 제조업 등 전통 산업으로 확산

↓

디지털 혁신 : 디지털 기술 혁신과 그로 인한 산업 및 기업의 혁신
아시아 : 4차 산업혁명
유럽 : 인더스트리 4.0
미국 : 디지털 트랜스포메이션

도로 전 세계에 퍼져나갔다. 특정 기업이나 소수의 전문가만이 향유하던 첨단 디지털 기술을 디지털 역량을 지닌 개인이라면 언제 어디서나 사용할 수 있는 초연결 시대가 열린 것이다.

그림 1-1은 IT 산업의 혁신이 어떻게 전통 산업에서 디지털 혁신으로 확산하는지를 설명하고 있다. IT 산업의 혁신은 초연결 시대를 열었고, 새로운 디지털 기술은 과거와는 비교할 수 없을 정도로 저렴하게 전 세

계에 제공되었다. 수많은 개인과 기업이 연결되었다. 연결과 디지털 기술의 보편화는 개인과 기업에 새로운 혁신의 기회를 제공했다. 전통 산업에서도 많은 개인이 혁신적 아이디어들로 스타트업을 창업했다. 운수업의 우버와 숙박업의 에어비앤비 등으로 대표되는 스타트업이 데이터를 이용한 새로운 디지털 비즈니스 모델을 가지고 전통 산업의 혁신을 이끌었다. 스타트업의 폭발적인 성장은 전통 기업에 큰 위협이 되었고, 전통 기업도 '데이터와 디지털'을 이용한 혁신을 적극적으로 시작하게 되었다. 그 결과, 모든 전통 산업에서 창조적이고 파괴적인 혁신이 일어났다.

IT 산업의 혁신은 그 분야를 넘어서 유통업, 금융업, 제조업 등 전통 산업에서의 혁신도 가속화하고 있다. 산업계에선 이런 움직임을 '4차 산업혁명', '인더스트리 4.0' 등 다양한 용어으로 부른다. 하지만 혼란을 피하고자 이 책에서는 '디지털 기술의 혁신과 이로 인한 산업 및 기업의 혁신'을 포괄하는 용어로 '디지털 혁신'이라고 했다.

디지털 혁신은 산업과 개별 기업의 디지털 혁신을 모두 포함하는 포괄적 의미다. 그래서 가끔은 분명한 이해를 돕기 위해서 디지털 혁신을 '산업의 디지털 혁신'과 '기업의 디지털 혁신'으로 용어를 구분해서 써야 할 때도 있다. 이러한 디지털 혁신을 실행할 수 있도록 기업의 실행체계를 구축하는 '디지털 전환'도 많이 나오는 용어다. 디지털 혁신과 디지털 전환에 대해서는 뒤에서 좀 더 자세히 다루겠다.

실리콘밸리를 중심으로 하는 '가속의 시기' 한복판에서 필자는 당시

IBM 뉴욕 사무실에서 글로벌 IT 산업 리더를 맡고 있었다. 우리는 새로운 디지털 기술로 전통 기업의 경쟁력을 강화할 수 있는 제품이나 프로세스를 혁신할 기회를 도출했다. 이러한 혁신 기회들은 전통 기업의 지속적인 성장을 위해서 지금도 매우 중요하다. 하지만 여기서 말하는 디지털 혁신의 핵심은 그동안 익숙했던 혁신과는 달랐다. 그 혁신은 창의적인 개인과 기업이 주도하는 새로운 형태였다. 새로운 방식으로 가치를 창출하는 수많은 기업이 등장했다.

새로운 혁신을 이해하기 위해 성공한 스타트업들이 채택한 비즈니스 모델들에서 공통점을 추출해 포괄적인 모델을 찾아보았다. 그 결과, 가장 큰 공통점은 가치를 창출하는 새로운 방식이었다. 경영 전략의 권위자인 마이클 포터(Michael Eugene Porter)가 제안했던 '가치사슬'과는 다른 '디지털 플랫폼 모델'이라고 이름 붙인, 새로운 가치 창출 모델이었다. 초연결 환경, 개인들의 창의성, 고객의 선택 등이 함께 만들어낸 혁신의 결과물이다.

디지털 플랫폼 모델은 데이터와 디지털로 구성된 소프트웨어 플랫폼으로 만들어진 비즈니스 모델의 포괄적인 형태다. 클라우드와 모바일 혁신이 만들어낸 초연결 환경에서 발전을 거듭하던 데이터와 디지털과 플랫폼 모델이 만나서 탄생한 새로운 가치 창출 모델이다. 가치 창출이 디지털 플랫폼에서의 교환 활동을 통해 일어나기 때문에 가치사슬 모델과 비교되는 새로운 가치 창출 모델로 정의할 수 있다.

데이터와 디지털로만 만들어지므로 한계비용은 0이 되고, 플랫폼의 특성인 네트워크 효과(network effect)와 결합하면서 지수적으로 성장할 수 있는 특징이 있다. 이러한 새로운 가치 창출 방식을 기반으로, 산업과 고객 가치사슬에서의 혁신 기회, 다양한 수익 모델, 파트너들과의 협업 모델 등을 고려하여 구체적인 디지털 비즈니스 모델을 설계할 수 있다. 대표적인 사례로 공유경제 모델과 결합해 만들어진 우버나 에어비앤비, 구독 모델과 결합해 만들어진 넷플릭스 등이 있다. 개별 모델이 설계되고 나면 핵심인 소프트웨어를 개발한다. 이때 이 소프트웨어를 '디지털 플랫폼'이라고 정의한다. 디지털 플랫폼 모델이 비즈니스 모델의 포괄적인 형태라면, 디지털 플랫폼은 디지털 비즈니스 모델을 구현하기 위해서 실제 개발한 소프트웨어를 말한다.

플랫폼이라는 단어도 자주 나오는데, 광범위한 정의로 인해 비즈니스 모델을 의미할 때도 있고 소프트웨어를 지칭할 때도 있어 혼란스러울 수 있다. 그래서 플랫폼 관련 용어에 대한 정의나 설명은 따로 박스로 정리했다. 앞으로 계속 나올 핵심 용어이므로 개념을 명확히 이해한 다음 넘어가는 것이 중요하다.

여기서 디지털 스타트업과 전통 기업의 차이를 살펴보자. 디지털 스타트업은 디지털 세계에서만 경쟁하므로 데이터와 디지털로만 구성된 디지털 플랫폼(소프트웨어)상에서 모든 비즈니스 모델이 구현되는 경우가 많다. 반면에 전통 기업은 가치사슬 사업을 기반으로 하면서 디지털 사업에 진출하므로 비즈니스 모델이 가치사슬 모델과 디지털 플랫폼 모델을 함께 사용해 만들어지는 경우가 많다. 디지털 플랫폼 모델을 전통 기

디지털 플랫폼 이해하기

플랫폼은 참여자들이 모여 가치를 교환할 수 있도록 만들어진 공간을 뜻한다. 디지털 플랫폼만이 아니라, 물리적 환경에서 만들어진 공간도 플랫폼이다. 그래서 디지털 플랫폼은 디지털 소프트웨어로만 만들어진 것을 의미한다. 이 디지털 플랫폼은 모바일 환경에서는 앱(app)이라고 불리는 소프트웨어로 구현되며, PC 환경에서는 웹(web)으로 개발된다.

디지털 플랫폼의 성격에 따라서 광범위하게 앱이나 웹으로 개발되므로, 디지털 플랫폼과 앱과의 관계는 1:n이다. 하나의 디지털 플랫폼에서 여러 앱을 개발해 출시할 수도 있고, 어떤 경우에는 디지털 플랫폼과 앱이 1:1로 매칭되기도 한다.

디지털 서비스는 앱 또는 웹에서 제공하는 서비스를 이야기한다. 하나의 앱 또는 웹이 복수의 서비스를 제공할 수도 있지만, 하나의 서비스만을 제공할 수도 있다. 가장 복잡한 형태는 하나의 디지털 플랫폼에서 다수의 앱이 출시되고, 각각의 앱이 다수의 디지털 서비스를 출시하는 경우다. 가장 단순한 형태는 디지털 플랫폼이 앱이자 디지털 서비스가 되는 1:1:1인 경우다. 고객의 피드백이나 시장의 경쟁 변화로 전략이 수정되고, 디지털 비즈니스 모델이 바뀌면 모바일 플랫폼 자체를 새로 만들어 새로운 앱으로 출시할 때도 있다. 대부분은 디지털 플랫폼, 즉 앱 내에서 새로운 기능을 추가해서 새로운 디지털 서비스를 출시할 때가 많다.

업에 적용할 때 훨씬 더 도전이 복잡해지는 이유다.

최근 15년간 산업의 변화를 구체적인 숫자로 한번 살펴보자. 그림 1-2의 그래프 2개는 세계 10대 기업의 변화와 유니콘 스타트업의 등장을 나타낸다. 먼저 2007년과 2021년의 세계 10대 기업(시가총액 기준)을 비교해보면 분명한 변화를 볼 수 있다. 2007년에는 마이크로소프트만 순위에 있었는데, 2021년에는 10위 안에 7개 IT 플랫폼 회사들이 있다. 아마존, 애플, 마이크로소프트, 구글, 페이스북, 알리바바, 텐센츠 등이며 이들의 시가총액 합은 9,500조를 넘는다. 세계 경제를 이끄는 새로운 혁신 기업들이다.

이 기업들의 뒤를 이어 혁신적인 아이디어를 가진 창업가들이 실리콘밸리를 중심으로 스타트업을 창업한다. 주식시장에 상장하기 전에 이미 1조 원이 넘는 가치를 인정받는 스타트업을 업계에선 '유니콘'이라 칭한다. 그림 1-2를 보면 디지털 혁신이 시작되었던 초창기인 2010년에는 유니콘 기업이 단 2개에 불과했다. 그러나 6년이 지난 2016년에는 208개, 10년이 지난 2020년에는 495개로 급격하게 늘어났다. 이는 지수적 성장이 가능한 디지털 플랫폼 모델 덕분이다. 이에 따라 전통 산업 기업들도 혁신의 필요성을 절박하게 느끼고 디지털 혁신을 일으키고 있다.

초연결 시대의 등장과 디지털 기술이 보편화하면서 개인이 스타트업을 시작하는 데 드는 비용은 크게 떨어졌다. 수많은 개인이 혁신 아이디어와 시장에 대한 통찰력을 가지고 스타트업을 창업한다. 스타트업이 폭발적으로 성장할 수 있었던 무기가 바로 디지털 플랫폼 모델이다.

그림 1-2 | 디지털 플랫폼 기업의 등장

2021년 세계 10위 기업 중 7개가 디지털 플랫폼 기업

단위 : 10억 달러

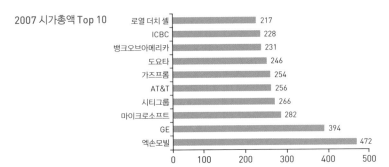

2007 시가총액 Top 10

로열 더치 셸	217
ICBC	228
뱅크오브아메리카	231
도요타	246
가즈프롬	254
AT&T	256
시티그룹	266
마이크로소프트	282
GE	394
엑손모빌	472

2021 시가총액 Top 10

알리바바 그룹	620
텐센트	738
페이스북	757
테슬라	834
알파벳	1203
델타일렉트로닉스	1435
아마존	1596
마이크로소프트	1653
애플	2213
사우디 아람코	2458

출처 : 《파이낸셜 타임스》 2007, 벤처비트, CB 인사이트

연도별 유니콘 기업 수 및 기업가치

단위 : 개, 10억 달러

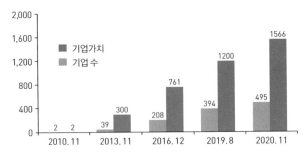

- 기업가치
- 기업 수

	2010. 11	2013. 11	2016. 12	2019. 8	2020. 11
기업 수	2	39	208	394	495
기업가치	2	300	761	1200	1566

많은 사람이 스타트업의 경쟁력을 디지털 기술로 오해한다. 물론 디지털 기술이 매우 중요하지만 기술 자체는 경쟁력이 아니라 비즈니스 모델을 구성하는 중요 요소일 뿐이다. 경쟁력은 디지털 플랫폼 모델의 특징인 원가 구조와 네트워크 효과에 있다. 성공한 스타트업은 디지털 플랫폼 모델로 무장하고 전통 기업들이 갖고 있던 기존 산업의 게임 규칙을 바꿨다. 디지털 혁신을 이해하려면 디지털 플랫폼 모델을 정확하게 아는 것이 필요하다.

CHAPTER 2

새로운
가치 창출 모델의 등장

───── '비즈니스 모델'이라는 말은 많이 들어봤을 테지만 '가치 창출 모델'은 아마도 낯설 것이다. 가치 창출 모델은 비즈니스 모델의 포괄적인 개념으로 기업이 제품 혹은 서비스를 고객에게 제공하는 과정에서 가치가 창출되는 방식을 정의하는 모델이다. 가치 창출 모델 중 우리에게 가장 익숙한 모델이 바로 마이클 포터 교수의 '가치사슬 모델'이다. 마이클 포터의 접근법은 명료하고 체계적이며 현재까지도 많은 기업에서 전략적으로 활용하는 분석 기반이다. 다만 그로부터 30년이 지날 무렵 새로운 방식으로 가치를 창출하는 기업들이 등장하기 시작했다. 심지어 등장한 지 얼마 안 되어서 전 세계 시장을 장악했으며 모든 산업을 뒤흔들어놓았다.

마이클 포터의 가치사슬 모델

마이클 포터 교수는 경영 전략의 바이블로 불리는 『경쟁전략』, 『경쟁우위』라는 책에서 처음으로 가치사슬 모델을 소개한다. 마이클 포터는 기업의 경쟁우위가 발생하는 원천을 분석하는 하나의 도구로 가치사슬 모델을 제안했다. 그는 기업이 수행하는 활동들을 구분하고, 이를 '가치활동'이라고 분류했다. 기업의 활동 유형을 구분하여 이를 일련의 사슬로 보고 각각의 사슬과 사슬 간의 상호작용과 연계 속에서 가격 및 차별화 같은 경쟁 전략을 찾을 수 있다고 보았다. 그리고 가치 활동들을 크게 본원적 활동과 지원 활동으로 분류하여 설명했다.

본원적 활동은 제품의 물리적 제조 과정에서 유통 및 판매, 서비스 단계까지 기업 운영의 핵심 업무들을 포함한다. 본원적 활동의 목적은 그 활동을 수행하는 원가를 초과하는 가치를 창출하여 더 높은 이익을 내는 것이다. 지원 활동은 구매한 투입 요소, 기술, 인적 자원과 기타 회사 전반에 걸친 인프라를 제공함으로써 본원적 활동을 지원해주는 역할을 한다. 한 기업이 가지는 경쟁우위는 개발, 생산, 서비스, 운송 등 각각의 활동을 수행하는 과정에서 발생한다고 보았다.

마이클 포터는 한 기업이 제공하는 제품을 사기 위해 구매자가 기꺼이 지불하려는 금액을 가치라고 정의했다. 1985년 저서 『경쟁우위』를 출간한 당시를 보면 가치는 원료를 투입하고, 가공과 유통, 판매를 거치는 각 과정에서 추가로 발생했다. 그렇기에 제품과 서비스는 원가 대비 일정한 비율로 가치가 증가했고, 한 기업의 가치 역시도 원가에 비례한 제품과 서비스 가치의 총합이었다. 그러나 오늘날에는 실제로 상품과 서비스를 제공하는 데 들어가는 원가와 기업의 가치가 비례하지 않는 기업들이 많다. 심지어 이들 기업 중에는 자사의 서비스를 이용하는 이용자들에게 금전적 대가를 요구하지 않는 기업도 있다.

유튜브나 카카오톡을 떠올려보자. 우리는 일상생활에서 빈번하게 해당 서비스를 이용하지만, 어떠한 금전적 대가도 내지 않는다. 그런데도 해당 서비스를 제공하는 기업들의 기업가치는 어마어마하다. 유튜브 서비스를 제공하는 구글은 이미 전 세계 시가총액 10위 안에 들고, 많은 자회사를 보유한 카카오 그룹 역시 국내 시가총액 상위 5위 안에 드는 혁신 기업 중 하나다.

가치사슬 모델 vs 디지털 플랫폼 모델
—

디지털 혁신을 통해 새로운 방식으로 가치를 창출하는 기업들이 등장했다. 이러한 기업들은 더 이상 원료를 가공·유통·판매 및 서비스하는 가치사슬 활동 하나하나에서 가치를 창출하지 않는다. 그들은 플랫폼을 제공하고, 그 안에서 참여자들이 스스로 가치를 창출하게 한다. 이른바 디

그림 1-3 | 새로운 가치 창출 모델의 등장 : 디지털 플랫폼 모델

생산자 ——— 가치 창출 ———→ 소비자

가치사슬

| 인프라 |
| 인적 자원 관리 |
| 기술 개발 |
| 조달 활동 |

| 내부
물류 | 제조
생산 | 외부
물류 | 마케팅
영업 | 서비스 |

Margin

이윤

- 제품 중심
- 프로세스 중심 : 가치의 창출·이동이 단계적으로 발생
- 가치의 생산자 및 소비자가 파이프라인 양쪽 끝에 위치
- 선형적 성장 • 전통 산업, 전통 기업

정보 및 상품, 서비스 교환을 통한 가치 창출

플랫폼

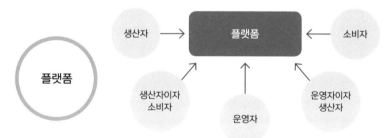

생산자 → 플랫폼 ← 소비자

생산자이자
소비자

운영자

운영자이자
생산자

- 데이터 중심 • 디지털 중심
- 생산자이자 소비자 • 네트워크 효과
- 초기 참여자 커뮤니티가 핵심적 역할
- 지수적 성장 가능

지털 플랫폼 모델이다. 그림 1-3에서는 가치사슬 모델과 디지털 플랫폼 모델을 비교하고 있다. 두 모델 다 가치를 창출하지만 그 방식에서 차이가 있다. 가치사슬 모델은 말 그대로 가치의 창출이 사슬 모양처럼 단계적으로 선형적으로 발생한다. 기업 내 활동이 순차적으로 실행되므로 '선형적 가치 창출 모델'이라고도 부른다. 반면에 디지털 플랫폼 모델은 생산자와 소비자 간의 데이터나 상품을 교환하는 과정에서 가치를 창출한다.

디지털 플랫폼 모델의 2가지 특징

—

디지털과 데이터로만 구성

첫 번째 특징은 디지털 플랫폼 모델이 디지털과 데이터로만 구성되어 있다는 점이다. 데이터로만 구성되어 있으므로 데이터의 특성에서 기인하는 놀라운 확장성을 보인다. 이러한 확장성은 데이터가 가진 '무료(free)', '완전성(perfect)'과 '즉시성(instant)'이 합쳐져서 발생한다. 이러한 데이터의 특성으로 디지털 서비스가 개발되면 한계비용이 0이 될 수 있다. 또한 디지털 플랫폼 모델은 최근에 빠르게 발전하고 있는 디지털 기술들을 이용하여 구축된다. '디지털'로 만들어지고 '데이터'로 구성되는 만큼 물리적 개입이 최소화되고 디지털상에서 가치를 창출하는 범위가 넓어질수록 한계비용이 0에 가까워진다. 또 하나의 장점은 디지털과 데이터의 혁신이

고스란히 디지털 플랫폼 모델 자체의 혁신으로 이어질 수 있다는 점이다.

최근에 부상하고 있는 메타버스(metaverse)나 마이데이터(mydata, 본인신용관리정보업)를 예로 들어보자. 메타버스는 메타(meta)와 유니버스(universe)의 합성어로 3차원 가상세계를 의미한다. 메타버스 공간에서 아바타들은 개인을 대신해 다양한 활동을 한다. 가까운 미래에 디지털 플랫폼의 고객들은 플랫폼 운영 기업이 만든 메타버스 세계에서 고객 커뮤니티에 가입하여 다양한 활동을 할 수 있을 것이다. 그리고 이 메타버스에서는 블록체인 기반의 가상화폐가 사용될 수도 있다. 메타버스로 만들어진 고객 커뮤니티는 새로운 고객 혁신이 되고 있다.

데이터 분야의 혁신에는 마이데이터가 있다. 마이데이터는 미국과 유럽에서 시작되었고 2020년 우리나라도 법으로 제정되었는데, 데이터 주권을 기관에서 개인으로 전환하는 것을 주요 골격으로 한다. 즉, 개인이 자신의 데이터를 통제하고 본인의 의사에 따라 활용할 수 있도록 개인에게 데이터 주권을 보장하는 것이다. 특히 금융업에서 각종 금융기관에 흩어져 있는 개인의 데이터를 특정 플랫폼에서 사용할 수 있게 된다. 개인 맞춤형 서비스가 가능해진 것이다. 마이데이터는 법으로 제정된 후 금융업의 혁신을 일으키고 있다. 전통적인 금융기관과 핀테크 스타트업 간에 마이데이터 플랫폼 기회를 두고 치열한 경쟁이 벌어지고 있다.

참여자들의 교환 행위로 가치 창출

두 번째 특징은 가치 창출 방식이다. 디지털 플랫폼 내에서 참여자들의 교환 행위를 통해서 가치를 창출한다. 이는 전통적인 가치사슬 모델과 가치를 창출하는 방식의 차이다. 가치사슬 모델에서는 제품 하나를 생산할 때마다 비용이 발생하고, 마진(수수료)을 줄이기 위해서는 대량 생산을 통해 규모의 경제를 달성해야 했다. 그러나 디지털 플랫폼 모델에는 단위 생산비용이라는 개념이 적용되지 않는다.

그림 1-4의 사례로 설명해보자. 우버 사례를 보면 디지털 플랫폼에서 지역 교통 정보, 운전자 평판 정보, 고객 평판 정보 등 다양한 정보 교환이 일어난다. 특히 핵심 교환 활동으로 정해져 있는 운전 서비스 이용 가능 여부, 가격 등의 정보 교환이 일어났을 때 소비자가 결정을 내리면 운전 서비스의 교환이 일어난다. 여기서 일어나는 모든 형태의 교환 행위에서 가치가 발생한다. 상품과 서비스, 통화 교환 활동을 통해서 실제적인 거래가 플랫폼에서 일어난다.

디지털 플랫폼 모델의 가치 창출 방식은 매우 중요한 핵심 논리다. 파트 3에서 이 주제를 상세히 설명하겠다.

이러한 가치 창출 방식은 플랫폼 비즈니스의 네트워크 효과를 가속화한다. 네트워크 효과는 1950년대 미국의 경제학자 하비 라이벤스타인(Harvey Leivenstein)이 처음 도입한 개념으로, 일단 특정 상품에 대한 수요가 형성되면 이것이 다른 소비자의 상품 선택에 큰 영향을 미치는 현상을 일컫는다. 즉, 상품의 품질이 아니라 얼마나 많은 사람이 그것을 사용하는가에 따라 소비자들의 선택이 영향을 받아 그 상품에 대한 수요가 지수적으로 증가한다.

그림 1-4 | 디지털 플랫폼 모델의 가치 창출 활동

생산자　　소비자

🏃🏃🏃 🔄 🏃🏃🏃　　　　　　　　🚗 UBER　　　facebook 📷

		UBER	facebook
정보 교환	• 모든 가치 창출 활동의 시작 • 디지털 플랫폼의 기본 특징	• (탑승객의 요청에 따라) 운전 서비스 이용 가능 여부 및 운전자 위치 정보 제공	• 이름, 사진 등 이용자 프로필 정보 제공
상품·서비스 교환	• 정보 교환 후, 상품과 서비스 교환 결정 • 플랫폼 내·외부에서 교환 가능	• 운전 서비스	• 사진, 링크, 개인적인 소식, 기타 뉴스 등
통화 교환	• 대금 지불 • 전통적 통화 • 관심, 명성, 평판 등 무형의 가치	• 대금 지불(미리 등록된 신용카드 자동결제)	• '좋아요' 등의 평판 가치 제공

↑　　　　↑
가치　플랫폼　가치

　　네트워크 효과는 디지털 플랫폼 모델의 분류에 따라 다시 단면 네트워크 효과와 다면 네트워크 효과로 나뉜다. '단면 모델이냐, 다면 모델이냐'는 디지털 플랫폼 모델의 운영 및 참여 역할에 따라 분류된다. 단면 모델은 플랫폼 운영자가 직접 서비스를 제공하는 경우가 대부분인 데 반하여, 다면 모델은 복수의 생산자와 소비자가 참여한다. 다면 모델에서는 소비자가 생산자가 될 수도 있다. 카카오톡, 넷플릭스, 페이팔 등이 단면 모델이며 우버, 에어비앤비 등이 대표적인 다면 모델이다.

단면 네트워크 효과의 대표적인 사례가 카카오톡이다. 카카오톡은 2010년 3월 출시된 이래 무서운 속도로 플랫폼을 확장해 2014년 90% 이상의 한국 모바일 메신저 유저가 카카오톡을 사용하게 되었다. 카카오톡과 같이 급격하게 성장하는 플랫폼 대부분이 네트워크 효과를 누리고 있다. 카카오톡의 유저 수가 늘어날수록 다른 유저로 하여금 카카오톡 플랫폼의 효용가치를 증가시키고, 다른 플랫폼의 유저나 플랫폼 미사용 자들에게는 카카오톡 플랫폼으로 끌어들이는 효과를 낸다.

한편 에어비앤비나 우버의 경우에는 카카오톡보다 조금 더 복잡하다. 다면 네트워크 효과를 고려해야 하기 때문이다. 카카오톡은 동일한 서비스를 이용하는 소비자 수가 늘어나기만 하면 되는 데 비해 에어비앤비나 우버는 서비스를 이용하는 소비자의 수에만 초점을 맞출 수 없다. 객실이나 차량 서비스를 제공할 수 있는 외부 생산자들이 많이 모여야 그 서비스를 이용하기 위한 소비자들도 많이 모일 테고, 소비자들이 많이 모여야 서비스를 제공하려는 생산자들도 많이 모이기 때문이다. 즉, 소비자와 생산자 양쪽이 서로에게 영향을 주며 발생하는 네트워크 효과를 '다면 네트워크 효과'라고 한다.

우버는 다면 모델이므로 다른 참여자들, 즉 생산자 또는 소비자, 또는 생산자와 소비자 역할을 동시에 수행하는 참여자들이 상호작용을 일으키면서 자원을 소비하고 교환하고 때로는 만들어낸다. 또한 플랫폼 안에서 가치 창출을 일으키는 정보 교환의 한계비용이 0에 가까우므로 운영자 입장에서 플랫폼 사업은 자신들이 소유하지 않는 자원을 활용하여 가치를 창출함으로써 전통적인 가치사슬 사업보다 훨씬 빠르게 지수적으로 성장할 수 있다.

전통적인 비즈니스 모델에서 기업의 역할은 대부분 직접 가치를 생산하여 제공하는 것이었다. 하지만 디지털 플랫폼 모델을 채택한 기업의 역할은 외부 생산자와 소비자 간의 가치 교환의 장을 마련해줌으로써 지수적으로 성장한다. 이러한 설계로 인해서 전통 기업에 비해 플랫폼 기업은 혁신의 규모와 범위에서 큰 차이를 보인다.

플랫폼 기업은 전통 기업이 직접 혁신을 시도하는 것과는 달리, 다양한 외부 생산자들에게 혁신 작업을 광범위하게 분산시킬 수 있다. 이는 각 생산자의 다양성으로 인한 창의적 혁신을 유도하며, 특정 기업이 독자적으로 혁신할 때보다 빠르고 다양한 변화를 유도한다. 이렇게 분산된 혁신 활동은 기업이 부담해야 할 리스크를 외부 생산자들과 분담하면서 빠르게 성장할 수 있는 토대가 된다. 디지털 플랫폼 모델은 2007년 이후에 일어난 디지털 혁신을 가장 잘 설명하는 변화의 핵심이라고 할 수 있다.

CHAPTER 3

하버드대학의 혁신 논쟁과
기업 혁신의 재조명

──── 초연결 시대에 등장한 혁신적인 개인들이 창의적인 아이디어로 창업을 했고, 이들이 창업한 많은 스타트업이 산업의 혁신을 이끌었다. 지금까지는 창의적인 개인들이 어떻게 산업을 그리고 세상을 바꾸었는가를 이야기했다. 이제부터는 기업의 이야기를 하려고 한다. 실제로 제품을 만들고 판매하는 공장과 창고를 가지고 있는 기존의 가치사슬 기업, 즉 전통 기업에 관한 이야기이다.

2006년에 출간했던 『기업은 혁신을 통해서 성장한다』에서 필자는 기업 경영에서 가장 중요한 키워드로 '성장'과 '혁신', '지속성'을 꼽았다. 30년간 한국, 미국, 유럽, 일본, 중국 등 주요 기업들의 대규모 혁신 프로젝트들에 참여한 경험에서 뽑아낸 핵심 키워드다. 사실 기업의 혁신은 지난 40년 동안 가장 큰 화두였다. 지속 성장을 위해서 기업은 끊임없이 혁신해야 했다. 그러므로 2007년부터 시작된 디지털 혁신이 앞으로 기업의 혁신을 어떻게 바꿀지 이야기하려면 먼저 지난 40년 동안의 기업 혁신부터 살펴봐야 한다.

기업 혁신에 큰 영향을 준 네 명의 하버드대학 교수들의 이야기를 통해서 정리해보자. 그들이 제시한 혁신 모델들은 지난 40년 동안 기업과 산업의 혁신에 큰 영향을 주었다. 1980년대에 경쟁 전략과 가치사슬 모델을 제안했던 마이클 포터, 1990년대에 '파괴적 혁신'을 통해서 기술 중심의 대형 IT 기업들의 등장을 설명했던 클레이튼 크리스텐슨(Clayton Christensen), 2000년대 기업의 글로벌화를 연구했던 판카즈 게마와트(Pankaj Ghemawat), 그리고 2010년대에 부상한 스타트업들을 설명하면서 '고객 디커플링' 모델을 제안했던 탈레스 테이셰이라(Tales Teixeira)가 그들이다.

마이클 포터 교수는 현대 경영 전략 분야의 최고 권위자이며 딜로이트 컨설팅이 인수한 세계적인 전략 컨설팅업체인 모니터 그룹의 창업주이기도 하다. 그가 1980년에 출간한 『경쟁전략』과 1985년에 출간한 『경쟁우위』는 대학교 교과서에 실릴 정도로 경영 전략 분야의 고전이다. 가치사슬 모델은 『경쟁우위』에서 처음 제시되었는데, 기업의 경쟁우위의 원천을 분석할 수 있는 모델로 제안되었다. 그 이후 기업의 경영 혁신 및 프로세스 혁신의 중심이 되었다.

클레이튼 크리스텐슨 교수는 1995년 《하버드 비즈니스 리뷰》에 처음 소개된 파괴적 혁신 가설을 통해 새로운 기술이 이끄는 혁신에 관해 설명했다. 그는 파괴적 혁신을 이끄는 핵심 요소를 기술로 보았다. 기술을 기준으로 파괴적인지 존속적인지를 나눈다. 존속적 혁신은 일반적 범주의 혁신으로 꾸준히 제품을 개선해나가는 것이다. 반면에 파괴적 혁신은 작은 기업이, 선도 기업들이 간과했던 아직 발견되지 않은 새로운 속성을 제공함으로써 다른 시장을 여는 것을 말한다. 처음에는 파괴적 속성을 지닌 제품이 주목을 못 받지만, 점차 제품이 개선되고 기존 시장의 주류 고객들에게 필요한 성능의 기준치를 넘어가는 시점에 시장을 점유하게 된다. 이런 과정을 '파괴적 혁신'이라고 부른다. 파괴적 혁신 모델은 기술 중심적으로 정리되어 있다. 그래서 한계도 있지만 기술 중심 시장에서 '파괴'라는 개념을 정의하고 분석함으로써 기존 선도 기업의 문제점과 나아갈 방향을 제시하는 데 크게 기여했다.

1990년대와 2000년대에 IT의 발전으로 세계화가 진행되면서 기업 혁신의 화두는 글로벌화와 전문화가 되었다. 많은 기업이 세계에 진출해 글로벌 판매와 생산 법인을 가지면서 이를 효과적으로 경영할 수 있는 글로벌 운영체계가 필요해졌다. 글로벌 경영이 경영의 화두로 등장했고 이에 관한 연구가 활발히 진행되면서 널리 알려진 학자가 판카즈 게마와트 교수다. 기업의 글로벌화와 글로벌 운영체계에 대한 필요성은 기업에 새로운 전략 방향을 제시했다. 게마와트 교수는 하버드대학 교수로 있던 2002년에 'AAA 삼각 법칙'을 제시했다.

게마와트 교수는 기업의 글로벌화를 위해서 세 가지 A로 대표되는 전략 중 최소한 하나 이상을 가지고 있어야 한다고 주장했다. AAA 삼각 법칙은 다음과 같은 세 가지 글로벌화 전략을 말한다. 경영자들에게 회사의 세계화를 위해 어떤 전략을 사용하는 것이 가장 큰 효과를 누릴지에 대한 방향성을 제시한다.

1 현지 수요에 최적화하여 매출 증대를 도모하는 현지화(adaptation) 전략

2 글로벌 운영을 통해 규모의 경제를 누리고자 하는 통합(aggregation) 전략

3 각각의 가치사슬 영역에 대하여 국가 간 차이를 활용하여 차익을 누리고자 하는 거래 차익(arbitrage) 전략

클레이튼 크리스텐슨 교수가 파괴적 혁신을 들고나온 이후로 전 세계 경영인들은 새로운 기술을 이용한 혁신에 초점을 맞추었다. 파괴적 혁신은 전통 산업의 침체와 더불어 새로운 IT 혁신 기업들의 출현을 설명하는 역할도 했다. 하지만 이제 기존 시장의 선도 기업들도 기술 혁신의 중요성을 간과하지 않고 있다. 지금도 유통업, 소매업, 통신, 금융, 운송업 등 모든 산업 분야에서 시장 파괴 현상은 벌어지고 있다. 여기서 특별한 제품이나 서비스 혁신, 놀라운 신기술 없이 차별화된 비즈니스 모델만으로 신생 기업이 기존 기업의 시장점유율을 빠른 속도로 빼앗아가는 시장 파괴 현상을 가장 잘 설명해주는 혁신 이론이 탈레스 테이셰이라 교수의

'디커플링(decoupling)' 이론이다.

테이셰이라 교수는 2019년에 출간한 『디커플링』에서 다양한 기업들의 사례 연구를 기반으로 이들의 공통점을 도출했고, 그 결과를 디커플링 이론으로 정리했다. 디커플링은 고객의 소비 활동 사이에 존재하는 연결고리인 제품 탐색, 평가, 구매, 사용 중에서 약한 고리를 끊고 들어가 새로운 소비자 여정(customer journey)을 만들어내고, 시장에 큰 지형 변화를 불러일으키는 것을 말한다.

디커플링 이론의 출발점은 고객 중심적인 접근법이다. 즉, 시장을 파괴한 신생 기업들의 공통점은 모두 고객 가치사슬의 한 단계 또는 몇 단계를 디커플링했다는 것이다. 고객 가치사슬은 고객이 제품이나 서비스를 선택, 구매, 소비하기 위해 따르는 개별 행동 단계를 말한다. 파괴자들은 디커플링된 일부 단계를 자신들의 것으로 만드는 데 성공하면서 시장에 진입한다. 우버, 에어비앤비 등이 급성장할 때 공통 패턴을 디커플링으로 설명했다.

테이셰이라 교수는 "디커플링 모델은 사고의 초점을 기업이나 기술이 아닌 고객에 맞추고 있다는 점에서 포터 교수(기업)나 크리스텐슨 교수(기술)와 다르다"라고 말한다. 마이클 포터 교수의 경쟁 전략 모델과 같은 기존의 기업 전략 모델로는 수백 개의 잠재적 파괴자들이 도전해올 수 있는 시장환경에서 그 효용성이 떨어진다고 지적한다. 또한 끊임없이 변화하는 고객의 욕구를 디커플링을 통해 충족시키려는 비즈니스 모델 혁신이 시장 파괴 현상에 결정적인 영향을 미친다고 본다. 즉 고객 가치사슬의 관점에서 비즈니스 모델 혁신이 가장 중요하다고 본 것이다.

최근에 일어나는 디지털 혁신은 비즈니스 모델 혁신이 주도하고 있다. 그 변화의 핵심은 디지털 플랫폼 모델이다. 비즈니스 모델 혁신에 대해서 좀 더 논의해보자. 비즈니스 모델 혁신은 일반적으로 세 가지로 분류된다. 산업 비즈니스 모델 혁신, 수익 창출 비즈니스 모델 혁신, 그리고 기업 비즈니스 모델 혁신이다. 산업 가치사슬이나 고객 가치사슬에서 혁신 기회를 파악하고, 파악된 혁신 기회로 차별화된 비즈니스 모델을 만드는 전략이 산업 비즈니스 모델 혁신이다. 크리스텐슨 교수의 파괴적 혁신 이론이나 테이셰이라 교수의 디커플링 모델이 여기에 속한다.

수익 창출 비즈니스 모델 혁신은 다양한 수익 창출 방법을 설계하여 차별화를 시도하는 전략이다. 넷플릭스가 채택한 구독 모델 방식이 대표적이다. 마지막으로 기업 비즈니스 모델 혁신은 새로운 기업 모델을 설계하는 전략이다. 판카즈 게마와트 교수가 제안했던 글로벌 통합 기업 모델이 대표적이다. 전문화센터(center of excellence), 공유서비스센터, 아웃소싱 등이 대표적인 사례들이다. 기업 비즈니스 모델 혁신에 성공하면 기업은 좀 더 핵심 역량에 집중할 수 있다. 일반적으로 기업이 비즈니스 모델 혁신을 계획할 때는 이 세 가지 영역에서 모두 변화를 이끌고자 한다.

디지털 혁신의 키워드는 비즈니스 모델 혁신이다. 그 중심에는 새로운 가치 창출 모델인 디지털 플랫폼 모델이 있다. 디지털 플랫폼 모델을 활용하여 산업과 고객의 가치사슬에서 기회를 탐색하고, 다양한 수익 창출 모델을 설계하고, 효율적인 기업 모델을 설계하면서 차별적인 비즈니스 모델들을 쏟아내고 있다. 특히 디지털로만 만들어지는 비즈니스 모델들이 많다. 최근 10년 동안 등장한 잠재적 파괴자들, 즉 스타트업들은 창의적인 디지털 비즈니스 모델들로 무장해 끊임없이 시장에 진입하면서 기존 산업의 디지털 혁신을 이끌고 있다.

CHAPTER 4

디지털 혁신이 바꾸는
전략의 미래

────── 디지털 기술은 진화를 거듭하며 새로운 기술을 선보이고 있다. 디지털 기술을 활용한 연구개발을 통해 새로운 제품도 끝없이 나오고 있다. 그러나 이와 같은 신제품 개발은 많은 개발비가 들어가고, 대부분 기존 기업들이 주도한다. 새로운 기술로 인한 제품 혁신은 과거에도 경험해왔던 위협이라면, 초연결 시대에 디지털 플랫폼 모델이라는 새로운 가치 창출 방식으로 무장된 비즈니스 모델 혁신은 새로운 위협이다.

디지털 혁신은 산업의 경쟁구조를 바꾸고 있다. 마이클 포터의 산업구조 분석 모델을 이용해서 산업 경쟁구조의 변화를 분석해보자. 포터 교수는 산업 내 경쟁에 영향을 미치는 요인으로 다섯 가지를 정의했다. 진입장벽으로 잘 알려진 신규 진입자의 위협, 기존 경쟁자들 간의 경쟁, 고객의 협상력, 공급자의 협상력, 대체품의 위협이다. 이들 요인으로 지금의 산업 경쟁구조의 변화를 분석하다 보면, 새로운 경쟁 요인으로 설명할 필요가 있다. 사라지는 진입장벽과 디지털 경쟁자의 등장, 고객 단위의 사업 다각화, 디지털 고객 커뮤니티의 등장, 대체플랫폼과 메타플랫폼의 위협과 같은 네 가지 변화 요인으로 더 정확하게 설명할 수 있다.

새로운 경쟁 요인 4가지

—

사라지는 진입장벽과 디지털 경쟁자의 등장

포터의 경쟁 요인인 신규 진입자의 위협에 대한 핵심이 바로 진입장벽이다. 큰 규모의 자본, 규모의 경제, 비용 우위, 유통경로에의 접근 등과 같은 진입장벽이 있을 때 신규 진입자의 위협에서 벗어날 수 있다고 보았다. 그러나 디지털 혁신으로 이 진입장벽은 무의미해졌다. 초연결 시대에는 최소한의 비용으로 창업할 수 있다. 이러한 특성 때문에 수천의 경쟁자가 새로운 비즈니스 모델들을 가지고 나타났다가 사라지므로 진입장벽은 무의미하다.

앞서 말했듯이 디지털 플랫폼 모델의 또 다른 중요한 특징은, 소프트웨어에 대한 초기 투자가 일어나서 일단 디지털 플랫폼이 만들어지면 0에 가까운 한계비용과 네트워크 효과로 지수적 매출 성장이 가능하다는 점이다. 그래서 새로 진입한 디지털 스타트업이 산업의 주요한 경쟁자로 부상할 수도 있다. 과거에 신규 진입자가 기존 경쟁자가 되기 위해서는 제조공장에 대한 투자, 물류거점에 대한 투자, 지점 수 확장 등 상당한 시간이 걸려야 그 산업의 주요한 경쟁자로 부상했던 것과는 상당히 다르다. 디지털 스타트업은 몇 개월 만에도 주요 경쟁자로 부상하면서 산업의 경쟁구조를 바꿀 수 있다. 더 이상 신규 진입자와 기존 경쟁자의 구분이 무의미해졌다.

최근 한국의 유통업을 보더라도 전통적인 이마트, 롯데마트, 홈플러스 등과 쿠팡, 마켓컬리 등이 서로 경쟁한다. 여기서 이마트는 기존 경쟁자, 마켓컬리는 신규 진입자라는 분류는 큰 의미가 없다. 이런 환경에서는 신규 진입자와 기존 경쟁자의 분류보다는 디지털 경쟁자와 가치사슬 경쟁자로 나누어야 의미 있는 경쟁 전략을 수립할 수 있다.

고객 단위의 사업 다각화

하나의 플랫폼으로 자리를 잡으면 사업 기회는 늘어난다. 데이터나 고객정보를 확보한 디지털 플랫폼 기업은 축적된 정보를 활용하여 다른 산업으로 진출할 수 있다. 이렇게 플랫폼은 산업을 넘나들며 확장해간다. 최근에 일어나는 '마이데이터' 혁신은 이러한 타 산업으로의 진출을 가속화한다. 플랫폼에서 활동하는 고객을 바탕으로 다른 산업에 진출하는 것은 플랫폼 기업에는 자연스러운 사업 확산 방식이다.

일반적으로 전통 기업이 사업을 확산하는 방식에는 다음의 세 가지가 주로 사용된다. 같은 산업 내에서 가치사슬을 중심으로 수직적 통합을 하거나 새로운 산업으로 사업 다각화를 하거나 세계화를 통한 지리적인 확대다. 그러나 플랫폼 기업은 사업을 확산하는 방식이 다르다. 디지털 세계에 있으므로 지리적 제약이 존재하지 않는다. 플랫폼 기업은 실시간으로 고객과 양방향으로 소통하면서 필요로 하는 디지털 서비스를 개발해서 제공할 수 있다. 추가되는 디지털 서비스가 고객 개인 단위에서 확장을 일으키고 결과적으로 여러 산업에 진출하는 형태가 된다. 과거에는 다른 산업으로의 진출이 산업과 기업 단위에서 일어났다면 플랫폼에서는 고객 단위에서 일어난다.

디지털 고객 커뮤니티의 등장

산업구조 분석의 또 다른 중요한 경쟁 요인이 고객과 공급자의 협상력이다. 그러나 디지털 비즈니스에서 고객은 플랫폼의 참여자이다. 다면 플랫폼에서는 고객이자 공급자이기도 하다. 고객은 플랫폼에서 구매하고, 플랫폼 운영 기업과 실시간으로 소통하며 디지털 서비스의 설계에 참여하기도 한다. 즉 플랫폼의 일부가 되는 것이다. 테이셰이라 교수는 한 인터뷰에서 디지털 혁신의 주체는 스타트업이 아니라 고객이라고 강조한다. 여기서 우리는 디지털 플랫폼 기업이 가진 또 하나의 특징을 발견할 수 있다. 즉, 디지털 서비스가 고객의 참여로 만들어진다는 점이다.

디지털 기업은 전통 기업보다 훨씬 빠르게 고객의 요구를 반영할 수 있다. 이는 전통 기업이 물리적 기반인 데 반해 디지털 기업은 디지털의 가상 공간에 존재한다는 점에서 이러한 차이가 발생한다. 이 때문에 전통

그림 1-5 | 실시간 고객 소통 : 우버

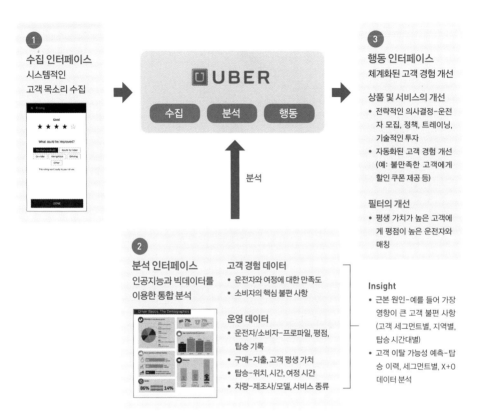

기업은 디지털 기업과 고객 대응 면에서 커다란 속도 차이가 발생한다.

그림 1-5는 실시간 고객 경험 수집과 대응에 관한 우버의 사례를 보여

준다. 승차 서비스를 이용한 후 모바일 폰에 승차 서비스에 대한 평가 화

면이 나타나면 우버 고객은 평가 데이터를 입력할 수 있다. 이 화면에는

운전자에 대한 평가만이 아니라 개선 항목에 대한 선택도 주어진다. 운전자와 여정에 대한 만족도와 핵심 개선 사항에 대한 고객 경험 데이터가 수십만의 고객으로부터 실시간으로 수집된다. 이렇게 수집된 고객 경험 데이터는 운전자, 탑승자, 구매 기록, 탑승 정보 등 각종 운영 데이터와 결합해 인공지능과 빅데이터 시스템에 의해 분석된다. 이러한 분석을 통해서 고객 불만의 근본 원인이나 고객 이탈 가능성 같은 통찰력을 끌어낸다. 이러한 분석 자료는, 트레이닝이나 기술적인 투자 등 서비스 개선 활동을 수행하는 데 사용된다. 또한 평생 가치가 높은 고객과 평점이 높은 운전자를 매칭시키는 알고리즘을 추가하여 플랫폼이 실시간으로 고객을 인식하고 차별적으로 대응하게 한다.

이 사례는 실시간 고객 경험 데이터 수집을 통한 서비스 개선이나 실시간 차별화를 보여준다. 특히나 상품과 서비스가 외부 생산자에 의해 제공되는 다면 플랫폼에서는 고객 피드백을 실시간으로 반영하여 상품 혹은 서비스의 품질을 관리해야 한다. 무엇보다 이러한 활동이 매일 꾸준히 이루어져야 한다는 것이 중요하다.

플랫폼에 고객들이 모이면 자연스럽게 고객 커뮤니티가 생긴다. 디지털 세계에서 만들어진 고객 커뮤니티는 물리적 세계에서보다 플랫폼 기업에 훨씬 더 큰 영향을 미친다. 고객들은 커뮤니티에서 실시간으로 소통하며 문화를 만들어간다. 커뮤니티의 의견은 기업의 플랫폼 전략에서 중요한 피드백이 된다. 보험산업, 건강식품, 화장품산업에서도 방문판매나 직접판매 등은 주요한 판매 채널의 하나로 고객 커뮤니티를 꼽는다.

그러나 물리적 세계에서의 고객 커뮤니티는 지역별로 판매원별로 만들어지고 관리되었다. 방문판매에서 고객 커뮤니티는 관리의 대상이었고, 공급자적 관점에서 만들어졌다. 하지만 플랫폼상에서의 디지털 고객 커뮤니티는 매우 다르다. 고객의 관점에서 만들어지고 스스로 문화를 만들어나간다.

다면 플랫폼에서는 고객이자 공급자이기도 하며 실시간 소통으로 플랫폼의 운영 및 진화에 직접적으로 관여한다. 디지털 세계에서의 디지털 고객 커뮤니티는 디지털 기술의 발전 영향을 직접 받아 기술적으로도 끊임없이 진화한다. 최근 주목받는 메타버스(메타 유니버스) 기술과 세계관도 디지털 고객 커뮤니티와 접목되면 또 다른 진화를 가져올 것이다. 블록체인과 가상화폐도 플랫폼 진화의 또 다른 기술적 방향성을 제시한다. 충성도 높은 강력한 디지털 고객 커뮤니티를 가진 플랫폼 기업은 산업의 경쟁구도를 근본적으로 바꿀 수 있다.

대체플랫폼과 메타플랫폼의 위협

디지털 세계에서도 경쟁 기업의 대체상품 위협이 존재하지만 더 큰 위협은 대체플랫폼이다. 고객은 플랫폼에서 커뮤니티 활동도 하고 구매도 한다. 또한 매력적인 대체플랫폼이 있다면 그것을 선택하기도 한다. 디지털 세계에서 활동하는 고객들은 선호하는 커뮤니티가 존재하는 다른 플랫폼을 선택할 수 있다. 디지털 기업에는 대체플랫폼의 위협이 훨씬 더 크다.

다시 카카오톡을 예로 들어보자. 초기에 카카오톡이 개인 메신저 서비스를 가지고 시장에 나왔을 때 이미 많은 메신저 서비스가 존재하는 상황이었다. 그러나 독특한 캐릭터와 모바일에 특화된 편리함 같은 차별화를 바탕으로 카카오톡은 강력한 대체플랫폼으로 등장했으며 곧바로 고객들의 선택을 받아 새로운 모바일 환경에서의 메신저 시장을 주도하게 되었다.

또 다른 예로 화장품산업을 들어보자. 한국에만 천 개가 넘는 화장품 회사들이 있다. 아모레퍼시픽이나 LG생활건강 같은 대기업도 있지만 셀트리온 같은 제약회사도 화장품을 출시하고 풀무원과 같은 식품회사도 화장품 사업을 한다. 내가 대표로 있던 전략 컨설팅회사의 20대 후반 젊은 컨설턴트도 1인 회사를 차려서 화장품 사업을 시작했다. 한국콜마와 코스맥스 같은 대형 제조회사에 외주를 줄 수 있으므로 제품 개발과 브랜드에 창의적인 아이디어만 있으면 시작할 수 있다.

최근에는 차별화된 비즈니스 모델을 가지고 나타나는 디지털 스타트업도 있다. '플록스(PHLOX)'라는 회사는 여러 화장품 브랜드를 인플루언서들과 연결하는 동영상 커머스 플랫폼 회사다. 특정 화장품 브랜드를 인플루언서가 사용하고 홍보하는 일상을 2분짜리 동영상으로 만들어 팔로워들에게 지속적으로 노출하고, 플랫폼상에서 구매를 일으킨다. 플록스의 경쟁력은 얼마나 많은 화장품 브랜드가 입점하고 얼마나 많은 인플루언서가 플록스 플랫폼상에서 활동하는가에 있다. 전형적인 다면 플랫폼 모델이다.

일반적으로 동영상 커머스는 유튜브를 이용한다. 고객은 유튜브를 통해서 인플루언서를 선택하고 커뮤니티 멤버로 활동하면서 구매한다. 그러나 유튜브가 아니라 플록스와 같은 화장품 동영상 커머스 플랫폼이라는 대체플랫폼이 시장에 나타나면 선택의 폭이 넓어진다. 미래에는 브랜드나 제품의 선택보다 고객이 활동할 플랫폼의 선택이 시장에 더욱 중요한 영향을 미칠 것이다.

플랫폼 경쟁에서 또 하나의 커다란 위협은 메타플랫폼의 등장이다. 디지털 세계에서 제휴와 협력은 쉽게 일어난다. 네트워크 효과를 가진 플랫폼들의 만남은 네트워크 효과를 증폭시킨다. 플랫폼이 서로 제휴함으로써 각자의 고객 커뮤니티를 공유하고 네트워크 효과를 증대시킬 수 있다. 최근에 마이데이터와 관련해 각 국가에서 규제를 완화하면서 이러한 제휴가 더욱 수월해지고 있다. 그러나 수평적 제휴가 아니라 수직적 제휴가 발생할 때는 이야기가 달라진다. 플랫폼의 고객 커뮤니티의 크기와 충성도에 따른 불균형으로 대부분 수직적 제휴가 일어난다. 수직적 제휴를 통해 다른 플랫폼들의 다양한 디지털 서비스를 고객 커뮤니티에 제공하는 경로를 확보하게 된 특정 플랫폼은 이제 메타플랫폼이 된다.

산업별로 지배적 위치에 있는 메타플랫폼이 등장하면서 다른 플랫폼들과는 수직적 관계가 형성된다. 마이데이터 규제 완화로 디지털 혁신이 키워드가 된 금융산업을 예로 들어보자. 마이데이터의 시행으로 하나의 금융 플랫폼에서 개인 고객과 관련된 모든 금융 활동을 지원하는 디지털 플랫폼 기업이 등장한다고 가정해보자. 이 특정 플랫폼이 대부분의 고객을 보유하므로 개별 금융 서비스를 지원하는 개별 플랫폼들은 이 특정 플랫폼과 제휴하게 된다. 이 특정 플랫폼은 메타플랫폼이 되는 것이다. 메타플랫폼은 개인에게 모든 금융 활동을 지원하는 경로를 가지고 있으므로 개별 서비스를 제공하는 플랫폼들과는 수직적 관계가 형성된다. 수직적 제휴가 많아질수록 메타플랫폼의 디지털 금융 서비스가 다양해지고 고객 지배력은 더욱 강화된다.

산업 현장에서 메타플랫폼은 '메가플랫폼'이라고 불리기도 한다. 위에서 설명한 정의에는 '크다'라는 의미의 '메가'보다는 '더 높은 위치의'라는 '메타'가 더 적절해 보인다. 이 책에서는 메타플랫폼으로 부르기로 한다. 기본적으로 메타플랫폼과 메가플랫폼은 같은 의미로 사용된다. 디지털 세계에서 대체플랫폼과 메타플랫폼의 위협은 생존과 직결된 문제다. 대체플랫폼의 수와 메타플랫폼의 존재는 산업의 경쟁구조를 분석하는 데 매우 중요한 요인이다.

새로운 전략 패러다임, 디지털 혁신 전략
—

초연결 시대에 개인들은 창의적인 디지털 비즈니스 모델을 가지고 시장에 쏟아져 나온다. 이들 중 몇몇 기업만이 고객의 선택을 받아 살아남는다. 살아남은 스타트업은 기업의 기존 마케팅 관점으로 보면 초기 시장 검증과 파일럿 출시와 테스트 출시에서 다 성공한 사업이다. 고객에게 선택받은 스타트업은 시장에서 검증된 강력한 비즈니스 모델로 시작한다. 전통 기업이 디지털 사업을 시작하면 이러한 수많은 스타트업들과 경쟁해야 한다. 전통 기업에는 익숙하지 않은 경쟁 환경이다.

지금껏 스타트업 창업자들이 디지털 혁신을 주도해왔다. 고객의 선택에서 살아남은 창업자는 경험과 직관으로 배워가면서 전략 수립 및 비즈니스 모델 설계를 혼자 하면서 성장해왔다. 그러나 전통 기업은 다르다. 전통 기업은 수많은 직원이 있고, 사업본부와 프로세스, 의사결정 과정 등이 있다. 스타트업 창업자 한 명의 머릿속에서 일어나는 의사결정이 전통 기업에서는 많은 부서와 많은 사람을 거쳐 이루어진다. 그러므로 전통 기업이 디지털 혁신 전략을 수립하려면 구체적인 디지털 혁신 전략 체계와 모델이 필요하다.

디지털 혁신으로 경쟁자, 고객, 대체플랫폼, 메타플랫폼 등 산업의 경쟁 요인들이 근본적으로 바뀌고 있다. 이 같은 경영 환경의 변화에 대응하려면 새로운 전략체계가 필요하다. 새로운 전략체계를 고려할 때, 키워드는 '고객'과 '속도'이다. 초연결 시대에서 혁신은 고객으로부터 시작된다. 고객은 플랫폼에서 소비자 또는 생산자 등 다양한 역할을 하면서 플랫폼 운영 기업과 실시간으로 소통하고 플랫폼의 콘텐츠 개발이나 디지털 서비스 개발에 참여한다. 즉, 고객은 플랫폼을 통해서 전략 수립 과정에 참여한다.

그러나 또 하나의 중요한 키워드는 '속도'이다. 디지털 혁신으로 인한 산업의 빠른 변화에 대응하기 위해서는 속도가 매우 중요하다. 한마디로 전략 수립을 빠르게 자주 수립해야 한다. 따라서 디지털 혁신 전략 모델은 빠르게 만들 수 있고, 자주 수정할 수 있도록 개발되어야 한다. 그래야만 빠른 대응체계와 개발체계를 가진 경쟁력 있는 디지털 사업이 가능하다. 디지털 플랫폼 사업은 디지털 공간에서만 운영되기에 매우 빠른 속도가 필요하다.

CHAPTER 5

디지털 혁신을 이끄는
전통 기업

──── 2008년 9월 뉴욕의 대표적인 투자은행 리먼 브라더스가 파산
했다. 여기서 시작된 경제위기로 세계 경기가 급격히 침체되었다. 실리
콘밸리에서는 새로운 혁신이, 뉴욕에서는 기존 금융 질서와 많은 전통
기업이 무너지는 두 가지 상징적인 변화들이 일어나고 있었다. 2007년
에 실리콘밸리에서 시작된 새로운 혁신과 2008년에 뉴욕에서 시작된
세계 경기 침체는 많은 전통 기업을 무너트리고 새로운 혁신 기업들의
탄생을 이끌었다.

실리콘밸리에서 시작된 디지털 혁신은 빠르게 확산하며 IT 산업이나
콘텐츠 산업을 넘어서서 전통 산업에서 혁신을 일으키고 있다. 그러나
전통 기업이 디지털 혁신을 추진하는 방식은 스타트업과는 다르다. 전통

기업은 디지털 스타트업과는 달리 가치사슬 기반의 기존 사업이 있으므로 훨씬 더 복잡한 도전에 직면한다. 그럼에도 불구하고, 혁신적인 전통 기업은 적극적으로 디지털 플랫폼 모델을 도입하고 있다.

데이터 확보에서 유리한 전통 기업

일반적으로 스타트업은 변화에 대한 빠른 반응, 실패를 허용하는 문화, 창의성, 수평적 문화 등 태생적 특성들로 인해서 플랫폼 사업에 유리하다고 알려져 있다. 하지만 전통 기업도 디지털 플랫폼 사업을 시작할 때 여러 장점이 있다. 자금, 인력, 조직 등 대기업이 가지고 있는 일반적인 장점도 있지만, 주목해야 할 점은 사업 초기에 데이터 확보 면에서 유리하다는 것이다.

디지털 플랫폼 사업은 사업 초기에 일정 규모의 사용자들을 확보하는 것이 매우 중요하다. '닭이 먼저냐 달걀이 먼저냐?' 하는 문제로, 디지털 스타트업이 초기에 가장 고민하는 부분이다. 전통 기업은 기존의 가치사슬 사업에서 확보한 데이터를 이용하여 디지털 플랫폼 사업을 빠르게 시작할 수 있다. 또한 기존 가치사슬 사업에 디지털 플랫폼 사업을 도입함으로써 기존 사업의 경쟁력도 강화하면서 두 사업 간의 시너지 효과도 기대할 수 있다.

다양한 산업에서 스타트업으로 시작해서 성장한 플랫폼 기업들과 플랫폼을 도입한 전통 기업들 간에 경쟁이 치열해지고 있다. 한국 유통업의 예를 살펴보자. 신세계 그룹 내 이마트의 SSG닷컴 사업 진출과 롯데마트의 롯데온 사업 전개 등이 대표적인 전통 유통기업의 이커머스 플랫폼 사업 진출 사례들이다. 이 기업들은 기존 가치사슬 사업인 이마트와 롯데마트와의 시너지 효과를 기대하면서 네이버, 이베이, 쿠팡 같은 플랫폼 기업들과 경쟁한다.

2021년에는 이커머스 시장점유율 3%인 SSG닷컴을 가지고 있는 신세계 그룹이 12%의 시장점유율을 가진 이베이코리아를 인수했다. 오프라인 유통에서 시장점유율 1위인 신세계 그룹은 이커머스 시장에서도 15%의 시장점유율로 쿠팡(13%)을 넘어서서, 네이버(18%)에 이어 2위로 부상했다. 유통산업에서 일어나는 디지털 혁신과 치열한 경쟁을 단적으로 보여준다.

사례에서 나타나듯이, 많은 혁신적 전통 기업들이 적극적으로 디지털 혁신을 추진하고 있다. 이러한 도전의 결과는 산업별로 다르게 나타난다. 최종 소비자들과 직접 대면하는 유통, 소매업 등에서 디지털 혁신이 빠르게 일어나고 있고, 지금은 금융업과 제조업 등 전 산업으로 퍼져나가고 있다. 특히 기존 프로세스 중심의 가치사슬 모델에 데이터 중심의 디지털 플랫폼 모델을 어떻게 융합할 것인가에 대해서 다양한 창의적인 혁신들이 진행 중이다. 최근 산업계에선 이런 움직임을 '4차 산업혁명', '인더스트리 4.0'으로 부른다.

개별 기업의 디지털 혁신은 디지털 기술을 이용하여 새로운 제품을 출시하거나, 새로운 프로세스나 비즈니스 모델을 재창조하는 변화를 의미한다. 시장에 대한 통찰력과 창의적인 아이디어를 가지고 디지털 기술을 이용하여 회사의 모든 분야에서 변화를 이끄는 활동이 디지털 혁신이다. 한번 혁신을 일으킨 기업은 산업을 선도하게 되고, 산업 내 경쟁을 불러와 평균적 산업 수준을 향상시키며, 산업 내 혁신의 선도 기업으로 자리매김한다.

최근 기업의 화두는 디지털 혁신이다. 전기차를 선도하는 테슬라, 양자컴퓨터를 개발하는 IBM, 수소차를 연구하는 현대자동차 등 디지털 제품 혁신의 사례가 많이 나오고 있다. 사물인터넷과 인공지능을 활용하여 제조 현장에서 디지털 트윈(digital twin)을 만들어내고 설비 유지보수 업무를 혁신한 지멘스는 디지털 프로세스 혁신의 예다. 승차 공유 서비스라는 새로운 디지털 플랫폼 모델을 만들어 운수업계에 혁신을 불러일으킨 우버는 대표적인 디지털 비즈니스 모델 혁신 사례다.

디지털 제품 혁신이나 디지털 프로세스 혁신은 기업의 경쟁력 향상을 위해서 여전히 매우 중요하다. 그러나 이것이 과거에도 경험해왔던 위협이라면, 디지털 플랫폼 모델을 이용한 비즈니스 모델 혁신은 완전히 새롭고 생소한 위협이다. 바로 개인들이 창의적인 디지털 비즈니스 모델을 만들어 시장에 쉽게 진입하는 것이다. 이로 인해서 많은 전통 기업이 과거에는 경험하지 못했던 새로운 경쟁 환경에 직면했다. 전통 기업에도 창의적인 디지털 비즈니스 모델 혁신이 더욱더 중요해지는 이유다. 혁신적인 전통 기업은 새로운 디지털 비즈니스 모델을 어떻게 기존의 사업과 병행할 것인지를 두고 전략을 수립하고 있다.

디지털 혁신을 실행하기 위해 기업은 디지털 기술을 도입해서 IT 시스템을 구축하고 조직, 프로세스, 구성원들의 실행 역량을 강화해야 한다. 전사적인 디지털 전환이 필요하다. 디지털 전환은 특정 회사 내부에서 벌어지며 프로세스 재설계, IT 시스템 구축 및 확장, 운영 효율성 개선, 조직 재설계 등을 포함한다. 또한 디지털 전환이 되면 프로세스 혁신과 비즈니스 모델 혁신에서 생겨나는 데이터를 분석해서 고객과 시장에 대한 통찰력을 얻을 수 있다. 데이터 중심 경영을 실제적으로 할 수 있는 실행체계가 생기는 것이다.

2020년과 2021년을 지나오면서 '코로나' 사태를 겪은 많은 기업이 빠른 디지털 전환만이 포스트 코로나 시대에 살아남는 유일한 방법임을 알았다. 나라별로 출입이 막히고 기업들이 지리적으로 고립되었는데도 디지털상에서 비즈니스가 이어지는 것을 직접 경험하면서 빠른 디지털 전환이 얼마나 중요한지를 깨달은 것이다.

CHAPTER 6

디지털 전환과 지능체계
그리고 기업의 혁신

——— 기업의 디지털 혁신 방향은 크게 두 가지다. 첫 번째 축은 전략과 비지니스 모델 관점이다. 많은 사람이 전략과 비즈니스 모델을 동의어로 사용하거나, 각각 분리해서 정의한다. 이 책에서는 비즈니스 모델을 '전략 내에서 핵심 역할을 하는 기업의 사업 활동을 구체화한 것'이라고 정의한다.

초연결 시대에 전통 기업이 전략을 수립할 때 기존 가치사슬 사업과 디지털 플랫폼 사업과의 조합이 중요한 우선순위가 되고 있다. 최고경영진의 관심도 최근에는 디지털 혁신 전략에 많이 집중되고 있다. 그러나 전략을 수립하고 구체적인 비즈니스 모델을 설계하는 것도 쉬운 일은 아니지만 이를 실행하는 계획을 세우고, 역량을 개발하고, 결과를 만들어내는 것은 더더욱 어려운 일이다.

그래서 디지털 혁신의 다른 한 축은 실행의 관점이다. 바로 기업의 디지털 전환을 말한다. 기업이 전략을 수립하고 새로운 비즈니스 모델을 검토해 신규 사업을 시작하면 이를 실행할 수 있는 새로운 프로세스, 조직, IT 시스템 등이 필요하다. 디지털 전환은 다섯 가지 영역으로 구성된다(그림 1-6). 프로세스, 지능체계, 조직구조 및 평가체계, 역량 및 문화, IT와 디지털 시스템 등이다. 각 영역은 디지털 혁신 전략 및 비즈니스 모델을 구현하기 위해 설계되어야 하며, 이와 동시에 기업의 현재 역량으로 달성 가능한 수준이거나 새로운 역량이 필요하면 이를 확보할 수 있는 계획도 포함되어야 한다.

그림 1-6 │ **디지털 혁신 피라미드**

디지털 전환의 5가지 영역

—

프로세스 혁신

첫 번째는 디지털 기술을 활용한 프로세스 혁신이다. 기업은 프로세스를 혁신하여 기존 경쟁사뿐만 아니라 새로 등장하는 스타트업과도 효과적으로 경쟁할 수 있다. 인공지능, 빅데이터, 사물인터넷, 블록체인 등 디지털 기술을 활용하여 프로세스를 혁신해 비용을 절감하고, 가치사슬상에서 경쟁우위를 확보한다. 또한 기업이 새로운 비즈니스 모델을 기획하여 플랫폼 사업을 시작하면 이를 뒷받침할 새로운 프로세스도 필요하다. 때로는 새로운 비즈니스 모델을 성공적으로 실행하기 위해서 전사적으로 프로세스를 혁신해야 하기도 한다.

프로세스를 혁신하면서 많은 데이터가 생성된다. 이 많은 데이터를 효과적으로 활용하여 시장에 발 빠르게 대응하는 분석체계도 설계해야 한다. 특히 데이터와 기준 정보의 체계적 관리는 다음에 설명될 지능체계의 기반이 된다. 이러한 데이터 중심의 경영체계를 구축해야 지속적인 혁신이 가능하다. 또한 데이터 중심의 경영을 할 수 있는 새로운 프로세스나 조직도 설계해야 한다. 이 모든 개선 활동이 프로세스 혁신의 범주에 들어간다.

프로세스 혁신을 수행할 때 우리는 새로운 혁신 기회에 좀 더 주목해야 한다. 기업들이 각 디지털 기술을 검토하는 것도 중요하지만 실제로는 이들을 사용하여 산업별로 적용된 디지털 혁신 사례와 이를 통해서 구현된 디지털 솔루션이 혁신 기회를 발견하는 데 더욱 도움이 된다. 디지털 프로세스 혁신의 유명한 사례를 살펴보면 이해가 더욱 쉬울 것이다.

제조업에서 대표적인 디지털 프로세스 혁신 사례로 사물인터넷 기술을 이용한 디지털 트윈이 있다. '스마트팩토리(지능형 생산공장)'에서 가장 활발히 논의되는 디지털 트윈은 실물을 가상으로 만들어 다양한 실험들을 가상에서 하고 기능을 예측하는 용도로 사용된다. 물리적 사물의 소프트웨어 복사판이다. 센서 데이터를 통해 물리적 쌍둥이 사물의 현재 상태를 파악하고 변화에 대응해 운영을 개선한다.

디지털 트윈은 물리적으로 존재하는 것과 조건을 동일하게 하여 마치 쌍둥이처럼 가상 공간에 모형이 존재하므로 제작 이후에 변경되는 사항들을 실시간으로 반영할 수 있다. 디지털 트윈은 제조업의 생산 현장에서 다양하게 활용된다. 제품설계 부서와 생산공장 간의 거리가 멀거나 세계 각지에 생산공장이 분포된 업종에서 특히 유용하다.

디지털 트윈은 GE의 예지정비(predictive maintenance) 시스템의 핵심 솔루션으로 널리 알려졌으며, 지금도 많은 제조기업이 디지털 트윈 솔루션을 이용하여 제조 현장에서 혁신 기회를 만들어내고 있다. 즉, 제조업에서 디지털 혁신의 대표적인 레퍼런스 모델이 된 것이다. 디지털 트윈에는 사물인터넷, 인공지능, 가상현실 등 다양한 디지털 기술들이 사용된다.

지능체계

두 번째는 이와 같은 혁신을 통해서 나오는 많은 데이터를 효과적으로 활용하여 시장에 빠르게 대응할 수 있는 지능체계를 구축해야 한다. 글로벌 기업 경영을 위해서는 글로벌 운영체계가 필요하다. 이를 효율적으로 구축하려면 글로벌 서비스센터를 만들고 프로세스가 전문화되어야 하는데 이로 인한 아웃소싱이 늘어난다. 결과적으로 기업 운영이 매우 복잡해진다. 게다가 기존의 가치사슬 사업을 통해서 나온 수많은 데이터를 기반으로 한 디지털 플랫폼 사업을 전개하면서 운영의 복잡성은 기하급수적으로 커진다.

그 복잡성의 중심에 데이터가 있다. 이러한 복잡한 운영에서 나오는 엄청난 양의 데이터를 신속하게 분석할 수 있어야 빠르게 변화하는 시장에 민첩하게 대응할 수 있다. 많은 데이터를 디지털 기술을 활용하여 분석하고, 이를 통해 경영에 필요한 통찰력을 끌어내는 분석체계와 시스템을 '지능체계'라고 한다. 그림 1-7은 지능체계의 모습을 보여준다.

이제까지 우리는 데이터를 만들어내는 일에 집중했다. 공장에서 매일 돌아가는 기계 곳곳에 센서를 부착해 데이터를 수집했다. 우리가 매일 타고 다니는 자동차 역시도 주행 중에 수많은 데이터를 쏟아내고 있다. 하지만 이를 제대로 활용하지 못한다면 데이터의 발생은 아무런 의미가 없다. 중요한 것은 방대한 데이터를 실시간으로 분석하여 통찰력을 제시하는 지능에 달려 있다. 특히 인공지능 기술의 발전은 지능을 향상시키는 데 큰 영향을 미친다.

그림 1-7 | 지능체계

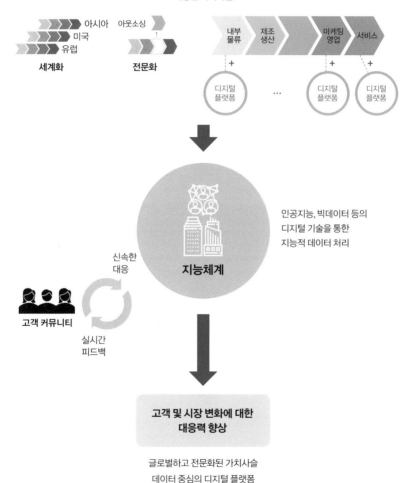

방대한 데이터와 운영 복잡성 증가

확장된 가치사슬

아시아
미국
유럽

세계화

아웃소싱

전문화

내부
물류

제조
생산

마케팅
영업

서비스

＋

디지털
플랫폼

…

＋

디지털
플랫폼

＋

디지털
플랫폼

신속한
대응

고객 커뮤니티

실시간
피드백

지능체계

인공지능, 빅데이터 등의
디지털 기술을 통한
지능적 데이터 처리

고객 및 시장 변화에 대한
대응력 향상

글로벌하고 전문화된 가치사슬
데이터 중심의 디지털 플랫폼
변화에 빠르게 반응하는 지능체계

전통 기업 SAP의 플랫폼 기업으로의 변신

1972년 독일에서 설립된 SAP는 ERP 솔루션을 비롯해 다양한 기업용 소프트웨어를 판매하는 전통 기업이다. 하지만 최근 디지털 전환을 통해서 디지털 플랫폼 기업으로 변신했다. 아래 그림에서 보듯이, ERP를 개발 판매하던 SAP는 2010년부터 본격적으로 미국의 세계적인 클라우드 회사들을 인수하면서 클라우드 회사로 성공적인 변신을 시도한다. 인사관리 클라우드 솔루션인 석세스 팩터스(SF), 경험관리 클라우드 솔루션인 퀄트릭스(Qualtrics), 이커머스 클라우드 솔루션인 하이브리

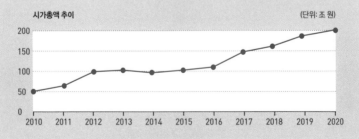

~2010 기업용 소프트웨어 회사	2010~2020 기업용 클라우드 회사	2020~ 기업용 플랫폼 회사
No.1 기업용 소프트웨어 회사 기업 운영을 위한 ERP 개발 및 판매	기업용 소프트웨어를 클라우드로 제공하는 클라우드 회사로의 변신 석세스 팩터스, 하이브리스, 기기아(Gigya), 퀄트릭스 등 세계적인 SAS(Software as Service) 클라우드 회사 인수	고객, 파트너들과 공동혁신, 개발하는 개방형 플랫폼 회사로 변신 인메모리 DB인 HANA를 기반으로 고객, 파트너들과 공동개발하는 개방형 클라우드 개발 플랫폼인 BTP 제공

시가총액 추이 (단위: 조 원)

스(Hybris) 등 세계 1위를 달리는 클라우드 솔루션들을 인수하면서 본격적으로 클라우드 회사로 변신한다.

또한 기존 1위를 달리던 ERP 솔루션도 클라우드 솔루션으로 팔기 시작했다. 이 과정에서 SAP는 시가총액을 세 배 이상 키우면서 기업용 클라우드 회사로 변신에 성공하고, 유럽 최대의 기술 회사로 성장했다. 2020년부터는 인메모리 기반의 데이터베이스인 HANA를 기반으로 고객 및 파트너들과 공동혁신과 공동개발을 추구하는 개방형 개발 플랫폼인 BTP를 출시하면서 본격적인 플랫폼 회사로의 변신을 시도하고 있다. IT 산업에서 전통 기업이 성공적으로 디지털 전환을 한 예다.

지능체계를 갖춘 기업은 크게 세 가지 특징을 지닌다. 바로 가시성, 민첩성 그리고 회복탄력성이다. 방대한 데이터를 실시간으로 파악할 수 있는 가시성 확보가 지능체계를 구축할 때 가장 중요하다. 가시성이 확보되지 않으면 민첩성과 회복탄력성이 가능하지 않다. 민첩성은 빠르게 변화하는 시장에 맞추어 실시간으로 통찰력을 제공하는 시스템을 구축하여 빠른 의사결정을 가능케 하는 것을 말한다. 또한 2020년 전 세계를 휩쓴 코로나 팬데믹처럼 예상치 못한 환경 변화에서 신속하게 전략과 우선순위를 조정하여 빠르게 회복하는 역량을 회복탄력성이라고 한다. 회복탄력성은 코로나와 같은 바이러스의 창궐, 기후변화, 지정학적 이유

등으로 불확실성이 극대화되는 만큼 앞으로 더욱 중요한 성공 요인이 될 것이다.

이와 같은 지능체계의 중요성 때문에 많은 IT 기업들이 기업의 지능체계 구축에 도움이 되는 소프트웨어나 서비스를 제공하는 것을 전략의 최우선순위로 삼고 있다. 대표적인 회사가 독일의 기업용 소프트웨어 회사인 SAP이다. SAP는 지능체계를 갖춘 회사를 '지능기업'으로 칭하며, 지능기업으로 전환하는 데 필요한 소프트웨어, 플랫폼, 클라우드, 서비스 등을 종합적으로 제공한다. 고객의 지능기업 전환을 도와주는 파트너가 되는 것이 SAP의 중요한 전략이 된 것이다.

조직구조와 평가체계

세 번째 영역은 조직구조와 평가체계이다. 사업 성과를 평가하기 위해 지표와 평가체계, 그리고 혁신을 실행할 수 있는 의사결정 체계와 성과에 대한 보상체계를 설계해야 한다. 급변하는 시장에 신속하게 대응하려면 조직구조가 유연해야 한다. 이를 위해 고객 중심적이고, 신속한 의사결정과 실행이 가능하며, 혁신적인 아이디어를 시도할 수 있고, 부서를 뛰어넘어 협업할 수 있어야 한다.

특히 플랫폼 기업은 고객과 계속 소통하면서 디지털 서비스를 만들어내기 때문에 민첩하고 유연한 애자일(agile) 조직 모델이 필요하다. 고객과의 소통을 기반으로 전략을 수정하고 디지털 서비스를 개발하여 플랫폼상에서 전개할 수 있는 목표형 조직체계가 도입되어야 한다. 애자일 조직에는 전문 개발자들이 포함되어 있어, 고객의 필요에 반응하여 독립적으로 디지털 서비스를 빠르게 개발할 수 있는 자체 역량을 가지고 있는 것이 특징이다.

역량과 조직문화

네 번째는 인적 자원의 디지털 역량과 조직문화의 체질 개선이 필요하다. 조직이 변화를 받아들이지 않는다면 실행할 수 없기 때문이다. 디지털 역량과 조직문화가 갖춰진 기업은 디지털 지식을 확보해 디지털 사고, 아이디어 개발이나 공유를 할 수 있다. 이를 통해 기업의 디지털 가치를 극대화한다. 창의적이고 도전적인 디지털 역량과 문화를 달성하기 위해서는 추진 조직 신설, 디지털 조직 강화, 디지털 교육 의무화 등의 방법을 기업의 현황에 맞게 적용해야 한다.

IT와 디지털 시스템

디지털 전환의 다섯 번째 핵심 영역은 IT와 디지털 시스템이다. IT와 디지털 시스템은 프로세스, 지능체계, 조직구조 및 평가체계, 역량과 조직문화를 실행할 수 있게 한다. 그림 1-6을 보면, 각 영역이 서로 연계되어 있고 IT 및 디지털 시스템과 통합된 것을 확인할 수 있다. 변화에 대응하기 위해 IT와 디지털 시스템은 유연하며 규모를 확대할 수 있게 설계되어야 한다. 또 애자일한 체계를 갖추어야 한다.

　디지털 플랫폼 정의 자체가 디지털 시스템이므로, IT와 디지털 시스템은 아무리 강조해도 지나치지 않다. 특히 전문화된 개발조직과 개발자의 확보는 디지털 전환에서 핵심적인 성공 요인이다. 변화에 발 빠르게 대응하는 애자일 조직이 가능하려면, IT 측면에서는 데브옵스(DevOps) 개발체계로 전환해야 한다. 그러나 전통 기업에는 기존의 전통 시스템들도 존재하므로 기업마다 균형과 비용을 고려한 IT 구조의 설계가 필요하다. 특히 클라우드의 도입으로 기업 전체 IT 구조 설계의 중요성이 더욱 커졌다.

'데브옵스'는 IT 전문용어이지만 여기저기에 많이 쓰인다. 데브옵스는 개발을 의미하는 'development'와 시스템 운영을 의미하는 'operation'의 합성어로, 소프트웨어를 빠르게 개발하여 출시할 수 있도록 하는 프로세스, 방법론, 도구, 문화 등의 조합을 말한다. 기존 개발체계와의 가장 큰 차이점은 개발팀과 운영팀이 더는 따로 존재하지 않는다는 것이다. 이 두 팀이 하나의 팀으로 통합되어 개발자가 테스트, 개발, 출시, 운영에 이르는 전체 소프트웨어 개발 주기에 걸쳐서 작업할 수 있는 환경을 제공한다.

데브옵스의 가장 큰 장점은 '속도'이다. 부서 간의 벽이 없어지므로 작업 속도가 빨라지고 고객에 대응해 빠르게 혁신적인 디지털 서비스를 개발해 출시할 수 있다. 애자일 조직과 데브옵스 개발체계는 동전의 양면과 같다. 파트 2에서 중점적으로 다루겠지만, 디지털 플랫폼 모델을 구축하고 운영하기 위해서는 지속적인 전략 수정과 디지털 서비스 출시가 필요하다. 애자일 조직과 데브옵스 개발체계 없이는 지속적인 플랫폼 혁신

그림 1-8 │ 전통 기업의 디지털 전환

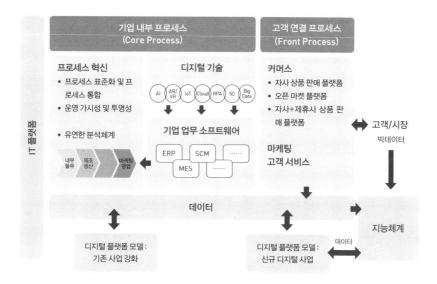

은 어렵다. 고객과 시장의 변화를 따라가지 못하면 디지털 플랫폼의 장

점이 사라지기 때문이다.

그림 1-8은 성공적으로 디지털 전환한 한 소비재 기업의 예를 보여준

다. 기업 내부의 핵심 프로세스들이 통합되어 있어 기업 전체의 가시성을

경영진이 쉽게 파악할 수 있다. 또한 전사의 표준화된 데이터가 관리·축

적되고 이를 이용한 지능체계가 구축되어 있어서 시장과 고객 그리고 비

즈니스에 대한 통찰력을 확보하고 있다. 이러한 데이터와 지능체계에서

나오는 통찰력을 바탕으로 다양한 디지털 플랫폼 모델들을 구축하여 기

존 사업에 디지털 서비스를 제공하기도 하고, 데이터에 기반한 신규 사업

에 진출할 수도 있다.

초연결 시대에 기업의 미래 생존과 경쟁력은 기업이 디지털 혁신을 얼마나 앞서 실행하는가에 달렸다. 디지털 전환 없이는 기업들의 디지털 혁신은 생각만으로 끝나고 변화를 끌어내지 못한다. 요컨대 지속적인 혁신을 위해서는 디지털 전환을 통해 실행 역량을 높이고 실행체계를 갖춰야 한다. 또한 디지털 전환을 통해서 데이터를 확보하고 분석할 수 있는 지능체계를 가져야 고객과 시장에 대한 통찰력을 가질 수 있다. 이러한 분석과 통찰력이 있어야 디지털 혁신 활동을 꾸준히 할 수 있다. 기업의 디지털 혁신과 디지털 전환은 동전의 양면과 같다.

센드버드와 웹케시,
IT 산업의 혁신 사례들

—— IT 소프트웨어 분야에서 플랫폼 기업으로 성공한 웹케시 (Webcash) 그룹의 석창규 회장과 센드버드(Sendbird)의 김동신 대표 를 인터뷰했다. 두 회사는 IT 서비스와 API(Application Programming Interface)를 구독 서비스 형태로 기업 고객에 제공하는 플랫폼이라는 공 통점이 있지만, 성장 배경이나 기업 모델은 매우 다르다.

센드버드는 파트 1에서 이야기한 개인이 창의적인 아이디어로 플랫 폼을 구축하고 디지털 서비스를 전 세계 기업에 제공하는 스타트업이다. 김동신 대표는 인터뷰에서 연결에 관한 이야기를 많이 했다. 센드버드는 연결을 플랫폼화한 스타트업으로, 2015년에 창업하고 7년 만에 유니콘 기업으로 성장했다. 최근 스타트업들이 많이 검토하는 모델인 글로벌 기 업 모델을 채택하고 있다. 간단히 말해서 본사는 실리콘밸리에 있고, 개발본부는 한국에 두고, 한국 기업들을 고객으로 확보하면서 전 세계로 영업을 확장하는 방식으로 성장하는 모델이다. 전 세계를 무대로 IT 서비스를 제공하는 B2B 플랫폼 스타트업이다.

1999년에 설립된 웹케시 그룹은 한국 금융산업의 업무 소프트웨어 개발을 주 업무로 하는 시스템 개발 회사로 시작했다. 주로 은행 관련 업무의 소프트웨어를 구축하는 전통 기업으로 분류되었다. 그러나 2010년대 중반부터 자체 디지털 전환을 시도하면서 기업별 시스템 개발 사업을 정리하고, 패키지 소프트웨어 개발로 사업을 바꾸었다. 결과적으로 자금 이전과 중소기업 재무서비스(웹케시), 금융 API(쿠콘) 등과 같은 구독 모델 중심의 클라우드 서비스와 플랫폼 사업으로 비즈니스 모델을 전환하는 데 성공했다. 현재는 웹케시와 쿠콘이 코스닥에 상장되어 있다. 웹케시 그룹은 전통 기업으로 시작해서 성공적으로 디지털 전환을 한 대표적인 B2B 플랫폼 기업이다.

회사 소개

실리콘밸리에 위치한 센드버드는 세계 1위 기업용 채팅 솔루션을 개발하는 B2B 플랫폼 기업이다. 전 세계 기업 고객에 채팅 및 통화 API를 제공하고 있다. '디지털 세상에서의 연결'이라는 회사의 핵심 가치답게, 매달 1억 7천만 명이 넘는 사용자들이 센드버드의 플랫폼으로 소통한다. 꾸준히 비즈니스가 성장하며 2021년 초 1억 달러 규모의 시리즈 C 투자 유치에 성공해 한국에서 창업한 기업으로는 열두 번째로 유니콘 기업이 되었다.

김동신 센드버드 대표 소개

1999년 서울대 전기공학부에 입학한 후 컴퓨터공학과로 전과하여 졸업했다. 자신을 '게임 폐인'이라 부를 정도로 게임을 좋아했던 그는 대학 시절 프로게임단 '삼성칸(삼성 갤럭시)' 소속 프로게이머로 활동하기도 했다. 프로게이머로 활동하다가 병역 특례로 엔씨소프트에 입사한 그는 3년간 사업실에서 웹서비스 개발자로 일하면서 창업을 꿈꾸게 된다. 병역 특례를 마치고 2007년 졸업할 즈음, 여러 선택지 중에 리스크가 낮다고 생각하며 스타트업을 시작한다.

그는 동료 한 명과 함께 '파프리카랩'이라는 웹 2.0 회사를 창업했다. 파프리카랩은 그 뒤로 소셜 게임 분야로 사업을 변경하여 2009년 4월 일본 사용자들을 대상으로 아이폰용 퀴즈게임을 개발하여 일본 앱스토어에 출시했다. 이 게임은 일본 앱스토어 전체 6위에 오르며 화제가 되었다. 2012년 그는 파프리카랩을 100억 원에 일본 게임업체인 그리(GREE)에 매각한다.

2013년 그는 아기 엄마들을 위한 커뮤니티 플랫폼 '스마일맘'으로 두 번째 창업에 도전했다. 그런데 스마일맘의 메시지 기능을 개발하면서 메시징 플랫폼의 사업 가능성을 확인했다. 2015년 기업용 메시징 솔루션 회사 '센드버드'로 사명을 변경했다. "사업가는 불편이라는 기회를 찾아 헤매는 탐험가"라고 말하는 그는 고객의 불편 사항을 해소해주기 위해 오늘도 달리고 있다.

인터뷰

____ 우선 센드버드가 설립된 이후 짧은 기간에 많은 성과를 거둔 핵심 경쟁력이 궁금합니다.

____ 두 가지 관점에서 설명할 수 있을 것 같습니다. 첫째는 제품 관점에서 경쟁력입니다. 그다음은 조직 관점에서 경쟁력입니다. 먼저 제품

관점에서 센드버드는 기술 우위를 차지하기 위해서 몇 가지를 핵심축으로 잡았습니다. 당시 시장에 처음으로 진입한 것도 아니고, 그렇다고 펀딩을 잘 받은 것도 아니었기 때문에 후발 주자로서 차별화가 필요했습니다.

다른 플레이어들이 일대일 대화에 집중할 때, 센드버드는 방대한 규모의 대화도 할 수 있게 개발했고, '확장성'을 차별화 포인트로 잡아서 부각했습니다. 이때의 확장성은 당연히 일대일 대화도 가능하고, 나아가 소그룹 혹은 대규모 그룹까지도 가능하게 구조를 설계했다는 것입니다.

설계나 구조에서 확장성이 보장되어 그 외에 다른 기능들을 추가할 때 다른 회사보다 수월했습니다. 시장에 진출한 이후에도 다양한 기능을 계속 추가해갈 때 더 빠르게 진행할 수 있었습니다. 속도 부분에서 다른 회사보다 우위를 점할 수 있었던 이유입니다. 결과적으로 몇 년 동안 이런 차별점들이 누적되다 보니, 고객들도 제약사항이 많은 타사보다 센드버드를 먼저 찾게 되었습니다. 고객사 입장에서는 미래에 대한 걱정 없이 그냥 두고두고 쓸 수 있다는 점에서 굉장히 매력을 느꼈던 것 같습니다.

조직적인 관점에서는 센드버드가 한국에서 연구개발 조직을 중점적으로 운영하다 보니까 약간의 지역적 차익거래 효과가 있었습니다. 한국에 워낙 메신저 경험이 있는 인재들이 많은데, 그런 뛰어난 인재들을 영입하는 데 한국 평균 시장 대비 굉장히 경쟁력 있는 처우를 해도 미국보다는 여전히 가격 효율적인 부분이 있습니다. 그래서 같은 금액을 펀딩을 받아도 더 효율적으로 운영할 수 있었습니다.

또 조직의 핵심 가치와 문화가 '고객을 향한 끝없는 집요함'입니다. 항상 고객의 문제를 해결하는 것을 우선시했는데, 초기에 고객과 신뢰감을 쌓는 데 많은 도움이 됐습니다. 영업할 때 종종 고객분들께 왜 센드버드를 선택했느냐고 물어보면, "다른 곳은 자꾸 우리에게 뭘 팔려고 하는데, 이 회사는 우리 문제를 해결해주려고 하는 것 같아서 선택했어요"라는 답을 많이 들었습니다.

규모 면에서 훨씬 작은 회사였고 또 가격이 낮지 않았음에도 불구하고, 고객에 대한 진정성으로 큰 거래에서 이긴 경험이 많습니다. 조직문화나 프로세스 등이 모두 고객 지향적으로 설계되어 있는데, 고객이 먼저 이를 체감하고 센드버드를 선택해주었다는 생각이 듭니다.

____ 본사는 혁신의 중심지인 실리콘밸리에 있고, 개발팀은 한국에 있어서 차익 효과를 누리는 모델이 굉장히 매력적인 것 같습니다. 앞으로 센드버드와 같은 이런 모델이 많이 나올 것으로 예상하시나요?

____ 사실 이런 모델이 스타트업 업계에서는 이미 많이 채택되고 있습니다. 미국의 엑셀러레이터인 와이콤비네이터(Y-Combinator)에 합격하는 회사 중 대부분이 오프쇼어(offshore)로 운영되고 있어요. 다만 오프쇼어가 옛날처럼 아웃소싱 개념이 아니라, 지역별로 그에 맞는 차익거래 효과를 위한 것입니다. 시장으로서 지역을 갖고 있거나 연구개발을 하기 위해 지역을 가진 경우도 많습니다. 센드버드와 마찬가지로 글로벌 애드테크 몰로코(MOLOCO) 같은 모바일 광고 솔루션 기업도 실리콘밸리에

서 창업했지만 한국에서 연구개발을 하고 있습니다.

많은 스타트업이 그런 차익거래 효과를 적극적으로 활용하고 있습니다. 재정적인 인센티브는 물론 서버가 전 세계에 퍼져 있어서 서버에 대한 문제가 발생했을 때도 빠르게 대응할 수 있는 장점이 있습니다.

그렇다고 장점만 있는 것은 아닙니다. 현실적으로 장애물도 있습니다. 사실 생각보다 언어나 문화적 장벽이 높습니다. 업무를 처리할 때 커뮤니케이션 방식의 차이, 문화나 절차의 차이에 대한 이해가 필요합니다. 시차 문제도 있는데, 장점이 큰 만큼 단점도 있게 마련입니다. 이런 모델의 가장 극단에 있는 회사들은 전 직원 수천 명이 원격으로 일하고 있고, 애초부터 사무실이 없는 사례도 있습니다. 지금은 스타트업들이 효율적인 방법을 계속 찾아가는 진화의 단계가 아닌가 합니다.

_____ 센드버드 플랫폼은 디지털 기술 기반인데, 디지털 기술에 기반한 지수적 성장 혜택을 누리고 있는지 궁금합니다.

_____ 그렇습니다. 센드버드는 기본적으로 몇 가지 메가트렌드에 올라타고 있었고, 그 덕분에 지수적 성장의 혜택을 누릴 수 있었습니다. 그중 한 가지가 클라우드입니다. 요즘 많은 기업이 클라우드 전환을 과제로 삼고 있는데, 저희가 그런 메가트렌드를 시기적으로 잘 잡은 면이 있습니다.

그다음은 모바일입니다. 사실 이전에는 디지털 커뮤니케이션이 컴퓨터 앞에 앉아 있는 상황에 국한됐습니다. 스마트폰이 등장하면서 사실상 모바일 기기가 보급되었고, 갑자기 컴퓨터에 접근성 있는 사람들이 대폭 늘어났습니다. 원래 10억 명이었다면, 갑자기 50억 명으로 늘어나다 보니까 모바일 기반의 디지털 커뮤니케이션이 메가트렌드가 되었습니다. 센드버드는 그런 메가트렌드에 편승했습니다.

세 번째가 소프트웨어 산업 자체의 복잡도 증가와 성장이라는 큰 트렌드를 따라간 측면이 있습니다. 소프트웨어 산업이 굉장히 복합적이고 복잡한 산업인데, 이러한 산업이 성장하다 보니 센드버드 같은 소프트웨어 부품 업체도 크게 성장할 수 있었습니다. 제조업도 복잡해지고 성장하면서 그 부품 업체들이 활성화되는 것처럼 마찬가지 흐름으로 이해하면 됩니다.

또 디지털 기업들은 국경에 제약을 받지 않고 성장하는 경우가 많습니다. 특히 온라인 커뮤니티, 게임, 디지털 커뮤니케이션 등은 국경이 없는 경우가 상당히 많다 보니 센드버드도 디지털 기업으로서 글로벌 시장을 확장해갈 때 많은 혜택을 누리고 있습니다.

_____ 현재 센드버드가 채팅 API 시장에서 1위인데, 김동신 대표께서 생각하시는 센드버드의 가장 큰 경쟁자, 혹시 지금 없다면 미래의 경쟁자는 누구일까요?

_____ 현재 시장에서 최고의 경쟁자는 자체 개발 문화를 가진 조직입니다. 모든 걸 굳이 다 만들고 싶어 하는 조직이 있습니다. 하지만 그건 분명히 현명하지 않은 판단이기는 합니다. 저도 개발자였고 내부 자체 개발 문화를 가진 조직에서 시작했기 때문에 잘 알지만, 오늘날처럼 소프트웨어 산업이 복잡해진 시대에 그걸 다 하나하나 만들고 있는 것은 정

말 문제입니다.

좀 더 장기적인 관점에서 생각해보면 항상 어딘가, 누군가의 집 차고에서 미래를 준비하는 스타트업이 경쟁자로 등장할 위험은 항상 있습니다. 더 멀리 내다보면, 뇌와 칩을 연결하는 회사인 뉴럴링크(Neural Link)가 심각한 경쟁자가 될 수 있습니다. 사람들의 뇌와 뇌를 연결해버리면 채팅이 필요 없어질 수도 있기 때문입니다.

또 다른 한 가지는 위기라기보다 기회에 가까운데, 가상현실이 보편화한 세상이 오면 입력 장비가 많이 달라져야 합니다. 가상현실 기기를 사용할 때 키보드 입력이 쉽지 않기 때문입니다. 그런 경우 입력 장비가 텍스트 기반이 아니라 다른 기반이 되었을 때 우리 회사가 빨리 혁신하지 못한다면 다른 회사들에 시장 우위를 빼앗길 수 있어요. 그때 '혁신기업의 딜레마'에 빠지지 않게끔 새로운 매체 중에서 급부상하는 회사에 대해서는 능동적으로 투자할 필요가 있습니다. 너무 멀리 갔나요?(웃음)

_____ 시리즈 C 투자를 성공적으로 유치해 유니콘 기업이 되었는데요. 많은 분이 이 투자금을 어디에 쓰는지 궁금해합니다.

_____ 사실 대부분은 인건비로 사용됩니다. 좋은 엔지니어분들을 모셔서 계속해서 연구개발을 하고, 또 좋은 제품을 더 많은 분께 알리기 위해 영업과 마케팅을 강화하고 있습니다. 사실 저희 사업은 굉장히 단순합니다. 실력 있는 분들 영입해서 좋은 솔루션을 만들고 많은 분이 쓸 수 있도록 널리 알리면 되기 때문입니다.

_____ 3~5년 후 센드버드 플랫폼의 사업 방향성은 무엇인가요?

_____ 단기 사업 방향성은 크게 관계(relationships), 업무처리(actions), 그리고 사람(people)이라는 세 가지 축으로 발전해간다고 보면 됩니다. 일단 처음 두 가지 방향성은 대화의 역할에서 나옵니다. 저희는 대화의 역할이 크게 두 가지라고 생각합니다. 첫째는 관계 형성이고, 둘째는 업무 처리입니다. 예를 들어, 연인들끼리 사랑을 표현하고 관계를 형성하는 대화도 하겠지만, 돈을 송금하거나 고객 물건을 구매하고 반품 요청을 한다든가 하는 업무로 이어질 때도 많습니다. 이 두 가지 대화의 역할에 기반해서 기능을 개발하고 가치를 제안해가려고 합니다.

관계 형성의 관점에서 특히 사용자 간 대화뿐 아니라 브랜드와 사용자 간의 커뮤니케이션에도 좀 더 집중하고 싶습니다. 그런 면에서 마케팅 혹은 홍보성 커뮤니케이션, 개인 맞춤형 메시지들을 기업으로부터 받을 수 있게 하는 등 기능을 확장하고 싶습니다. 그 외에도 고객 상담에서도 전체 세일즈 여정, 프리 세일즈와 포스트 세일즈 등 전방위에 대한 커뮤니케이션을 센드버드가 다 포괄하고자 하는 목표도 있습니다. 그래서 그런 방향으로 계속 기능을 추가해나갈 계획입니다.

궁극적으로 이런 커뮤니케이션에서 얻은 통찰력이 '사람'이라는 방향성과 맞물릴 것 같습니다. 즉 통찰력이 사용자 프로파일을 풍성하게 만드는 쪽으로 크게 발달할 것 같습니다. 예를 들어 주로 중국 쓰촨 음식을 많이 배달시키는 사람이 있다고 칩시다. 그 사람이 만약 다른 음식 관련 앱 혹은 레스토랑 앱에 가입했을 때, 중국 쓰촨 음식점 위주로 먼저 보여주면 상호 간에 도움이 될 거예요. 그런 식으로 사용자들의 정보를 계속 풍성하게 만들어가고, 합법적인 범위 내에서 그것들을 여러 회사가 잘 활용할 수 있게끔 하는 방향이 될 것 같습니다.

_____ 10년 후 센드버드의 비전은 무엇인가요?

_____ 방금 말씀드린 방향으로 10년을 내다봤을 때 우리 앞에 굉장한 기회가 놓여 있을 것 같습니다. 현재 모바일 인터넷 인구가 한 50억 명인데, 10년 후에도 비슷한 수준이라고 가정해봅시다. 50억 명이 한 달에 데이팅 앱이든 배달 앱이든 메시징 기능이 있는 앱들을 평균적으로 4~5개를 쓴다고 하면 결국 50억 명 × 5개 = 250억 월간 트래픽이 센드버드의 기회가 됩니다. 현재는 센드버드가 월 1억 7천 이용자를 보유하고 있는데, 이렇게 생각해보면 성장 기회가 무궁무진해 200배 이상 성장하지 않을까 싶습니다. 사람들이 어떤 앱을 쓰든 간에 어떤 형태로든 소통할 때 센드버드가 대화를 지원한다면 좀 의미가 있지 않을까 합니다. 그래서 지금 월간 1억 7천만 명에서 일간 50억 명이 쓰는 그때가 되면 센드버드가 꿈꾸는 지점에 좀 더 다가갈 수 있으리라 생각합니다.

이것이 단지 숫자상으로만이 아니라 사회적으로도 의미가 있습니다. 실제로 센드버드가 지원하는 의사소통 중에 환자와 의사 간의 대화, 백신 제작을 위한 협업 과정에서의 대화처럼 사회적 중요성을 지닌 의사소통이 많습니다. 그뿐만 아니라 데이팅 앱만 봐도 요즘 결혼하는 많은 커플이 이 앱을 통해서 만납니다. 그렇게 보면 가장 작은 사회적 단위인 가족도 저희가 뒤에서 지원하고 있다고 볼 수 있습니다. 이런 대화들을 통해서 사람들 간의 관계가 형성되는데, 전 지구적으로 그런 관계 형성을 돕는다는 것은 굉장히 의미 있다고 생각합니다.

_____ 센드버드가 전 세계 인구의 모든 소통을 지원하는 그날까지 함께 응원하겠습니다. 감사합니다.

전통 기업에서 기업 플랫폼 회사로 변신한 웹케시 그룹

회사 소개

웹케시 그룹은 1999년 창립한 이후 꾸준히 차별적인 제품들을 출시하면서 성장한 금융 솔루션 기업이다. 2000년대부터 시스템 개발 사업을 시작으로 금융 기업들을 위한 시스템 구축 업체로 성장했다. 하지만 기업이 요청하는 시스템을 수주해서 구축하는 시스템 개발 사업은 지속성이 없다고 판단하고, 2010년대 중반부터 본격적으로 구독 모델을 기반으로 한 클라우드 서비스로 사업을 전환했다. 기존 금융산업에서의 개발 경험을 바탕으로 기업 고객에 필요한 서비스를 만들었고, 이 서비스를 토대로 기업 고객을 위한 B2B 금융 플랫폼을 구축했다.

웹케시 그룹 내 주요 자회사로는 웹케시, 비즈플레이 그리고 쿠콘이 있다. 웹케시 그룹은 시스템 개발 서비스에서 클라우드 서비스로 발전하였으며, 현재는 해당 서비스를 바탕으로 B2B 솔루션 플랫폼으로 성장해 나가고 있다.

석창규 웹케시 그룹 회장 소개

1990년에 동남은행 전산센터에서 경력을 시작했다. 당시 부산에 본점을 둔 동남은행은 기업 전용 온라인 은행 업무 시스템인 펌뱅킹(firm banking, 기업 간 금융거래) 서비스와 교통카드의 원조인 하나로 카드를 처음 도입하는 등 전산 금융 시스템에 많은 투자를 했다. 하지만 1997년 외환위기로 인한 경영난으로 현 국민은행이었던 주택은행에 흡수합병되었다. 이 과정에서 석창규 회장은 동남은행을 퇴사하고 1999년 웹케시 그룹의 전신인 피플앤커뮤니티를 설립했다.

석창규 회장은 승부사 기질이 있다. 2010년대 중반에 잘하고 있던 시스템 개발 사업을 과감히 정리하고, 새로운 먹거리인 클라우드와 플랫폼 사업으로 전환했다. 우리가 잘하는 것을 바탕으로 고객이 원하는 상품을 만들어야 한다는 이념 아래 경리나라, 쿠콘 등의 서비스를 만드는 작업을 진두지휘하며 그룹 내 2개 기업을 코스닥 상장까지 이끌었다.

인터뷰

____ 웹케시 플랫폼이 가진 경쟁력은 무엇이고 웹케시가 가고자 하는 방향은 무엇인가요?

____ 웹케시는 B2B 핀테크 전문 회사입니다. B2B와 B2C는 성격이 조금 다른데, B2C는 우선 무료로 배포한 후 트래픽이 모이면 자연스럽게 사업이 형성됩니다. 하지만 B2B는 처음부터 플랫폼으로 시작할 수 없습니다. 기업들은 공짜로 준다고 무엇인가를 쓰지는 않기 때문입니다. 결

국 B2B는 먼저 기업이 쓸 만한 서비스를 만들고 이를 기반으로 플랫폼을 만들어야 플랫폼 역할을 할 수 있습니다.

예를 들어 경리나라는 플랫폼 내에 재무회계 서비스가 없습니다. 경리나라를 사용하는 기업들은 주로 중소기업입니다. 중소기업의 재무회계는 세무사들이 다 처리해줍니다. 그래서 경리나라는 세무 관련 서비스를 빼고 중소기업에 필요한 매출, 매입 관련한 정보를 자동화해주는 데 집중했습니다. 이렇게 고객에게 필요한 서비스만을 제공하자 사용하는 고객이 늘어갔고, 그 덕분에 플랫폼으로 발전할 수 있었습니다.

웹케시는 플랫폼을 만들기에 앞서 고객에게 꼭 필요한 서비스를 제공하려고 노력합니다. B2C 플랫폼에서는 MAU(Monthly Active Users)나 DAU(Daily Active Users)가 중요하지만, 우리에게는 고객이 앱을 사용하는 시간이 중요합니다. 이 시간을 늘리면 플랫폼을 더 쉽게 구축할 수 있다고 생각합니다. 나중에는 경리나라, 비즈플레이에서 얻은 데이터를 바탕으로 중소, 중견 기업들을 위한 간접자재 구매 유통 플랫폼까지 구축하려고 합니다.

____ **플랫폼을 구축하기 이전에도 웹케시 그룹은 시스템 개발업체로서 타 업체 대비 경쟁력이 있었습니다. 타 시스템 개발업체 대비 차별화 포인트는 무엇이었나요? 그리고 그때도 플랫폼 사업을 염두에 두고 계셨나요?**

____ 웹케시는 시스템 개발을 하더라도 저희가 잘하는 전문 분야에만 집중했습니다. 철저하게 기업 인터넷 뱅킹 중심으로만 시스템 개발 일을

수주했고 덕분에 관련한 경쟁력을 키울 수 있었습니다. 저희가 잘하는 부분만 특화한 덕분에 타 시스템 개발업체 대비 좋은 성과를 가질 수 있었던 것 같습니다.

웹케시는 사업 초기부터 플랫폼 사업 경험이 있었습니다. 편의점 ATM 사업이나 가상계좌는 기본적으로 플랫폼 사업이었습니다. 하지만 경쟁이 극심해 두 서비스는 실패하고 말았습니다. 이러한 경험을 바탕으로 2003년부터 저희만이 할 수 있는 시스템 개발 사업에 집중했고, 여기서 얻어진 경험이 향후 플랫폼 사업을 하는 데 밑거름이 되었습니다.

_____ 웹케시는 시스템 개발 사업을 성공적으로 잘하고 있었는데, 2017년에 갑자기 데이터 플랫폼 사업으로 전환했습니다. 사업을 전환하신 이유는 혹시 무엇인가요?

_____ 그동안 웹케시가 하는 일이 정말 많았습니다. 가상계좌, 편의점 ATM, 기업 시스템 등을 웹케시가 다 만들고 있었는데 막상 웹케시가 벌어들이는 수익은 적었습니다. 결국 가상계좌는 은행에 내주었고, ATM 서비스는 대기업에 내주었습니다. 기업 시스템을 구축해주는 시스템 개발 사업도 영속적이지 않다는 생각이 들었습니다. 시스템 개발은 단순히 건물을 지어주는 사업이었습니다. 저희는 건물 안에서 장사하는 사업을 구축하고 싶었습니다. 단순히 남의 시스템을 만들어주는 데서 끝나지 않고 우리 제품을 만들자는 생각이 들어서 경리나라, 비즈플레이, 쿠콘을 개발하게 되었습니다.

____ **API 전문 플랫폼인 쿠콘은 특이한 사업 모델인데 이 아이디어는 어떻게 출발하게 되었나요?**

____ 2006년 플랫폼 형태로 시작했습니다. 쿠콘이라는 이름 자체가 'collection, connect, control'의 약자입니다. 정보를 모아서 연결하고 이를 통해 통제하겠다는 의미입니다. 쿠콘이 잘했던 것은 API에만 집중했다는 점입니다. 그룹사 내에 웹케시가 있었기 때문에 웹케시를 위한 API를 만들면서 성장할 수 있었고, 이를 바탕으로 서비스를 확장하여 지금의 모습으로 성장할 수 있었습니다. 저는 상품은 바로 쓸 수 있어야 한다고 생각합니다. 쿠콘도 마찬가지의 이념으로 만들었습니다. 그 때문에 상품 가공에 많은 시간을 들였습니다. 고객이 바로 사용할 수 있는 상품을 만든 덕분에 현재 쿠콘은 기존 고객에게 발생하는 매출이 매년 20%씩 늘어나고 있습니다. 나중에 쿠콘을 오픈 플랫폼으로 전환해서 외부 개발자들도 참여할 수 있게 더 확대할 예정입니다.

____ **2014년 비즈플레이 서비스에 일부 시행착오가 있어서 서비스를 한 번 정리했다는 인터뷰를 보았습니다. 혹시 플랫폼에서 시행착오가 발생한 이유는 무엇이고 이를 어떻게 해결하셨나요?**

____ 백화점에 구두를 사러 간다고 했을 때 매장 안에 있는 것이 상품이지 창고에 있는 것은 상품이 아닙니다. 창고에 있는 상품은 고객이 '원하면' 갖다 주는 것들입니다. 제가 비즈플레이를 점검하다 보니 당시 비즈플레이 앱이 50개였습니다. 심지어 앱을 더 늘리고 있었습니다. 하지만

이는 상품이라고 볼 수 없었습니다. 이것들은 쓰레기였습니다. 이들을 기업 고객에 판매하면 기업 고객은 철저히 외면합니다. 50개 중 48개는 기업 고객이 사용하지 않고 경비 지출 관련 서비스 2개만 사용했습니다. 그래서 상품이 아닌 것은 전부 버리고 바꾸기로 마음먹었습니다.

이후 경비 지출 관련한 앱만 전문적으로 하기로 했습니다. 당시에는 전자결재, 인사 시스템까지 다 포함해 앱이 50개였는데, 이제는 경비 지출 관련 앱 종류만 50개가 되었습니다. 고객이 원하는 서비스를 만들다 보니 매출을 끌어올릴 수 있었습니다.

_____ 웹케시 그룹 내에는 양질의 데이터가 흐르고 있습니다. 이러한 데이터를 바탕으로 새로운 플랫폼을 발전시키고자 하는 방향이 있을까요?

_____ B2B 사업을 하면서 막연한 기대로 서비스를 만들어 팔면 실패한다는 것을 알았습니다. 고객의 니즈를 정확히 파악한 후 서비스를 만들고 이를 기반으로 플랫폼을 구축해야 합니다. 저희는 고객이 원하지 않는 것을 먼저 만들어서 제공하기보다는 고객이 요청하면 상품화해 선택할 수 있도록 합니다. 이 때문에 저희가 플랫폼을 고객의 니즈보다 미리 만들어서 제공할 계획은 아직 없습니다. 다행히 B2C와는 달리, B2B는 데이터 포맷이 딱 정해져 있습니다. 그래서 데이터베이스화도 편하고 언제든 활용할 수 있도록 정리되어 있어서 필요하다면 언제든지 빅데이터로 활용할 수 있습니다. 나중에 데이터의 가치가 조금 더 높아졌을 때 이를 서비스화할 계획입니다.

_____ 5년 후 웹케시 그룹은 어떤 모습일까요?

_____ 많이 바뀌어 있을 것 같습니다. 저희 고객들은 현재 모두 인바운드로 들어오고 있습니다. 지금 플랫폼이 안정되어 있어서 타 기업 대비 저렴하게 서비스를 제공할 수 있습니다. 5년 후에는 현재 4만 단위의 고객군이 10만 단위로 확대될 것으로 기대합니다. 그리고 경리나라는 기업 데이터를 바탕으로 간접자재 유통 사업을 추가했을 것으로 기대합니다.

_____ 시스템 개발 서비스로 시작해서 B2B 플랫폼으로 발전해가는 웹케시 그룹의 미래가 기대됩니다. 감사합니다.

PART 2

고객

데이터와 디지털로 무장하다

──── 초연결 시대에 고객은 디지털과 데이터로 무장된다. 고객은 더 이상 분석의 대상이 아니다. 플랫폼을 통해서 전략 수립 과정에 참여한다. 디지털 혁신 전략을 수립할 때 첫 번째 키워드가 고객인 이유다. 플랫폼에서 기업은 고객 혹은 파트너와 연결되어 고객을 중심으로 소통한다. 고객의 의견을 빠르게 전략과 플랫폼에 반영한다. 이는 전략이 기업 내부의 경영자들에게서 벗어나 고객과 함께 수립하는 공동혁신이 되고 있음을 보여준다.

디지털 혁신으로 일어나는 산업의 급격한 변화에 대응하기 위해서는 속도 또한 중요하다. 디지털 혁신 전략을 수립하기 위해서는 고객과 속도를 중심으로 하는 새로운 전략체계와 모델이 필요하다. 우리는 이 전략체계를 '고객 주도 디지털 혁신(CDDI)'이라고 이름 지었다. 디지털 혁신 전략은 고객과 함께하는 공동혁신이다.

CHAPTER 1

경영 전략의 재구성

───── 디지털 플랫폼 모델을 이용해 플랫폼 사업을 시작하면, 기존의 가치사슬 사업과는 다른 전략 수립과 실행의 문제를 마주한다. 전통 기업은 분기와 연간 단위의 전략과 실행 사이클을 가진 가치사슬 사업과, 월과 주간 단위의 전략과 실행 사이클을 가진 디지털 사업을 동시에 진행해야 한다. 특히 디지털 사업은 기존과는 다른 전략체계가 필요하다.

물론 디지털 사업도 전략을 수립하고, 이를 바탕으로 디지털 비즈니스 모델을 설계하고, 실제 디지털 플랫폼을 구축하여 디지털 사업을 실행하는 사이클은 같다. 그런데 일단 디지털 플랫폼이 구축되면 여기서부터 이야기가 달라진다. 플랫폼이 만들어지면 전략이 플랫폼 안으로 들어온다. 이 플랫폼에서 기업은 고객과 소통하면서 지속적으로 전략과 디지털 비즈니스 모델을 계속 수정하고, 이를 바탕으로 디지털 서비스를 끊임없이 개발해 제공한다. 처음에는 구체적인 하나의 특정 비즈니스 모델을 구현하기 위해 디지털 플랫폼이 구축되지만, 구축되고 나면 다양한 디지털 비즈니스 모델들이 디지털 서비스의 형태로 만들어져서 꾸준히 출시된다. 전략이 플랫폼에서 고객과 소통하면서 수시로 만들어지고 수정된다는 의미다.

파트 4에 나오는 카카오엔터프라이즈의 사례를 보면, 고객의 피드백을 기초로 한 달 이내에 전략이 수정되고 비즈니스 모델을 손보고 디지털 서비스를 만들어 출시한다. 스타트업에는 이런 속도가 내재화되어 있다. 파트 3의 사례인 플록스에서도 초기 출시 때 기획자와 개발자, 총 2명으로 이루어진 각 3개의 팀이 한 달 이내에 전략, 기획, 비즈니스 모델, 앱 구축 등을 완료하고 3개의 디지털 서비스를 출시했다. 그중에 한두 개의 앱만이 시장에서 살아남는데 이러한 숱한 과정에서 '페퍼로니(pepperoni)'라는 라이브 동영상 플랫폼 서비스가 만들어졌다.

KB 금융지주사의 조영서 연구소장은 인터뷰에서 전통 기업이 디지털 플랫폼 사업을 시작할 때의 도전과제를 다음과 같이 얘기한다.

"금융상품 투자 등 고객에게 직접적인 영향을 줄 수 있는 부분에서는 철저히 통제해서 실패 위험을 막아야 합니다. 기존의 오프라인 금융은 본연의 역할에 충실해야 하니까요. 하지만 디지털 사업은 이야기가 달라집니다. 많은 분이 착각하시는 부분이기도 한데요, 우리의 강점을 이용해서 적과 싸우자는 얘기를 잘해요. 그런데 전쟁터가 다르다는 걸 알아야 합니다. 우리의 강점을 가지고 이길 수 있다면, 그 전쟁터는 우리 쪽 전쟁터이겠지요. 하지만 지금 전쟁터는 디지털 세상입니다. 마치 몽골군이 거대한 기마병을 이끌고 압록강을 건넜는데, 수성전을 한다고 성을 좀 높게 쌓은 것이 무슨 의미가 있겠어요. 저희는 전면전을 해야 하고, 전면전에서 승리하는 유일한 방법은 고구려의 철갑기병같이 몽골에 대적할 기병을 육성하고 강하게 만들어야 합니다. 저희도 디지털 기업이 되어야 하는 것이지요."

전사 전략과 사업 전략

———

디지털 혁신은 필수다. 창의적인 비즈니스 모델을 끊임없이 만들어내는 디지털 경쟁자와 경쟁하는 전통 기업에는 더욱 그렇다. 디지털 혁신은 기업의 계획이나 전략을 수립하는 활동과 별개가 아니다. 기업의 전략 수립 과정 안으로 디지털 혁신이 들어와야 한다. 물론 쉬운 일은 아니다. 앞에서 말했듯이 속도가 서로 다른 2개의 사업을 동시에 해야 하기 때문이다. 전통 기업이 전략 수립과 디지털 혁신을 연계해야 하는 이유다.

이 논의를 본격적으로 하기 전에 전통적인 전략 수립체계에 대한 이해가 필요하다. 기업은 매년 또는 수시로 다양한 전략을 수립한다. 전략이란 '특정 기업이 목표를 달성하기 위한 경로나 수단'을 일컫는다. 전략은 크게 전사 전략과 사업 전략으로 분류될 수 있다. 전사 전략은 여러 사업을 운영하는 기업에서 성장 전략, 축소 전략, 글로벌 전략 등을 통해서 기업의 사업 포트폴리오를 수립하고 관리하는 것을 통칭한다. 전사 전략을 기업 전략이라고 부르기도 한다.

사업 전략은 특정 산업에서 특정 사업이 경쟁우위를 갖기 위한 구체적인 계획을 수립하는 것을 말한다. 사업 전략을 경쟁 전략으로 부르기도 한다. 전사 전략이나 사업 전략을 수립할 때, 산업 동향이나 핵심 트렌드 등과 같은 외부환경 분석이나 기업 내부의 핵심 역량 분석 같은 내부환경 분석을 하여 경영 환경 전반을 이해한다. 이와 같은 분석을 통칭하여 '환경 분석'이라고 한다. 전략체계는 크게 환경 분석, 전사 전략, 사업 전략 등 세 가지로 분류된다. 각각에 대해서 간단하게 정리해보자.

3가지 전략체계

—

환경 분석

외부환경 분석과 내부환경 분석으로 나눌 수 있다. 외부환경 분석은 산업환경, 거시적 변화 트렌드 그리고 글로벌 환경 등을 분석하여 사업의 기회와 위협을 분석한다. 외부환경 분석에서 가장 잘 알려진 모델이 마이클 포터 교수의 산업구조 분석 모델이다. 파트 1에서도 디지털 혁신이 일으키는 산업의 변화를 논의하기 위해서 포터 교수의 산업구조 분석 모델을 사용했다. 최근에는 거시적 변화 트렌드를 파악하여 다양한 미래를 예측하는 모델도 많이 개발되었다. 거시적 변화 트렌드는 메가트렌드, 핵심 트렌드라고도 한다. 미래를 바꿀 수 있는 다양한 거시적 변화 트렌드들이 제안되지만 이 중에서도 핵심적으로 논의되는 트렌드가 디지털 기술이다. 디지털 기술이 바꾸는 미래 산업의 변화는 이 책의 주제이기도 하다.

내부환경 분석에서 가장 잘 알려진 이론은 '핵심 역량' 모델이다. 1990년에 미시간대학의 프라할라드(C. K. Prahalad) 교수와 런던대학의 게리 하멜(Gary Hamel) 교수가 발표한 모델로, 기업 내부에서 성공의 원천을 파악하는 것을 배경으로 한다. 핵심 역량이란 타 기업보다 경쟁우위를 가질 수 있는 기업의 능력을 의미한다. 삼성전자의 글로벌 공급망 관리, 코카콜라의 브랜드 마케팅 역량, 소니의 소형화 기술 등은 잘 알려진 핵심 역량들이다. 이와 같은 기업의 핵심 역량을 파악하고, 파악된 역량을 어떻게 유지하고 육성할 것인지에 중점을 두는 분석 모델이다.

전사 전략

여러 사업을 운영하는 기업이 전사 차원에서 글로벌 전략, 성장 전략, 축소 전략 등을 통하여 사업 포트폴리오를 정하는 의사결정을 말한다. 파트 1에서 소개한 판카즈 게마와트 교수의 AAA 삼각 법칙 모델도 기업의 세계화와 글로벌 운영체계에 대한 대표적인 글로벌 전략 모델이다. 성장 전략에는 시너지 창출을 위한 수직적 통합, 다른 산업으로 확산하는 사업 다각화, 그리고 동종업계 기업들의 인수합병을 통한 수평적 통합 등이 포함된다. 기술 혁신을 통한 신제품 개발로 신규 사업에 진출하는 것도 성장 전략에 포함된다.

축소 전략은 사업의 구조조정, 사업 매각 등이 포함된다. 이러한 다양한 전략적 의사결정을 통해 사업 포트폴리오가 결정된다. 사업 포트폴리오가 결정되면, 중복투자를 방지하고 다양한 사업 간의 시너지를 내는 등 사업 간 조정 활동과 사업 간에 자원을 어떻게 배분할지에 대한 의사결정이 수반된다.

사업 전략

특정 산업에서 활동하는 개별 사업의 경쟁 전략을 수립하는 것을 말한다. 전사 전략 수립을 통해서 구체적인 사업 포트폴리오가 정해지면 개별 사업별로 전략을 세운다. 환경 분석을 통하여 개별 사업이 속한 산업을 이해하고, 개별 사업이 가진 역량을 파악한 후에 이를 기초로 사업의 목표를 달성하기 위한 경쟁 전략을 수립하는 것이다. 그래서 사업 전략을 경쟁 전략으로 부르기도 한다. 여기서 우리는 사업 전략에 좀 더 주목해야 한다. 향후 논의될 디지털 혁신 전략이 사업 전략에 속하기 때문이다. 또한 앞에서 비즈니스 모델을 '전략 내에서 핵심 역할을 하는 기업의 사업 활동을 구체화한 것'이라고 정의했는데, 여기서 전략은 사업 전략을 지칭한다.

마이클 포터는 사업 전략을 수립할 때 세 가지 본원적 경쟁 전략을 제안했다. 비용 우위 전략, 차별화 전략, 집중화 전략이다. 그러나 40년 전

전사 전략과 사업 전략, 기능 전략의 구분

기업이 여러 사업을 전개하지 않을 때는 전사 전략이 사업 전략이 된다. 전사 전략을 수립할 때도 여러 산업에 대해서 산업구조를 분석하여 이해도를 높이는 경우가 많다. 그래서 사용하는 분석 모델이나 방법론만 가지고는 전사 전략인지 사업 전략인지 구분하기 어렵다. 특정 산업과 특정 기업에 따라 탄력적으로 적용해야 한다. 중요한 것은, 전사 전략 수립의 목표가 사업 우선순위와 사업 포트폴리오 결정에 초점을 두는 반면에, 사업 전략은 특정 사업이 특정 산업에서 목표를 달성하기 위한 구체적인 경쟁 전략 수립에 초점을 둔다는 점이다. 개별 기업이 각각의 전략 수립 단계에서 어떤 모델을 사용할지는 해당 산업과 기업의 특성에 따라 달라진다.

전략 수립의 또 다른 축으로는 기능 전략이 있다. 전사 전략과 사업 전략을 효과적으로 지원하기 위해서 재무, 마케팅, 구매, 생산, 인사 등 기능별로 전략을 수립하는 것을 말한다. 기능 전략은 기업의 자원을 효과적으로 관리하여 효율성, 품질, 향상된 고객 서비스 등 운영의 최적화를 지향함으로써 수익성 향상에 도움을 줄 수 있다. 따라서 기능 전략은 프로세스 혁신과 직접 관련이 있다. 한국 기업이 경영 혁신이나 프로세스 혁신을 할 때 중요하게 다루는 영역이다.

에 만들어진 이 본원적 경쟁 전략은 최근에 일어나는 새로운 경쟁 형태를 설명하기에는 역부족이다. 그중에서도 집중화 전략이 그렇다. 디지털 혁신으로 고객 확보가 네트워크 효과를 일으키며 지수적으로 발생하는 데다 고객 개인 단위의 사업 다각화가 디지털상에서 자유롭게 일어나는 것을 감안할 때, 한정된 고객에게 집중하는 집중화 전략은 상대적으로 중요성이 떨어진다.

급변하는 환경과 디지털 기술의 발전을 고려할 때, 디지털 혁신 전략이 중요한 경쟁 전략으로 부상하고 있다. 디지털 혁신은 경쟁의 전제가 되는 제품과 서비스, 비즈니스 모델의 형태 자체를 바꾸어버린다. 가치를 창출하는 방식도 바꿈으로써 산업구조 자체가 바뀌기도 한다. 기업의 경쟁우위를 만들어내는 강력한 경쟁 전략이 될 수 있다. 초연결 시대에 세 가지 경쟁 전략은 디지털 혁신 전략, 차별화 전략, 비용 우위 전략으로 재구성된다.

CHAPTER 2

디지털 혁신 전략의 핵심, 고객과 속도

—— 초연결 시대에 맞춰 재구성한 본원적 경쟁 전략인 디지털 혁신 전략, 차별화 전략, 비용 우위 전략은 상호 배타적이지 않다. 전통 기업이 선도 기업이 되기 위해서는 디지털 혁신을 통해서 산업의 혁신을 이끌어야 하고, 차별화도 달성해야 하며, 비용 우위도 가져야 한다.

선도 기업은 디지털 제품과 서비스 혁신에 노력을 많이 기울인다. 애플이 대표적인 기업이다. 반면 추종 기업은 프로세스 혁신을 통해서 비용 우위를 추구한다. 삼성전자가 2000년대에 프로세스 혁신을 강조하며 효율적인 글로벌 공급망 관리를 통해서 비용을 획기적으로 절감한 것이 대표적인 사례다.

디지털 제품과 서비스 혁신은 전사 전략 수립의 핵심이고, 프로세스 혁신은 디지털 전환의 성공을 좌우한다. 디지털 기술 혁신에 따른 신제품 개발은 항상 신규 사업 전략의 핵심 중 하나였다. 반면에 디지털 프로세스 혁신은 실행 영역에 해당한다. 특히 프로세스 혁신은 디지털 전환에서 중요한 활동이다. 기업은 프로세스 혁신을 통해서 프로세스 표준화와 데이터 표준화를 달성하고, 이를 기반으로 IT와 디지털 시스템, 지능 체계를 구축하며, 표준화된 프로세스를 실행할 수 있는 조직과 성과체계, 역량 등을 설계하기 때문이다.

그러나 2007년 이후 시작된 디지털 혁신은 비즈니스 모델 혁신이 주도하고 있다. 그 변화의 핵심은 새로운 가치 창출 모델인 디지털 플랫폼 모델이다. 최근에 등장한 잠재적 파괴자인 스타트업은 디지털 플랫폼 모델에 기반한 창의적인 비즈니스 모델을 가지고 시장에 진입하면서 혁신을 일으키고 있다. 전통 기업도 디지털 플랫폼 모델에 기초한 경쟁 전략을 짜야 디지털 기업과의 치열한 경쟁에서 살아남아 성장할 수 있다. 한마디로 디지털 혁신 전략의 중심은 비즈니스 모델 혁신이다.

새로운 디지털 기술을 활용한 제품과 서비스 혁신, 프로세스 혁신은 과거부터 중요하게 다뤄진 혁신 영역이지만, 이 책에서는 전체 개념을 이해하는 데 필요할 때만 다룬다. 혹 디지털 제품 개발이나 프로세스 혁신에 좀 더 관심이 있다면 다른 책에서 더 좋은 정보를 얻을 수 있을 것이다.

디지털 혁신의 키워드

—

최근에 일어나는 산업의 혁신 속도를 보면, 디지털 혁신 전략이 기업의 전략을 수립하는 활동에 녹아들어 가야 한다. 그래야만 매년 또는 매 분기 전략을 수립할 때마다 디지털 혁신 전략이 그 중심에서 논의될 수 있다. 사실, 디지털 혁신 전략은 산업이나 시장이 바뀔 때마다 수시로 수립되어야 한다. 사업 전략을 분기별로 향후 1년간 수립한다면, 디지털 혁신 전략은 매달 또는 매주 수립되거나 수정될 수 있다고 가정해야 한다.

디지털 혁신 전략을 고려할 때 키워드는 '고객'과 '속도'다. 기업의 경영진이 시장을 분석하고 대안을 수립하는 전통적인 전략과 가장 차이 나는 부분이다. 고객은 분석의 대상이 아니다. 플랫폼을 통해서 전략 수립 과정에 참여한다. 또한 디지털 혁신으로 인한 시장과 고객의 빠른 변화에 대응하기 위해서는 속도가 매우 중요하다. 전략을 빠르게, 자주 수립해야 한다. 디지털 플랫폼 사업은 디지털 공간에서만 운영되므로 빠른 속도가 필요하다.

디지털 혁신 전략의 첫 번째 키워드인 '고객'부터 들여다보자. 고객은 디지털 혁신의 최대 수혜자다. 초연결 시대에 고객은 디지털과 데이터로 무장된다. 과거에 고객과 기업 사이에서 발생했던 정보의 비대칭 문제는 빠르게 사라지고 있다. 기업은 디지털과 데이터로 무장된, 과거 어느 때보다도 똑똑한 고객들을 만나고 있다. 고객은 플랫폼에서 소비자 또는 생산자 등 다양한 역할을 하면서 플랫폼 운영 기업과 실시간으로 소통하고 콘텐츠나 디지털 서비스 개발에 참여한다. 플랫폼은 고객으로부터 시작되고, 플랫폼의 혁신도 마찬가지다.

디지털 플랫폼에 고객들이 모이면 자연스럽게 고객 커뮤니티가 생긴다. 고객들은 커뮤니티에서 실시간으로 소통하고, 커뮤니티의 문화도 만들어가고, 서로의 경험을 공유한다. 고객들은 이 과정에서 디지털화된 집단지능을 가진다. 디지털화된 집단지능을 가진 디지털 고객 커뮤니티의 탄생이다.

고객은 시장에 쏟아져 나오는 디지털 비즈니스 모델 중 일부를 선택함으로써 산업의 창조적 혁신에도 주도적 역할을 한다. 고객에게 선택받은 스타트업은 검증받은 강력한 비즈니스 모델로 시작하는 것이다. 고객이 비즈니스 모델을 선택하고 커뮤니티를 만들어 디지털 혁신을 주도한다.

디지털 혁신 전략의 두 번째 키워드는 '속도'이다. 빠르게 자주 전략을 수립하고 수정해야 하는 환경에서 새로운 디지털 혁신 전략체계는 속도를 우선순위에 두고 개발되어야 한다. 데이터와 통계적 완전성도 중요하지만, 거기에 치중하다 보면 속도를 희생할 수밖에 없다. 균형도 좋지만 산업이 급격히 변화하는 상황에서는 속도가 더 중요하다. 어차피 디지털 기술의 미래 트렌드에 기반하여 정성적인 의사결정이 필요한 영역이므로 더욱 그렇다. 필자가 한국, 미국, 유럽, 일본, 중국 등 세계적 기업들과 30년 동안 컨설팅하면서 배운 가장 큰 교훈은 '혁신하는 기업은 빠르다' 라는 점이다. 분석의 목적이 분석의 통계적 완전성이 되어서는 안 된다.

디지털 혁신으로 산업의 경쟁 요인들이 근본적으로 바뀌는 상황에서 경영자들은 쏟아지는 전략적 기회, 위협 그리고 더 빠르게 혁신을 진행해야 한다는 압박을 받고 있다. 시장에서는 고객에게 선택된 수많은 비즈니스 모델들이 쏟아져 나온다. 과거에는 잘 구상된 전략과 계획 수립에서 해결책을 찾았지만 시간이 너무 오래 걸린다. 전략 수립과 실행 간격을 좁히기 위해서 우리는 고객에게서 새로운 해법을 찾아야 한다.

디지털 혁신 전략의 수립은 고객 및 파트너들과 함께 창조적인 혁신을 해나가는 과정이다. 고객, 파트너들과 에코 생태계를 만들어가면서 고객을 중심으로 서로 소통하고, 고객의 의견을 빠르게 반영시키는 디지털 플랫폼을 수립하는 것이 디지털 혁신 전략의 핵심이다. 이는 전략이 기업 내부의 경영자들에게서 벗어나서 고객과 함께 공동으로 수립하는 포괄적 참여의 영역으로 가고 있음을 보여준다. 디지털 플랫폼 모델에서는 더욱 그렇다. 기업 전략 수립의 근본적인 패러다임의 변화이다. 우리는 이 새로운 전략체계를 고객이 혁신을 주도하는 공동혁신과 속도에 중점을 두어서 만들었다.

디지털 혁신 전략을 수립하는 데 시간을 너무 쏟다 보니 정작 실행할 때는 환경이 이미 바뀌어서 전략이 무용지물이 되는 사례를 여러 번 목격했다. 특히 2007년부터 최근까지 많은 글로벌 대기업이 몰락한 원인이 속도일 때가 많았다.

디지털 혁신 전략 수립

—

필자는 30년간 경영 혁신을 컨설팅하고 최근 10년간 디지털 혁신에 관한 세 권의 책을 쓰면서 연구해왔던 사례와 이론을 종합하여 새로운 디지털 혁신 전략체계를 만들었다. 이 전략체계는 고객을 키워드로 삼았기에 '고객 주도 디지털 혁신(CDDI: Customer-driven Digital Innovation) 전략체계'라고 이름 붙였다. 그림 2-1은 앞으로의 전략체계를 논의하는 데 이해를 돕기 위해서 파트 1에서 소개했던 디지털 혁신 피라미드(그림 1-6)에 CDDI 전략체계를 추가하여 만들었다. 디지털 혁신 전략체계의 전체 개념을 도식화해서 만들었으므로, 개별 개념들을 설명할 때 참조하면 이해하는 데 좀 더 도움이 될 것이다.

그림 2-1이 보여주듯이 기업이 사업 전략을 세울 때 핵심은 디지털 혁신 전략을 수립하는 데 있다. CDDI 전략체계는 이를 도와주는 구체적인 모델로 구성되어 있다. 크게 디지털 환경 분석, 디지털 혁신 전략, 디지털 모델 등 세 가지로 구성된다.

디지털 환경 분석은 기업을 둘러싼 디지털 외부환경과 내부환경을 직관적으로 분석할 수 있게 도와주는 도구들이다. '산업 디지털화 모델'과 '디지털 성숙도 평가'의 두 모델로 구성되어 있다. 산업 디지털화 모델은 산업의 디지털화 정도를 측정하는 모델이고, 디지털 성숙도 평가는 기업의 디지털 역량 정도를 측정한다.

환경 분석에는 다양한 모델들이 사용될 수 있다. 하지만 디지털 환경

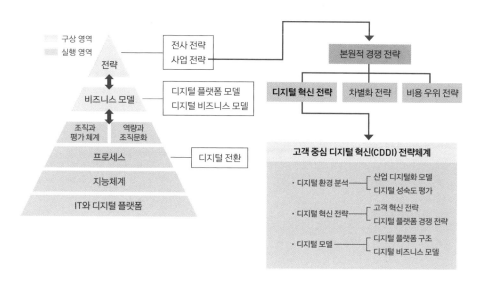

그림 2-1 | 디지털 혁신 전략 피라미드

분석에는 적은 시간과 노력으로 빠르고 쉽게 만들 수 있는 모델이 필요하다. 디지털 혁신은 빠르게 진행 중이어서 과거처럼 긴 시간 동안 자료의 완전성을 추구하면서 환경 분석을 하는 것은 효과적이지 않다. 디지털 환경 변화에 따라 자주 하는 것이 더 중요하다. 산업 디지털화 모델과 디지털 성숙도 평가는 속도를 우선순위에 두고 개발했다. 데이터를 중심으로 분석하지만, 데이터가 완전하지 못하더라도 직관과 판단에 따라 빠르게 만들 수 있도록 개발되었다. 이 두 모델은 기업이 디지털 환경의 변화를 빠르게, 수시로 분석해 신속하게 대응하는 데 도움을 줄 수 있다.

디지털 혁신 전략은 고객과 디지털 플랫폼의 두 영역에서 수립한다.

고객의 디지털 필요를 파악하고, 목표로 하는 고객군에서 혁신 기회를 발견하는 고객 혁신 전략을 세운 후 이에 기반하여 경쟁하는 방법을 정하는 디지털 플랫폼 경쟁 전략을 수립한다. 이는 다음 단계인 디지털 모델 설계에 중요한 전략적 방향성을 제시한다.

디지털 모델은 기술구조 및 가치 창출 방식 등을 설계하는 디지털 플랫폼 구조와, 창의적인 아이디어와 다양한 수익 창출 방식 등을 고려하여 설계하는 디지털 비즈니스 모델로 나누어진다.

CHAPTER 3

4가지로 나뉘는
산업 디지털화 모델

───── 산업에서 현재의 경쟁구조는 과거에 일어난 혁신이 일정 기간 지속되는 상태를 말한다. 디지털 혁신은 산업을 발전시키는 중요한 요인이며 산업의 경쟁구조를 바꾸어놓는다. 산업 디지털화 모델은 해당 산업이 얼마나 디지털화되어 있는지 그리고 디지털 혁신으로 경쟁구조가 어떻게 바뀌고 있는지를 직관적으로 판단할 수 있게 도와주는 도구다.

그림 2-2를 보면, 산업별로 3년간의 트렌드를 볼 수 있다. 최근 2년간 산업의 움직임과 향후 1년간의 움직임을 예측해서 산업에서 디지털 혁신이 진행되는 트렌드를 파악하는 모델이다. 현재 디지털 혁신이 진행 중이어서 새로운 경쟁구조가 다시 만들어지는 산업과, 상대적으로 과거의 혁신으로 진행된 경쟁구조에 머물러 있는 산업에서 기업이 수립하는

그림 2-2 | 산업 디지털화 모델

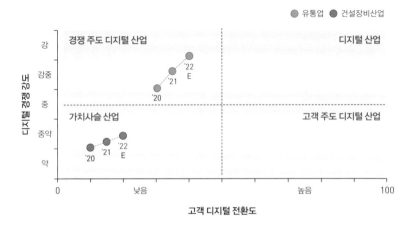

디지털 혁신 전략은 다를 수 있다. 또한 디지털 플랫폼 기업은 고객 단위에서 사업 다각화를 할 수 있다. 관련 산업들의 최근 2년간 그리고 앞으로 1년간의 예측 트렌드를 보면 고객 단위에서 어떤 산업의 디지털 서비스를 만들어 사업 다각화를 할 것인가에 대한 의사결정에도 도움을 얻을 수 있다. 중요한 것은 이 모델은 산업별로 3년 동안의 트렌드를 살펴보는 것이 목적이라는 점이다.

산업 디지털화 모델은 가로축을 고객 디지털 전환도로 보고, 세로축을 디지털 경쟁 강도로 삼아서 네 가지 유형으로 분류한다. 다양한 요인들을 조합하여 고객 디지털 전환도와 디지털 경쟁 강도의 두 기준을 측정하여 연속선 위에 위치를 정한다. '강, 강중, 중, 중약, 약' 5개의 기준점

산업의 분류

산업은 '동일한 기본 고객 필요(same basic customer needs)'를 만족시키는 제품 혹은 서비스를 공급하는 기업집단이다. 시장이란 산업 내에서 고객들의 개인적인 속성이나 수요의 특수성에서 산업 내의 다른 고객과 차별화되는 고객의 집단을 말한다. 산업의 경계는 고객의 필요가 시간이 지남에 따라 발전하기 때문에 변화할 수 있다(Charles W.L. Hill. etc., *Strategic Management*, 2015). 산업 간 융합은 산업의 경계가 고객을 중심으로 변화함으로써 발생한다. 디지털 플랫폼에서는 고객 단위의 사업 다각화를 통해서 다른 산업으로 진출하는 경우가 많아서 산업의 융합이 플랫폼별로 일어나는 것을 자주 볼 수 있다.

산업의 구분은 기업 고객을 타깃으로 하는 기업에는 매우 중요하다. 마케팅 및 판매 전략은 물론 기업 솔루션, 소프트웨어, 제품 전략도 산업별로 개발되기 때문이다.

2000년대 후반에 IBM 뉴욕 본사에서 전자 및 IT 산업의 글로벌 리더로 일한 적이 있었다. 전자 및 IT 산업의 고객에게 특화된 산업 솔루션을 만들기 위해서 뉴욕에 있던 왓슨 연구소의 박사들과 고민했던 기억이 난다. 그렇게 만들어진 솔루션을 한국, 일본, 미국, 유럽의 글로벌 기업에 소개해서 기업의 혁신을 도와주는 것이 가장 중요한 업무였다. 필자가 경험했던 대부분의 글로벌 선도 기업들은 15개에서 25개 사이의 산업을 구분하고 기업의 전략을 수립했다. 약간의 용어 정의나 분류에서 차이가 있었지만, 대부분은 비슷했다. 평균 20개 정도로 구분하고, 산업계가 시장을 중심으로 자생적으로 기준을 만들고 있다. 글로벌 기업의 산업 분류를 참고하면 도움이 많이 되지만, 그럼에도 산업의 정의는 개별 기업의 의사결정 사항에 속한다.

을 잡아서 위치시킨다. 오른쪽 위부터 시계방향으로 디지털 산업, 고객 주도 디지털 산업, 가치사슬 산업, 경쟁 주도 디지털 산업의 네 가지 유형으로 구분한다. 이는 경영진에게 짧은 시간에 직관적인 이해를 제공할 수 있어서 의사결정에 도움을 준다.

고객 디지털 전환도 판단

—

고객 디지털 전환도는 온라인 거래 고객 점유율이나 고객 경험의 디지털화 등을 지표로 이용하여 판단한다. 소비재 산업이나 유통업처럼 고객 관련 데이터가 존재하는 산업일 때는 온라인 거래 고객 점유율을 지표로 사용한다. 국내 유통업의 예를 들어보자. 2020년 소매시장 규모는 475조(통계청 기준)이고, 2020년 이커머스 침투율은 30% 정도로 추산된다.

2021년 이커머스 침투율은 35%로 예상한다. 2018년 21% 대비 3년 만에 14% 증가한 것으로 추산된다. 이 같은 추세로 가면, 2025년까지 50%로 높아질 것이다.

그림 2-2에서 유통업의 트렌드는 위와 같은 산업 데이터(2020, 2021, 2022)를 바탕으로 만들어졌다. 소매업, 유통업과 같이 산업의 고객 데이터가 존재할 때는 이를 기준으로 온라인 거래 점유율을 도출하고, 고객 디지털 전환도를 판단한다.

건설장비나 석유화학과 같이 기업 고객을 상대하는 산업에서는 객관적인 고객 데이터를 구하기 어려울 때가 많다. 이때는 고객 경험의 디지털화 정도를 기준으로 고객 디지털 전환도를 판단한다. 고객 경험의 디지털화는 해당 산업 고객들이 고객 경험의 전체 여정에서 얼마나 많은 부분이 디지털로 전환되었는가에 대한 정성적 판단이다. 즉, 정보 탐색, 선택, 구매, 제품과 서비스 전달이라는 고객 경험 여정의 단계마다 고객이 오프라인에서 온라인으로의 전환 수요나 전환을 얼마나 쉽고 빠르게 결정하는지에 따라 상대적으로 판단할 수 있다.

그림 2-2에서는 기업 고객을 상대하는 건설장비 산업을 또 하나의 예로 들었다. 건설업에 있는 기업의 경험 및 구매 의사결정이 얼마나 디지털화되어 있는지를 측정한다. 건설업 디지털화에 관련된 산업지표나 전산 예산 증가 등의 데이터가 많은 도움을 줄 수 있다. 건설업의 디지털화나 고객들의 디지털화에 대한 데이터가 축적될수록 정확도가 높아진다. 그렇지만 어느 정도 주관적 판단이 개입될 수밖에 없다. 고객 경험의 디

지털화는 주로 기업 고객에 적용되는 지표로서 산업별 특성에 기반하여 간접적인 산업 데이터를 수집하고 정성적인 판단과 함께 고려하여 결정된다.

디지털 경쟁 강도는 디지털 스타트업의 진입장벽, 디지털 경쟁자의 시장점유율, 대체플랫폼의 수, 메타플랫폼의 존재 여부 등의 산업 데이터를 수집하여 정성적으로 판단한다. 다시 유통산업을 예로 들어보자. 최근에 유통산업에는 개인들이 음식 서비스, 문화 서비스, 농산물, 축산물 등 세부 시장별로 수많은 스타트업을 창업해 진출하고 있다. 비교적 스타트업의 진입장벽이 낮은 산업이지만, 유통산업의 특성상 네이버, 쿠팡, 이베이 등 과점체계도 유지하고 있다. 2021년에는 이커머스 시장점유율 3%인 SSG닷컴을 가지고 있는 신세계 그룹이 12%의 시장점유율을 가진 이베이코리아를 인수했다. 오프라인 유통에서 시장점유율 1위인 신세계 그룹은 이커머스 시장에서도 15%의 시장점유율로 쿠팡(13%)을 넘어서, 네이버(18%)에 이어 2위로 부상했다. 2021년을 보면 전체 소매시장의 35%를 차지하는 이커머스 시장에서 네이버(18%), 신세계 그룹(15%), 쿠팡(13%) 등 3개 기업의 점유율이 46%에 달한다. 또한 롯데온과 카카오 커머스와 같은 대체 이커머스 플랫폼도 존재하면서 갈수록 경쟁이 치열해지고 있다. 위와 같은 데이터를 가지고 판단해보면 디지털 경쟁 강도가 상당히 높은 '강중'으로 평가할 수 있다.

앞에서 예로 들었던 건설장비 산업은 다른 특성을 보여준다. 대규모 공장과 설비에 대한 투자가 필요하고, 건설기업과 같은 기업 고객에 판매하기 때문에 디지털 혁신이 주로 프로세스나 제품에서 일어난다. 새로운 플랫폼 모델의 시도는 있지만 산업의 주체는 아니다. 그러므로 디지털 경쟁 강도는 '중하'에 가깝다.

　디지털 경쟁 강도를 계산하는 것은 구할 수 있는 데이터에 의존해 숫자적인 기준을 유추해내고, 그다음에는 산업별로 정성적 판단을 추가해서 결정할 수밖에 없다. 산업별로 특성이 달라 정확한 데이터나 통계를 구하기가 어려울 때도 많고, 데이터를 산업별로 직접 비교하는 것이 어려울 때도 많다. 물론 많은 예산을 투자해서 산업이나 시장 데이터를 획득하여 정확성을 높이면 좋겠지만, 초연결 시대에는 속도가 중요하다. 빠르게, 자주 산업과 시장의 상황을 반영하여 지속해서 디지털 혁신 전략을 수립하고 수정해나가는 데 중점을 둔다. 사용할 수 있는 데이터에 정성적 판단을 추가해서 얼마나 정확하게 사분면의 특정 지점에 위치시키느냐보다는, 변화의 방향성과 트렌드를 보는 것이 이 모델의 목적이다.

4가지 유형의 산업 디지털화 모델

—

디지털 산업

오른쪽 위는 디지털화가 급속도로 진행된 산업이다. 고객 디지털 전환도와 디지털 경쟁 강도가 높은 산업으로, 디지털 혁신이 이미 산업의 경쟁구조를 바꾸어서 디지털 경쟁자들이 주로 활동한다. 대부분 고객의 거래나 활동이 디지털 세계에서 일어난다. 또한 플랫폼별로 충성도 높은 디지털 고객 커뮤니티가 형성되어 있다. 진화된 디지털 고객 커뮤니티는 메타버스에서 가상화폐를 이용하기도 하고, 플랫폼 운영 기업의 디지털 서비스 출시나 플랫폼의 향후 업그레이드에 직간접적으로 참여하기도 한다. IT, 게임, 미디어, 엔터테인먼트 산업 등이 대표적이다. 디지털 진입 장벽이 낮으므로 수많은 아이디어를 가진 신규 스타트업들이 끊임없이 진입해 혁신이 계속해서 일어난다.

경쟁 주도 디지털 산업

왼쪽 위는 경쟁 주도 디지털 산업이다. 디지털 스타트업의 진입장벽이 낮은 산업으로, 많은 스타트업이 해당 산업에 진출하면서 창의적인 아이디어로 산업의 혁신을 일으키는 과정이 진행 중이다. 기존 기업이나 신규 진입하는 디지털 스타트업에 의해 디지털 혁신이 일어나면서 새로운 경쟁구조가 다시 만들어진다. 산업의 경쟁구조를 창조적으로 파괴하고 디지털 혁신을 이끄는 기업을 중심으로 다시 만들 수 있다. 하지만 고객의 디지털 전환도는 아직 높지 않다. 즉, 고객이 디지털 세계로 충분히 유입되지 않은 상태여서 경쟁은 치열하지만 수익성은 상대적으로 낮다. 진입장벽이 낮아서 많은 디지털 스타트업이 창업하지만, 고객의 선택을 받은 소수만이 살아남는다. 전통 기업도 기존의 가치사슬 사업의 장점을 최대한 활용하면서 새로운 디지털 플랫폼 사업을 시작한다. 창의적인 새로운 비즈니스 모델들의 치열한 경쟁이 고객의 디지털화를 끌어가는 단계다. 새로운 경쟁구조가 만들어지는 과정이므로 아직 확연한 경쟁의 승패가 나지 않았다. 앞에서 예로 들었던 유통산업 그리고 화장품산업과 같은 소비재 산업이 여기에 속한다.

고객 주도 디지털 산업

오른쪽 아래는 고객 주도 디지털 산업이다. 디지털 고객 점유율이 높아서 많은 고객이 디지털 세계에서 활동하지만, 디지털 스타트업에 대한 진입장벽은 상대적으로 높아서 기존 가치사슬 기업과 소수의 디지털 스타트업 간에 경쟁이 일어난다. 규제나 투자 규모 면에서 진입장벽이 있는 금융산업이나 운수산업이 대표적인 예다. 경쟁 주도 디지털 산업과는 달리, 진입장벽이 존재하기 때문에 많은 스타트업이 혁신적인 아이디어만 가지고 자유롭게 창업할 수 있는 환경은 아니다. 결과적으로 고객과 시장의 디지털화를 따라잡지 못하기 때문에 고객의 디지털 세계로의 이동이 먼저 일어나고 있다.

논란이 되었던 소카의 '타다'와 카카오의 '카카오 택시'가 대표적인 예다. 디지털 운송 서비스 플랫폼에 대한 고객들의 필요가 확인되었음에도 정부 규제 및 자본 규모 등의 진입장벽 때문에 디지털 혁신이 상대적으로 더디게 진행되고 있다. 고객의 디지털 욕구가 충족되지 않았으므로 기존 전통 기업도 과감하게 창의적 혁신을 한다면 산업의 디지털 혁신을 선도할 기회가 있다.

가치사슬 산업

왼쪽 아래는 전통 산업, 즉 가치사슬 산업이다. 유틸리티 산업, 공기업, 건설장비 등 중공업, 석유화학업과 같이 디지털화가 프로세스 혁신이나 디지털 전환을 중심으로 일어나는 산업을 말한다. 산업의 특성상 경쟁구조가 디지털 기업이 주요 경쟁자가 아니고, 고객도 디지털상에서 활동하는 디지털 고객보다는 기업 고객 위주이지만 가치사슬 기업도 디지털 혁신이나 디지털 전환은 매우 중요하다. 기업은 디지털 플랫폼 모델을 이용하여 기존 가치사슬 사업의 경쟁력을 강화하는 데 초점을 맞춰야 한다. 대부분 단면 디지털 플랫폼 모델이다. 기존 제품 구매 고객들에게 제품과 관련된 디지털 서비스를 추가로 제공함으로써 추가 매출을 일으키거나 서비스 만족도를 향상시키는 것을 목표로 할 때가 많다. 가치사슬 산업에서도 기업은 남들보다 빠른 디지털 혁신이나 디지털 전환을 통해서 경쟁 우위를 누릴 수 있다.

산업 디지털화 모델은 현재 속해 있거나 진출하고자 하는 산업의 디지털화를 파악해볼 수 있다. 여기서 중요한 점은 과거 2년과 향후 1년간의 산업의 변화 트렌드가 이 모델의 핵심이라는 것이다. 가치사슬 산업에서도 디지털 혁신을 통해서 산업 자체의 혁신을 일으켜 트렌드를 끌고 나갈 수 있다. 예를 들어 전통적인 가치사슬 산업이었던 호텔업에서 에어비앤비가 산업의 혁신을 일으키면서 경쟁 주도 디지털 산업으로 산업 자체가 이동했다.

산업의 디지털화 트렌드와 방향성을 정성적으로 판단할 수 있게 개발된 모델이므로 디지털 성숙도 평가와 함께 사용하면 짧은 시간 안에 디지털 환경 분석을 할 수 있다.

CHAPTER 4

디지털 역량을 측정하다

——— 디지털 혁신 전략을 수립하기 위해 산업의 디지털화에 대한 이해와 함께 기업 내부의 디지털 역량의 성숙도에 대해서도 알아야 한다. 내부환경 분석을 할 때 중요한 핵심 역량 중 하나가 디지털 역량이다. 기업이 디지털 혁신을 성공적으로 실행하려면 디지털 역량이 있어야 한다. 이것은 디지털 전환의 성숙도를 측정해서 파악할 수 있다. 즉, 기업이 어느 정도 디지털 혁신을 준비했는지 파악하는 모델이다.

디지털 혁신으로 경쟁이 치열해진 산업에서는 기업의 환경 변화에 대한 대응 속도가 매우 중요하다. 미디어, 유통, 소비재, 금융 등 고객과 직접 거래가 일어나는 산업에서는 속도가 핵심 성공 요인이 되었다. 아무리 좋은 전략을 짜고 실행해도 뒤늦게 대응하면 이미 고객을 확보한 선발 플랫폼에 뒤처진다. 속도는 예상되는 사업이나 비즈니스 모델의 요구사항에 대응해서 기업이 얼마나 빨리 대응할 수 있는가의 실제 업무 수행 속도를 말한다. 고객의 요구사항에 대응하는 데 걸리는 시간, 산업의 디지털화에서 발생하는 사업 기회에 대응해 새로운 비즈니스 모델을 만들어 실행하는 데 걸리는 시간, 산업의 변화에 대응해 전략을 수정하는 데 걸리는 시간 등을 예로 들 수 있다.

이러한 속도를 높이기 위해 디지털 전환이 필요하다. 프로세스 혁신을 통한 표준화, IT와 디지털 시스템 구축을 통한 업무 프로세스의 통합, 수평적인 조직 설계와 평가체계로 인한 커뮤니케이션의 속도 향상, 속도를 장려하고 실패를 용인하는 문화, 대응적이고 탄력적인 지능체계 구축 등의 디지털 전환을 통해서 기업은 속도를 높일 수 있다. 태생적으로 뛰어난 속도를 지닌 스타트업과 경쟁하기 위해서도 필수다.

또한 디지털 전환을 한 번에 완벽하게 하려는 접근법보다는 애자일 접근법을 이용해 파일럿을 만들고 꾸준히 고객과 소통하면서 진화해가는 방법이 속도를 훨씬 더 높일 수 있다. 디지털 성숙도가 높은 기업일수록 산업이나 고객의 변화에 대응하는 속도가 빨라진다.

디지털 성숙도 평가는 기업들이 빠르게 직관적으로 디지털 전환의 정도를 측정할 수 있는 모델이다(그림 2-3). 세로축은 디지털 성숙도의 각 단계를 나타내고, 가로축은 디지털 전환의 다섯 가지 구성요소의 준비 정도를 나타낸다. 디지털 성숙도는 기업의 현재 디지털 역량에 대한 위치를 파악해 디지털 전략을 수립할 때 방향성을 제공하는 것이 목적이므

그림 2-3 | 디지털 성숙도 평가

디지털 전환 구성요소

	프로세스	IT/디지털 플랫폼	조직/평가체계	역량과 조직문화	지능체계
업무 단계					
통합 단계			V	V	
연결 단계	V	V			V
지능 단계					

(디지털 성숙도)

로 복잡한 분석보다는 직관적이고 빠르게 만들 수 있는 평가 모델이 적합하다. 디지털 성숙도 평가는 업무 단계, 통합 단계, 연결 단계, 지능 단계 등 4단계로 되어 있다.

디지털 성숙도 평가 4단계

—

업무 단계

기업의 주요 프로세스를 자동화하는 단계다. 재무, 영업, 생산, 구매 등 기업의 주요 프로세스를 자동화하여 수작업을 최소화한다. 기업 전체의 프로세스 표준화나 데이터 표준화가 안 되어 있으므로 시스템 간에, 부서 간에, 주요 프로세스 간에 장벽들이 존재하고 통합되지 않은 상태다. 조직도 기능 위주로 되어 있고, 평가체계도 부서 자체에 국한되어 있다. 디지털 문화도 상대적으로 낮아서 스스로 디지털 활동을 하는 것이 매우 제한적이다. 디지털이나 IT 업무는 IT 전문가에 대한 의존도가 매우 높다. 대부분의 국내 중소기업이 업무 단계에 있다.

통합 단계

기업의 주요 프로세스가 표준화된 기준 정보체계를 중심으로 통합되어 있는 단계다. 전사적으로 프로세스 표준화나 데이터 표준화가 되어 있고 생산, 구매, 영업, 서비스, 인사, 재무 등 주요 프로세스가 시스템적으로 통합되어 있다. 기업을 운영하는 데 가시성과 투명성이 있으므로 경영진이 신뢰성 있는 데이터로 빠르게 의사결정을 할 수 있는 체계를 갖추고 있다. ERP와 같은 전사적 자원 관리 시스템이 구축되는 단계이고, 인공지능, 기계언어, 사물인터넷 등 디지털 기술들이 도입된다. 통합된 신뢰할 수 있는 데이터에 기반해 어느 정도의 리포트 작업이나 시뮬레이션 활동을 직접 할 수 있는 디지털 이해 능력이 생긴다. 디지털 문화가 시작되며, 팀별 조직 등의 수평적 조직체계가 기존의 기능적 조직체계와 함께 도입된다.

연결 단계

통합 단계에서 더 나아가 외부 고객과 파트너들과 연결되는 단계이다. 커머스 플랫폼이나 구매 플랫폼 또는 서비스 플랫폼 등이 클라우드 컴퓨팅을 통해 고객이나 파트너들과 시스템적으로 연결되어 있다. 통합 단계에서는 내부 프로세스와 시스템들이 통합 데이터베이스를 통해 통합되는 데 반해, 연결 단계에서는 고객과 파트너들의 플랫폼이나 시스템들과 인터페이스(API) 등을 통해서 연결된다. 즉, 내부 프로세스나 시스템도 통합되어 있지만, 더 나아가서 고객과 파트너와 인터페이스를 통해 연결된다. 내부 운영 데이터와 외부의 빅데이터가 연결되어 있어서 훨씬 더 시장과 고객 관점에서 데이터를 분석할 수 있다. 연결 단계에서는 본격적으로 다양한 디지털 기술들이 모든 분야에 적용되며, 창의적인 디지털 혁신이 각 분야에서 일어난다. 본격적으로 디지털 문화가 만들어지기 시작하고, 애자일 조직체계가 도입되면서 목표형 조직 등의 수평적 조직체계와 프로젝트형 조직체계가 본격화하고, 애자일한 개발 방식과 데브옵스 개발체계가 도입된다.

지능 단계

디지털 전환이 이루어진 단계다. 즉, 표준화된 프로세스와 데이터, 유연한 조직과 평가체계, 활발한 디지털 문화, 유연하고 빠르게 대응할 수 있는 IT와 디지털 시스템 그리고 무엇보다도 고객과 시장의 변화에 빠르게 대응할 수 있는 지능체계가 갖춰진 상태다. 기업 현황의 가시성과 투명성이 확보되어 있고 고객, 시장, 산업의 변화에 빠르게 대응하며, 환경 변화에 대한 회복탄력성이 있다. 지능 단계에 있는 기업은 디지털 혁신에 지속해서 대응할 수 있다. 특히 플랫폼 기업은 고객과 소통하면서 계속 디지털 서비스를 만들어낸다.

애자일 조직 모델이 본격적으로 도입된다. 애자일 조직 모델은 고객과의 소통을 기반으로 전략을 수정하고 디지털 서비스를 개발하여 플랫폼 상에서 전개할 수 있는 목표형 조직 모델이다. 전문 개발자들도 포함되어 있어서 독립적으로 디지털 서비스를 빠르게 개발할 수 있는 자체 역량을 가지고 있다. 이러한 애자일 조직을 뒷받침할 수 있는 데브옵스 개발체계가 자리 잡는 단계이기도 하다. 데브옵스의 가장 큰 장점은 속도다. 디지털 플랫폼을 구축하고 운영하기 위해서는 애자일 조직과 데브옵스 개발체계가 핵심 성공 요인이다.

또한 IT 환경으로는, 레고 블록 방식의 IT 시스템 구조를 가지고 있다. 디지털 전환은 매우 비용이 많이 들어가는 투자이기 때문에 유연성이 강한 레고 블록 방식의 조립형 구조로 설계하지 않으면 전략이 바뀔 때마다 비용이 발생한다. 최소한의 비용으로 쉽고 빠르게 대응할 수 있는 구조로 설계되어야 지능형 단계가 가능하다. 그런 측면에서 클라우드 컴퓨팅을 적극적으로 도입하여 IT 투자를 변동비화하는 것은 큰 의미가 있다. 조립식 IT 구조와 클라우드 컴퓨팅 구조를 적절히 설계하면, IT 시스템의 유연성과 확장성이 확보되므로 변화에 적절히 대응하는 IT 시스템 체계를 갖출 수 있다.

디지털 성숙도 평가는 산업 디지털화 모델과 함께 사용하면, 비교적 짧은 시간 안에 디지털 환경 분석을 할 수 있다. 급변하는 디지털 혁신 환경에 대해 수시로 경영진에게 변화의 방향성과 역량의 준비 정도를 제시함으로써 디지털 혁신 전략 수립과 지속적인 수정에 유용하게 사용될 수 있다.

CHAPTER 5

고객을 이해하면
길이 보인다

—— 산업 디지털화 모델을 통해 디지털화 수준을 파악하고, 디지털 성숙도 평가를 통해 기업의 디지털 전환도를 분석한 후 이를 기반으로 '디지털 혁신 전략'을 수립한다. 이는 디지털 플랫폼이 목표로 하는 고객에 대한 정의 및 전략을 수립하는 '고객 혁신 전략'과, 목표 고객을 대상으로 디지털 플랫폼 시장에서의 경쟁 방법을 결정하는 '디지털 플랫폼 경쟁 전략'으로 구성되어 있다.

그림 2-4는 고객 혁신 전략의 세 가지 세부 전략인 목표 고객 정의, 콘텐츠 전략, 그리고 고객 단위의 사업 다각화를 보여준다.

그림 2-4 | 고객 중심 디지털 혁신 CDDI 전략체계

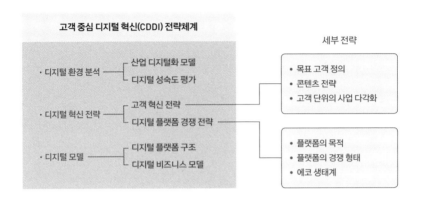

고객 혁신 전략의 세부 전략

—

목표 고객에 대한 정의

먼저 디지털 플랫폼의 목표 고객군을 정의한 후 목표 고객군의 특성에 기초하여 고객과의 관계를 설정하고, 디지털 고객 커뮤니티의 기본 방향을 수립한다. 전략을 수립하는 시기에는 제공하고자 하는 콘텐츠나 고객을 잘 알지 못하므로 디지털 플랫폼의 초기 사용자가 될 수 있는 고객군을 정의하는 데서부터 시작해야 한다. 먼저 목표 산업을 정의하고 산업 내의 고객을 세분화하여 그중 유망하다고 생각되는 고객군을 선정하여 목표 고객군으로 정의한다. 목표 고객군은 디지털 플랫폼 초기 사용자 모집에 핵심 역할을 할 수 있다. 『린 스타트업 바이블』에서 조성주 저

자는 이러한 고객군을 '최우선 거점고객'이라고 분류하며, 콘텐츠를 활발하게 활용할 가능성이 큰 고객군으로 정의했다. 콘텐츠 전략을 수립할 때도 초기에 최우선 거점고객을 목표로 한다.

목표 고객군을 정의하고 나면 특성을 파악해 목표 고객과의 관계를 설정한다. 디지털 세계에서 고객과의 관계 설정은 물리적 세계와는 다르다. 디지털 플랫폼이 '단면이냐 다면이냐'에 따라 고객의 역할이 달라진다. 단면 플랫폼에서는 고객의 피드백을 빠르게 반영하는 것이 중요하다. 반면에 다면 플랫폼에서는 고객이 공급자이기도 하고, 실시간 소통으로 플랫폼 운영 및 진화에 직접 관여하기도 한다. 그러므로 다면 플랫폼에서는 디지털 고객 커뮤니티가 형성될 확률이 높다. 고객이 운영에 좀 더 직접적으로 관여할수록 충성도 높은 고객층이 형성된다. 충성도 높은 고객 커뮤니티를 가진 디지털 플랫폼 기업은 경쟁에서 우위를 확보할 가능성이 크다.

콘텐츠 전략

디지털 플랫폼에서 콘텐츠는 중요한 성공 요인이다. 콘텐츠 전략의 핵심은 단지 훌륭한 콘텐츠를 만드는 것이 아니라, 고객이 필요로 하는 우수한 콘텐츠가 무엇인지를 알아내는 데 있다. 바라트 아난드(Bharat Anand) 교수는 저서 『콘텐츠의 미래』에서 콘텐츠의 우수성에 사로잡혀 정작 콘텐츠를 소비할 고객과 시장을 보지 못하는 함정을 지적했다. 고객은 자신들의 필요를 만족시켜줄 콘텐츠를 소비하는 것이지 콘텐츠가 너무 훌류하다는 이유만으로 소비하지는 않는다. 따라서 콘텐츠 전략을 수립할 때 무엇보다 고려해야 할 점은 목표 고객군의 필요를 파악하는 것이다.

목표 고객군의 필요에 맞는 콘텐츠에 대한 가설을 빠르게 세우고, 시장성을 검증하고, 수정하면서 전략을 수립해야 한다. 또한 이러한 접근법을 빠르게 반복하면서 콘텐츠를 계속해서 다듬어가야 한다. 콘텐츠 전략이 수립되면 목표 고객의 필요를 만족시키는 콘텐츠의 방향성이 정해진다. 이를 기반으로 다음 단계인 디지털 모델 설계에서 구체적인 콘텐츠를 기획한다.

고객 단위의 사업 다각화

기업이 사업을 확산하는 방식에는 주로 다음과 같은 세 가지가 있다. 같은 산업 내에서 가치사슬을 중심으로 수직적 통합을 하거나, 새로운 산업으로 사업 다각화를 하거나, 세계화를 통해 지리적으로 확대하는 것이다. 그러나 디지털 플랫폼은 사업을 확산하는 방식이 매우 다르다. 디지털 세계에 있으므로 지리적 제약이 없어 고객의 필요에 따라 새로운 디지털 서비스를 개발·제공하기가 쉽다. 추가되는 디지털 서비스들이 고객 단위에서 확장이 일어나고 결과적으로 여러 산업에 진출한 형태가 된다. 과거에는 다른 산업으로의 진출이 산업과 기업 단위에서 일어났다면 디지털 플랫폼에서는 고객 단위에서 일어나므로 기존의 전통 산업이 가진 산업 단위의 진입장벽은 의미가 없어진다.

디지털 플랫폼은 고객의 필요에 따라 산업을 넘나들며 확장하는 방식이어서 산업의 융합이 고객과 플랫폼을 중심으로 일어난다. 화장품, 의류 등의 소비재 산업이나 음악, 영상, 소프트웨어 등 콘텐츠 산업의 경계가 무너진다. 여기서 플랫폼과 고객을 중심으로 미래를 한번 생각해보자. 디지털 세계에는 디지털 서비스를 이용하는 디지털 고객 커뮤니티가 있고, 고객과의 양방향 소통으로 확산된 다양한 산업의 서비스가 있다. 다양한 산업의 서비스들은 플랫폼과 고객 커뮤니티의 필요에 따라 계속 추가되고, 결과적으로는 그 플랫폼만의 독특하게 융합된 산업들이 플랫폼 고객만을 위해서 조합된다. 이처럼 디지털 세계에서 산업의 융합은 수많은 조합이 생길 수 있다.

2019년에 출간했던 『디지털 비즈니스의 미래』에서 인터뷰한 뱅크샐러드를 예로 들어보자. 김태훈 대표가 창업한 레이니스트는 마이데이터 개념을 초기에 도입하여 금융 데이터를 소비자의 돈 관리 관점에서 바라보면서 일반 소비자에게 개인화된 자산관리 서비스를 제공하는 뱅크샐러드 플랫폼을 운영하고 있다. 데이터와 디지털 플랫폼을 이용하여 부유층에게만 제공되던 은행의 기존 개인 자산관리 서비스를 모든 고객이 누릴 수 있게 하여 성공을 거두었다.

김태훈 대표는 인터뷰에서 현재 뱅크샐러드의 고객 재산, 소비패턴 등 금융 관련 성향 분석을 통해 미래 재산 추정, 노후보장 최적화 방법 등으로 디지털 서비스를 확장해가는 계획을 이야기했다. 또한 기존의 고객 정보 비대칭성이 있는 시장, 구체적으로는 중고차 시장으로의 진출도 계획하고 있다고 밝혔다. 자동차 사고 이력, 정비 이력 등 자동차 관련 개인의 모든 정보를 통합한다면 자동차 중개, 보험, 대출 등의 시장에도 진출할 수 있다고 보았다. 뱅크샐러드의 예에서 보듯이, 플랫폼에서 모인 고객을 중심으로 다양한 산업으로의 사업 다각화가 일어나고, 고객 특성과 필요를 중심으로 융합된 산업이 플랫폼별로 만들어진다. 여기에 산업 디지털화 모델을 이용하면 고객 단위의 사업 다각화를 좀 더 체계적으로 수립할 수 있다.

CHAPTER 6

어떻게 경쟁할 것인가

───── 고객 혁신 전략을 수립해 목표 고객을 이해하고 나면 디지털 플랫폼 경쟁 전략을 수립하여 실제로 시장에서 경쟁하는 방법을 결정해야 한다. 고객 혁신 전략과 디지털 플랫폼 전략은 차례로 일어날 수도 있지만, 상호작용하면서 같이 수립될 수도 있다. 디지털 혁신 전략에서 가장 중요한 부분이고, 다음 단계인 디지털 모델 설계에 직접 영향을 미치는 핵심 전략이다. 디지털 플랫폼 경쟁 전략은 플랫폼의 목적, 플랫폼의 경쟁 형태, 에코 생태계 등 세 가지로 구성되어 있다.

시장에서 경쟁하는 방법

—

플랫폼의 목적

산업 디지털화 모델에서 파악된 산업의 디지털화 정도를 바탕으로 디지털 플랫폼이 달성하고자 하는 목적을 정의한다. 디지털 플랫폼의 목적은 크게 두 가지로 나눌 수 있다. 첫 번째는 디지털 플랫폼 모델을 이용하여 새로운 디지털 사업을 시작하는 것이다. 두 번째는 기존 사업의 경쟁력을 강화하기 위해서 디지털 플랫폼 모델을 사용하는 것이다. 첫 번째는 다면 플랫폼인 경우가 많고, 두 번째는 운영자가 생산자인 단면 플랫폼인 경우가 많다. 물론 반드시 그런 것은 아니다. 기존 사업의 경쟁력 강화를 위해서 단면 디지털 플랫폼을 시작했다가 성공적으로 고객 커뮤니티가 형성되면 다면 플랫폼으로 진화하는 예도 있다. 반대로 단면 플랫폼으로 신규 사업을 시작하는 예도 있다.

스타트업은 혁신적인 디지털 플랫폼을 만들어 시장에 진입한다. 전통 기업도 디지털 플랫폼을 이용한 신규 디지털 사업으로 산업 내의 혁신 경쟁을 선도하려고 한다. 하지만 기존의 가치사슬 기업과 치열하게 경쟁하는 전통 기업의 경우 부가적인 디지털 서비스를 고객에게 제공하여 기존 제품과 서비스의 경쟁력을 강화하는 전략도 매우 중요하다. 풀무원이 대표적인 기존 제품 경쟁력 강화 사례에 속한다. 풀무원의 전략경영원장인 이상부 원장과의 인터뷰를 보면 이 전략이 분명히 드러난다. "3년 정도의 중기적 과제로 전사의 가치사슬을 지원하는 다섯 가지 플랫폼을 구축하여 디지털 전환을 하는 것을 목표로 하고 있습니다. (⋯) 이러한 플랫폼을 통해 풀무원의 제품은 물론 제조, 물류, 유통, 영업, 마케팅 등에서 효율성과 차별성을 향상해 한 단계 높은 경쟁력을 갖출 수 있으리라 기대합니다."

전통 기업에 주로 해당하는 두 번째 사례로 미국의 금융기관인 골드만 삭스도 한번 살펴보자. 골드만 삭스는 디지털 플랫폼을 활용하여 각종 금융 관련 정보를 고객에게 제공하여 기존 금융 비즈니스의 경쟁력을 강화했다. 단면 플랫폼을 활용한 디지털 서비스의 사례다(그림 2-5). 골드만 삭스는 주 고객인 자산운용사나 헤지펀드의 투자 전략 수립을 지원하

그림 2-5 | **골드만 삭스 사례**

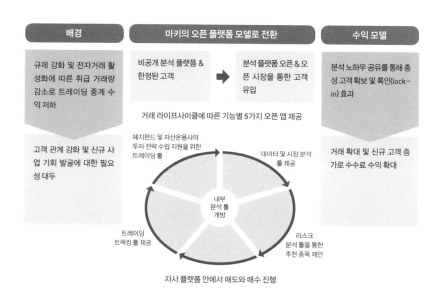

기 위해 '마키(Marquee)'라는 디지털 플랫폼을 운영하고 있다. 마키 플랫폼에서는 시장의 데이터를 분석하는 각종 분석 소프트웨어가 내장되어 있다. 이러한 분석 소프트웨어를 이용해서 투자에 유용한 연구 보고서를 만들어 고객에게 제공했다.

골드만 삭스는 한 걸음 더 나아가 직접 리서치를 할 수 있도록 플랫폼을 공개했다. 골드만 삭스의 주요 수익원은 고객들이 마키 플랫폼에서 매도와 매수를 하게 해 수수료를 받는 것이다. 골드만 삭스는 마키 플랫폼을 공개해 고객들의 투자 의사결정에 차별화된 도움을 줌으로써 투자의 매도와 매수를 더욱 많이 일으켜 기존 사업의 경쟁력 강화라는 목적을 달성했다.

플랫폼의 경쟁 형태

디지털 세계에서 가장 큰 위협은 대체플랫폼이다. 대체상품보다 훨씬 더 위협적이다. 플랫폼 경쟁에서 또 하나의 커다란 위협은 메타플랫폼이다. 네트워크 효과를 가진 플랫폼들이 만나면 네트워크 효과가 증폭된다. 플랫폼들이 서로 제휴함으로써 각자의 고객 커뮤니티를 공유하고 네트워크 효과를 배가할 수 있다. 메타플랫폼은 산업에서 지배적 위치를 차지한다.

디지털 플랫폼 사업을 구상할 때 경쟁 형태에 대한 고민이 필요하다. 1장에서 예를 들었던 플록스와 같이 대체플랫폼으로 진입할 것인지, 과감한 투자와 지배적 위치에 있는 기존 가치사슬 사업을 최대한 이용해서 메타플랫폼을 추구할 것인지 등 플랫폼 경쟁 형태에 관한 결정이다. 대체플랫폼일 때는 경쟁 플랫폼 대비 어떤 차별화로 고객의 선택을 받을지 고민해야 한다. 메타플랫폼일 때는 경로를 어떻게 장악할 것인지에 관한 고민도 필요하다. 대체플랫폼 혹은 메타플랫폼을 목표로 하는지, 아니면 하이브리드인지에 따라 다양한 전략적 방향성이 도출될 수 있다.

에코 생태계

디지털 플랫폼 경쟁 전략의 세 번째 핵심은 에코 생태계다. 가치사슬 모델이 제품 간의 경쟁이라면, 디지털 플랫폼 모델은 플랫폼 간의 경쟁이다. 플랫폼 간의 경쟁에서 우위를 차지하려면 경쟁 플랫폼보다 차별화되는 에코 생태계를 구축해야 한다. 에코 생태계는 고객, 내부 파트너, 외부 파트너로 이루어진다. 플랫폼 간의 경쟁은 '어느 플랫폼이 더 유연하고 강한 에코 생태계를 가지고 있는가'의 경쟁이기도 하다.

전통적인 가치사슬 모델에서 기업의 역할은 대부분 직접 가치를 생산하여 제공하는 것이었다. 하지만 디지털 플랫폼 모델을 채택한 기업의 역할은 외부 생산자와 고객 간의 가치 교환의 장(場)을 마련해줌으로써 지수적 성장이 가능하다. 이러한 설계로 인해서 플랫폼 기업은 전통 기업이 직접 혁신을 시도하는 것과는 달리, 생태계 내의 다양한 외부 파트너들에게 혁신 작업을 광범위하게 분산시킬 수 있다. 이는 특정 기업이 독자적으로 혁신할 때 부담해야 할 리스크를 외부 파트너들과 분담하면서 빠르게 성장할 수 있게 한다.

전통 기업에는 내부의 기존 가치사슬 사업도 에코 생태계에 들어오는 내부 파트너로 볼 수 있다. 내부 파트너를 이용하여 에코 생태계를 구축할 때, 전통 기업이 갖는 가장 큰 장점은 축적된 데이터의 활용이다. 디지털 플랫폼 사업을 처음 시작할 때는 초기 일정 규모의 사용자들을 확보하는 게 중요하다. 전통 기업이 스타트업에 비해 경쟁우위를 가진 영역이다. 전통 기업이 디지털 플랫폼 모델을 이용하여 신규 사업을 시작할 때 기존의 가치사슬 사업에서 확보된 고객 데이터를 이용하면 스타트업보다 유리한 출발선에서 시작할 수 있다.

내부 파트너와 외부 파트너를 연계하여 플랫폼의 에코 생태계를 만들어서 기존 사업의 경쟁력을 강화한 사례로 글로벌 스포츠 브랜드 '언더아머'가 있다. 언더아머는 스포츠웨어를 중심으로 하는 소비재 의류 제조업이다. 2006년 4,500억 원의 매출에서 2016년 5조가 넘는 매출로 10년 동안 열 배가 넘는 성장을 이뤘다. 언더아머는 기존 사업의 경쟁력을 강화하기 위해서 언더아머 운동 앱(app)을 만들어서 사용자의 운동, 식이, 수면 등의 정보를 입력하고 관리하게 했다. 이 정보를 활용한 기록 분석을 통해서 지속적인 운동 성과 향상으로 고객 만족도를 높였다. 이러한 자사 앱이 성공을 거두자 애플 헬스(Apple Health), 핏빗(Fitbit), 미스피트(Misfit) 등 타사 운동 서비스를 연계해서 운동 서비스 에코 생태계를 구축했다.

이처럼 외부 파트너인 타사 앱과 연동함으로써 플랫폼 이용이 더욱 활성화되었고 데이터 확보가 쉬워졌다. 데이터 확보는 앱 활성화를 이끌어선순환의 고리가 만들어졌고, 데이터 확보 속도는 더욱 증가했다. 이로써 고객과 파트너들에게 더욱 가치 있는 정보를 제공하게 되었다. 결과적으로 의류상품의 지속적인 매출 증가에 큰 공헌을 했다.

전통 기업은 고객, 외부 파트너, 내부 파트너 등과 연계된 에코 생태계를 구축하여 다른 플랫폼과의 경쟁에서 우위를 차지할 수 있다. 누구와 전략적으로 제휴하고, 기존 사업과는 어떻게 연계할지 등에 대한 의사결정이 필요하다. 이러한 에코 생태계 전략은 디지털 모델 수립에 중요한 전략적 방향성을 제시한다.

CHAPTER 7

고객과 속도가
플랫폼에서 만나다

───── 지금까지 고객 주도 디지털 혁신 전략체계를 소개하면서 디지털 혁신 전략을 수립하는 데 도움이 될 만한 네 가지 기본 틀을 제시했다. 외부 산업과 기업 내부의 디지털 변화를 파악하는 환경 분석에서는 산업 디지털화 모델과 디지털 성숙도 평가를 제안했다. 이러한 분석을 기초로 고객 혁신 전략과 플랫폼 경쟁 전략을 수립하는 체계다. 다음 단계인 디지털 플랫폼 구조와 디지털 비즈니스 모델을 설계하기 전에 여기서 CDDI 전략체계의 기본 전제인 고객과 속도를 기업의 측면에서 다시 한번 논의해보자.

먼저 속도다. 스타트업 창업자나 기획자들은 환경 분석과 디지털 혁신 전략을 머릿속으로, 직관적으로 수립할 때가 대부분이다. 그래서 실패할 때가 많다. 스타트업의 초기 생존율이 10%를 넘지 못하는 이유 중 하나이기도 하다. 전통 기업은 그렇게 할 수 없다. 많은 부서와 의사결정 과정을 거쳐야 한다. 실패를 용인하는 문화가 중요하지만 그것도 어느 정도다. 전통 기업이 가진 가치사슬 사업도 핵심 사업인 만큼 균형이 중요하다.

산업 디지털화 모델의 4분면 중에서 해당 산업이 어디에 속해 있는지에 따라 균형은 매우 다를 수 있다. 디지털 산업에 있는 기업과 가치사슬 산업에 속해 있는 기업이 보는 균형은 매우 다르다. 물론, 뒤쪽에 나오는 KB 금융지주사의 사례처럼 두 사업을 완전히 분류해서 서로 다른 사업으로 각각의 모델로 각개전투하는 것도 한 방법이다.

지능체계가 구축된 기업의 속도

—

산업이 너무나 빠르게 변하거나, 예상하지 못한 디지털 경쟁자가 나났거나, 고객의 반응이 전략 의도와 다르게 나타날 때 환경 분석 일부를 생략하거나 직관적으로 판단하고, 바로 디지털 혁신 전략을 수립해야 할 때가 많다. CDDI 전략체계가 필요한 이유다. 차례로 일어나는 것이 아니라, 동시적으로 분석하면서 일부 데이터와 정성적인 판단을 조합해서 전략을 수정하고, 빠른 시간 안에 고객과 시장에 반응할 수 있어야 한다. 그러나 속도를 증가시키면 충분한 객관적 데이터를 분석하기 어렵고, 기획자나 의사결정자의 역량에 대한 의존도가 늘어나므로 그만큼 실패 확률이 높아질 수 있다. 역설적으로, 전통 기업도 디지털 사업을 추진할 때 어느 정도는 실패를 용인해야 한다. 물론, 스타트업처럼 90%는 아니다. 다시 한 번 균형이 중요한데, '어느 정도의 실패를 용인할 것이냐?'도 기업의 전략적 의사결정 사항이다. 실패를 최소화하기 위해서 데이터를 모으고 분석해 완벽한 전략을 만들었다가도 실행도 못 해본 채 폐기되는 사례를 많이 보았다. 디지털 세계는 물리적 세계와는 다르다. 패러다임의 변화는 속도 그 자체다.

디지털 혁신 전략을 자주 수립하거나 수정할 때 필요한 데이터에 대해서 논의해보자. CDDI 전략체계는 속도를 올리기 위해서 쓸 수 있는 데이터의 한계를 인정하고 직관과 판단을 추가해서 전략적 의사결정을 내릴 수 있도록 설계되었다. 스타트업의 직관적 의사결정과 전통 기업의 분석적 의사결정의 균형이다. 그런데 데이터는 시간이 지나면서 보완되고, 추가되고, 의사결정과 그 결과가 입력되면서 학습된다. 인공지능의 역할이다. 인공지능, 빅데이터, 기계학습 등의 학습체계가 디지털 플랫폼의 분석체계에 내재해 있다.

디지털 플랫폼은 '데이터'와 '디지털'로 구성되어 있다는 점을 잊어서는 안 된다. 분석적인 시장 데이터, 운영 데이터, 직관적인 대안 데이터, 시장의 빅데이터 등이 쌓이고 인공지능이 데이터를 학습하면서 디지털 전환의 마지막 단계인 지능체계가 만들어진다. 지능체계가 구축된 기업은 속도의 혁신을 이룬다. 전통 기업의 분석적 의사결정 프로세스와 스타트업의 직관적 의사결정의 균형이 전체적으로 상향 조정된다. 인공지능, 빅데이터, 기계학습으로 데이터의 한계를 어느 정도 극복한 분석은 리스크를 줄이면서 속도를 증가시킨다. 속도의 혁신이 일어나는 것이다. 인공지능은 속도와 리스크라는 두 마리 토끼를 다 잡을 수 있다. 지능체계가 중요한 이유다.

고객과의 소통으로 진화하는 플랫폼

—

다음은 고객을 얘기해보자. 비즈니스 모델은 고객의 필요에 대응하기 위해서 설계되기 때문에 전략 수립 시에 목표 고객을 정하고 필요를 도출해야 한다. 고객의 필요에 따라 플랫폼 경쟁 전략을 세운 후 이를 바탕으로 구체적인 디지털 모델을 설계한다. 디지털 모델은 디지털 플랫폼의 구조를 설계한 다음 디지털 비즈니스 모델을 구상하는 두 단계로 구성되어 있다.

그런데 이러한 과정을 거쳐 플랫폼이 구축되면, 여기서부터 이야기가 달라진다. 플랫폼이 만들어지면, 전략이 플랫폼 안으로 들어온다. 처음에는 구체적인 하나의 특정 비즈니스 모델을 구현하기 위해 구축되지만, 성공해서 고객과 파트너 등과 에코 생태계가 만들어지면 상호 교류하면서 다양한 디지털 비즈니스 모델들이 플랫폼에서 구현된다. 전략이 플랫폼에서 공동혁신을 통해서 수시로 수정된다. '고객'과 '속도'가 플랫폼에서 만난다.

일단 플랫폼을 구축하면 고객과의 소통으로 데이터가 쌓이기 시작한다. 고객의 참여로 얻은 데이터는 계속해서 새로운 것을 말해주고, 이를 신속하게 반영하면서 플랫폼은 진화해간다. 디지털 플랫폼은 끊임없이 진화하는 생물이다. 다양한 디지털 비즈니스 모델들이 특정 비즈니스 모델을 위해 설계된 플랫폼을 중심으로 구현된다.

다시 가치사슬 사업과 디지털 사업을 함께하는 전통 기업의 전략 수립이라는 관점으로 돌아가 보자. 분기별로 향후 1년간의 사업 전략을 수립하는 기업이 있다고 가정해보자. 디지털 혁신 전략은 사업 전략의 핵심 경쟁 전략으로 당연히 포함되어야 한다. 그러나 물리적 세계와 디지털 세계에서 시장과 고객에 대응하고 반응하는 속도에서 차이가 발생한다. 디지털 세계에서는 전략이 수시로 수정되어야 한다. 이러한 속도의 사례는 카카오엔터프라이즈, KB국민은행, 플록스 등과의 인터뷰에서도 여러 번 등장한다. 물론 디지털 사업을 병행하는 전통 기업인 KB국민은행, 대기업이 된 카카오의 AI 부문이 나와서 만든 카카오엔터프라이즈, 스타트업인 플록스의 상황은 각각 다르지만, 고객의 필요에 빠르게 대응하면서 전략과 비즈니스 모델을 수시로 수정하고 수시로 서비스를 출시하는 기본 사이클은 같다.

디지털 사업은 일단 디지털 플랫폼이 만들어지면 고객과 상호작용하며 공동혁신이 플랫폼 안에서 일어나기 때문에 전략을 수시로 수정할 수밖에 없다. 그러므로 분기별로 사업 전략을 수립할 때 항상 한 달 이내에 수립된 디지털 혁신 전략이 존재하게 마련이다.

KB 금융지주사와 풀무원,
전통 기업의 디지털 혁신

―――― 전통 기업에서 디지털 혁신을 연구하고 주도하는 KB 금융지주사의 조영서 연구소장과 풀무원의 이상부 원장을 인터뷰했다. 두 회사는 금융업과 식품사업의 대표적인 전통 기업이지만, 적극적으로 디지털 플랫폼을 도입하는 디지털 전환을 전략의 최우선순위에 놓고 있다.

KB국민은행은 말이 필요 없는 한국의 리딩 은행이다. 은행은 대표적인 규제 산업으로 혁신의 한계를 가지고 있다. 그러나 최근에 토스, 뱅크샐러드, 카카오뱅크, 카카오페이 등 플랫폼 기업들의 등장으로 산업의 디지털 혁신이 일어나고 있다. 산업 디지털화 모델을 적용해보면, 은행업은 디지털 가치사슬 산업으로 분류될 수 있다. 그러나 위에서 언급한 디지털 플랫폼 기업들의 등장으로 산업의 혁신이 일어나면서 고객 주도 디지털 산업으로 급속히 이동 중이다. 최근에 마이데이터 법이 통과되면서 혁신의 제약 하나가 사라졌다. 이로써 금융업의 혁신은 가속화될 전망이다. KB 금융지주사의 디지털 혁신을 이끌고 있는 조영서 원장과의 인터뷰를 통해 금융업의 디지털 혁신에 대해서 알아보자.

풀무원은 창업자인 남승우 고문이 30년 전에 냉장물류체계를 도입해서 신선식품 분야의 유통혁신을 일으키며 차별화에 성공한 기업이다. 하지만 이제는 마켓컬리 등 플랫폼 기업이 주도하는 산업의 혁신으로 인해서 기업의 디지털화가 절대적으로 필요한 전통 기업이 되었다. 풀무원은 디지털 전환을 최우선 과제로 선정하고 새로운 도약을 준비하고 있다. 이상부 원장과의 인터뷰를 통해서 식품업계에 일어나고 있는 급격한 변화를 헤쳐나가기 위한 풀무원의 디지털 전환 노력에 대해서도 살펴보자.

메타플랫폼을 설계하는 전통 금융기관
KB 금융지주사

회사 소개

KB 금융지주사는 국내 최대 고객 기반 및 지점망을 갖춘 종합금융그룹이다. 자본력과 대규모 영업점 네트워크, 높은 브랜드 신뢰도, 탄탄한 영업력과 내부 통제, 리스크 관리 노하우 등 차별화된 경쟁력으로 국내 리딩 금융그룹으로 인정받고 있다. 금융 환경이 빠르게 변화함에 따라 KB 금융지주사는 'No.1 금융 플랫폼'을 목표로 비대면 채널 경쟁력을 강화하고 적극적으로 디지털 변환을 통한 플랫폼화를 추진하고 있다.

조영서 KB 금융연구소장 소개

서울대 경제학과를 졸업하고, 행정고시 37회로 공직에 입문한 뒤 재정경제원에서 5년여 동안 근무했다. 이후 미국 컬럼비아대학 경영대학원(MBA)에서 수학하고 돌아와 맥킨지앤드컴퍼니와 베인앤드컴퍼니에서 금융 컨설팅 업무를 담당했다. 신한은행을 포함한 주요 금융사들의 디지털 전략 프로젝트 등에 핵심적인 역할을 도맡으며 한국 금융 컨설팅업계에서 손꼽히는 디지털 금융전문가가 되었다.

　2015년에는 금융위원회와 금융연구원에서 인터넷은행 도입을 준비하기 위해 구성했던 태스크포스에 참여한 바 있다. 당시 그가 제시한 사업 모델안은 스마트폰을 통한 계좌 개설, 이종(異種)산업의 고객 정보를 활용한 신용평가 등으로 현재 인터넷은행이 채택한 사업구조와 유사하다. 2021년 KB 금융지주사 경영연구소장으로 임명된 후 금융 플랫폼 기업으로 전환하기 위해 디지털 기업의 일하는 방식과 문화, 역량 등 성공 요인을 연구하고 이를 KB 금융지주사에 적용해가고 있다.

인터뷰

____ 데이터 3법 개정으로 마이데이터 시대가 시작되면서, 금융산업에 구조적 변화가 일어날 것으로 예상합니다. 소장님께서 생각하시는 가장 큰 변화는 무엇일지 궁금합니다.

____ 마이데이터의 시행으로 인해 금융산업의 구조적 측면에서 발생하는 가장 큰 변화는, 모든 금융 생활을 단일 모바일 금융 앱에서 가능하게 하는 '메가 금융 플랫폼'이 등장할 것이라는 겁니다.

일단 마이데이터 사업자로 선정되면 금융기관이 아니더라도 고객의 동의 아래 은행, 보험, 증권, 카드 등 고객 금융 정보를 금융기관으로부터 수집해서 활용할 수 있게 됩니다. 이렇게 되면 데이터를 활용한 맞춤형 금융상품 추천은 물론, 개인 자산관리 서비스를 플랫폼상에서 받을 수 있습니다.

이에 더해 고객의 동의를 받아 금융계좌 정보에 접근해 결제 서비스를 제공하는 '마이페이먼트'와, 결제 기능을 수행하는 계좌 발급 및 관리 업무가 가능한 '종합지급결제업'이 도입되면, 사실상 금융기관이 아니더라도 거의 모든 금융 서비스를 중개할 수 있게 됩니다.

아마 향후 5년 이내에 금융의 모든 것을 취급하는, 금융의 아마존 같은 앱이 나타날 것입니다. 그러면 고객분들은 금융 업무를 위해 여러 앱을 쓸 필요가 없어집니다. 자기 자신에게 가장 적합한 마이데이터 앱을 선택하면 지출 관리부터 생애주기 자산관리까지 다 받을 수 있고, 필요할 때 제일 낮은 금리로 대출을 추천받고, 가장 적합한 보험 상품을 선택할 수 있기 때문입니다.

결과적으로 몇몇 금융 플랫폼들이 고객의 선택을 받아 살아남을 것입니다. 그래서 KB, 신한은행을 포함한 기존 금융권은 물론이고 네이버 파이낸셜이나 카카오페이 같은 빅테크 기업들, 토스나 뱅크샐러드 같은 핀테크 기업들이 모두 마이데이터 사업자 신청을 하고 금융의 메타플랫폼이 되기 위해 경쟁하고 있습니다. 2021년 하반기를 기점으로 사실상 '플랫폼 전쟁'은 시작되었습니다.

물론 틈새시장을 공략하는 플랫폼들도 있을 것입니다. 마이데이터와 결합된 특정 고객 세그먼트의 데이터 역량을 바탕으로 서비스를 발전시키는 회사들도 나타나고 있습니다. 복잡한 매출 관리를 해주는 '캐시노트'는 소상공인, 특히 오프라인의 레스토랑 같은 곳에 집중합니다. 이런 틈새시장을 노린 플레이어들은 다수 있을 수 있지만, 전 국민을 대상으로 하는 메타플랫폼은 다수일 수 없으니 치열한 경쟁이 있을 것으로 예상합니다.

____ '금융의 메타플랫폼'이 등장한다면 고객들에게도 기존과는 다른 변화들이 많을 것 같은데요, 주로 어떤 측면에서 고객의 금융 생활이 달라질까요?

____ 기존의 금융 앱이 조회, 이체, 상품 가입과 같은 단순 금융 업무를 처리하던 거래형 플랫폼(transactional platform)이었다면, 금융 메가플랫폼은 고객 경험 설계를 통해 고객과 상호작용하는 참여형 플랫폼(engagement platform)이 될 것입니다. 데이터를 활용해 개인의 라이프 스타일이 지닌 맥락을 이해하고, 때에 맞춰 필요한 서비스를 추천할 수 있기 때문입니다. 일종의 종합 디지털 금융 비서 서비스를를 받게 되는 것이죠. 마치 개인 트레이너가 내 체형과 체질에 맞춰 건강 프로그램을 짜주듯이 나의 생활패턴에 맞춰 금융 서비스를 제공하는 초개인화된 플랫폼이 되는 것입니다.

특히 한국의 경우 신용카드, 체크카드의 민간 소비 지출 내 비중이 90% 이상이고, 나머지 현금 소비 지출에 대해서도 현금 영수증을 발급해줍니다. 이뿐만 아니라, 경제활동인구의 은행 계좌 침투율도 90%가 넘어서 대부분 고객의 금융 생활 정보들이 데이터화되어 있는 상황입니다. 그래서 마이데이터 사업자가 되면 고객들의 모든 금융 정보를 모을 수 있고 고객 개개인의 금융 및 경제 활동을 거의 100% 파악할 수 있게 됩니다.

개인이 어떤 결제 수단을 썼는지와 관계없이 가계부 작성이나 지출 카테고리별 예산 목표 설정 같은 개인 소비 지출도 관리할 수 있습니다. 또 플랫폼에서는 고객의 생애주기에 맞춰서 자산관리를 할 수 있도록 도와

줄 것입니다. 보통 생애주기 동안, 돈이 필요한 시점이 크게 세 번 또는 네 번 정도 있습니다. 집을 살 때, 애들 학교 보낼 때, 결혼시킬 때, 은퇴했을 때 등 생애 중요한 이벤트를 기점으로 목돈이 필요한데, 현재는 자산관리 알고리즘 성능이 향상되어 10년 정도 장기적 관점에서 예측이 상당히 정확한 편입니다.

고객의 장기적인 재무 목표에 따라 목적 기반 투자 서비스를 제공해 큰돈이 필요한 시점에 맞춘 최적의 투자 포트폴리오를 구성할 수 있습니다. 예를 들어 젊었을 때 위험부담을 조금 지더라도 주식시장에 투자했다가 목표하는 수익률에 도달하면 주식을 줄이고 안전 자산인 채권을 늘리는 방법이 대표적입니다. 이런 서비스가 플랫폼에서 제공되면, 10년 뒤에 집을 살 때나 20년 뒤에 애들 결혼시킬 때나 30년 뒤에 은퇴할 때를 계획하면서 돈을 모을 수 있습니다. 사실 이러한 자산관리 서비스 대부분은 이미 가능해서 고객들은 마이데이터 플랫폼 하나로 사회초년생 때부터 은퇴할 때까지 생애주기에 걸친 금융 생활을 영위할 수 있게 됩니다.

____ **'플랫폼 전쟁'이 시작되었다고 말씀하셨는데요, 혹시 기존 전통 금융권들은 플랫폼 전쟁에서 살아남기 위해 어떤 노력을 해야 할까요?**

____ 알리바바의 창업자인 마윈(馬雲)은 "경쟁자의 강점을 이용해 경쟁자에 맞서라"라고 했습니다. 저는 이 말이 디지털 전환을 추구하는 금융사에 의미가 있다고 생각합니다. 기존 금융사들의 강점을 활용한 빅테크

와의 경쟁도 중요하나 그 이전에 철저하게 빅테크와 같은 디지털 네이티브 회사들을 이해하고 벤치마킹해서 그들의 강점을 금융 쪽에 적용하는 노력이 선행되어야 할 것 같습니다.

중요한 것은 지금의 플랫폼 전쟁의 전쟁터가 기존 금융사들이 익숙한 오프라인이 아닌 모바일과 데이터로 대변되는 디지털 세상이라는 점입니다. 테크기업들은 태생 자체가 디지털 세상이기 때문에 모든 비즈니스 전략이나 사업모델, 고객 경험 설계를 디지털에 맞추지만 수십 년의 금융사업 모델을 가진 기존 금융사들은 보다 익숙한 오프라인에 초점을 둔 전략을 수립할 가능성이 큽니다. 그렇기에 의도적으로라도 기존 금융사들이 전략의 추를 모바일과 데이터 중심의 디지털에 기울이는 노력이 필요합니다. 마치 몽골군이 거대한 기마병을 데리고 압록강을 건넜는데, 수성전을 하겠다고 성을 높게 쌓아서는 전면전에서 승리할 수 없는 것과 같은 이치입니다. 결국 전면전에서 승리하는 유일한 방법은 몽골군과 비슷한 규모의 기병을 육성하고 기병 전술을 훈련해야 합니다. 결국 기존 금융사들도 먼저 테크기업의 강점을 철저히 활용해서 디지털 네이티브 기업의 역량을 확보해야 합니다. 그 후에 금융사 고유의 강점을 활용해서 차별화 전략을 구사할 수 있습니다.

요즘은 결국 모든 고객 경험이 디지털에서 이루어지는 세상입니다. 디지털 세상에서 경쟁력을 충분히 갖추고 여기에 덧붙여 오프라인의 강점을 활용하는 전략을 구사해야지 디지털의 경쟁력 없이 오프라인의 강점만을 추구하는 전략을 구사하면 자칫 전쟁에서 패배할 수 있습니다. 이는 이미 유통, 미디어 등 타 산업에서 증명된 사실입니다. 결론적으로 지금은 디지털에서의 역량 강화에 집중해야 할 때입니다.

결국 플랫폼 전쟁에서 승리하기 위해서는 탁월한 고객 경험하에서 100% 비대면으로 모든 금융상품과 서비스를 제공할 수 있는 금융의 아마존 같은 플랫폼이 되어야 합니다.

____ **KB 금융지주사는 금융의 메타플랫폼으로 거듭나기 위해 어떤 준비를 하고 계시나요?**

____ 일단 비대면 서비스에서 완벽해야 하는데, 그러기 위해서는 디지털 기업의 플랫폼과 우리의 플랫폼이 같아야 합니다. 고객 경험 설계부터 기술구조까지 모두 같아야 합니다. 앞서 말씀드린 대로 디지털 네이티브 회사, 경쟁자의 강점을 철저하게 벤치마킹해야 합니다.

고객 경험 설계부터 기술구조까지 모두 같게 하기 위해서는 우선 개발자들을 뽑아서 개발 역량을 내재화해야 합니다. 디지털 기업은 태생부터 디지털 세상, 간단히는 모바일앱에서 시작했기 때문에 처음 모바일 앱을 만들 때부터 좋은 개발자들과 함께 만들었고, 좋은 앱을 만드는 역량이 내재화되어 있습니다. 자기들이 생각했던 비즈니스 계획이 앱에 그대로 구현되어야 했기 때문입니다.

이뿐만 아니라 개발의 속도가 매우 빨라야 합니다. 디지털 회사들은 '최소기능제품(minimum viable product)'이라는 개념으로 여러 가지 서비스를 일단 출시합니다. 그때도 고객 경험이 중요하기 때문에 처음에

'디자인 씽킹' 같은 방법론을 통해 고객들을 참여시켜 직접 얘기도 듣고 유저 스토리도 만들고 그 안에서 우선순위를 정해서 제품 출시의 의사결정을 합니다. 여기서 중요한 건 빨리 출시를 해보는 겁니다. 출시해서 실제 고객한테 채택을 받는지, 고객이 뭘 좋아하는지, 고객의 피드백은 무엇인지를 아는 것이 중요합니다. 빨리 출시해보고 아니다 싶으면 서둘러 접고 개발한 제품에 대한 피드백만 받아서 방향을 틀면 됩니다. 그러려면 민첩성을 갖춘 애자일 개발 조직이 필요합니다.

또 하나 중요한 것은 문화입니다. 빠르게 출시해서 고객 피드백을 받는 과정에서 실패하더라도 "이번 시도는 실패했네. 실패하는 시도를 왜 했지?" 하는 식의 비난을 하면 담당자뿐만 아니라 전체 조직이 앞으로 그런 시도를 못 하게 됩니다. 그래서 실패를 용인하는 문화가 중요합니다. 그렇다고 '실패 용인 문화'를 잘못 해석하면 안 됩니다. 금융상품 투자 등 고객에 직접적이고 막대한 피해가 갈 수 있는 부분에서는, 금융소비자 보호 관점에서 철저히 통제해서 실패 위험을 줄여야 합니다. 실패 용인 문화에서 실패는 플랫폼에서 빨리 개발하고 출시하고 피드백을 받는 과정에서 성과를 얻지 못한 것을 의미합니다. 달리 얘기하면 빠르게 전략을 수정해나갈 수 있어야 합니다. 특히 이런 애자일 조직에서는 중장기 전략보다는 단기적으로 전략을 수립하고, 그것을 유연하게 수정할 수 있도록 바뀌어야 합니다.

조직 역시도 기능성 조직이 아니라 목적성 조직이 되어야 합니다. 애자일 조직에 관해 이야기를 많이 하는데, 아마존에서는 피자 두 판을 먹으며 회의하는 동안 모든 의사결정을 할 수 있는 조직을 애자일 조직이라고 합니다. 즉, 한 여덟 명 내외로 구성된 팀에서 완결성 있는 작은 서비스 하나를 담당하는 것입니다. 이를 마이크로 서비스 팀이라고 하고, 이 팀에서 고객 경험의 설계부터 개발·운영까지 끝내는 것을 의미합니다. 고객 경험 설계부터 개발까지 애자일 방식을 적용하고, 개발에서 운영까지 담당하는 '데브옵스' 체계를 갖춰서, '애자일'과 '데브옵스'가 함께 가는 것을 의미합니다.

이 애자일과 데브옵스가 함께 가는 방식을 잠깐 설명하면, 고객 경험 설계에서 개발·운영까지 제품 하나를 여러 하부 단위로 나누어서 예를 들자면 2~4주에 한 번씩 하부 단위 하나를 만드는 방식으로 일하는 것입니다. 제품 백로그(사용자를 조사하여 구현해야 할 사항을 정의한 문서)를 만들어내고 우선순위를 정한 다음 스프린트(팀원들이 열린 토론을 통해 프로토타입을 제작하고 고객과 함께 아이디어를 테스트하여 중요한 문제들에 대한 답을 찾아가는 과정)를 2~4주 동안 진행할 수 있습니다. XP(extreme programming)라는 애자일 프로그램에서는, 스프린트를 일주일 단위로 단축하기도 합니다. 그러면 제품 백로그 중에 우선순위 높은 것을 가지고 일주일을 뛰는 겁니다. 일주일을 뛰어서 거기서 백로그에 대한 개발을 끝냅니다. 다시 말하면, 그 스프린트에서 개발과 테스트를 끝내고, 운영 서버에 배포까지 되어야 합니다. 팀원들이 상당한 집중력을 가지고 완결성 높은 제품을 만들어내는 거지요. 그리고 스프린트 한 단위가 끝날 때마다 리뷰를 합니다. 우리가 어떤 부분을 잘못했고, 어떤 부분을 개선할 수 있을지, 또 축하도 해준 다음 다시 새로운 스프린트를 뛰는 겁니다.

이를 위해 전체적인 인재들의 역량도 변해야 합니다. 금융권이 지금까지 급여나 근무 환경 면에서 좋은 직업이었기 때문에 현재 인력들도 굉장히 좋은 자질을 가진 분들이 많습니다. 이런 분들이 향후 개발이나 데이터 분석을 할 수 있도록 훈련하여 역량을 개발시켜야 합니다. 또 신입 행원 채용 때 개발자들을 많이 뽑습니다. 무엇보다도 직원분들 개개인에게 동기부여가 굉장히 중요합니다.

요즘 MZ세대(1980년대 초~2000년대 초 출생한 밀레니얼 세대와 1990년대 중반~2000년대 초반 출생한 Z세대를 통칭하는 말)는 개인의 삶을 중요시하기 때문에 이분들에게는 우리가 하는 일 자체가 얼마나 중요하고, 우리로 인해 금융산업이 어떻게 변화되는지를 잘 설명하고, 동기를 부여하고, 자신의 일에서 인정을 받고 보람을 느낄 수 있게 해야 합니다. 개인의 인센티브와 조직의 목표가 같은 방향으로 나아가도록 정렬시키는 것이 필요합니다. 그러면 이분들이 자기 주도적 인재가 되어서 높은 성과를 낼 수 있습니다. 이런 요소들을 모두 고려해서 변화해나가야 합니다.

_____ KB 금융지주사가 최고의 자리에서 안주하지 않고, 금융의 메타플랫폼으로 거듭나기 위해 많은 고민과 노력을 하는 것에 박수를 보냅니다. 한국을 넘어서 세계 최고의 메타플랫폼이 되기를 응원하겠습니다.

플랫폼을 만난 전통 식품회사
풀무원

회사 소개

한국의 대표적인 먹거리 기업인 풀무원은 신선식품과 음료를 중심으로 건강기능식품, 푸드 서비스, 친환경 식품 제조 유통, 먹는 샘물, 발효유 등 다양한 영역에서 사업을 펼치고 있다. '인간과 자연을 함께 사랑하는 로하스(LOHAS: Lifestyles Of Health And Sustainability) 기업'이라는 미션을 가지고 노력한 결과 한국에서 존경받는 기업, 글로벌 로하스 대표 기업이 되었다.

풀무원은 디지털 환경과 산업의 변화, 코로나19로 달라진 소비패턴 등에 빠르게 대응하기 위해 기존 CIO(최고기술경영자) 조직이 아닌 디지털 혁신실을 구성했다. 이를 통해 프로세스 혁신, 제품·서비스 전환, 고객 경험 향상을 위한 다양한 신기술을 적극적으로 검토하여 지속적인 발전을 추진해나가고 있다.

이상부 풀무원 그룹 전략경영원장 소개

1988년 풀무원에 입사하여 33년을 풀무원에서 근무한 '풀무원맨'이다. 그는 풀무원에서 전략, 재무, 조직, 혁신 등 다양한 영역을 책임지고 있으며, 국내외 다양한 변화에 선제적으로 대응하여 선진적 경영체계를 구축했다. 또한 ESG(기업의 비재무적 요소인 환경·사회·지배구조를 뜻하는 말) 경영의 총책임자로서 풀무원을 한국 최고의 ESG 경영기업으로의 기반을 확고히 했다. 기업의 투명성 제고를 위한 여러 성과를 창출했으며 그룹 CFO를 거쳐 현재는 풀무원 그룹 전략경영원장으로서 그룹 총괄지원업무를 맡고 있다. 디지털 환경과 소비패턴의 변화에 주목하여 디지털 전환을 통해 변화를 주도하는 글로벌 최고의 식품기업을 만들기 위해 힘쓰고 있다.

인터뷰

_____ 풀무원이 추구하는 디지털 전환은 구체적으로 어떤 전략과 목표들로 이루어져 있는지 궁금합니다.

_____ 저희는 3년 정도의 중기적 과제로 전사의 가치사슬을 지원하는 다섯 가지 플랫폼 구축을 목표로 하고 있습니다. 다섯 가지 플랫폼을 설명드리면, 디지털상에서 고객이 남긴 경험을 축적하고 분석하기 위한 디지털 고객 경험 플랫폼, 구매 관리를 위한 SRM 플랫폼, 물류 관리를 위한 SCM 플랫폼, 생산과 물류 부문의 디지털화를 지원하는 디지털 스마트 팩토리 플랫폼, 마지막으로 위의 4개 플랫폼에서 생성된 정보를 통합하여 전사적인 분석과 미래를 예측할 수 있는 기능이 포함된 중앙 데이터 분석 플랫폼을 구성하는 것입니다.

이 다섯 가지 플랫폼으로 전사의 시스템을 전환하는 것이 풀무원의 핵심 디지털 전략이며, 이러한 플랫폼을 통해 풀무원의 제품은 물론 제조, 물류, 유통, 영업, 마케팅 등에서 효율성과 차별성을 향상해 한 단계 높은 경쟁력을 갖출 수 있으리라 기대합니다. 특히 풀무원이 제조를 기반으로 하는 비즈니스를 추진하는 만큼 스마트팩토리의 디지털화를 통한 경쟁력 제고가 가장 중요한 과제입니다.

_____ 풀무원 전략경영원 산하의 디지털 혁신실은 주로 어떤 역할을 하나요?

_____ 풀무원을 비롯한 식품산업은 노동집약적인 산업입니다. 이 때문에 프로세스가 정교하게 디지털화되지 않으면 생산성 향상이 어려울 수 있습니다. 따라서 디지털 혁신을 통해서 생산성을 확보하는 것이 중요하고, 이에 집중하고자 디지털 혁신실을 별도로 구성했습니다. 디지털 혁신실에서는 디지털 기술을 이용하여 프로세스를 혁신할 수 있는 과제들을 정의하고 구축해나가고 있습니다. 정의된 과제들은 생산성 향상의 목표를 정하고, 프로세스를 정립하고, 관련 데이터를 수집·분석하고, 최적의 디지털 기술들을 평가·적용하여 시스템으로 구축하는 과정을 거쳐 추진되고 있습니다. 이러한 개별 시스템들은 위에서 설명한 다섯 가지 플랫폼 전략을 토대로 만들어지고 폼랫폼 간의 연계를 통해 업무가 처리됩니다.

디지털 혁신실은 디지털전략팀, 프로세스혁신팀, 빅데이터팀으로 구성되어 있습니다. 디지털전략팀은 전사적인 디지털 혁신 전략을 수립하여 디지털 전환의 방향성을 결정합니다. 그 방향성에 따라 앞에서 말씀드린 5개의 플랫폼을 구체화하는 작업도 합니다. 또한 풀무원의 가치사슬 내부에 있는 기회뿐만 아니라 산업 가치사슬에서의 혁신 기회를 탐색하고, 이를 바탕으로 새로운 사업 기회를 모색합니다.

그러나 아무리 방향을 잘 잡았더라도 실행할 수 있는 프로세스 체계가 없으면 전략을 추진할 수 없습니다. 전략의 실제 실행을 위하여 프로세스혁신팀이 디지털 혁신실 안에 소속되어 실행을 담당하고 있습니다. 마지막으로 빅데이터팀은 데이터를 분석하여 각 사업에서의 가시성을 확보하고 다양한 조직에 인사이트를 제공하며 더 나아가 인공지능 기술을 활용하여 예측(수요 예측, 생산 계획, 재고 운영 계획 등)과 자동 업무처리 등을 담당하고 있습니다.

____ 디지털 혁신실에서 다양한 기술 도입도 검토하는지 궁금합니다.

____ 네, 우선 저희가 현재 생산 계획이나 수요 예측 등 일부 기능에 인공지능 기술을 도입해 사용하지만, 앞으로는 회사의 전략적 방향성과 접목해 좀 더 강력한 인공지능 기능을 다양한 범위에서 적용해볼 수 있을지를 검토하고 있습니다. 이뿐만 아니라 지속해서 떠오르는 기술들을 연구하여 풀무원에 어떤 식으로 적용해볼 수 있을지에 대한 검토도 이루어지고 있습니다. 예를 들어 메타버스 기술을 두고 풀무원 고객에게 어떠한 서비스를 제공할 수 있을지 아니면 내부 직원들의 교육을 위한 플랫폼으로 사용할 수 있을지 등을 종합적으로 연구 중입니다.

_____ 식품산업도 시기에 따라서 소비자의 선호나 트렌드가 계속 변하는데요, 풀무원은 고객들의 반응을 어떻게 수집하고 어떤 방식으로 대응하나요?

_____ 우선 풀무원은 상품과 제공하는 서비스에 따라 고객을 두 그룹으로 분류합니다. 예를 들어 두부나 콩나물을 소비하는 고객분들은 매장에서 사기 때문에 특정하기가 어렵습니다. 반면에 녹즙 같은 건강기능식품을 직접 주문하여 소비하는 분들은 어떤 분인지 알 수 있습니다. 이렇게 소비하는 상품에 따라 고객의 그룹이 다르고, 이에 따라 접근 방법이 크게 달라집니다. 고객을 특정할 수 없는 상품은 직접적인 피드백을 받기가 어렵기 때문에 SNS 채널에 올라온 후기, 온라인 마트 채널에 남겨진 평점과 후기, 고객센터를 통해서 제기된 불만들 그리고 오프라인 마트의 시식 코너를 담당하는 분들을 통해 수집되는 피드백 등 최대한 여러 채널에서 들어오는 피드백을 수집해서 상품에 대한 반응을 감지하고 있습니다.

내부적으로는 C2C(Concept to Concrete), R2R(Result to React)이라고 해서 고객의 반응을 받아 상품을 개발하고 개선하는 것을 굉장히 중요하게 생각합니다. 여러 채널을 통해 들어온 고객의 피드백을 바탕으로 요즘 트렌드와 상품에 대한 호불호를 파악하고, 이를 바탕으로 상품을 개발하거나 개선하는 데 적극적으로 활용하고 있습니다.

그다음으로는 디자인 식품, 건강기능식품과 같이 고객을 특정할 수 있는 부분에 대해서는 향후에 고객 커뮤니티 플랫폼을 만들어서 좀 더 생생한 고객의 목소리를 들으려고 합니다. 고객분들끼리 좋은 정보를 공유할 수 있도록 하는 것도 검토 중입니다. 예를 들어 당뇨식을 먹는 고객분들을 위해 그 커뮤니티 안에 별도의 방을 만들어서 당뇨에 관한 여러 교육자료를 제공합니다. 소비자들 간에도 정보를 나누게 하고, 저희 제품에 대한 후기도 올릴 수 있게 하는 거죠. 당뇨뿐만 아니라 고혈압, 다이어트, 유아식 등 다양한 방들을 만들 수 있을 것 같습니다. 이런 커뮤니티가 실현되려면 커뮤니티를 지속적으로 관리하고 그 안의 고객들에게 가치 있는 콘텐츠를 꾸준히 제공할 수 있어야 하므로 이런 부분들을 어떻게 관리하고 유지할지를 고민 중입니다.

_____ 고객의 피드백을 받아서 상품을 추가로 개발하거나 상품의 기능을 향상시키는 데 시간은 얼마나 걸리나요?

_____ 제품마다 다릅니다. 하지만 기본적인 방향성은 고객 피드백을 받고 이를 실제 제품에 반영하기까지의 시간을 최대한 단축하고 속도를 높이기 위해 노력하고 있습니다. 제품을 출시한 후 온오프라인 반응을 최대한 빠르게 수집해 문제점을 분석하고, 분석된 정보를 해당 부서와 마케팅 등 관련 부서에 전달하여 서둘러 개선될 수 있도록 하는 것이 중요합니다. 이러한 사이클을 최대한 단축하는 것이 목표입니다.

앞서 말씀드렸던 디지털 고객 경험 플랫폼을 구축하려는 이유도 이런 목표 때문이라고 이해하면 됩니다. 사실 현재는 이러한 과정들이 개별적으로 관리되지만, 향후 플랫폼으로 통합되어서 하나의 정보체계를 갖추면 훨씬 빠른 속도로 고객에게 대응해나갈 수 있으리라 예상합니다. 플랫폼 안에서 상품에 대한 고객의 피드백을 통합해 정리하고, 이를 실시간으로 마케팅 등 관련 부서에 전달하면 대응 속도가 훨씬 빨라질 수 있기 때문입니다.

____ 풀무원은 5년 혹은 10년 후 어떤 기업으로 성장해 있을까요?

____ 앞서 말씀드린 플랫폼들이 갖춰지고 디지털 전환을 성공적으로 이루어간다면, 식품 제조 도소매 기업에서 시작한 풀무원이 제품을 기반으로 고객들의 반응에 속도감 있게 대응하는 서비스업 방향으로 확장될 수 있을 것 같습니다. 물론 풀무원이 가진 기본적인 업(業)의 정의가 바뀌지는 않겠지만, 상당 부분 고객에게 서비스를 제공할 수 있는 체계가 만들어진 회사가 되어 있지 않을까요? 다시 말해, 단순히 제품을 생산하여 시장에 공급하는 속도가 아니라 고객의 요구사항에 즉각적으로 반응하고, 고객의 필요에 맞춤형으로 상품을 제공할 수 있는 서비스 구조를 갖추는 것입니다. 향후 이런 방향으로 나아가야만 변화된 환경에서도 경쟁력을 잃지 않을 것입니다. 5년 뒤에는 MZ세대가 주력 소비층이 됩니다. 그들의 니즈는 지금의 주력 소비 세대와는 또 다를 것으로 예상합니다. 그렇기에 풀무원도 고객과 시장에 대한 반응을 실시간으로 수집하고 신속하게 대응하는 방향으로 나아가야 합니다.

____ 속도감 있는 디지털 전환을 목표로 하는 풀무원의 변화가 기대됩니다. 감사합니다.

혁신

디지털 플랫폼 모델은 혁신의 필요조건

———— "카카오 김범수 의장, 한국 최고 부자 등극."

2021년 7월 29일 블룸버그 통신의 보도를 인용한 기사들이 포털사이트의 일면을 장식했다. 블룸버그 통신은 한국의 재벌 총수들을 제치고 자수성가한 기업인이라는 점에서 김범수 의장에게 주목했다. 하지만 사실 우리 중 누구도 카카오 그룹의 의장이 한국 최고 부자가 되었다는 사실 그 자체에 놀라지는 않는다. 어쩌면 우리 중 일부는 올 것이 왔다고 생각할 수도 있다. 카카오 그룹과 그 자회사들의 가치에 대해 이미 시장에서 충분한 평가가 이루어졌기 때문이다. 사실 이런 의미에서 혁신은 이미 상당히 진행되었다. 세계 시가총액 10위 중 과반수가 디지털 플랫폼 기업이 된 것은 2017년부터 시작된 일이다. 여러 산업과 국가에서 디지털 플랫폼 기업들을 중심으로 새로운 질서가 재편되어왔다. 어느새 익숙해진 디지털 혁신에 대해서 이제는 좀 더 이론적인 접근이 필요하다. 특히 15년 동안 디지털 혁신의 핵심이었던 디지털 플랫폼 모델에 대해서는 더욱 그렇다.

CHAPTER 1

산업 생태계의 교란종,
디지털 플랫폼 모델

───── 2019년 미국 조지아주 정부는 비상이 걸렸다. 무시무시한 이빨과 큰 턱을 가져서 웬만한 물고기들은 한입에 반 토막을 낼 정도로 엄청난 힘을 가졌고, 때때로 물 밖으로 나와 뱀처럼 기어 다니며 게 등을 잡아먹는 외래종 물고기가 조지아주의 하천에서 발견된 것이다. 일명 '뱀머리 물고기'라고 불리는 이 물고기는 최대 길이가 1미터에 달하며, 빠르고 포악한 성격으로 미국 메릴랜드주에서 시작하여 빠른 속도로 미국 전역으로 퍼졌다. 미국 토종 담수어인 배스와 블루길 등을 포함해 개구리, 게 등 모든 생태계 하위 종을 닥치는 대로 잡아먹어 하천 생태계를 파괴했다.

겁에 질린 미국인들 사이에는 이 뱀머리 물고기가 강아지나 어린아이도 잡아먹는다는 괴담이 퍼지기도 했다. 조지아주 정부는 "뱀머리 물고기를 잡으면 바로 죽이고, 포획 지점을 알 수 있게끔 죽은 물고기의 사진을 찍어서 보내세요. 옷, 강아지, 장비, 보트 등 물에 닿은 모든 것을 씻고 말리세요"라며 당부하기도 했다. 듣기만 해도 무시무시한 이 물고기는 사실 우리나라나 중국의 토종 담수어 '가물치'였다. 동양계 이민자들이 애완용, 식용 등으로 반입한 가물치들이 강물에 방사되며 퍼져나간 것으로 추정된다.

새로운 생태계의 등장
—

가물치 이야기에서 어딘가 익숙한 구석이 있다. 산업 생태계에도 가물치와 같이 강력한 파괴력을 지닌 신종 회사들이 나타나 산업의 균형을 무너뜨리고 새로운 생태 서열을 창조하고 있기 때문이다. 이 산업 생태계의 가물치들이 바로 디지털 플랫폼 회사들이다. 운수, 유통, 숙박, 미디어 등 다양한 산업으로 순식간에 퍼져, 기존 산업 생태계를 파괴하고 새로운 생태계를 창조하고 있다.

통신업계에서 개인 간 메시징 시장은 이미 카카오톡 등 모바일 메신저 플랫폼에 빼앗긴 지 오래되었다. 미디어업계에서는 유튜브나 트위치(Twitch)와 같은 다수의 외부 사용자에 의해 생산되는 영상 플랫폼에 10대와 20대 등 주요 시청자들이 몰리고 있다. 이에 대한 자구책으로 기존에 일방향적으로 제공되던 영상 서비스에서 벗어나 유튜브에 채널을 직접 만들어서 유튜브용 콘텐츠를 제작하거나, 지상파에 방송되는 영상의 보조적 역할로 촬영 뒷이야기, 티저 등을 유튜브 플랫폼에 올리는 등 적극적으로 디지털 플랫폼에 올라타고 있다. 에어비앤비와 같은 숙박 공유 서비스의 공급 확대로 중소형 숙박 사업자도 적지 않은 타격을 입었다. 이들 중에는 자신들의 숙박 시설을 숙박 공유 서비스 플랫폼에 올려 새로운 채널을 확보하는 방식으로 위기에 대처하기도 하지만, 여전히 수요 대비 공급이 많이 늘어난 상황은 이들에게 유리하게 작용할 리 없다. 이렇듯 다양한 산업에서 이미 많은 변화가 발생했다.

국가의 엄격한 규제 속에 보호받았던 산업들도 이제 더는 가물치 안전지대가 아니다. 특히 금융업이 그러하다. 미국의 4대 빅테크 플랫폼 기업인 GAFA, 즉 구글, 애플, 페이스북, 아마존은 기존에 주력 사업으로부터 보유한 엄청난 수의 플랫폼 사용자 기반과 그로부터 수집된 데이터, 그리고 우수한 기술력을 바탕으로 지급 결제 사업을 시작으로 금융 서비스를 점차 확대해나가고 있다.

국내에서도 금융당국이 인터넷은행을 인가하고, 마이데이터로 알려진 데이터 3법 등을 시행하며 금융 규제를 서서히 완화해가고 있다. 지점 없이 비대면으로 은행 서비스를 제공하는 카카오뱅크나 토스뱅크, 금융기관과 협력하여 자사의 플랫폼에 금융 서비스를 올리는 네이버 파이낸셜 등이 기존 금융권을 위협하는 대표적인 디지털 플랫폼 회사들이다. 파트 2의 인터뷰에서 본 바와 같이 국내 주요 금융회사인 KB 금융지주사 역시도 이러한 디지털 플랫폼 기업들의 위협을 충분히 인지하고 있다. 그래서 디지털 플랫폼 기업의 강점을 정확히 벤치마킹하여 금융의 아마존과 같은 '금융의 메타플랫폼'이 되겠다는 목표로 경쟁하고 있다. 이들 간의 경쟁은 결국 누가 더 강력한 가물치가 될 것인가의 싸움이다. 기존 기업들 입장에서는 빠른 역량 변화와 증진이 필요한 것이다. 시간이 지나면 결국 몇몇 가물치와 가물치들이 오지 않는 틈새시장에서 살아남은 작은 생물들만 남을 것이다.

디지털 플랫폼 모델이란 무엇인가

—

디지털 플랫폼 회사들은 어떤 특징 때문에 이렇게 산업의 생태계를 파괴하고 교란하는 파괴력이 있는 것일까? 그 답은 새로운 가치 창출 모델인 디지털 플랫폼 모델에 있다. 이에 대한 자세한 분석이 필요한 이유다.

파트 2에서 CDDI 전략체계의 세 번째 단계인 디지털 모델은 크게 디지털 플랫폼의 기술적 특성과 디지털 비즈니스 모델 설계로 구성되어 있다고 했다. 파트 3의 챕터 1에서 5까지는 디지털 플랫폼 모델의 정의 및 구조 설계에 관한 이야기다. 이 모델을 통해서 기본적인 디지털 플랫폼 구조가 설계되면 산업과 고객의 혁신 기회, 창의적인 수익 창출 모델, 기업 운영 모델들을 고려하여 새로운 디지털 비즈니스 모델을 설계할 수 있다. 파트 3의 챕터 6은 설계된 디지털 비즈니스 모델을 구체화하는 내용이다. 플랫폼 설계 과정에서는 창의적이고 직관적인 아이디어가 많이 필요하다. 파트 3에서 이론 및 설계에 대한 기본을 이해하면 아이디어를 구체화할 수 있을 것이다.

파트 1에서 정의했듯이 디지털 플랫폼 모델은 플랫폼 비즈니스 설계를 디지털과 데이터로 구성된 소프트웨어 플랫폼으로 구현한 가치 창출 모델이다. 그런데 사실 이 한 문장 속에는 굉장히 다양한 배경지식이 필요한 의미들이 담겨 있다. 이제부터 그 의미들을 하나씩 풀어나가 보자.

우선 문장을 크게 두 부분으로 구분하면, 디지털 플랫폼 모델이 '플랫폼 비즈니스 설계'라는 것과 '디지털과 데이터로 구성된 소프트웨어 플랫폼'이라는 사실을 알 수 있다. 익숙한 단어임에도 의미를 깊이 이해하기는 어렵다. 두 구성요소인 플랫폼 비즈니스 설계와 디지털과 데이터로 구성된 소프트웨어 플랫폼을 뜯어서 살펴보자.

플랫폼 비즈니스의 설계, 즉 디지털 플랫폼 모델의 설계적 특성인 플랫폼 비즈니스에 대해서 알아보자. 플랫폼 비즈니스는 사실 우리가 생태계 교란종으로 생각하는 디지털 플랫폼 회사들이 등장하기 이전부터 이미 존재했다. 어원을 생각해보면 감이 올 것이다. '플랫폼'의 사전적 의미는 물리적 공간에서 지면보다 높게 올라와 있는 평평한 공간 혹은 기차 승강장을 뜻한다. 기차 승강장은 많은 사람이 다양한 목적을 가지고 모이는 공간이다. 이동하려는 사람들이 가장 많이 모이겠지만, 이 공간에는 이렇게 모인 사람들을 대상으로 음식이나 신문 등을 파는 사람들도 존재한다. 다양한 목적으로 플랫폼에 모인 사람들은 서로 다양한 상호작용을 한다. 즉,

기차 플랫폼은 다양한 사람들이 모여 상호작용할 수 있는 공간이다. 플랫폼 비즈니스에서의 '플랫폼' 역시 같은 맥락에서 이해할 수 있다.

플랫폼 비즈니스는 다양한 사람들이 모여 상호작용하며 가치를 발생시키는 비즈니스를 의미한다. 전통적 비즈니스 중에서도 플랫폼 비즈니스를 어렵지 않게 찾을 수 있다. 상품과 서비스 거래가 원활하게 일어날 수 있도록 공급자와 소비자를 중개하는 역할을 하는 비즈니스 대부분이 플랫폼 비즈니스 설계를 따른다. 백화점이 대표적인 전통적 플랫폼 비즈니스라고 할 수 있다. 백화점 방문자들은 다양한 방향으로 상호작용하며 가치를 교환한다. 또한 백화점에 모이는 사람들이 많아질수록 백화점 자체의 가치도 올라간다.

디지털 플랫폼 모델도 마찬가지로 플랫폼 비즈니스의 설계에 따라 사용자들이 상호작용할 수 있는 플랫폼을 제공한다. 공인중개사 사무실과 같이 상품과 서비스의 공급자와 수요자가 모두 외부에서 참여하는 다면 플랫폼이 있고, 백화점과 같이 상품과 서비스를 직접 플랫폼에서 공급하는 단면 플랫폼도 존재한다. 그렇지만 사용자들의 상호작용이 발생하는 공간, 즉 플랫폼을 디지털 기술을 이용하여 가상 공간에서 제공한다는 점에서는 같다.

플랫폼 비즈니스 설계의 중요한 특징은 플랫폼 사용자들이 많아질수록 그 플랫폼의 가치가 지수적으로 증가한다는 점이다. 공인중개사의 예를 들어보자. 한 공인중개사 사무소의 매물이 주변 지역의 다른 공인중개사 사무소보다 더 많다면, 그 지역에서 수요자들은 모두 매물이 많은 공인중개사에게 몰릴 것이다. 그리고 그 공인중개사 사무소에 수요자가 많다는 사실을 안 잠재적 공급자들도 수요자가 많은 공인중개사 사무소로 몰릴 것이다. 즉, 플랫폼 사용자 수가 늘어날수록 플랫폼의 가치도 지수적으로 증가하고 이에 따라 더 많은 사용자가 모이는 네트워크 효과가 발생하게 된다. 디지털 플랫폼 모델은 공간적 제약을 받지 않기 때문에 네트워크 효과가 더 크게 나타난다. 공인중개사의 사무소는 그 주변 지역의 매물을 거래할 수 있어 공간적 제약을 받지만, 페이스북, 인스타그램, 이베이, 아마존 등 디지털 플랫폼들은 국경을 넘어서 운영되는 경우가 많다.

네트워크 효과는 디지털 플랫폼 모델의 가장 큰 강점 중 하나다. 네트워크 효과로 인해 작은 규모로 출발했던 기업들이 순식간에 어마어마한 규모의 사용자 기반을 갖추며 지수적 성장을 이룰 수 있기 때문이다.

데이터의 3가지 특성

—

그다음으로 디지털과 데이터로 구성된 소프트웨어 플랫폼이라는 디지털 플랫폼 모델의 기술적 특성을 살펴보자. 그중에서도 최근 가장 뜨거운 주제인 데이터다. 이 책에서 말하는 데이터란 가공되지 않은 것만이 아니라, 가공되어 콘텐츠 형태로 소비자에게 전달되는 모든 정보재를 포함한다. 정보재는 물리적 재화와 대비되는 다양한 특성이 있는데, 그중 디지털 플랫폼 모델과 직접 관련된 중요한 세 가지 특성이 있다.

디지털 플랫폼 모델 특성① 비경합성

첫 번째 특성은 비경합성(non-rivalry)이다. 일반적인 재화나 서비스는 한 사람이 먼저 해당 제품이나 서비스를 사용할 경우, 다른 사람이 똑같은 제품과 서비스를 누릴 수 없게 된다. 예를 들어 인기 연예인이 사인한 CD는 개수가 한정되어 있어서 많은 사람이 이를 먼저 구매하기 위해 경쟁한다. 또 내가 만약 특정 요일, 특정 시간대에 한 미용실의 원장님께 염색 서비스를 예약했다면, 다른 사람들은 같은 시간대에 같은 서비스를 받지 못한다. 그러나 정보재는 상황이 완전히 다르다. 내가 음원 제공사이트에서 특정 노래를 다운받아 듣는다고 해서 다른 사람이 그 노래를 듣지 못하는 것이 아니다. 다수의 사용자가 동시에 한 가지 정보재 재화의 혜택을 동일하게 누릴 수 있다.

디지털 플랫폼 모델 특성② 즉각성

두 번째로, 정보재는 재생산이 즉각적이고 완전하다. 예를 들어 어떤 사람이 애플 아이폰을 같은 기종으로 다시 구매한다고 생각해보자. 그 사람이 새로 구매한 아이폰은 즉각적으로 생겨나지 않으며(공장에서 부품을 조달하여 새로운 조립 과정을 거쳐야 하므로), 이전 아이폰과 완전히 같은 아이폰도 아니다. 불량품이 있을 수 있고 칩셋과 액정 등 제조 단위(lot number)도 달라질 것이다. 반면 정보재는 즉각적으로 완전한 복제가 가능하다. 예컨대 휴대전화로 사진을 찍어서 친구에게 전송하면, 전송하는 즉시 친구의 휴대전화에는 즉각적으로 원본과 같은 사진이 생겨난다.

디지털 플랫폼 모델 특성③ 한계비용 제로

마지막으로, 정보재는 한계생산비용(marginal cost)이 0에 가깝다. 그림 3-1의 그래프에서 곡선의 기울기는 재화 한 단위의 추가 생산에 들어가는 비용, 즉 한계생산비용을 의미한다. 물리적 재화의 경우 파란 선을 따라간다. 초기에는 생산량이 많아질수록 한계생산비용이 점차 감소하며 순이익이 증가한다(곡선의 기울기가 점차 완만해지다가 Q*에 이르러 0이 되는 것을 볼 수 있다). 한계생산비용이 0에 이른 후 다시 추가 생산에 대한 비용이 증가하기 시작한다. 반면 정보재의 비용은 수량이 증가하더라도 최초 발

그림 3-1 | 한계비용 곡선

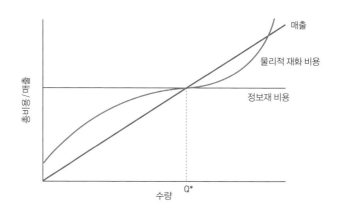

생비용에서 변동 없이 X축과 수평적인 모습을 보인다. 즉, 한계생산비용이 0인 것이다. 일례로, 넷플릭스의 영화 한 편을 생각해보자. 이를 만들 때 들어가는 시간과 비용은 막대하다. 그러나 이미 만들어진 영화 한 편을 복사해서 보는 데 드는 비용은 무시할 만한 수준이다. 이러한 정보재의 특성은 재생산이 많아질수록 평균 생산단가를 지속적으로 낮추며, 물리적 재화에서 보이는 규모의 비경제를 극복하게 된다.

데이터가 가진 이러한 세 가지 특성은 디지털 플랫폼 모델의 지수적 매출 성장을 이루는 데 주요한 역할을 한다. 정보재의 판매는 비경합적이며, 모든 구매자가 즉각적으로 완전하게 동일한 서비스를 받는다. 한계생산비용이 0이어서 구매가 더 많이 일어날수록 평균 생산비용은 지속적으로 감소하며, 이는 더 많은 순이익을 남기게 한다. 이를 다시 새로운 데이터를 생산하거나 플랫폼 자체의 서비스를 개선하는 데에 투자할 수 있으며, 이로 인해 플랫폼은 비즈니스의 선순환 구조를 통해 폭발적으로 성장할 수 있다.

디지털 기술의 성격

—

다음으로 디지털 기술의 성격에 대해 살펴보자. 여기서 디지털 기술은 앱, 웹, 인공지능, 사물인터넷, 블록체인 등과 같이 플랫폼을 작동시키는 기술들을 의미한다. 디지털 기술 또한 데이터와 마찬가지로, 디지털 기술이 개발·적용되기 위해 초기에 드는 비용이 크다. 하지만 일단 소프트웨어 플랫폼이 만들어지고 디지털 서비스가 개발되고 나면, 이후 새로운 사용자들에게 추가로 서비스를 제공하는 데에 드는 비용은 거의 무시할 만한 수준이다.

페이스북이 인스타그램을 1조 원에 인수할 당시를 떠올려보자. 그때 인스타그램의 월별 활동 회원 수는 1억 5천만 명이었다. 그러나 인스타그램 서비스를 제공한 본사 직원의 수는 13명에 불과했다. 1억 5천만 명의 사용자가 매초, 수만 건의 디지털 서비스를 이용하더라도 인스타그램 유지에 필요한 인력은 13명밖에 필요하지 않았다는 점에서 한번 디지털 서비스가 만들어지면 이를 이용해 사용자 기반을 확장하고 운영하기 위한 한계비용은 0에 가까운 것을 실감할 수 있다.

디지털 기술은 최근 4차 산업혁명의 주요 원동력으로 주목받는 인공지능, 블록체인, 로보틱스, 사물인터넷, 실감 기술을 활용한 메타버스 등도 포함하며, 플랫폼에 따라 사용 방식 또한 다양하다. 현재는 대부분의 디지털 플랫폼 회사들이 보편적인 웹과 앱 기술을 사용하지만, 선도적인 디지털 기술을 먼저 적용하여 사용자들에게 큰 인기를 누리는 플랫폼들도 있다.

플랫폼 기업은 발전하는 기술들을 빠르게 자신의 플랫폼에 도입하여 경쟁력을 높여가고 있다. 항상 디지털 기술의 동향에 관심을 가지고, 고객의 수요를 중심으로 자사 플랫폼에 기술을 도입했을 때 가져올 수 있는 효과를 판단해야 한다. 파트 4에서 이들 중 특히나 플랫폼의 강점을

그림 3-2 | 플랫폼 네트워크 모델의 구조

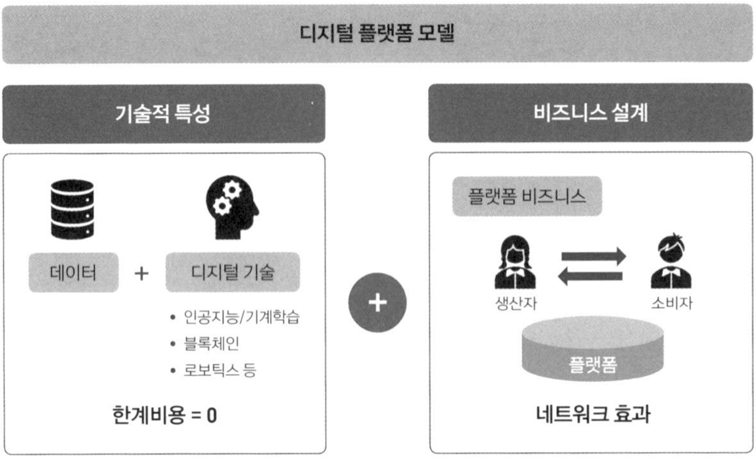

극대화할 수 있는 인공지능, 블록체인, 메타버스 기술을 중심으로 이들이 어떻게 플랫폼상에 적용되는지 자세히 살펴볼 것이다.

이제 다시 디지털 플랫폼 모델의 정의로 돌아가 보자. 디지털 플랫폼 모델은 데이터와 디지털 기술로 구현된 소프트웨어 공간에서 사용자들이 서로 만나 상호작용하며 가치를 발생시키는 비즈니스 모델의 포괄적 형태이다. '비즈니스 모델의 포괄적 형태'라고 표현한 이유는 디지털 플랫폼 모델 내에도 비즈니스 모델이 다양한 형태로 구분되기 때문이다. 그래서 파트 1에서 비즈니스 모델보다는 상위 개념인 가치 창출 모델로 정의했던 것이다. 이제 디지털 플랫폼 모델의 개념이 어느 정도 이해되었기를 바란다.

다양한 디지털 플랫폼 분류

사실 처음 디지털 플랫폼 모델을 접하는 사람이라면, 이 책에서 예시로 드는 다양한 회사들이 왜 모두 디지털 플랫폼 회사로 정의되는지 이해하기 어려울 수도 있다. 디지털 플랫폼 모델도 특성에 따라 분류되기 때문에 다른 특성을 지닌 두 플랫폼 회사가 모두 디지털 플랫폼 모델로 분류되는 것처럼 생각될 수 있기 때문이다. 디지털 플랫폼 내에서도 서로 다른 분류들이 있다는 것을 알면 이해에 도움이 될 것이다.

이 책에서는 디지털 플랫폼 모델을 '사용자 집단의 성격'과 '주요 오퍼링

(offering)의 산업 속성'이라는 두 가지 기준에 따라 앞쪽 그림과 같이 분류하고 있다. 이러한 분류는 절대적인 분류가 아니라 경향성으로 나눌 수 있는 상대적 분류이며, 플랫폼 비즈니스가 성장하는 과정에서 계속 변할 수 있다. 그 때문에 앞쪽 그림은 단지 이해를 돕기 위한 시각화일 뿐이고, 같은 사분면 안에 속한 기업일지라도 변화 과정에 따라 상대적인 위치가 달라질 수 있다.

사용자 집단이 소비자 집단으로만 이루어지면 단면 플랫폼으로 분류한다. 즉, 플랫폼 운영자가 상품과 서비스를 제공하는 경우 플랫폼에 참여하는 사용자는 소비자 집단으로 구성된다. 반면, 사용자 집단이 소비자와 더불어 생산자 집단도 있을 때는 다면 플랫폼이라고 한다. 즉, 플랫폼 상에 올라오는 상품과 서비스가 외부 생산자 집단에 의해 제공되는 경우이다. 예를 들어 유튜브에 올라오는 영상들은 대부분 외부 생산자에 의해 제공된다. 다양한 주제의 콘텐츠가 다양한 방식으로 편집되어 올라온다. 많은 플랫폼이 처음에는 단면 플랫폼으로 시작하여 일정 규모의 사용자를 모은 후 외부 생산자에 의한 상품과 서비스를 허용하는 방식으로 확장을 도모한다.

주요 오퍼링의 속성에 따라서도 플랫폼을 분류할 수 있다. 제공되는 상품과 서비스가 특정 산업의 상품과 서비스에 속할 경우 수직적 산업 서비스로 분류된다. 에어비앤비나 우버와 같이 소비자에게 전달되는 상품과 서비스가 숙박업 혹은 운수업처럼 하나의 산업으로 분류가 된다면 수직적 산업 서비스를 제공하는 플랫폼으로 볼 수 있다. 한편, 플랫폼이 제공하는 오퍼링이 둘 이상의 산업을 지원한다면 수평적 산업 서비스를 제공한다고 볼 수 있다. 카카오톡 플랫폼은 메신저 서비스를 제공하는 한편, 동일 플랫폼상에서 선물하기, 쇼핑하기 등 이커머스 플랫폼이 서브 플랫폼처럼 존재한다. 또한 카카오 그룹 내에 카카오톡 플랫폼과 연동된 카카오뱅크 플랫폼이 다양한 금융 서비스도 제공하고 있다. 이렇듯 소비자에게 제공되는 카카오의 서비스는 한 산업으로 분류하기 힘들다.

한편 플랫폼이 최초에 런칭할 때에는 단순한 오퍼링을 가지고 상대적으로 좁은 고객군을 타깃으로 시작한다. 그러다가 어느 정도 사용자 기반이 확보되고 나면 두 가지 방향으로 성장한다. 첫 번째는, 단면 플랫폼의 경우 운영자 외에 다양한 외부 사용자가 상품과 서비스를 제공할 수 있도록 플랫폼을 마켓플레이스로서 오픈하는 방식이다. 이렇게 되면 기존에 플랫폼 운영자에 의해 제공되던 상품과 서비스보다 훨씬 더 큰 가치들이 플랫폼에 올라오게 된다. 두 번째는, 플랫폼에 확보된 사용자들에게 제공하는 서비스를 확장하는 것이다. 쿠팡과 같이 이커머스 플랫폼으로 확보된 고객들에게 쿠팡이츠처럼 음식 배달 서비스를 제공하거나, 쿠팡플레이와 같은 미디어 서비스를 제공하는 것이 이러한 전략의 일환이다.

CHAPTER 2

교환 활동,
가치를 창출하는 새로운 방식

───── 플랫폼에서는 상품과 서비스 교환과 통화 교환을 통해서 실제 거래가 일어난다. 디지털 플랫폼 내에서 발생하는 가장 중요한 활동이 바로 교환 활동이다. 디지털 플랫폼 모델을 기반으로 한 기업들은 그들의 플랫폼에서 네트워크 효과에 기여하는 모든 종류의 교환 행위에서 가치를 발생시킨다. 교환 행위가 많을수록 플랫폼의 가치도 올라간다. 그렇다면 디지털 플랫폼에서는 어떤 것들이 교환될까?

정보 교환

—

사용자들은 플랫폼에서 교환할 상품과 서비스에 대한 정보를 주고받는다. 승차 플랫폼 우버는 잠재적 승객들이 플랫폼상에서 자신의 위치와 도착지에 대한 정보를 제공하고, 현재 운전 서비스를 제공할 수 있는 운전자에 대한 정보를 받는다. 페이스북 사용자들은 플랫폼에 접속하여 자신의 이름, 사진 등의 프로필 정보를 제공하고, 또 자신이 알 수도 있는 사람들의 프로필 정보를 받으며 친구 추가 여부를 결정한다. 즉, 정보 교환 단계는 향후 상품과 서비스 교환을 결정하는 초기 단계이며, 모든 가치 창출 활동의 시작이 된다. 정보 교환 단계는 사용자에게 얼마나 적합한 상품과 서비스에 대한 정보를 제공하느냐에 따라 사용자가 상품과 서비스 교환 단계로 넘어갈지를 결정짓기 때문에 플랫폼이 필수적으로 경쟁력을 갖추어야 할 단계다.

아무리 좋은 상품과 서비스를 갖추고 있더라도 정보 교환 단계에서 사용자의 수요에 부합하는 오퍼링을 찾아주지 못하면 다음 단계의 교환으로 이어지지 못한다. 최근에는 이러한 정보 교환 단계에 집중한 이커머스 플랫폼이 많이 등장하고 있다. 기존 이커머스 플랫폼의 대체플랫폼으로 등장한 플록스의 페퍼로니 플랫폼은 국내 최초의 숏 비디오 커머스 플랫폼이다. 기존 커머스 플랫폼들이 주로 사진과 글로 상품을 소개하던 것에서 한 발짝 더 나아가 인플루언서가 실제 상품을 사용하는 모습과 사용 후기를 설명해주어, 사용자들에게 상품을 구매하기 전에 더 자세하고 정확한 정보를 제공한다.

중국에서는 정보 교환 단계에 영상을 활용한 플랫폼이 국내보다 훨씬 빠르게 커나갔고, 이를 통한 상품과 서비스의 교환이 활발하게 이루어지고 있으며, 이미 확고한 생태계를 갖추고 있다. 기존 이커머스, M-커머스가 라이브 커머스(live commerce, 라이브 스트리밍과 이커머스의 합성어) 형태로 바뀌면서 생중계되는 스트리밍 영상을 통해 교환되는 정보의 품질을 높였다.

인플루언서들은 중국어로 인터넷을 의미하는 '왕(网)'과 '유명하다'를 뜻하는 홍(络)이 합쳐져 '인터넷상의 유명인사'라는 의미로 '왕홍(网红)'이라 불린다. 왕홍들은 웨이보, 웨이신, 아이리왕, 샤오홍슈 등의 플랫폼에서 영상 생중계로 물건을 판매하고 있다. 중국의 소비자 연구(웨이보, 2018)에 따르면, 1990년대생의 73.7%, 2000년대생의 76.7%가 왕홍의 추천 영상을 보고 구매 의사를 밝혔다. 주요 왕홍들은 연간 소득이 500억 원 규모에 달하기도 하며, 400만 명 규모의 팔로워를 보유한 왕홍도 있다.

현재 국내 라이브 커머스 시장도 네이버와 카카오를 포함해 롯데, 신세계, 현대, CJ 등 전통 유통사들이 선점하기 위해 치열한 경쟁을 벌이고 있다. 업계 추정에 의하면 국내 라이브 커머스 시장 규모가 2023년 10조 원 규모로 커진다고 본다.[1] 많은 유통사가 정보 교환의 차별화를 통해 플랫폼 경쟁력을 갖추기 위해 애쓰고 있다.

상품과 서비스 교환

상품과 서비스에는 물리적인 것은 물론이고, 데이터로 구성된 것도 포함한다. 디지털 플랫폼 기업들은 특히나 데이터 기반 상품 및 콘텐츠를 교환할 때가 많다. 대표적으로 뱅크샐러드를 예로 들 수 있다. 개인의 금융 데이터를 모두 모아 한 곳에서 보여주고, 개인에게 가장 적합한 금융 상품을 추천해주는 서비스를 제공한다. 또한 스타트업 마보(mabo) 역시 플랫폼 운영자가 명상 콘텐츠를 제공한다. 이 경우, 플랫폼이 갖는 네트워크 효과와 더불어 데이터가 가진 정보재의 특성이 합쳐져 기업가치가 기하급수적으로 성장하기도 한다. 페이스북, 인스타그램이 그런 사례라고 볼 수 있다. 인스타그램은 매 순간 사용자들이 올린 사진과 영상, 짧은 글귀들을 전 세계 10억 명에게 무제한으로 제공한다.

물론 디지털 플랫폼에서 물리적 상품과 서비스도 교환된다. 다만 그 자체의 특성 때문에 무한대로 상품과 서비스의 공급을 늘릴 수는 없다. 예컨대 에어비앤비에 멋진 공간이 올라온다고 하더라도 특정일에 그 공간을 사용할 수 있는 사람 수에는 한계가 있다. 하지만 물리적 상품이나 서비스를 제공하는 경우, 플랫폼 종류에 따라 확장에 대한 제한 정도가 다르다. 물리적 상품과 서비스를 제공하는 다면 플랫폼도 수요가 늘어나면 공급자 수도 함께 증가하며 플랫폼이 확장된다. 다만 그 확장의 정도가 디지털 콘텐츠와 같이 무제한적이지는 않다. 한편 물리적 상품과 서비스를 제공하는 단면 플랫폼은 수요가 무한대로 늘어날 때 이를 충족시키기 위한 공급이 플랫폼 기업의 생산 수준에 따라 제약을 받는다. 이 때문에 단면 플랫폼 기업이 물리적 상품과 서비스를 제공한다면, 플랫폼은 회사가 가진 다양한 공급 채널 중 하나의 역할을 하는 경우가 많다.

통화 교환

플랫폼에서는 상품과 서비스의 반대급부로 제공되는 통화 교환도 일어난다. 교환되는 통화는 플랫폼이 가진 수익 모델에 따라 상품과 서비스에 대한 대가성의 금전적 가치이거나 혹은 비금전적 가치일 수 있다. 플랫폼 사용자들은 금전적 가치이든 비금전적 가치이든 결국 플랫폼을 유지하는 데 필요한 통화를 지불해야 한다.

금전적 통화의 경우, 우리가 식당에서 밥을 먹거나 백화점에서 물건을 살 때 돈을 내는 것처럼 동일한 가치를 지닌 통화를 플랫폼 내부로 옮겨 서비스에 대한 대가로 지불한다. 예를 들어, 우버의 경우 탑승객은 운전 서비스를 받은 후 플랫폼상에 미리 등록해두었던 카드로 대금을 결제한다. 플랫폼은 이러한 서비스 대금의 일부를 수수료로 받는다. 명상 플랫폼 마보나 홈트레이닝 플랫폼 마이다노와 같이 콘텐츠 서비스를 구독을 통해 제공하는 플랫폼이나 소프트웨어 사용의 라이선스를 제공하는 플랫폼에서도 소비자들은 서비스를 받은 대가로 금전적 통화를 지불한다.

비금전적 통화는 간접적으로 플랫폼 사용자들에게 대가를 내게 한다.

광고 노출을 통해 광고료 이익을 얻는 플랫폼들이 여기에 해당한다. 사용자들에게 플랫폼상에서 교환되는 상품과 서비스에 대한 대가를 따로 요구하지 않는다. 예를 들어 유튜브에서 영상 콘텐츠를 보는 사람들은 유튜브 플랫폼 혹은 영상 제작자에게 어떤 금전적 대가를 지불하지 않는다. 하지만 그들이 영상을 시청하는 행위, '구독'하는 행위, 댓글이나 '좋아요'를 남기는 행위를 통해 평판 가치 등을 제공할 때 유튜브는 마케팅의 장(場)으로서 가치를 지니게 되고, 이를 광고주들에게 판매한다. 그리고 플랫폼은 그러한 수익 일부를 영상 제작자들에게도 나누어준다. 즉, 사용자들은 플랫폼상에서 금전적 교환 행위 없이 단순히 플랫폼상에 제공되는 영상을 보고 평판을 남기는 행위만으로도 플랫폼에 가치를 제공하는 것이다.

한편 플랫폼 소비자들이 서비스 이용 후 남기는 평판 가치는 이후 가치 창출 활동의 시작인 정보 교환 단계에서 중요하게 사용되기도 한다. 우버의 경우, 탑승객들은 플랫폼상에서 방금 이용한 운전자의 운전 서비스에 대한 평가를 남길 수 있다. 이러한 평가는 이후 다른 탑승객이 운전 서비스를 이용할 때 중요한 판단 요소가 된다. 플랫폼 기업 입장에서는 이러한 평판 정보를 자사가 제공하는 상품이나 서비스 개선에 주요하게 반영해야 한다. 특히 평판 가치들은 '매칭 알고리즘(matching algorithm)'에 반영되어 사용자에게 가장 적합한 상품과 서비스를 선별해서 보여주는 것으로 이어진다.

플랫폼만 만들어놓는다고 교환 활동이 활발하게 일어나는 것은 아니다. 그렇다면 활발한 교환 활동을 위해 어떤 노력을 해야 할까?

CHAPTER 3

성공적인 플랫폼 모델의
필요조건

───── 모든 플랫폼은 최초 사용자를 플랫폼으로 끌어들이는 가장 기초적인 교환 활동인 핵심 가치 창출 활동을 한다. 핵심 가치 창출 활동은 플랫폼의 가장 핵심 서비스이자, 플랫폼 사용자들이 플랫폼에서 기대하는 가장 주요한 교환 활동이다. 음식점으로 치자면 주력 메뉴에 해당한다. 왕돈까스를 주력 메뉴로 파는 가게에서 왕돈까스가 맛이 없다면 당연히 성공하기 힘들다. 디지털 플랫폼도 마찬가지다. 핵심 가치 창출 활동이 얼마나 매력적으로 설계되어 있는지에 따라 기업의 성패가 결정된다. 일단 핵심 가치 창출 활동 단계에서 고객의 선택을 받아야 이후 그 사용자 기반을 바탕으로 서비스 확장을 고려할 수 있다. 이 때문에 플랫폼 사업을 처음 시작하는 디지털 플랫폼 기업은 핵심 가치 창출 활동 설

계에 큰 노력을 기울인다. 물론 그렇다고 큰 노력이 많은 시간을 의미하는 것은 아니다. 이에 대해서는 챕터 5에서 집중적으로 다루겠다. 여기서는 핵심 가치 창출 활동을 이루고 있는 세 가지 요소를 알아보고, 각각에 대한 전략을 풀어나가겠다.

플랫폼 사용자

—

플랫폼 사용자는 가치를 창출하거나 플랫폼상에서 제공되는 가치를 소비하는 주체다. 플랫폼 운영자는 자사 플랫폼 사용자를 명확하게 정의하여 각 사용자의 기대 역할을 구체적으로 설계해야 한다. 그리고 사용자들이 플랫폼을 활발하게 사용할 수 있는 방식으로 인센티브를 제공해야한다. 플랫폼에 따라 사용자의 유형이 달라지는데, 역할에 따라 크게 생산자, 생산자이자 소비자, 운영자, 운영자이자 생산자, 소비자, 그리고 광고주로 나눌 수 있다.

생산자, 운영자, 소비자는 용어 그 자체로 개념이 설명되지만, '생산자이자 소비자' 혹은 '운영자이자 생산자'는 무엇일까? 다면 플랫폼의 경우 특정 교환 활동에서 소비자 역할을 했던 사용자가 다른 교환 활동에서 생산자 역할을 할 수도 있다. 예를 들어 숙박 공유 플랫폼 에어비앤비의 호스트 역할을 하던 사용자가 다른 교환 활동에서 타 사용자의 숙소를 이용하는 게스트가 될 수 있다. 이 경우 사용자를 생산자이자 소비자

그림 3-3 | 정보 및 상품과 서비스 교환을 통한 가치 창출

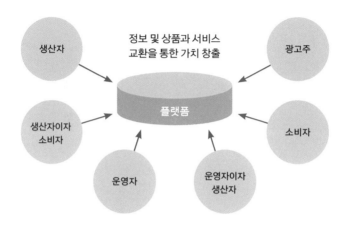

로 이해할 수 있다. 한편 다면 플랫폼의 운영자는 주로 플랫폼의 기능 개선 및 관리하는 역할을 한다. 특히나 비슷한 기능을 가진 플랫폼이 다수 존재하거나 새로운 사업자가 진입하기 쉬운 산업이라면 고객 이탈을 방지하기 위해 더 철저하게 고객 경험을 관리해야 한다.

플랫폼의 상품과 서비스의 다수 혹은 전부가 운영자에 의해 공급되는 단면 플랫폼도 있다. 국내 1위 온라인 홈트레이닝 플랫폼 마이다노는 이용자에게 매일 식사 및 운동 미션을 제공한다. 개인이 운동 수준과 고민되는 부위 등을 설정하면 이에 따라 적합한 운동 영상을 제공하며 매 끼니 식사량과 영양소 등에 대한 1:1 피드백을 제시한다. 즉, 마이다노는 플랫폼 운영과 더불어 상품과 서비스를 제공하는 역할을 동시에 하는

'운영자이자 생산자'인 사용자로 분류될 수 있다.

　대부분 다면 플랫폼은 자사의 플랫폼에 모인 사용자들(생산자, 소비자)에게 광고 접근 권한을 제공하고 대가를 받는 수익 모델을 가지고 있다. 이들 플랫폼에는 제3의 사용자인 광고주들도 참여한다. 광고주들은 해당 플랫폼이 자신의 잠재적 소비자가 될 사용자들이 많이 모여 있고, 이들에게 노출을 많이 할 수 있는지, 이를 통해 실제 자신의 사업 매출을 끌어올릴 수 있을지를 고려하여 플랫폼 참여 여부를 결정한다. 이 때문에 플랫폼 운영자는 최대한 사용자들을 많이 끌어모아 플랫폼에서 시간을 보내면서 광고에 자주 노출되게 하고, 관심 있는 분야의 광고를 우선 노출하는 등 다양한 방법으로 매력적인 광고처가 되려고 노력한다.

교환 가치

—

핵심 가치 창출 활동을 통해 교환되는 가치를 의미한다. 이 교환 가치에는 앞서 자세하게 살펴본 정보, 상품과 서비스, 통화가 있다. 설명했다시피 교환 가치는 에어비앤비나 유튜브와 같이 외부 사용자들에 의해 생산되기도 하지만, 플랫폼 운영자에 의해 제공되기도 한다. 플랫폼 운영자에 의해 상품과 서비스가 제공되는 플랫폼은 주로 데이터를 활용한 디지털 서비스 혹은 콘텐츠를 제공하는 경우이거나 물리적 상품과 서비스의 유통 채널로서 역할을 하는 경우가 많다.

상품과 서비스가 외부 생산자에 의해 생산될 때는 상품과 서비스의 품질을 플랫폼에서 관리하기가 어렵다. 그래서 필연적으로 플랫폼은 이러한 한계를 보완하고 소비자들에게 질 좋은 상품과 서비스를 제공하기 위해 더 나은 매칭 기능을 제공하는 데에 힘써야만 한다. 매칭 알고리즘을 통해 높은 품질의 상품과 서비스 위주로 매칭이 이루어진다면 플랫폼에 올라오는 전반적인 상품과 서비스의 품질이 상향 평준화될 수 있다.

매칭 알고리즘

—

매칭 알고리즘은 플랫폼 사용자들에게 가장 적합한 상품과 서비스를 매칭해주는 역할을 한다. 앞선 정보 교환 단계에서 가장 핵심적인 역할을 한다. 매칭 알고리즘이 제대로 작동하지 않는 플랫폼은 아무리 좋은 상품과 서비스를 보유하더라도 플랫폼 이용자가 그것을 찾는 데 시간과 노력을 추가로 들여야 하므로 상품과 서비스 교환을 방해한다. 만약 매칭 알고리즘이 제대로 작동하지 않아 사용자 욕구에 최적화된 상품과 서비스를 보여주지 못한다면 사용자들은 곧 플랫폼을 이탈할 가능성이 크다. 그 때문에 최적의 매칭을 제공하기 위해 더 많이 노력해야 한다.

플랫폼 이용자들은 점점 더 자신에게 적합한 상품과 서비스를 빠르게 제공받기를 원한다. 그러한 욕구에 발맞추어 많은 이커머스, 미디어 플랫폼들이 인공지능 기술을 도입하여 이용자의 성향과 관심을 분석하고,

이들에게 가장 적합한 상품과 서비스를 추천한다. 사실 이커머스, 미디어 플랫폼에서의 '추천' 서비스는 우리에게 더 이상 낯설지 않다. 요즘에는 한 개인의 유튜브 첫 화면만 봐도 이 사람이 평소 어떤 것에 관심이 있는지 파악할 수 있다. 유튜브의 수준 높은 알고리즘이 그 개인이 평소 즐겨 보던 콘텐츠와 유사한 것을 추천해주기 때문이다.

2021년 초 출시 1년 만에 1천만 명의 사용자를 모은 클럽하우스가 많은 사람에게 관심을 받았다. 클럽하우스 이전에도 미어캣(Meerkat) 혹은 페리스코프(Periscope)와 같은 라이브 스트리밍 소셜 네트워크 플랫폼 서비스가 있었지만, 그들은 클럽하우스만큼 주목받지 못하고 사라져버렸다. 클럽하우스는 출시 초기에 일론 머스크, 마크 저커버그 등 유명 인사들이 플랫폼에서 토론하며 사람들의 관심을 끌었고 순식간에 수많은 사용자를 모았다. 하지만 클럽하우스 사용자 수가 지속적으로 늘어나자 채팅방 주제의 품질을 관리하기가 어려워졌다. 저속하고 노골적인 주제를 다루는 채팅방이 늘어나며 사용자들에게 불편을 주고 있다.[2] 이로 인한 여파인지 클럽하우스의 사용자 성장세가 주춤하다. 클럽하우스는 장기적으로 지속 가능한 서비스를 제공하려면 불건전한 채팅방에 대한 필터 기능을 필수적으로 도입해야 할 것이다. 매칭 알고리즘도 개선이 필요해 보인다. 현재는 가입 시에 선택하는 관심 토픽과 팔로우한 사람을 기준으로 추천된다. 팔로우한 사람들이 기준이 되면 자신과 무관한 주제의 대화방이 추천되기도 한다. 이 경우 많은 사용자가 금세 관심을 잃고 플랫폼을 이탈할 가능성이 크기 때문에 개선이 필요하다.

CHAPTER 4

플랫폼 사용자를 끌어들이는 전략

──── 디지털 플랫폼은 가치사슬 기업의 제품이나 서비스와는 달리 사용자들이 계속해서 플랫폼 안에 머무르며 교환 활동을 할 때 가치가 창출된다. 그래서 전통적인 마케팅 방법처럼 잠재고객에게 노출 시간을 늘리는 전략은 한계가 있다. 일회적으로 사용자들을 끌어들이는 데서 그치지 않고, 지속적으로 플랫폼 내 활동에 몰입할 수 있도록 해야 한다. 이 또한 다면 플랫폼인지, 단면 플랫폼인지에 따라 접근 전략이 크게 달라진다.

개괄적으로 설명해보면, 단면 플랫폼은 플랫폼의 운영자가 직접 상품과 서비스를 공급하기 때문에 품질, 수량, 공급 시기 등을 관리할 수 있다. 운영자는 소비자 집단만 플랫폼으로 끌어들이고, 그들이 계속해서 플랫폼에서 제공되는 제품과 서비스를 이용하도록 하면 된다. 이와 달리 다면 플랫폼은 제품과 서비스를 공급하는 생산자 집단과 이를 소비하는 소비자 집단을 모두 끌어들여야 한다. 이 경우 어떤 쪽을 먼저 끌어들여야 하는지, 그리고 그들을 어떻게 플랫폼에 몰입하게 할지를 고민해야 한다.

다양한 방법들이 있겠지만, 여기서는 가장 빈번히 사용되는 사용자 유인 및 몰입 전략 네 가지를 사례를 통해서 알아보겠다.

마중물 붓기 전략

—

마중물 붓기 전략은 다면 플랫폼 초기에 외부 생산자들이 활발하게 참여하지 않을 때 사용하는 전략이다. 플랫폼 운영자가 적극적으로 상품과 서비스를 제공하고 소비하는 모습을 보여줌으로써 플랫폼 소비자 및 잠재적 생산자들에게 향후 플랫폼에서 교환될 상품과 서비스에 대한 표준을 인식시켜주는 것이다.

2009년에 설립된 질의응답 커뮤니티 플랫폼 퀴라(Quora)는 마중물 붓기 전략을 사용했다고 볼 수 있다. 초기에 퀴라 사용자들이 많지 않던 당시에 퀴라의 직원들은 스스로 질문을 올리고 답변을 했다. 사용자들은 이렇게 올라온 질문과 답변을 보며 플랫폼 이용 방식을 배웠고, 이와 유사하게 질문을 올리고 답변하기 시작한 것이다. 최근 적지 않게 등장한 데이팅 앱들도 같은 전략을 이용한 예가 많다. 플랫폼 운영자들은 초반에 매력적인 개인들의 프로필을 많이 올린다. 그러면 그 프로필을 보고 관심을 보인 사용자들이 점차 모여들면서 플랫폼의 네트워크가 확장될 수 있다.

마중물 붓기 전략은 단면 플랫폼에서 다면 플랫폼으로 확장할 때도 의도치 않게 사용된다. 아마존은 온라인 유통업체로서 성공한 이후에 플랫폼을 외부 생산자들에게도 열었다. 플랫폼에 새로 참여한 외부 생산자들은 이미 아마존 플랫폼에서 발생하는 거래로부터 필요한 품질에 대한 기대 수준을 확인할 수 있었다. 이를 통해 외부 생산자들은 이전과 동일하거나 그보다 높은 수준의 상품을 아마존 플랫폼에 제공했고, 이로 인해 더 많은 소비자가 플랫폼으로 몰려들어 폭발적인 성장을 이뤘다.

새로 런칭하는 플랫폼들은 마중물 붓기 전략을 통해 제품과 서비스를 올리고 소비자들을 플랫폼으로 끌어들일 수 있다. 동시에 외부 생산자들에게 교환되는 상품과 서비스의 표준 품질 기준에 대한 예시를 제공하여 보다 안정적으로 다면 플랫폼의 양쪽 집단을 끌어들일 수 있다.

단면 우선 전략

—

마중물 붓기 전략을 통해 양쪽 집단을 모두 끌어오는 전략이 유효하지 않을 때도 있다. 예를 들어, 양쪽 집단 모두 충분한 수의 상대 집단이 모이지 않아 플랫폼에 참여할 유인(誘引)이 없을 때가 그렇다. 이런 경우 많은 운영자가 우선 한쪽 집단의 참여를 충분히 이끌어내는 전략을 사용한다. 한 집단에 대해 다른 쪽 집단의 참여라는 점 이외에 누릴 수 있는 혜택을 제공하여 플랫폼을 사용하게 하는 것이다.

미국의 식당 예약 플랫폼 '오픈테이블'이 이 같은 문제를 겪었다. 소비자들은 플랫폼 내에 대부분의 식당이 등록되어 있지 않으면 플랫폼을 이용할 이유가 없다. 식당 역시 굳이 아무도 안 찾는 사이트에 예약 상황을 올리는 수고를 할 필요가 없다. 이러한 문제를 해결하기 위해 오픈테이블은 우선 식당들이 플랫폼에 적극적으로 참여할 유인을 제공했다. 오픈테이블은 플랫폼에서 예약 관리 프로그램을 사용할 수 있게 하자 점차 많은 식당이 이 플랫폼의 프로그램을 통해 좌석을 관리했다. 이를 통해 충분한 식당 수를 확보한 오픈테이블은 마침내 소비자들의 선택을 받을 수 있었다.

페이팔은 소비자 집단을 끌어들이기 위해 막대한 노력을 아끼지 않았다. 페이팔은 신규 회원을 확보하기 위해 신규로 가입하면 10달러를 줬다. 그리고 신규 회원을 추천한 기존 고객에게도 10달러를 줬다. 물론 이렇게 모집된 신규 회원들이 모두 플랫폼에 헌신적인 사용자라는 의미는 아니지만, 적어도 이러한 전략을 통해 반대편 집단이 페이팔을 사용하고자 할 만큼의 많은 회원 수를 확보할 수 있었다.

유튜브나 구글 플레이스토어와 같이 외부 생산자들에게 플랫폼 참여를 유도할 추가 인센티브를 제공할 수도 있다. 구글이 안드로이드 스마트폰 운영체제를 발표했을 때 안드로이드 운영체제를 이용한 애플리케이션이 많지 않았다. 사용자들은 경쟁사인 애플에서 앱스토어를 통해 제공하던 다양한 애플리케이션의 기능을 누리고 싶어 하는데 이 모든 것을 구글이 자체 개발할 수는 없었다. 구글은 500만 달러의 상금을 걸고 게임, SNS 등 카테고리별로 최고의 앱을 개발한 개발자들에게 상금을 주었고, 이를 통해 초기 플랫폼에 올릴 다양한 애플리케이션들이 빠른 속도로 만들어졌다. 유튜브도 마찬가지 전략을 사용했다. 초창기 유튜브는 영상을 만들어 올리는 생산자들을 위한 콘테스트를 열어 생산자 집단을 모집하는 데 힘썼다. 영상 제작자들은 콘테스트 참여를 위해 플랫폼에 새로운 영상들을 만들어 올리기 시작했다.

작은 시장 집중 전략

—

플랫폼에 사용자들을 모을 때 잠재적 사용자가 될 수 있는 모든 사람에서부터 시작하면, 플랫폼에 충성도가 높은 사용자를 얻기 어렵다. 지나치게 큰 집단의 취향과 기호를 다뤄야 하므로 모든 사람을 만족시키지 못하는 것이다. 이러한 문제를 해결하는 방법으로 작은 시장 집중 전략을 사용할 수 있다. 핵심 가치 창출 단계에서 사용자를 작은 집단으로 정의하고 그들을 완벽히 만족시키는 데에 집중한 교환 가치들을 설계하는 것이다. 이 부분은 챕터 5의 교환 가치 설계와도 연결된다.

페이스북이 하버드대학이라는 극히 좁은 집단에서부터 서비스를 시작했다는 것은 이미 많이 알려진 사실이다. 페이스북보다 일찍이 한국에서 인기를 끌었던 SNS인 싸이월드도 처음에는 싸이월드의 직원들이 다니던 분당 교회의 20대 여성들을 관찰해 그들을 만족시키는 것을 목표로 미니홈피 서비스를 디자인했다.[3] 국내에서 커뮤니티 사이트 중 접속률 1위인 디시인사이드도 처음에는 디지털 카메라에 대한 의견과 촬영한 사진을 나누기 위해 만들어진 플랫폼이었다. 현재는 다양한 분야에 대한 2천여 개의 갤러리와 4만여 개의 마이너 갤러리를 보유한 국내 최대 커뮤니티 플랫폼으로 성장했다.

작은 시장 집중 전략을 사용하는 플랫폼들은, 타깃으로 삼은 작은 집단을 완벽하게 만족시키는 교환 가치를 설정하고, 이를 통해 사용자들을 플랫폼에 몰입할 수 있게 하여 안정적인 사용자 기반을 만든 후에 기존의 가치 창출 활동과 시너지를 일으킬 수 있는 상품과 서비스를 추가적으로 더해야 한다. 타깃 사용자를 구체적으로 선정하는 방법에 대해서는 챕터 5에서 자세히 논의하겠다.

레버리지 전략

레버리지 전략은 기존에 가치사슬 기업으로 자리를 잡은 회사들이 자신의 브랜드를 이용하거나, 혹은 기존에 이미 성숙한 플랫폼에 올라타서

그 플랫폼의 사용자들을 자신의 플랫폼으로 끌어오는 전략이다. 이미 잘 알려진 가치사슬 기업들은 디지털 플랫폼을 통해 기존 고객에게 더 만족스러운 경험을 제공하여 충성도를 높이고 있다.

예를 들어 스타벅스는 두꺼운 충성고객층을 보유하고 있다. 이들은 자신의 충성고객들에게 커피 주문이나 결제를 쉽게 해주는 기능을 제공하면서 자연스럽게 이들을 플랫폼으로 이동시킬 수 있었다. 그들은 이미 스타벅스를 주기적으로 이용하는 충성고객들이기에 스타벅스 이용을 더 쉽고 간편하게 도와주는 플랫폼을 이용하는 데 거부감이 없다. 그들은 주문과 결제, 포인트 관리, 새로운 계절 음료나 이벤트에 대한 소식을 모두 플랫폼상에서 확인할 수 있다.

플랫폼 안의 플랫폼으로 들어가는 것도 레버리지 전략 중 하나다. 카카오톡과 같이 잘 만들어진 플랫폼 안에 있는 '선물하기 플랫폼'이나 '메이커스 플랫폼'은 따로 플랫폼을 만들어서 사용자를 모집할 때보다 훨씬 쉽게 초기 사용자들을 모집할 수 있었다. 사용자들 또한 플랫폼을 따로 다운받을 필요도 없고, 따로 회원가입을 할 필요도 없다. 기존에 만들어진 카카오톡 아이디와 연결된 카카오페이로 주문까지 할 수 있다. 이렇게 잘 만들어진 메타플랫폼 위에 서브 플랫폼으로 들어가는 전략은 서브 플랫폼뿐 아니라 메타플랫폼 자체에도 사용자들에게 새로운 기능을 추가로 제공해 서브 플랫폼의 네트워크 효과를 더하므로 많은 플랫폼에서 확장 전략으로 채택하고 있다.

이렇게 초기 상품과 서비스의 사례들을 직접 플랫폼에 올려 사용자들의 참여를 독려하는 마중물 붓기 전략, 한쪽 집단의 사용자부터 먼저 끌어오는 단면 우선 전략, 잠재적 사용자 중 일부에 해당하는 작은 집단에 집중하는 작은 시장 집중 전략, 그리고 기존에 가지고 있는 브랜드 파워에 올라타는 레버리지 전략을 알아보았다. 네 가지 다 사용자를 유인하는 가장 일반적인 전략이다. 이 네 가지 개별 전략에서도 활용 방식에 따라 창의적이고 더 효과적인 방법이 나올 수 있다. 또한 이 전략들 외에도 새로운 접근 방법이 있을 수 있다. 중요한 것은 한 번의 노출로 그치는 것이 아니라, 지속적으로 사용자들이 플랫폼에 머물 수 있도록 해야 한다는 점이다. 이때 물론 사용자 유인 전략도 중요하겠지만 결국은 교환되는 가치가 참신하게 설계되지 않으면 사용자 유인 전략은 쓸모가 없어진다.

CHAPTER 5

교환 가치의 설계:
콘텐츠 전략이 필요하다

────── 바라트 아난드 교수의 『콘텐츠의 미래』가 나왔을 때 '앞으로
의 콘텐츠가 어떻게 변화할 것인가?', '미래 세대에 인기를 누릴 콘텐츠
는 어떤 형태일까?'라는 질문을 가지고 이 책을 읽었다가 당황했다는 분
들이 주변에 적지 않았다. 사실 필자도 그랬다. 바라트 교수는 '콘텐츠'의
의미를 우리가 일반적으로 말하는 음원이나 영상과 같은 정보나 내용물
보다는 좀 더 넓은 의미에서 사용했다. 그는 일반적인 콘텐츠의 의미를
확장하여 실제 제품이나 서비스까지도 콘텐츠라고 표현했다. 그러니 항
상 좁은 의미의 콘텐츠로 소통하던 우리는 혼동할 수밖에 없었다. 지금
까지 읽은 독자라면 이제 그 의미를 이해했을 것이다. 바라트 아난드 교
수와 마찬가지로 광의의 콘텐츠 개념으로 이야기를 이어나가 보겠다.

고객에 대한 관점 변화

—

바라트 교수는 책에서 제품이나 서비스의 품질, 즉 콘텐츠의 우수성에 사로잡혀 제품과 서비스 간의 연결을 보지 못하는 함정을 지적한다. 오늘날에도 많은 플랫폼 스타트업은 자신들이 생각해낸 기발한 콘텐츠에 집중하느라 정작 플랫폼을 사용할 사용자와 시장을 보지 못할 때가 많다. 사실 생산이 오늘날과 같이 활발하지 않던 시기에는 고객이 제품과 서비스를 구매하는 이유가 제품 자체가 가진 특성, 즉 디자인이나 기능 혹은 가격 같은 요소들 때문이라는 생각이 일반적이었다. 하지만 1990년대 하버드 경영대학원 교수 테오도르 레빗(Theodore Levitt)은 아래와 같은 유명한 말로 그간의 고객에 대한 관점을 바꾸어놓았다.

> "사람들은 0.25인치 드릴을 원하는 것이 아니다. 그들은 0.25인치 구멍을 원하는 것이다."

즉, 고객들은 자신들에게 필요한 업무를 수행하고 목적을 이루기 위해 구매하는 것이지 그 제품이나 서비스가 너무 우수해서 사는 것은 아니라는 말이다. 고객의 선택을 받기 위해서는 그들이 가진 업무를 해결하는 데서부터 출발해야 한다. 클레이튼 크리스텐슨 교수와 전략 컨설턴트 토니 울위크(Tony Ulwick)는 이러한 업무(task)를 '주어진 상황에서 고객이 해결해야 할 근본적인 문제'라고 정의했다.⁴ 즉, 기업은 고객이 가진 근본적 문제를 가장 잘 해결해줄 수 있는 제품과 서비스를 출시할 때 고객의 선택을 받을 수 있는 것이다. 플랫폼 기업도 콘텐츠를 결정할 때 같은 관점에서 접근해야 한다. 따라서 플랫폼 콘텐츠 전략을 수립할 때 가장 먼저 고려해야 할 점은 고객의 문제를 제대로 파악하는 것이다.

디지털 플랫폼의 경우 고객이 신규 플랫폼을 취사선택하는 과정이 쉽고 저렴하기 때문에 빠르게 플랫폼 콘텐츠에 대한 가설을 수립하고 시장성을 검증하며 수정해가는 것이 필요하다. 이러한 과정은 한 번이 아니라 꾸준히 신속하게 이뤄져야 한다. 이런 전략은 최근의 스타트업들이 취하는 애자일 접근법과 일맥상통한다. 스타트업의 비즈니스 모델 수립을 위해 사용하는 도구인 '린 캔버스(lean canvas)'를 플랫폼 콘텐츠 전략 수립에도 적용해볼 수 있다.

『린 스타트업』의 저자 애시 모리아(Ash Maurya)가 제시한 린 캔버스는 스타트업이 좀 더 애자일한 방식으로 사업 콘텐츠를 브레인스토밍하여 선정할 때 사용하는 양식이다. 구체적으로는 사업 콘텐츠의 가설을 수립하고, 제품과 시장의 적합성을 검증하는 도구다. 본래는 일반 스타트업이나 전통 기업 등에서 사용하도록 고안된 도구이나 여기서는 디지털 플랫폼 콘텐츠 수립이라는 프레임 안에서 적용할 것이다.

디지털 플랫폼을 무작정 만들기 전에 자신의 아이디어에 대한 탄탄한 가설을 수립하고 이에 대한 검증을 진행한다. '어떤 대상'이 가진 '어떤 문제'를 '어떻게 해결해줄 것인지'를 명확하게 설정한 후 그 해결책이 정말 의미 있고 유효한지를 검증한다는 의미다. 이 과정을 통해 디지털 플랫폼 사용자들이 누리게 될 교환 가치를 효과적으로 정리해 제안할 수 있다.

린 캔버스를 활용한 콘텐츠 전략 수립

—

타깃 집단 설정하기

먼저 명확한 타깃 사용자 집단을 설정한다. 타깃 사용자 집단이란 콘텐츠를 통해 가장 큰 이득을 얻는 특정 집단을 말한다. 집단의 크기가 작을수록 유익하다. 만약 집단의 크기를 지나치게 크게 잡으면, 오히려 그 누구도 충분히 만족시킬 수 없는 플랫폼이 탄생한다. 타깃 사용자 집단을 잘 선정하고, 그들의 핵심 문제를 만족스럽게 해결하는 것만으로도 플랫폼 초기 사용자 모집을 성공적으로 할 수 있다.

페이팔의 공동 창업자였던 피터 틸(Peter Thiel)은 스타트업론을 정리한 자신의 저서 『제로투원』에서 다음과 같이 말한다.

모든 신생 기업이 처음에는 작게 시작한다. 모든 독점기업은 시장을 크게 지배한다. 따라서 모든 신생 기업은 아주 작은 시장에서 시작해야 한다. 너무 작다 싶을 만큼 작게 시작하라. 이유는 간단하다. 큰 시장보다는 작은 시장을 지배하기가 더 쉽기 때문이다. (…) 틈새시장을 만들어내어 지배하게 됐다면, 좀 더 넓은 시장으로 서서히 사업을 확장해야 한다. 그 방법을 가장 잘 보여준 것이 아마존이다. 제프 베조스가 아마존을 세울 당시에 그의 비전은 온라인 소매점을 모두 먹어버리는 것이었다. 하지만 그는 용의주도하게도 책에서부터 그 작업을 시작했다. (…) 이후 아마존은 계속해서 하나둘씩 제품 카테고리를 늘렸고, 결국에는 세상에 존재하는 대부분 상품을 취급하는 만물상이 됐다.

특히 플랫폼은 다양한 사람들을 담을 수 있어서 처음 타깃 고객을 설정할 때 욕심을 부려 최대한 많은 사람을 모호하게 설정하기 쉽다. 하지만 다양한 고객들을 끌어모으는 것은 초기 거점고객들이 확실하게 플랫폼에 만족하여 안정적으로 정착한 이후에 생각해야 할 일이다. 가장 핵심적인 고객조차 만족시킬 수 없다면 그 뒤에 따라 들어올 고객은 없다.

핵심 문제 선별하기

타깃 고객군이 선정되었다면 그다음으로 할 일은 선정된 고객군이 해결해야 할 핵심 문제를 선별하는 것이다. 타깃 고객들이 겪는 문제를 세 가지 이내로 간결하게 기술해본다. 앞서 말했듯이 결국 플랫폼도 다른 제품이나 서비스와 마찬가지로 고객이 하는 업무를 해결하기 위해 사용되기 때문에, 이 업무가 무엇인지 정확하게 파악하는 것이 고객의 필요, 더 나아가 플랫폼의 시장성과 직결된다.

문제의 대안 정의하기

가설 수립 단계의 세 번째는 문제의 대안 정의하기다. 앞서 선별된 문제에 대해 고객들은 분명히 그것을 해결하기 위한 대안 활동을 하고 있을 것이다. 이때 철저히 고객의 관점에서 대안을 생각해야 한다. 즉, 동종의 제품이나 서비스만을 고려하는 것이 아니라 해당 문제를 해결하기 위한 전체 선택지를 고려해야 한다. 현재 고객이 사용하는 대안 활동에 소모되는 시간과 비용이 크면 클수록 이를 해결해줄 플랫폼에 대한 수요가 클 것으로 예상할 수 있다. 물론 이러한 플랫폼은 기존의 대안보다 저렴하거나, 질적으로 우월한 기능을 제공할 수 있어야 한다.

대안 활동이 무엇인지 정의함으로써 얻는 한 가지 유익이 더 있다. 기존 대안 활동의 수에 따라 사업 환경을 짐작해볼 수 있다. 만약 대안 활동의 수가 거의 없다면 현재 고객의 문제가 크게 중요하지 않거나 불편하지 않은 것일 수 있다. 이는 새로 만들려는 플랫폼도 중요하지 않은 기능을 제공해 사용자 수요가 별로 없을 수도 있다는 것을 의미한다. 반대로 대안 활동의 수가 너무 많다면 경쟁자가 너무 많은 것이고, 플랫폼이 그 모든 대안 활동에서 최선이 되기가 어려울 수 있다.

탈레스 테이셰이라 교수는 『디커플링』에서 '기존의 고객 가치사슬을 완전하게 이해하기'에서부터 이를 끊고 새로운 고객 경험을 만드는 디커플링이 발생할 수 있다고 했다. 즉, 현재 타깃 고객이 문제를 해결하는 과정을 나열하고 그 과정에서 발생하는 불편함이나 문제를 해결하는 과정에서 새로운 사업 콘텐츠가 나올 수 있다는 것이다.

솔루션 제시하기

마지막으로 솔루션을 제시해야 한다. 대상 고객을 정의하고, 그 고객의 문제점과 이를 해결하기 위한 현재의 대안들을 살펴봤다면 자신의 솔루션과 그것이 기존보다 나은 장점이 무엇인지를 작성한다. 사실 대부분의 경우 린 캔버스를 작성하기 이전부터 시도하려던 '바로 그' 아이디어이기에 자신 있게 쓸 수 있다. 다만 앞선 단계들을 밟아가는 과정에서 고객의 필요와 가지고 있던 아이디어가 일치하지 않을 수도 있다. 이때는 솔루션을 바꾸는 등 새롭게 고민해본다.

최종 콘텐츠를 도출하는 법

—

앞선 네 단계에 따라 작성된 린 캔버스의 가설들은 잠재적 고객 인터뷰를 통해 검증한다. 그리고 이 과정에서 미처 생각하지 못했던 부분들이 들어올 것이다. 우선 타깃 고객군의 문제에 대해 본인이 생각한 문제가 실제로 그들이 느끼는 문제점인지 확인한다. 만약 그렇지 않다면 문제부터 재정의한다. 또한 솔루션이 처음 의도되었던 대로 고객에게 기존의 대안보다 더 나은 가치를 제공할 수 있을지, 이미 이 문제를 해결하려고 노력한 경험이 있는 고객들이 보기에 문제는 없을지, 인터뷰를 통해 확인할 수 있다. 만약 솔루션이 부적합하다는 판단이 든다면 다시 처음으로 돌아가 고객 문제와 대안을 바탕으로 솔루션을 수정한다.

위와 같은 가설 수립 및 검증 단계를 반복적으로 거치면서 최종 콘텐츠를 도출할 수 있다. 플랫폼의 콘텐츠, 즉 상품과 서비스는 일회적으로 플랫폼에 들어온 사용자들이 그곳에 머무르며 교환 활동을 거듭하도록 하는 핵심 요소다. 반짝이는 아이디어도 중요하지만 검증을 통한 플랫폼의 시장성 확인을 경시하면 안 된다. 무엇보다 이러한 과정을 매우 짧은 시간에 반복해야 한다.

디지털 플랫폼에서 서비스의 데모를 만드는 것은 가치사슬 기업의 상품이나 서비스를 만들어 실험하기보다 훨씬 쉽고 빠르게 이루어진다. 그 때문에 검증 단계에서 솔루션을 최소기능제품(MVP)으로 구현하여 검증해볼 수 있다. 고객이 훨씬 빠르고 정확한 피드백을 제공할 수 있어서 성공률을 높이는 데 유리하다. 그래서 검증 단계에서 이미 프로토타입을 만들어 사용자들에게 사용해보게 하고 피드백을 받으며 콘텐츠 아이디어를 수정하거나 아예 새롭게 다시 시작할 수도 있다.

중요한 점은 이 과정에 들어가는 시간이 짧아야 한다는 것이다. 파트 3에서 인터뷰한 스타트업 플록스는 가설을 수립하고 최소기능제품을 구현하기까지 걸린 시간이 최소 1주일에서 길게는 3주일이었다. 파트 2에서 인터뷰했던 대표적인 전통 기업 KB 금융지주사도 이러한 콘텐츠를 애자일하게 만들어내는 역량을 확보하는 데 집중하고 있다.

고객의 문제를 해결할 킬러 콘텐츠를 만들었다면, 다음으로 신경 써야 할 부분은 매칭 알고리즘이다. 여러 번 강조했듯이 아무리 플랫폼에서 좋은 상품과 서비스를 제공하더라도 소비자에게 제대로 전달되지 않는

다면 교환 활동은 일어나지 않는다. 그래서 디지털 플랫폼 기업들은 많은 돈을 들여서 우수한 매칭 알고리즘 기능을 탑재하고자 한다.

최근 많은 디지털 플랫폼이 채택하는 전략은 인공지능과 빅데이터 기술을 적용하여 실시간으로 고객의 욕구를 예측하고 이에 적합한 상품과 서비스를 제공하는 초개인화(hyper-personalization) 전략이다. '개인화'가 고객 개인의 나이, 성별 등 인구 통계학적 정보와 행동 데이터 등에 바탕을 두고 맞춤형 서비스를 제공했다면, '초개인화'는 이를 넘어서 특정 고객이 현재 필요한 것, 즉 상황과 타이밍에 실시간으로 초점을 맞춘다는 점에서 큰 차이가 있다.

특정 시점에 고객이 어떤 상품과 서비스를 원할지를 고객의 관점에서 세밀하게 분석하는 것이 핵심이다. 스타벅스는 모바일 플랫폼을 이용하여 초개인화된 상품 추천 서비스를 제공한다. 스타벅스 앱을 켜면 그 시간대에 매장 인기 메뉴와 고객의 취향에 맞춘 추천 메뉴가 제공된다. 스타벅스는 고객의 주문 정보에 더하여 시간, 장소, 날씨 등과 같은 부가 정보까지 취합한다. 이처럼 적절한 시점에 고객의 필요를 고객보다 먼저 파악하여 제시하는 매칭 알고리즘은 가히 플랫폼의 경쟁력이다.

보스턴 컨설팅 그룹(BCG)에 따르면, 초개인화 서비스는 아직은 초기 단계이나 글로벌 선도 이커머스 기업들은 본격적인 초개인화 비즈니스를 위해 동종 타사 대비 약 30% 이상의 IT 기술 투자를 하고 있다.[5] 유사 상품과 서비스를 제공하는 플랫폼들은 자신들이 보유한 매칭 알고리즘으로 경쟁력이 결정될 것이다.

챕터 4와 챕터 5에 걸쳐 디지털 플랫폼의 핵심 가치 창출 활동에 대한 세부 전략을 알아보았다. 파트 3의 마지막 장인 챕터 6에서는 디지털 플랫폼 모델이라는 가치 창출 모델에서 일어날 수 있는 비즈니스 모델의 혁신에 관한 이야기를 해보고자 한다. 다시 한 번 말하자면 가치 창출 모델은 비즈니스 모델보다 상위 개념이다. 챕터 6을 읽으며 혼란스러워하지 않기를 바란다.

CHAPTER 6

디지털 플랫폼의
비즈니스 모델 혁신

──── 비즈니스 모델에 관해 정확한 정의는 없지만, 일반적으로 '한 회사가 수익 창출을 위해 회사의 제품이나 서비스, 고객에 대해 가지는 계획의 개요'라는 의미로 사용된다. 그래서 비즈니스 모델은 '어떤 상품 혹은 서비스를 판매할 것인지', '어떻게 상품 혹은 서비스를 시장화할 것인지', '어떤 종류의 비용이 발생할 것인지', '어떻게 수익을 창출할 것인지', '어떻게 조직을 운영할 것인지'에 대한 답을 제공해야만 한다.

비즈니스 모델 혁신은 크게 산업 비즈니스 모델 혁신, 수익 창출 비즈니스 모델 혁신, 그리고 기업 비즈니스 모델 혁신이라는 세 가지 측면에서 발생한다. 여기서는 디지털 플랫폼 모델을 이용한 비즈니스 모델 혁신 방안을 살펴보겠다.

산업 비즈니스 모델 혁신

—

산업 비즈니스 모델의 혁신은 산업 가치사슬이나 고객의 가치사슬에서 혁신의 기회를 포착해서, 비즈니스 모델을 차별화하여 경쟁력을 강화하는 혁신 전략이다. 디지털 플랫폼 모델 기반의 회사들은 다양한 방식으로 산업 비즈니스 모델 혁신을 이루고 있다. 이들은 기존 전통 기업들이 이루어놓은 사업이나 고객 가치사슬의 일부분을 디커플링하거나 변형시켜 새로운 형태의 오퍼링을 제공한다. 산업 비즈니스 모델의 혁신은 주로 몸집이 작은 스타트업 기업들이 기존의 가치사슬 일부분을 대체하는 서비스를 제공하는 형태로 일어난다. 때때로 기존 가치사슬 기업의 시장에 파괴적인 결과를 불러오기도 한다.

디지털 플랫폼 기업이 등장하면서 초창기에 떠오른 혁신적인 산업 비즈니스 모델이 '공유경제 모델'이다. 이 모델은 유휴 자원을 가진 사람과 자원을 필요로 하는 소비자를 연결하여 거래를 발생시키는 방식이다. 사용되지 않던 자원을 활용할 수 있다는 점에서 자원 낭비를 줄이고, 소비자는 원하는 자원을 기존보다 저렴한 가격에 누릴 수 있다는 점에서 혁신적이었다. 물론 렌터카 등 '공유'의 개념을 활용하는 비즈니스 모델이 과거에 없었던 것은 아니다. 다만 디지털 플랫폼과 '공유경제'가 만나면서 새로운 비즈니스 형태로 떠오른 것이다.

숙박 공유 서비스를 제공하는 에어비앤비 플랫폼에서 일부 사용자는 사용하지 않던 방을 임대해 일정 수익을 얻고, 나머지 사용자들은 여행지 등에서 다양한 형태의 주거지를 체험하고 상대적으로 저렴한 가격으로 숙박할 수 있게 된다. 현재는 각 국가의 상황에 따라 많이 바뀌었지만, 처음에 우버가 지향했던 서비스 또한 어차피 이동하는 운전자와 같은 방향으로 이동해야 하는 잠재적 승객을 연결해 유휴 자원인 차량 좌석을 공유하는 개념에서 시작되었다. 에어비앤비와 우버는 기존의 숙박업과 운수업의 가치사슬을 파괴했고, 시장에 큰 타격을 주었다.

그리고 같은 공유경제의 문법을 적용해 다양한 플랫폼들이 꼬리를 이어 등장하기 시작했다. 창고, 자전거, 전동 킥보드, 주방, 오피스 등 다양한 상품과 서비스가 플랫폼을 통해 공유된다. 주차 공유 서비스를 제공하는 '모두의주차장' 플랫폼도 그런 점에서 흥미로운 사례다. 주차공간의 소유자와 주차하기를 원하는 운전자를 연결하여 공간 소유자가 주차장을 비우는 시간을 활용해 수익을 얻고, 운전자는 저렴한 가격에 주차할 수 있다. 거주자 우선 주차장 혹은 아파트나 오피스텔의 주차장을 플랫폼에 올리면, 운전자들은 주차가 필요한 지역 주변의 공유 주차장을 검색하여 사용한 후 시간당 주차비용을 정산한다. 자원 낭비를 막는 기발한 비즈니스 모델 사례다.

온라인과 오프라인의 연결을 뜻하는 O2O 서비스 역시도 디지털 플랫폼 기업들이 활발하게 비즈니스 모델로 활용하고 있다. 디지털 기술의 발달로 플랫폼은 사용자에게 온라인에서의 경험과 오프라인에서의 경험이 매끄럽게 연결되는 서비스를 제공한다. 스타벅스 한국 매장은 디지털 플랫폼을 통해 고객에게 주문부터 커피를 받는 순간까지 불편함 없는 경험을 제공한다. 더는 점심 시간대에 스타벅스 앞에 길게 줄을 서서 커피 주문을 기다리지 않아도 된다. 고객들은 매장에 직접 가지 않고 스타벅스의 디지털 플랫폼에 접속하여 취향에 맞는 커피를 추천받고, 근처 매장을 선택한 후 커피를 주문하고 음료가 준비되는 과정을 지켜볼 수 있다. 음료가 완성될 즈음에 지정한 스타벅스 매장에 들러 커피를 받아 가면 된다. 온라인과 오프라인이 완벽하게 연결된 서비스다.

디지털 플랫폼 기업들이 등장하면서 대표적인 O2O 서비스 플랫폼으로, 배달의민족과 같은 배달 전문 플랫폼들이 있다. 배달의민족은 온라인으로 주변에 있는 식당을 검색하고 식당의 메뉴와 가격을 확인할 수 있다. 마음에 드는 메뉴를 골라서 주문하면, 음식이 만들어지고 배달되는 전체 과정을 볼 수 있고, 몇십 분 이내로 음식이 배달된다. 배달 가능한 가게를 찾아서 전화로 주문하던 것에 비해 훨씬 더 수많은 가게를 하나의 플랫폼에서 비교할 수 있고 주문과 결제까지 몇 번의 클릭으로 가능하다. 온라인과 오프라인이 매우 잘 연결된 서비스 플랫폼이다.

이외에도 다양하고 기발한 비즈니스 모델들이 많다. 이 부분은 특히나 앞서 설명한 것처럼 고객이 가진 문제를 잘 파악하고 이에 대한 기발한 해답을 내놓는 것이 중요하다. 또한 이 과정에서 적절한 디지털 기술의 도움을 받는다면 더욱 막강한 비즈니스 모델을 구현할 수 있다. 이 과정에서 파트 4의 내용도 참조하기를 바란다.

수익 창출 비즈니스 모델 혁신

—

다양한 수익 창출 방법을 설계하여 차별화를 시도하는 수익 창출 비즈니스 모델 혁신이 있다. 기업이 수익을 창출하는 방법은 다양하다. 디지털 플랫폼 모델 기반 기업들도 다양한 수익 창출 비즈니스 모델을 지닌다. 여기서는 크게 다섯 가지 유형과 사례를 살펴보겠다.

구독료 모델

구독료 모델은 주로 플랫폼 기업이 상품이나 서비스를 직접 제공하는 단면 플랫폼에서 많이 활용된다. 예를 들어 넷플릭스는 플랫폼에서 자체적으로 제작하거나 혹은 영화사 및 방송사와의 파트너십을 통해 확보한 콘텐츠를 사용자들에게 제공하고, 사용자들은 일정 기간 동안 서비스를 구독하며 넷플릭스가 제공하는 콘텐츠를 스트리밍 서비스로 받는다. 디지털 콘텐츠를 플랫폼상에서 단면 서비스로 제공하는 많은 스타트업이 해당 수익 모델을 이용하고 있다. 명상 플랫폼 마보도 일정 기간 구독료를 내면 그 기간만큼 마보 플랫폼상에 제공되는 명상 콘텐츠를 자유롭게 이용할 수 있다.

콘텐츠 플랫폼만이 아니라 에버노트, 드롭박스, 구글 워크스페이스 등 디지털 서비스 플랫폼도 구독료 모델을 채택하고 있다. 이러한 구독료 모델을 사용하는 플랫폼들은 주로 두 가지 방식으로 사용자들을 유인한다. 첫 번째가 공짜 미끼(loss leader)를 제공하는 방식이다. 넷플릭스는 이용자들에게 최초 1개월 동안 무료로 콘텐츠를 관람할 수 있게 한다. 마보 역시도 최초 7일간은 무료로 명상 콘텐츠를 즐길 수 있다. 이후 다수의 무료 이용자들이 월정액을 내고 유료 이용자로 전환된다.

두 번째 방법은 프리미엄 방식이다. 공짜를 의미하는 'free'와 비용을 내고 차별화된 기능을 제공한다는 의미의 'premium'이 합쳐진 이 방식은 일정 수준까지 무료로 서비스를 제공하고 그 이상의 기능을 이용하고자 하는 고객에게는 구독료를 부과하는 방식이다. 구글 워크스페이스 중 하나인 구글 드라이브도 모든 사용자에게 일정 수준의 저장 공간을 제공한다. 다만, 용량을 다 사용한 사용자가 더 많은 저장 용량을 원하면 매달 일정한 금액을 내야 한다.

중개 수수료 모델

주로 외부 생산자가 상품 혹은 서비스를 제공하는 다면 플랫폼 모델에서 사용되는 중개 수수료 모델은 말 그대로, 거래가 일어날 때 소비자가 내는 비용에서 일부를 판매 수수료로 가져가는 방식이다. 우버의 경우, 운임료의 일부를 중개 수수료 명목으로 플랫폼이 가져간다. 에어비앤비도 호스트에게 3%, 게스트에게 12% 정도의 수수료를 부과한다. 애플의 앱스토어도 자신의 플랫폼에 올라가 있는 애플리케이션에서 유료 결제가 발생하면 전체 결제 요금의 30%를 수수료로 가져간다.

중개 수수료 모델을 사용하는 플랫폼은 플랫폼상에서 연결된 거래 당사자들이 거래하지 않고 외부에서 교환할 경우 수수료를 받지 못할 위험이 있다. 이 때문에 개별 플랫폼들은 거래가 플랫폼상에서만 이루어질 수 있도록 다양한 방법을 도입한다. 예를 들어 우버를 이용하는 고객들은 미리 본인의 카드를 플랫폼에 연동하여 서비스가 발생한 직후에 결제가 바로 될 수 있게 한다. 또 다른 위험으로 수수료율이 너무 높으면 상대적으로 저렴한 유사 서비스 플랫폼에 사용자를 뺏길 위험도 있다. 한편 애플 앱스토어와 같은 시장 독점적인 지위를 누리는 플랫폼들의 높은 수수료율도 같은 맥락에서 이해할 수 있다.

광고료 모델

디지털 플랫폼 기업들의 수익 모델 중 가장 혁신적이라고 평가할 수 있는 모델이다. 광고료 모델은 주로 대규모 사용자 집단이 모이는 플랫폼에 제3의 사용자인 기업의 광고를 노출시켜 수익을 창출한다. 디지털 콘텐츠가 활발히 교환되며 교환에 필요한 기반 인프라는 무료로 제공된다. 유튜브나 페이스북과 같은 기업이 주로 해당 수익 모델을 사용한다. 물론 기존 미디어사들도 광고료 모델을 통해 수익을 창출해왔지만, 플랫폼 기업의 광고료 모델은 작동 방식이 기존 미디어사와는 차이가 있다.

첫째로, 플랫폼 기업들은 네트워크 효과로 말미암아 기존 미디어와는 비교할 수 없을 정도로 거대 규모의 사용자 집단을 모을 수 있다. 텔레비전, 라디오, 신문 같은 전통 미디어에 실리는 콘텐츠는 대부분 자체 제작되었지만, 플랫폼에 실리는 콘텐츠는 대부분이 외부 생산자, 즉 개인 크리에이터들에 의해 제작된다. 전 세계 수많은 크리에이터가 매 순간 콘텐츠를 제작해서 플랫폼에 올리기 때문에 그 수와 다양성에서 기존 매체보다 훨씬 강점이 크다.

둘째로, 플랫폼 기업들은 고객에 대한 데이터 분석을 통해 타깃 고객에게 광고가 전달될 수 있게 한다. 기존 매체들이 대상과 관계없이 똑같은 광고를 내보낸 것과 다르게, 플랫폼 기업들은 고객에 대한 데이터를 바탕으로 고객이 관심을 가질 만한 광고를 내보낸다. 어린이 후원단체를 검색한 고객에게 후원을 모집하는 광고가 계속 뜨는 것은 우연이 아니다. 광고료 모델의 핵심은 많은 수의 사용자들이 모이는 데 있다. 대부분 광고료 기반 플랫폼 기업들은 다수의 사용자에게 무료로 인프라 서비스를 제공하며, 지속적으로 플랫폼에 사용자들을 유치하기 위해 플랫폼 생태계상에서 인기 있는 콘텐츠를 제작하는 제작자들에게 합당한 보상을 제공한다.

라이선싱 모델

라이선싱 모델은 특허권, 저작권, 상표권 등이 있는 제품이나 서비스에 대하여 계약된 조건에 따라 사용할 권리를 주고 그에 대한 대가를 받는 모델이다. 구독료 모델이 일정 기간 사용할 권리를 주는 것이라면, 라이선싱 모델은 영구적으로 특정 제품이나 서비스를 사용할 권리를 제공하는 모델이다. 마이크로소프트 오피스(Office 365) 제품군들을 떠올리면 이해하기 쉽다. 엑셀(Excel)을 단품 버전으로 구매할 경우가 라이선싱 모델에 해당한다. 한 대의 장비(PC 등)에서만 해당 라이선스를 이용할 수 있다. 한편 클라우드의 등장으로 기존에 라이선스 기반으로 제공되던 많은 서비스가 구독료 기반으로 바뀌고 있다. 마이크로소프트 오피스 제품들도 월 구독료를 내면 로그인을 통하여 여러 대의 장비에서 서비스를 이용할 수 있다.

아이템 판매 모델

플랫폼상에서 사용하는 아이템을 판매해 수익을 창출한다. 주로 게임이나 메타버스 플랫폼에서 사용되는 수익 모델이다. 대개 자신의 아바타를 꾸미기 위해 아이템을 구매하는데 여기서 플랫폼의 수익이 창출된다. 아이템 판매 모델은 플랫폼 기업의 핵심 가치 창출 활동에서 수익을 볼 수 없는 경우, 즉 서비스가 유료로 제공되면 사용자들이 모이지 않는 서비스일 때는 플랫폼의 부수적인 수입을 창출하기 위해 사용되기도 한다.

예를 들어 카카오톡과 같이 기본적으로 무료로 제공되지 않으면 사용자들의 이탈 가능성이 큰 플랫폼에서 핵심 가치 창출 기능, 즉 메신저 기능은 무료로 제공된다. 다만, 플랫폼상에서 사용할 수 있는 이모티콘이나 음악 등 프로필을 꾸밀 수 있는 기능은 부가적으로 판매된다.

기업 비즈니스 모델 혁신

—

기업 비즈니스 모델 혁신은 회사의 사업 방향을 더 잘 지원하기 위한 조직구조에서의 혁신이다. 기업들이 해외 진출을 활발히 하던 1990년대에서 2000년대 초에 해외에 진출한 법인을 통합적으로 잘 관리하고 운영하기 위해 제안되었던 글로벌 통합 기업(GIE: Globally Integrated Enterprise) 모델이 대표적인 예시라고 할 수 있다. 이 모델은 기존의 국가나 권역 중심의 사업 운영체계를 벗어나 전 세계를 상대하는 하나의 회사로 간주하고 운영하는 모델이다. 즉, 기업의 업무 기능별 특성에 따라 해당 업무를 가장 효과적이고 효율적으로 수행할 수 있는 최적의 장소에 해당 업무와 기능을 통합하고, 이곳으로부터 전 세계 법인들에 해당 서비스를 제공하는 것이다. 결과적으로 정보와 자원, 인프라가 국경을 초월해 통합되고 하나의 유기적인 조직으로 운영된다.

조직을 구성하는 방식은 크게 기능조직과 목적조직으로 나눌 수 있다. 기능조직이란 전문적인 기능과 역할에 따라 분화해서 운영하는 조직이다. 즉, 업무 기능별로 전문가를 한 조직에 모아 업무를 전문적으로 관리·감독할 수 있게 한다. 앞서 설명한 글로벌 통합 기업 모델의 공동서비스센터(shared service center)나 글로벌전문가그룹(center of excellence)이 대표적인 기능조직 모델이다.

가치사슬 모델과 디지털 플랫폼 모델이 결합되어 있는 기업인 애플 역시도 기능조직 중심으로 설계되어 있다. 애플은 디자인, 프로덕트 마케팅, 오퍼레이션, 소프트웨어 엔지니어링, 하드웨어 엔지니어링, 하드웨어 테크놀로지 등 기능에 따라 조직을 구성하고 있다. 한 제품이 출시되기 위해 여러 조직의 담당자들이 개별 기능을 맡아서 관리·감독한다. 스티브 잡스를 비롯한 애플의 경영진들은 기능조직으로 운영할 때 일관성 있고 우수한 사용자 경험을 제공할 수 있다고 생각했다. 사실상 기능조직을 통해 완결성을 가진 제품이 탄생한 것은 사실이다. 다만, 물리적 제품을 제조하는 사업 영역과 디지털 플랫폼의 제품과 서비스를 제공하는 사업 영역의 조직운영은 목적에서 차이가 있다.

디지털 플랫폼은 고객 이탈이 물리적 제품보다 훨씬 쉽게 일어날 수 있다. 이 때문에 고객 피드백 반영이 실시간으로 일어나고, 이에 따라 전략이 유연하고 신속하게 수정되어야 한다. 이런 사업 특성상 제품이나 프로젝트 관리자에게 주요 결정 권한이 없고, 관련 부서 관리자가 기능별로 관리하는 조직은 속도에서 뒤처질 수밖에 없다.

디지털 플랫폼 기업에서는 특히나 핵심 제품이나 서비스 영역은 목적조직으로 운영되어야 한다. 목적조직은 공동의 목적을 달성하기 위해 제품의 설계부터 개발, 마케팅, 판매까지 전 영역을 담당하는 여러 구성원이 모인 조직을 의미한다. 목적조직을 '애자일 조직'이라고도 한다. 2001년 17명의 저명한 소프트웨어 개발자들이 미국 유타주의 스노우버드 스키 리조트에 모여 '애자일 선언문'을 발표하여 애자일 조직운영의 기준을 제시한 바 있다.

20년 전에 만들어진 선언문이지만, 현재 한국의 많은 기업의 조직운영 방식에 시사점을 준다. 결국 애자일 조직이 성공하기 위해서는 애자일 선언 12가지 원칙 중 5번에서 보듯이 동기부여 된 개인들이 모여 프로젝트를 구성하고 그들에게 주요 결정권을 부여해야 한다. 즉, 기능조

애자일 소프트트웨어 개발 선언 4대 가치

공정과 도구보다 개인과 상호 작용을

포괄적인 문서보다 작동하는 소프트웨어를

계약 협상보다 고객과 협력을

계획을 따르기보다 변화에 대응하기를 가치 있게 여긴다.

1 우리의 최우선순위는 가치 있는 소프트웨어를 일찍 그리고 지속적으로 전달해서 고객을 만족시키는 것이다.

2 비록 개발의 후반부일지라도 요구사항 변경을 환영하라. 애자일 프로세스들은 변화를 활용해 고객의 경쟁력에 도움이 되게 한다.

3 작동하는 소프트웨어를 자주 전달하라. 2주에서 2개월 정도의 간격으로 하되 더 짧은 기간을 선호하라.

4 비즈니스 쪽 사람들과 개발자들은 프로젝트 전체에 걸쳐 날마다 함께 일해야 한다.

5 동기가 부여된 개인들 중심으로 프로젝트를 구성하라. 그들이 필요로 하는 환경과 지원을 주고 그들이 일을 끝내리라 신뢰하라.

6 개발팀으로 또 개발팀 내부에서 정보를 전하는 가장 효율적이고 효과적인 방법은 면대면 대화이다.

7 작동하는 소프트웨어가 진척의 주된 척도이다.

8 애자일 프로세스들은 지속 가능한 개발을 장려한다. 스폰서, 개발
   자, 사용자는 일정한 속도를 계속 유지할 수 있어야 한다.

9 기술적 탁월성과 좋은 설계에 대한 지속적 관심이 기민함을 높인다.

10 단순성(안 하는 일의 양을 최대화하는 기술)이 필수적이다.

11 최고의 아키텍처, 요구사항, 설계는 자기 조직적인 팀에서 창발
   한다.

12 팀은 정기적으로 어떻게 더 효과적일지 숙고하고, 이에 따라 팀의
   행동을 조율하고 조정한다.

직에서 제품 설계, 디자인, 개발, 테스트 등 일련의 과정이 다양한 조직의
승인을 거쳐 순차적인 폭포수 방식으로 일어났다면, 애자일 조직에서는
이 과정이 한 팀 안에서 끝난다. 그러기 위해서는 디지털 플랫폼 제품 관
리자(PO: Product Owner)에게 주요 결정 권한이 주어지고, 제품 관리자
를 중심으로 작은 규모의 팀 내에서 완결성 있는 하나의 제품이 탄생해
야 한다.

무엇보다 중요한 점은 원칙 1번에 나오는 것처럼 '가치 있는 소프트웨
어를 일찍 그리고 지속적으로 전달해서 고객을 만족시키는 것'이다. 즉,
오랜 기간을 끌어 하나의 작품을 만드는 것이 아니라, 짧은 시간 내(선언
문에서는 2주에서 2개월 간격)에 고객 경험을 설계하고 개발하고 최소기능

제품을 출시하여 고객의 반응을 수집하고, 이를 또다시 고객 경험 설계에 반영하는 과정을 지속적으로 반복해야 한다는 것이다.

사실상 목적조직은 스타트업이나 테크기업에는 일반적인 구조이다. 토스뱅크는 대다수 임직원을 목적조직으로 운영한다.[6] '사일로(sailo)'라고 불리는 목적조직에 디자이너와 개발자, 사업기획자가 함께 있다. 뒤에 나오는 토스뱅크 사례를 통해 그들이 어떻게 시장과 고객에 민첩하게 반응하며 고객들이 원하는 서비스를 제공해나갈 수 있었는지 확인해보자. 그들은 다양한 직군이 하나의 목표를 이루기 위해 노력하고, 필요한 시기에 과감하고 빠르게 결정을 내릴 수 있어 훨씬 속도감 있는 조직이 되었다. 물론 모든 기능이 다 애자일 조직 내에 들어가 있을 필요는 없다. 예를 들어 인사나 재무와 같은 기업 운영에 필요한 지원 조직들은 후방에 기능조직으로 존재하는 편이 더 효율적일 때가 있다. 또한 사업 영역에 따라서 좀 더 기능조직으로 운영되는 편이 훨씬 적합한 경우도 있다. 다만 디지털 플랫폼의 자체 개발과 서비스 영역은 목적조직으로 운영해 시장과 고객의 변화에 기민하게 대응할 수 있어야 한다.

프로 일잘러들만 모인 금융 플랫폼 강자,
토스뱅크의 일하는 문화

비바리퍼블리카를 모체로 하는 모바일 금융 플랫폼 토스뱅크는 직원들에게 '저렴한 실패'를 많이 하도록 권장한다. 오랫동안 많은 시간과 노력을 쏟아부어 한 가지를 이루기보다는 다양한 시도를 빠르게 해보고 짧은 시간에 판단하여 제품의 존속 여부를 결정하는 것이다. 예를 들어 플랫폼의 장점을 극대화하여 AB 테스트 등을 자유롭게 수행한다. AB 테스트는 사용자 인터페이스나 사용자 경험을 최적화하기 위해 실사용자들을 두 집단으로 나누어 기존의 시안 A와 개선안 B 중에서 선호도를 조사하는 방식이다. 필요하다면 당일에 고객의 피드백을 수렴하기도 한다. 고객의 피드백을 더 잘 수렴하고자 자체 솔루션을 구축하기도 했다.

무엇보다도 토스뱅크의 조직운영을 살펴보면 그 속도감을 더 생생하게 느낄 수 있다. 토스뱅크는 20명 내외로 구성된 5개(수신, 여신, 카드, 인터널, 커먼)의 스쿼드(Squad)로 팀을 운영한다. 이들은 곧 토스뱅크의 가장 작은 조직운영 단위인 사일로(10명 내외)로 쪼개져서 일한다. 사일로는 작은 팀이지만 그 안에는 제품을 출시하기 위한 모든 구성원이 포함돼 있다. 프로젝트를 관리하는 PO와 제품 디자인을 담당하는 디자이너, 서버 개발자, BDM(비즈니스 개발 매니저) 등 제품 하나가 나오는 데 필요한 구성원들이 이 소규모 조직 안에 다 있는 것이다.

무엇보다 실무자 개인에게 최종 의사결정권을 부여하는 'DRI(direct responsible individual) 정책'은 토스의 속도를 높이는 데 큰 공헌을 한다. 권한과 책임을 다 가진 실무자들이 한 팀에 있으므로 의사결정에 걸리는 시간을 획기적으로 줄일 수 있다. 한 서비스의 기획에서 출시까지 전 범위에 걸쳐 DRI 정책이 적용된다. 그리고 개개의 DRI 담당자 역할에 대해 다른 조직에 있는 사람들도 누구든지 자유롭게 이들에게 조언할 수 있다. 하지만 최종 결정권은 DRI 담당자에게 있으며 그 권한을 누구도 침범하지 못한다. 그래서 사일로는 마치 하나의 작은 벤처기업과 같다고 말한다.

"한번은 토스 팀리더(대표이사)께서 한 실무자(PO)에게 의견을 제시한 적이 있습니다. 고객가치를 추구하는 관점이 토스 팀리더와 달랐는데, 결국 실무자는 팀리더의 의견을 반영하지 않고, 자신이 속한 사일로의 원래 방향성대로 일을 진행했어요. 그런데 이때 팀리더께서 예상했던 결과보다 더 좋은 결과가 나왔습니다. 팀리더께서 전 직원이 모인 전사 미팅에서 해당 실무자분께 자신의 신념을 지키고, 팀리더의 의견에도 도전한 것에 대해 감사를 표하고 앞으로 다른 직원들도 그렇게 해줄 것을 권장하기도 했어요."(허재범 토스뱅크 실장 인터뷰 중)

토스뱅크의 대표이사마저도 DRI 담당자의 최종 결정권을 존중할 수밖에 없는 구조는 여느 회사와는 확실히 다른 토스뱅크만의 문화이다. 이는 임직원 개개인에 대한 회사의 신뢰를 보여준다고도 할 수 있다. 한편, 토스뱅크의 인사 정책도 이러한 회사의 사상을 반영한다. 토스뱅크에는 개인의 성과에 따라 일렬로 줄 세우는 식의 성과 평가 제도가 없다. 오직 공동의 목표와 공동의 성과 책정만 있을 뿐이다. 이 역시도 직원에 대한 회사의 신뢰를 담은 정책이다. 다만, 토스는 직원을 뽑을 때 '3개월 평가(three month review) 제도'가 존재한다. 타 회사에도 비슷한 수습제도가 있지만, 토스에서 이 제도는 형식적이지 않다. 이 평가를 통해 토스의 가족이 될지 말지를 결정한다. 그리고 평가를 끝낸 후에는 타 회사에서 말하는 'S급 인재'라고 할 만한 직원이라고 믿기에 그들에 대한 줄 세우기 식 평가가 무의미하다고 판단한다.

물론 '삼진아웃제도'라는 안전장치도 있다. 상대방이 토스만의 일하는 방식과 문화에 부합하지 않는 행동을 했을 때, 지위고하를 막론하고 그에게 스트라이크를 줄 수 있다. 그리고 스트라이크가 3회 누적되면, 앞으로 계속 함께할지를 결정하게 된다. 그렇다고 스트라이크가 바로 누적되는 것은 아니고 이를 평가하는 안전장치 역시 존재한다.

토스뱅크는 직원에 대한 신뢰와 이를 바탕으로 한 정책이 어우러져 속도감 있고 참신한 서비스를 제공할 수 있었다. 이들이 향후 우리나라의 금융 서비스를 어떻게 만들어나갈지 함께 기대해보자.

* 더 많은 토스뱅크의 이야기가 듣고 싶다면, 아래 QR코드를 이용하여
  인터뷰 영상을 확인해주세요.

플록스, 유데미, 야놀자,
혁신적 디지털 플랫폼의 대표 주자

——— 다른 지역, 다른 성장 단계에 있는 세 디지털 플랫폼 스타트업 플록스와 유데미(Udemy), 야놀자를 인터뷰했다. 플록스는 현재 프리 (Pre) A 시리즈까지 유치한 초기 단계의 기업이다. 유데미는 2020년 말 시리즈 F 단계의 펀딩을 성공적으로 끝냈고 2021년 기업가치가 43억 달러 정도 되는 미국의 교육 플랫폼이다. 야놀자는 2021년 소프트뱅크 비전펀드로부터 약 2조 원 규모의 투자를 유치하여 현재 기업가치가 10조 원이 넘는 데카콘 기업이 되었다. 지역도 다르고 성장 단계도 서로 다른 스타트업이지만, 이들은 공통적으로 고객의 문제에 대해 디지털 플랫폼이라는 해결책을 제시하고 있다.

  플록스의 이은성 대표는 다양한 고객들의 문제에 관심을 가지며, 이들에게 디지털 플랫폼을 통해 문제를 해소할 수 있는 솔루션을 제공하고자 한다. 특히 그녀는 기존 온라인 커머스 플랫폼들이 가진 한계점을 포착해 이를 뛰어넘기 위해 짧은 영상 커머스 플랫폼으로 사용자들이 좀 더 편리하고 안전하게 쇼핑할 수 있는 환경을 구축하고자 노력했다. 더 나아가 온라인 커머스 플랫폼을 이용하는 다양한 참여자들의 목소리를 듣고 그들의 고충을 반영하여 모두가 상생할 수 있는 플랫폼 환경을 설계했다. 2018년 8월, 한 카페에서 3명이 모여서 시작한 작은 스타트업의 성장 이야기를 듣고 있으면, 누군가의 차고에서 사업을 시작했던 아마존이 떠오른다. 특히 플록스의 애자일한 업무 방식은 새로 사업을 시작하고자 하는 분들께 많은 영감을 줄 것이다.

유데미는 전 세계 누구나 자기가 자신 있어 하는 분야의 강좌를 촬영하여 플랫폼에 올릴 수 있으며, 학습자들은 양질의 강의 콘텐츠를 매우 저렴한 가격에 받아볼 수 있다. 유데미는 장소와 시간에 구애받지 않고 학습할 수 있는 디지털 학습 환경을 제공하여 기존 학습에 관한 인식에 큰 변화를 가져왔다. 또한 큰 비용을 내야 받을 수 있었던 교육을 굉장히 저렴한 가격에 제공함으로써 교육 불평등 문제를 해소하는 데도 기여했다. 유데미는 전 세계에 개방된 교육 마켓플레이스를 통해 학습자들이 원하는 강의를 가장 높은 수준으로 받을 수 있게 했다. 유데미의 그렉 코카리 대표는 현재 유데미 학습의 큰 방해요소가 될 수 있는 언어 장벽을 허물며 한국을 비롯해 전 세계로 뻗어 나가고 있다. 플랫폼 네트워크 효과의 정석을 보여주는 유데미 사례에서 다면 플랫폼 비즈니스 초기의 사용자 확보 전략과 고객 피드백 활용 방식에 주목해보길 바란다.

야놀자는 2005년 숙박 관련 정보를 제공하는 PC용 온라인 커뮤니티로 시작하였으나, 현재는 숙박을 넘어서 항공, 렌터카, 레저 상품 등 여행에 관한 모든 것을 판매하고 있다. 김종윤 대표는 기존 여가 서비스 관련 플랫폼들의 불편함을 발견한 후 이를 해결하기 위해 여행과 관련된 모든 카테고리 서비스를 통합하여 제공하고, 온라인과 오프라인을 연결한 '슈퍼앱 전략'을 사용했다고 한다. 그뿐만 아니라, 지난 2017년부터 여가산업 전반에 적용할 수 있는 클라우드 기반 서비스형 소프트웨어(SaaS) 사업도 시작했다. 이제 야놀자는 한국을 넘어서 글로벌 1위 테크기업으로 성장하고자 한다. 이제 야놀자를 스타트업으로 분류할 수 있는 기간은 얼마 남지 않았다. 인터뷰를 통해 스타트업으로서 마지막 단계에 와 있는 기업이 가진 고민과 비전을 함께 나눠보자.

회사 소개

플록스는 2018년 여름, 구글 캠퍼스의 한 카페에서 시작되어 5명이 함께 만든 회사이다. 각자의 분야에서 최고만 모였다는 플록스 구성원들은 차세대 커머스 플랫폼의 혁신을 일으키고자 다양한 도전을 하며 회사를 성장시키고 있다. 2020년 8월부터 국내 최초 숏 비디오 기반 쇼핑 플랫폼인 페퍼로니 쇼핑몰을 런칭하여 운영 중이다. 페퍼로니는 짧은 비디오를 이용하여 이미지와 텍스트 중심의 정적인 기존 커머스 플랫폼들의 한계를 보완했다. 영상을 활용해 좀 더 생동감 있고 정확하게 상품 정보를 전달하고 크리에이터와 소비자가 SNS에서처럼 자유롭게 소통하며 상품 정보를 얻을 수 있어서 반품률이 매우 낮은 것이 특징이다. 정식 버전 런칭 후 채 1년이 되지 않았을 때 월간 사용자 수 7만 명에 누적 240개의 브랜드를 입점시키며 빠르게 성장했다.

이은성 플록스 대표 소개

이은성 대표는 카이스트에서 산업디자인학과 경영학을 수학했다. 2012년 졸업을 위한 프로젝트를 수행하는 과정에서 숏 비디오를 활용한 SNS

플랫폼을 개발해 처음으로 창업했다. 쉽지 않은 첫 창업의 과정을 거친 후, 기업 경영에 필요한 다양한 경험을 쌓기 위해 IBM에서 컨설턴트로 근무했다. 그곳에서도 우연히 쇼핑 플랫폼들에 대한 프로젝트를 다수 수행하며, 중국 시장의 영상 플랫폼들이 영상 커머스 플랫폼으로 전환되어 가는 과정을 목격하게 된다. 이후 스타트업에서 일하며 스타트업 운영과 성장을 직접 경험한 후, 2018년 본격적으로 플록스를 창업했다. 패션 평가 플랫폼 쿠코(KUKO) 등 다수의 서비스에 대한 실험을 거쳐 페퍼로니 쇼핑몰을 런칭했다.

인터뷰

____ **플록스를 어떻게 시작하게 되셨는지 궁금합니다.**

____ 2018년 5월에 구글 캠퍼스 한 카페에서 3명이 모여 일을 시작했다가 5명이 되었을 때 창업했습니다. 처음에는 막연히 '좋은 회사를 만들고 싶다'라는 생각이었습니다. 스타트업 회사들을 경험하면서, 좋은 사람들이 모인 스타트업이 굉장히 가치가 크다는 데 모두 공감했고 좋은 사람들이 모여 세상을 바꿀 수 있는 일을 함께 해보자는 취지에서 플록스를 시작하게 되었습니다. 쇼핑 크리에이터들이 자신의 팬덤과 기획 능력을 활용해 유저들과 소통하고 그들에게 상품을 판매하는 것을 비즈니스 모델로 합니다. 지금은 1~3분가량의 짧은 동영상을 기준으로 업로드하지만 장기적으로는 영상을 활용한 다양한 형태의 커머스까지 확장할 계획입니다.

_____ 숏 비디오 커머스 플랫폼 페퍼로니는 어떻게 탄생하게 되었나요?

_____ 사실 저는 2012년에 졸업을 앞두고 숏 비디오 SNS 플랫폼으로 창업한 경험이 있습니다. 그때부터 사실 숏 비디오 커머스 플랫폼이라는 아이템에 관한 생각은 계속하고 있었습니다. 처음 플록스를 시작했을 때는 함께 창업한 네 분이 이전에 거래소를 만드셨던 분들이어서 대량 거래에 적합한 기술이 있었고, 당시에는 그런 기술을 활용할 다른 아이템들을 더 많이 보고 있었어요. 그러다가 여러 아이디어를 검토하고, 다양한 프로토타입들을 시험한 끝에 1~3분가량의 짧은 동영상으로 자유롭게 소통할 수 있는 커머스 플랫폼의 시장성을 확인했고, 많은 고민과 노력 끝에 2020년 5월 페퍼로니 베타 서비스를 런칭할 수 있었습니다.

페퍼로니는 쇼핑 콘텐츠를 엔터테인먼트로 즐기고 받아들이는 문화를 조성하고자 만들어진 플랫폼입니다. 많은 크리에이터가 여타 플랫폼에서는 뒷광고, 진정성 논란 등으로 인해 자유롭게 상업적 콘텐츠를 만들어 올리기 힘듭니다. 페퍼로니는 쇼핑을 목적으로 들어온 사용자들에게 크리에이터들이 자신의 팬덤, 제품 선택 능력, 영상 기획 능력을 활용해 맘껏 상품을 팔 수 있습니다. 이뿐만 아니라 입점사에게도 구매 전환된 상품에만 수수료를 부과해서 입점사와 크리에이터 모두 상생할 수 있는 건강한 생태계 구축을 목표로 합니다.

____ 페퍼로니라는 플랫폼이 나오기까지 많은 시도가 있었던 것 같습니다. 어떤 과정이 있었나요?

____ 처음에는 20개 넘는 아이템들을 검토했습니다. 시장을 분석한 후에 각각의 아이템이 갖는 위험을 정의하고 투표를 통해 그중에서 몇 가지 아이템을 골라 팀을 나눴습니다. 저희 멤버들이 그때 총 6명이었는데, 개발자와 기획자를 한 팀으로 짝을 지어 세 팀을 만들었습니다. 각 팀들이 각자 고른 아이템으로 최대한 빨리 프로토타입을 만들어 오기로 했습니다. 그때 나왔던 프로토타입 중 하나가 지금 페퍼로니의 전신이라 할 수 있는 패션 평가 플랫폼 쿠코입니다. 쿠코는 나오자마자 저희가 써봐도 재미있어서 일단 앱스토어에 오픈했습니다. 쿠코를 출시하고 바로 시드 투자를 받기도 했습니다.

그 후에 페퍼로니로 발전시키는 과정에서도 초기 모델, 최소기능제품을 만들어서 테스트하는 데 집중했습니다. 저희는 속도가 굉장히 빨라서 정말 짧으면 2주일 만에 기획, 디자인, 개발의 전 과정을 끝냈습니다. 개발팀 외에도 디자인팀에서 일차적으로 테스트해볼 수 있는 프로토타입 형태의 앱을 빠르게 만들기도 합니다. 프로토타이핑 툴이 굉장히 잘되어 있어서 디자인팀에서 먼저 프로토타입을 만들어서 사용자 포커스 그룹 인터뷰를 해보고, 더 개발되었으면 좋겠다 하는 부분들이 확인되면 개발팀이 붙어서 빠르게 주요 기능들을 더 개발하기도 합니다.

그렇게 만든 프로토타입들을 가지고 사람들을 모아서 유저 테스트를 했습니다. 앱스토어에 올리면 오픈되는 데만 3일이 걸리기 때문입니다.

일단 그 시간을 아껴서 가짜 앱스토어 같은 플랫폼을 만들어서 거기서 저희가 만든 다양한 프로토타입 앱들을 다운받는 것부터 시작해 기능을 써볼 수 있도록 환경을 만들어 유저 테스트를 했습니다. 그때 가장 호응을 많이 받았던 게 지금의 페퍼로니입니다.

____ 페퍼로니 플랫폼의 차별화 포인트는 무엇인가요?

____ 다음 세대의 커머스는 영상 기반이 될 거라고 봅니다. 최근 몇 년간 온택트 채널 소비가 가속화되면서 차세대 쇼핑 플랫폼을 이끌어갈 콘텐츠는 단연 '영상, 숏 비디오'라고 판단했습니다. 소통이 주가 되는 영상 콘텐츠는 구매 전환을 촉진해 미래 커머스를 바꿀 핵심으로 크게 부상하고 있습니다. 전 세계적으로도 영상 커머스 플랫폼이 확산하는 추세이기도 합니다. 매력적인 크리에이터들이 진정성을 갖고 제작한 생동감 넘치는 영상을 통해서 소비자들에게 상품과 브랜드 아이덴티티를 재미있고 효과적으로 전달합니다.

중국 앱스토어 1위를 차지하는 샤오홍슈는 다양한 형태의 영상을 통해 패션 상품을 효과적으로 판매합니다. 한국판 샤오홍슈라고 할 수 있는 페퍼로니를 통해, 아직 온택트 채널이 낯선 패션 브랜드 시장을 활성화하는 것이 목표입니다. 기획부터 판매 방식까지 기존의 쇼핑앱들과는 다르게 1~3분가량의 짧은 영상으로 SNS처럼 잠재적 구매자들과 제품을 소개하는 크리에이터들이 소통할 수 있도록 합니다. 그래서 재미있게 콘텐츠를 시청하는 쇼핑테인먼트를 지향합니다.

_____ 페퍼로니 플랫폼은 어떤 방식으로 사용자들을 모집하는지 궁금합니다.

_____ 우선 저희는 크리에이터들에게 집중합니다. 좋은 제품을 고르고 소개하는 능력이 있는 크리에이터들이 모여드는 플랫폼이면 구매자들도 자연스럽게 모여들 거로 생각했습니다. 크리에이터는 한 번에 여러 명에게 판매할 수 있어 경쟁력 있는 거래도 생성될 수 있습니다. 그래서 저희는 크리에이터들을 더 모집하기 위해서 이들이 수익을 낼 수 있는 구조를 계속해서 개발해나가고 있습니다. 예를 들어, 해외 서비스를 벤치마킹해보면, 콘텐츠 커머스에서 수익을 낼 수 있는 구조들이 국내보다 다섯 가지 이상 많습니다. 이런 수익 모델 또한 국내화하면서 크리에이터들이 매력적으로 느낄 수 있는 모델을 발굴하고자 합니다.

또 입점사에 대해서는 구매 전환된 상품에 대해서만 크리에이터 마케팅 수수료를 부과하고 판매에 대한 분석을 제공하여, 종전에 다른 플랫폼들에서 크리에이터에게 콘텐츠당 몇백, 몇천이 되는 비용을 지불하고도 구매전환율이 낮거나 결과가 나오지 않아 효율적인 마케팅을 못 했던 점을 보완하고 있습니다. 또 크리에이터들은 판매한 만큼 수익을 가져갈 수 있어 자발적으로 질 높은 콘텐츠를 기획할 수 있도록 유도합니다.

물론 사용자들을 위해서도 다양한 노력을 합니다. 페퍼로니의 유저는 크리에이터의 취향을 통해 조금 더 쉽게 쇼핑을 브라우징하고 의류나 뷰티 제품을 구매하던 사용자들입니다. 이들이 느끼는 불편함을 연구해 뾰족한 가설들을 세우고 빠르게 테스트해보면서 핵심 기능을 붙여갑니다. 사용자 인터페이스나 사용자 경험을 좀 더 편하고 직관적으로 제공하기 위해 노력합니다. 또한 사용자들의 행동 및 취향을 분석해서 그분들에게 가장 적합한 상품과 크리에이터들을 추천해주고, 쉽게 찾아볼 수 있도록 상위에 올려주는 기능도 개발하고 있습니다.

_____ 현재 플록스가 페퍼로니 플랫폼을 더 발전시켜나가기 위해 어떤 노력을 하고 있나요?

_____ 사실 이런 형태의 커머스는 아직 우리나라 사용자들에게는 생소합니다. 그래서 두 가지 방향으로 이런 고민을 해소하기 위해 노력하고 있습니다. 첫 번째는 크리에이터를 통해 취향을 발견하고 영상을 통해 바로 구매하는 프로세스를 좀 더 편하게 풀어내도록 계속해서 테스트하고 있습니다. 두 번째는 패션이나 뷰티, 그 외의 영역에서 영상으로 구매하는 데에 조금 더 익숙하거나 적합한 부분들을 고민하고 있습니다. 제품과 시장이 맞아떨어지는 상황을 모색하는 것입니다. 이런 노력을 통해 고객들에게 좀 더 편리하고 유용한 쇼핑 환경을 제공하고자 합니다.

_____ 유용한 영상 콘텐츠를 통해 고객들에게 보다 편리한 쇼핑 환경을 제공하고자 애쓰는 플록스의 목표를 응원합니다. 감사합니다.

회사 소개

유데미는 2010년에 터키 출신의 창업자 에렌 발리(Eren Bali)가 공동 설립했으며 현재 최고경영자 그렉 코카리가 이끄는 미국 온라인 교육 플랫폼이다. 전 세계의 강사들이 디자인부터 댄스, 인문학까지 다양한 분야에 유료 혹은 무료로 온라인 강의를 제공하고 있어 수강생들은 합리적인 가격에 수업을 들을 수 있다. 2021년 6월 기준, 전 세계 6만 5천 명의 강사가 75개 이상의 언어로 18만 3천 개의 강의를 제공하며, 수강생은 무려 4,400만 명 이상이다. 다양한 분야의 강의를 저렴한 가격에 받을 수 있다는 장점과 장소와 시간에 구애받지 않고 전 세계 다양한 학생들에게 수업을 전할 수 있다는 장점이 결합해 매달 수강생과 강의 수가 폭발적으로 증가하고 있다. 전통 교육산업에 가히 혁신을 일으킨 플랫폼이라고 볼 수 있다.

그렉 코카리 유데미 대표 소개

와튼 스쿨 MBA 출신의 그렉 코카리는 39세의 젊은 나이부터 현재까지 다양한 기업의 최고경영자를 역임해온 경영 전문가이다. 마케팅과 영업 경력을 가지고 존슨앤존슨 등 다양한 소비재 회사에 근무해왔던 그는 39세에 미국의 꽃 배달 회사 텔레플로라(Teleflora)의 최고경영자로 취임했다. 그 이후 보험정보 서비스 기업 넷쿼트(NetQuote), 치과 B2B 서비스 기업 퓨처돈틱스(Futuredontics), 애완동물 식품 전문 업체 스텔라앤츄이스(Stella & Chewy's)의 최고경영자를 역임했다. 2019년 2월부터 유데미의 최고경영자로 취임해 활약하고 있다.

교육자였던 부모님 아래 자라서 항상 교육에 관심이 많았고, 다양한 소비자 생태계를 경험한 그는 자신의 폭넓은 경험을 확장할 기회로 교육계의 마켓플레이스인 유데미에 큰 매력을 느꼈다. 무엇보다도 변화하는 세상에서 성공하기 위해 필요한 지식과 기술로 모든 사람과 조직을 연결하여 새로운 가능성을 창출한다는 유데미의 미션에 크게 매료되었다고 한다. 그는 지난 2년간 한국을 비롯해 다양한 국가로 유데미 플랫폼을 활발하게 진출시키고 있다. 특히나 2021년 초에는 웅진씽크빅과 협력하여 한국어 강좌 번역 서비스 및 한국 수강생들을 위한 강좌를 준비하고 있다.

인터뷰

____ 유데미는 현재 전 세계 6만 5천여 명 강사와 18만 3천 개의 강의를 제공하며 4,400만 수강생을 보유하고 있는데요, 이렇게 많은 사용자를 보유한 유데미가 처음엔 사용자들을 어떻게 모집했는지 궁금합니다.

____ 마켓플레이스를 처음에 어떻게 시작하느냐 하는 것은 굉장히 흥

미로우면서도 어렵습니다. 현재 이사회에 있는 공동 창립자 에렌 발리가 2010년에 유데미를 처음 설립해 2011년에 첫 강의를 플랫폼에 올린 후 3년 만에 백만 명의 수강생을 확보했습니다. 하지만 처음에 강좌를 확보하기가 쉽지 않았습니다. 당시 사람들은 디지털 학습이 무엇인지 잘 몰랐고, 그 때문에 시장 구축이 굉장히 어려웠기 때문입니다. 그래서 처음에는 직접 강의를 할 수 있는 강사들을 찾았고, 그 강사들이 영상을 만들어 올리도록 설득했습니다. 시간이 지남에 따라 강의와 수강생들이 쌓이기 시작했습니다. 약 500에서 1천 개의 강좌가 모였을 때가 마케팅을 시작하고 수강생들을 플랫폼으로 불러들이기에 좋은 때입니다.

처음에는 힘들지만, 일단 시작되면 스스로 강화되고 빠르게 성장합니다. 저희는 10여 년 동안 빠르게 성장했습니다. 지금은 전 세계로 확장하고 있고, 모든 나라에서 같은 방식으로 시작하고 있습니다. 처음에는 대부분 영어 강좌를 듣는 사람들로 시작합니다. 일단 트래픽과 수강생들이 있는 것을 확인하면, 저희는 그 시장에 직원들을 보내 그 지역 언어로 된 강좌를 만들기 시작합니다. 저희는 트래픽을 볼 수 있고, 트래픽을 통해 시장의 선호를 알 수 있기 때문에 어떤 강좌를 개설해야 할지를 압니다. 그렇게 가장 중요한 강의들이 무엇인지 파악하면 그런 강의들을 개설하기 시작하지요. 그리고 또다시 500에서 1천 개의 강좌 수에 도달하고 나면 강의와 수강생은 저절로 불어나기 시작합니다. 그때부터는 저희가 관여할 필요가 없지요.

강사 입장에서 일단 사용자 규모를 키우기 시작하면 그 뒤부터는 입소문입니다. 저희는 강사들을 초빙해오는 데에 많은 시간을 할애하지는 않았어요. 일단 몇몇 강사들이 플랫폼으로 들어오고 나면 학생들이 따라 들어와 강의를 듣고, 그 강사들은 돈을 벌게 되지요. 그리고 그러한 사실이 곧 저절로 입소문이 납니다.

학생들을 모집하기 위해서는 전통적인 소비자 마케팅 전략을 사용했습니다. 구글의 유료 검색 광고를 사용하기도 하지만, 사실 저희 사용자 트래픽의 절반은 광고와 상관없는 순수 검색을 통해 들어오는 경우입니다. 수업을 들은 사람들이 자신의 친구들에게 전하며 퍼집니다. 학생들은 직접 저희를 검색하거나 혹은 저희가 제공하는 방대한 강의 주제를 키워드로 검색해서 찾아 들어오기도 합니다. 하지만 전 세계 트래픽을 저희 웹사이트로 유도하기 위해 다양한 소비자 마케팅 전략을 사용하기도 합니다. 국가마다 트래픽을 유도하는 방식도 다릅니다.

_____ **전 세계 강사들이 유데미에서 자유롭게 강의할 수 있는 것으로 압니다. 수강생들이 수강 후 강의 수준이 기대에 못 미쳐 플랫폼을 이탈하는 경우는 없었나요? 강의 품질을 어떻게 관리하는지 궁금합니다.**

_____ 저희는 18만 3천 개 이상의 강좌가 있고, 한 달에 3,300만 명이 들어오기 때문에 분명 강좌에 만족하지 못하는 일도 발생할 겁니다. 수강생 본인에게 강의가 너무 어렵거나 혹은 너무 쉽거나, 강사가 마음에 들지 않을 수도 있습니다. 그래서 30일 환불 보증제도가 있어요. 만약 수강생들이 강의에 만족하지 않는다면, 환불을 해주거나 혹은 크레디트

(credit)를 주어 다른 강좌를 들을 수 있게 해줍니다.

또한 사전에 이러한 문제들을 해결하기 위해 '피드백 루프'가 마련되어 있습니다. 수강생들은 강의에 평점과 리뷰를 제공합니다. 그래서 특정 유형의 과정을 찾을 때 상위 등급의 평가를 받은 강좌를 먼저 확인할 수 있습니다. 어떤 강좌가 만 명 이상 수강했으며, 평균 평점이 4.6점이라면 이 강좌가 좋은 강좌임을 알 수 있죠.

그렇지만 어떤 강좌가 특정인에게는 맞지 않을 수 있다는 점도 잘 알기에 30일 환불 보증제도를 운영하는 것입니다. 다른 강의를 시도해볼 수 있도록 말입니다. 저희에게 가장 중요한 점은 수강생들이 유데미에서 자신에게 맞는 강좌를 찾고, 좋은 첫 경험을 하는 것입니다.

＿＿＿ 유데미 플랫폼에 대한 사용자의 피드백을 어떻게 듣고 있는지, 이에 대해 어떻게 반응하는지도 궁금합니다.

＿＿＿ 저희는 정기적으로 플랫폼에 대한 피드백을 수집합니다. 물론 강좌에 대한 피드백도 있지만, 플랫폼을 개선하기 위한 피드백도 모두 받습니다. 그래서 어딘가에 문제가 있으면 플랫폼을 업그레이드하고 변화를 줍니다.

또한 고객으로부터도 많은 피드백을 받고 설문 조사도 하고 대화도 나누고 있습니다. 이를 통해 저희 수강생들을 매우 잘 알고 있고 수강생들은 그런 점을 높게 평가해주기도 합니다. 고객 만족도 지속성 설문 조사를 하기도 하는데, 수강생들의 만족도가 매우 높습니다. 양질의 교육을 합리적인 가격에 제공하기 때문입니다.

또한 강사들의 이야기를 경청하고 있습니다. 강사 커뮤니티를 운영하고, 그들과 대화할 수 있는 유익한 포럼도 가지고 있습니다. 따로 강사 파트너십 팀을 만들어 강사들과 직접 이야기를 나누기도 합니다. 이것이 저희가 강사들이 어떤 생각을 하는지 배우는 방법입니다.

_____ 2021년 초에 한국에 진출하면서 웅진씽크빅과 사업권 계약을 체결했다는 소식을 들었습니다. 이와 관련하여 유데미는 한국 시장을 어떻게 생각하고 있나요?

_____ 저희는 한국의 교육 시장을 잘 이해하는 현지 파트너를 원했습니다. 그런 파트너사를 만날 때 파트너사의 노하우와 유데미의 노하우가 합쳐져 좋은 시너지 효과를 낼 수 있다고 믿습니다. 또한 웅진씽크빅과 협업하는 이유는 사실 한국 시장에 대한 굉장한 믿음이 있기 때문입니다. 일본에서도 현지 파트너사와 함께 일하며 성공적인 사업을 하고 있습니다. 한국에서도 성공적인 사업을 구축하고 한국어로 된 콘텐츠를 합리적인 가격에 제공할 것이라고 믿습니다.

그리고 저희는 한국 기업 대상 비즈니스도 구축했습니다. 전 세계적으로 기업 대상 비즈니스가 매우 빠르게 성장 중입니다. 18만 3천 개의 강의 중 가장 높은 퀄리티의 강좌로 구성된 패키지를 기업들이 구독할 수 있도록 제공하고 있습니다. 각 나라 언어로 된 고품질 기술과 비즈니스 강좌를 제공합니다. 특히나 기술 강좌는 매우 빠르게 변화하기 때문에, 오직 마켓플레이스 형식으로만 그 속도를 따라갈 수 있습니다. 이런 점에서 유데미가 가진 강점이 큽니다.

매일 수많은 강의가 플랫폼에 업로드되고 있고, 저희는 그중에서도 최고의 강좌들만 골라서 각 지역의 언어로 패키징하여 판매합니다. 한국에서의 기업 대상 비즈니스도 굉장히 잘될 것이라 확신합니다. 이미 노하우를 보유하고 있고, 고품질의 콘텐츠를 제공할 수 있기 때문입니다.

한국 시장에 진출하게 되어 매우 기쁩니다. 유데미를 통해 한국에 있는 수강생들과 기업의 직원들이 실력을 향상하고 새로운 기술을 배우는 데에 도움이 되기를 바랍니다.

____ 5년 혹은 10년 후 유데미는 어떤 모습일까요?

____ 앞으로도 계속 진화할 것입니다. 수강생들이 무엇을 원하든 그들의 학습이 어떤 방향으로 진행되든 저희는 거기에 있을 것입니다. 저희는 계속해서 플랫폼을 변화시켜갈 것입니다. 세계 최대의 학습 웹사이트를 보유하고 있기 때문에 글로벌 학습에 대해 누구보다 정보가 많습니다. 따라서 트렌드가 어떻게 바뀌든 그에 맞춰 유데미 플랫폼을 발전시킬 것입니다. 학습자들은 더 잘 배울 수 있고, 강사들은 더 잘 가르칠 수 있고, 기업은 더 잘 활용할 수 있는 플랫폼이 될 것입니다. 그리고 계속해서 전 세계로 확장해나갈 것입니다. 물론 학습자들이 원하는 방향에 따라 플랫폼을 계속해서 발전시켜가면서요.

_____ 학습에 대한 인식을 바꾸고 교육 불균형을 해소하는 데 일조한 유데미 플랫폼의 이야기가 굉장히 흥미롭습니다. 전 세계 모든 학습자가 유데미를 통해 언제 어디서든 질 좋은 강좌를 듣고 역량을 키워갈 날들이 기대됩니다. 감사합니다.

회사 소개

야놀자는 2005년 설립된 레저 플랫폼 기업으로 현재 국내 1위 숙박 및 레저 등 여행 앱을 서비스하고 있다. 야놀자가 1위를 차지할 수 있었던 것은 단순히 판매자와 소비자를 연결해주는 에이전시에 머문 것이 아니라, 클라우드 기반 솔루션 사업을 통해 관련 데이터를 통합하여 데이터 플랫폼으로 진화했기 때문이다. 야놀자는 숙박 및 레저 업체들을 위한 시설 관리·운영 솔루션을 자체 개발하여 클라우드를 이용한 구독 모델 형태로 저렴하게 제공하고 있다.

자체 개발한 클라우드 기반 솔루션을 통해 야놀자는 에이전시 모델을 넘어선 서비스 플랫폼으로 발전하고 있다. 이러한 기업 운영 솔루션 서비스의 중심에는 야놀자의 자회사인 야놀자 클라우드가 있다. 야놀자 클라우드는 전 세계 170개국 이상을 대상으로 솔루션을 제공하는 글로벌 1위 클라우드 기반 호텔 솔루션 제공 업체이다. 야놀자 클라우드는 130개가 넘는 온라인 여행사들을 연동하여 고객들이 하나의 플랫폼 안에서 간편하게 예약을 관리할 수 있는 솔루션을 제공한다.

김종윤 야놀자 대표 소개

3M에서 마케팅으로 경력을 시작한 후 2000년대 중반부터 구글에서 영업, 사업 개발 등의 업무를 담당했다. 이때 온라인과 글로벌 비즈니스 분야에 흥미를 느꼈다. 이후 미국 다트머스대학 경영대학원을 거쳐서 컨설팅회사인 맥킨지앤드컴퍼니에서 근무했다. 2015년 야놀자의 창업자인 이수진 대표의 영입 제안으로 야놀자에 입사하게 되었으며, 야놀자 부문 대표로서 야놀자의 사업 전략 수립 및 서비스 고도화를 위해 노력하고 있다.

김종윤 대표는 소비자 패턴 분석을 통해 전반적인 고객 경험 및 서비스 품질을 높여왔다. 단적인 예가 바로 여행 슈퍼앱 전략이다. 기존 숙박 및 항공 중심의 예약 서비스는, 카테고리별 검색이 불편하고 예약이나 확인 절차도 복잡해 고객 만족도가 떨어진다는 것을 알게 되었다. 숙박, 레저·액티비티, 레스토랑, 교통, 쇼핑까지 여행과 관련된 카테고리는 물론 온라인과 오프라인 데이터도 통합 제공하여 온라인에서 예약한 서비스를 현장에서 편리하게 사용할 수 있는 슈퍼앱을 고도화하여 맞춤형 고객 서비스를 제공하는 기반을 마련했다.

김종윤 대표는 야놀자가 단순히 온라인 중개사업자로 숙박 및 레저 시설을 예약하는 데서 끝나는 것이 아니라 소비자 패턴 분석을 통해 맞춤형 고객 서비스를 제공하고, 자동화 솔루션을 통해 시설 관리 및 운영 효율을 꾀할 수 있도록 혁신적으로 개선해나가고 있다. 지금은 야놀자를 단순히 국내에 국한된 서비스를 넘어서 글로벌 테크기업으로 성장시키기 위해 야놀자 클라우드를 출범하여 대표를 겸임하고 있으며 향후 전세계 주거 및 숙박 시설에 인공지능, 빅데이터, 사물인터넷 기술 등을 접목해 글로벌 트래블 플랫폼 기업으로서 클라우드 솔루션을 확장하고, 이를 통한 서비스의 고도화를 이루려고 노력 중이다.

인터뷰

＿＿ 야놀자가 가진 플랫폼 경쟁력은 무엇이고, 가고자 하는 방향은 무엇인가요?

＿＿ 야놀자는 서비스 플랫폼이 되고자 합니다. 야놀자 이전의 온라인 비즈니스는 플랫폼 모델보다는 에이전시 모델이라고 볼 수 있습니다. 실제 업계에서 사용하는 용어도 'Online Travel Agency(온라인 여행 에이전시)'입니다. 에이전시 모델은 판매자와 소비자를 연결하기는 하지만 기본적으로 제로섬 시장입니다. 추가적으로 만드는 가치가 없기 때문입니다. 숙박업체들이 온라인 여행 에이전시에 등록하여 온라인 채널을 도입하려면 추가 비용이 필요합니다. 하지만 에이전시 모델에서는 추가로 만들어지는 가치가 없으므로 온라인 채널 관리 비용을 상쇄할 정도로 규모가 큰 업체들만 온라인으로 진입할 수 있고 영세 업체들은 시장 진입이 어려워집니다. 그 때문에 야놀자는 서비스 플랫폼이 되고자 합니다. 저희가 말하는 플랫폼은 에이전시 모델과 다르게 부가가치를 창출합니다. 이를 통해 상위 10~20%의 대형 업체만을 위한 서비스가 아닌 소규모 업체들을 포함한 모두를 위한 서비스 플랫폼을 만들고자 합니다.

____ 야놀자 플랫폼은 어떻게 부가가치를 창출하고 있나요?

____ 야놀자가 부가가치를 만드는 방식은 크게 두 가지입니다. 하나는 효율성 증대입니다. 야놀자는 플랫폼을 제공하면서 숙박업체들로 하여금 매출을 늘리고 비용을 줄일 수 있도록 도와주고 있습니다. 다른 가치는 사회적 요구를 따르면서 가치를 창출하는 데 있습니다. 최근에는 이러한 가치를 ESG라고 하는데, 야놀자는 플랫폼을 통해 E(environment)에 해당하는 환경을 개선하기 위해 노력하고 있습니다. E를 위한다고 할 때, 단순히 무엇인가를 없애는 것은 큰 도움이 되지 않습니다. 환경을 위해서는 필요한 것을 줄이기보다 불필요한 것을 하지 않는 것이 더 큰 영향을 줄 수 있습니다. 야놀자가 제공하는 클라우드 솔루션을 활용하면 그동안 사용하지 않았는데도 버려지던 비품을 절약할 수 있고, 종이를 사용하지 않는 페이퍼리스(paperless) 환경을 구축할 수 있으며, 불필요한 에너지 낭비를 줄일 수 있습니다. 야놀자는 여행 산업 전반의 가치사슬에서 나오는 데이터를 통합하여 이를 할 수 있습니다. 또한 숙박업체들의 데이터를 분석하여 AI 기반으로 시스템이 운영되므로, 불필요한 낭비를 줄일 수 있습니다. 이러한 방식으로 야놀자는 고객에게 부가가치를 창출해주고 있습니다.

____ 야놀자는 고객 피드백을 가장 많이 받는 산업군에 있습니다. 고객 피드백을 어떻게 활용하나요?

____ 고객에게 맞춤형 서비스를 제공하는 데 개인 정보보다는 실시간

PART 3 혁신 — 디지털 플랫폼 모델은 혁신의 필요조건

데이터 피드백을 활용하고 있습니다. 야놀자가 제공하는 개인화는 단순히 고객 행동을 예측하여 추천하는 것보다는 고객의 다음 행위를 도와주는 쪽에 집중합니다. 예를 들어 부산에 가려고 검색했는데, 실시간 데이터 피드백 없이 부산 어디를 가고 어떻게 가라고 추천해주면 고객 입장에서는 감시당하는 듯한 느낌에 기분이 나쁘지만, 이미 부산 호텔을 예약한 사람에게 부산으로 가는 교통수단을 보여주는 것은 기분 나빠 하는 것이 아니라 오히려 편리하고 당연한 서비스라고 생각합니다.

____ **야놀자 플랫폼은 지속적으로 확장하고 있습니다. 서비스를 확장하는 기준은 무엇인가요?**

____ 저희는 클라우드 기반의 호스피탤리티 솔루션을 제공하고자 합니다. 공간에 얼마나 머무느냐에 따라 서비스를 구분하는데, 1~2시간 머무는 공간은 레스토랑과 레저, 1~2일 동안 머무는 공간은 숙박, 1년 이상 머무는 공간은 코리빙(co-living) 혹은 주거로 구분하여 서비스를 제공하고자 합니다. 저희가 서비스를 확장하는 기준은 이렇듯 공간에 있으며 기업 운영 시스템을 통해 위 서비스들을 연결하는 플랫폼을 만들고자 합니다. 현재 숙박과 레저에서는 국내 1위를 차지하고 있으며 최근에는 레스토랑 서비스와 주거 서비스도 시작했습니다. 주거와 레스토랑의 중간에 있는 숙박에서 이미 1위를 하고 있어서 시장을 장악하는 데 유리하다고 생각합니다.

_____ B2C 산업에서 단순 중개가 아닌 플랫폼을 구축한 대표 기업은 아마존입니다. 야놀자는 어떻게 플랫폼을 구축하고 있으며 이 과정에서 기업 운영 시스템의 역할은 무엇인가요?

_____ 플랫폼화라는 것은 산업마다 다른 방식으로 전개됩니다. 가장 먼저 제대로 된 플랫폼을 구축한 기업은 물류 분야에서 아마존인 것 같습니다. 아마존은 데이터를 통해 재고를 얼마나 쌓아야 할지 정확히 알고 있습니다. 이 덕분에 아마존은 다른 기업 대비 재고 보유 기간이 상대적으로 매우 짧습니다. 재고 보유 기간이 짧다는 것은 그만큼 불필요한 비용을 줄인다는 것을 의미합니다. 과거에는 이러한 작업이 비효율적으로 진행되다가 데이터를 통한 최적화를 통해서 효율적으로 관리할 수 있게 되었습니다. 아마존은 물류센터, 즉 창고를 만들었습니다. 창고를 중심으로 물류 데이터가 쌓였고 이를 통해 플랫폼을 만들 수 있었습니다.

이렇게 물류 산업에서는 아마존이라는 플랫폼이 있지만 서비스 영역에서는 제대로 된 플랫폼이 없었다고 생각합니다. 서비스는 창고에 보관할 수 없기 때문입니다. 야놀자는 서비스를 플랫폼화하는 것을 목표로 합니다. 서비스는 창고를 둘 수 없으니 가상의 창고인 클라우드 기반의 시설 관리·운영 솔루션에 모든 데이터가 통합·연동되는 것이 중요합니다. 그래서 저희는 전 세계 모든 공간 서비스에 대한 시설들을 이러한 솔루션에 연동하는 것을 목표로 합니다. 현재 레저업체들이 통합 솔루션을 사용하는 비중은 10~20%밖에 되지 않습니다. 이를 100%로 만들면 서비스 플랫폼을 완성할 수 있다고 생각합니다.

____ 야놀자는 왜 플랫폼 서비스를 제공하려고 하나요?

____ 플랫폼은 플랫폼에 참여하는 기업들의 효율성을 높여 부가가치를 창출할 수 있도록 해줍니다. 또한 ESG 관점에서도 플랫폼은 큰 역할을 합니다. 환경을 위해 낭비를 줄이기 위해서는 데이터가 필요합니다. 그리고 상위 10%가 아닌 100%에 해당하는 모든 업체가 여기에 참여하도록 하려면 플랫폼이 필요합니다. 단적으로 호텔 하나를 클라우드를 통해 관리하면 불필요한 서류들을 줄여서 나무 1.6그루를, 에너지 낭비를 줄여서 15,000kg의 이산화탄소를 아낄 수 있다고 합니다.

플랫폼은 그리고 S(social)에 해당하는 사회적 가치 차원에서도 큰 역할을 합니다. 영세 업체에 손님 한 명이 늘어날수록 고용계수가 높아집니다. 예를 들어 대규모 호텔은 손님이 10명 늘어난다고 해서 사람을 추가로 고용할 필요는 없지만, 영세 업체는 손님이 10명 늘어나면 고용을 크게 늘려야 합니다. 플랫폼은 중소 규모 기업들의 효율성을 올릴 수 있도록 돕기 때문에 결과적으로는 전체 고용을 늘리는 사회적 효과를 줄 수 있습니다.

이렇듯 고객들에게 부가가치를 창출할 수 있도록 하고, 결과적으로는 환경·사회적으로 도움이 되는 서비스를 제공하고자 플랫폼 서비스를 구축하려고 합니다.

_____ 플랫폼 구축에 가장 핵심 역할을 하는 것이 야놀자 클라우드인 것 같습니다. 야놀자 클라우드의 구체적인 역할은 무엇이고 그간의 성과에는 어떤 것이 있나요?

_____ 야놀자 클라우드는 전 세계 모든 주거 및 숙박업체들을 대상으로 클라우드 솔루션 서비스를 제공하겠다는 목표를 가지고 있습니다. 야놀자가 기존의 에이전시와 유사한 역할을 여행 슈퍼앱으로 제공하고 있다고 하면, 야놀자 클라우드는 솔루션 사업을 통해 실질적으로 플랫폼 역할을 담당하고 있다고 보면 됩니다. 야놀자 클라우드 입장에서는 야놀자도 하나의 고객사가 되는 것입니다.

과거 개별 호텔은 각각의 온라인 여행 에이전시들과 별도로 계약을 하고 내부 객실 관리도 수동으로 진행했습니다. 시스템으로 자동화되어 있지 않다 보니 정산 작업만 해도 오래 걸렸고 사용하지 않은 객실을 다시 정리하거나 콘텐츠 업로드를 개별로 해야 하는 등의 비효율이 있었습니다. 야놀자 클라우드가 만든 솔루션은 온라인 여행 에이전시들을 묶어서 한 번에 관리하며 호텔 내부 데이터를 클라우드 솔루션을 통해 관리할 수 있도록 도와줍니다. 그리고 기본적인 솔루션은 공짜로 제공하여 영세 업체들이 무료로 사용할 수 있게 합니다. 덕분에 기존에 국내에서 온라인을 통해 예약 가능했던 업체가 5천 개 남짓이었는데 현재는 2만 5천 개까지 늘어났습니다. 이는 클라우드 솔루션을 도입했기 때문에 가능했습니다.

_____ 야놀자 클라우드는 데이터를 어떻게 활용하고, 앞으로 가고자 하는 방향은 무엇인가요?

_____ 법률상으로 온라인 여행 에이전시는 플랫폼과 고객 데이터를 교환하지 못하게 되어 있습니다. 그 때문에 온라인에서 호텔을 예약하더라도 야놀자가 호텔에 줄 수 있는 데이터는 한정되어 있습니다. 그래서 호텔에 방문했을 때 여권 정보, 카드 정보 등을 다시 받는 것입니다. 즉, 야놀자 클라우드가 야놀자로부터 받는 고객 데이터는 실질적으로 없다고 보면 됩니다. 하지만 호텔에서 야놀자 클라우드의 기업 운영 시스템 서비스를 사용하기 때문에 야놀자 클라우드에는 개별 호텔을 위한 데이터가 쌓이며 야놀자 클라우드는 호텔이 효과적으로 자체 데이터를 분석하고 신속하게 대응하기 위한 시스템을 제공해주고 있습니다.

미국의 스노우플레이크(Snowflake)처럼 데이터 축적, 분석, 인사이트 도출 등을 도와주는 서비스에 최적화되어 있습니다. 향후 데이터를 활용해서 야놀자 클라우드가 할 수 있는 서비스는 무궁무진합니다. 단적인 예로 언택트 서비스를 위해 룸서비스 로봇을 사용하려고 해도 로봇에 입력할 객실 사용 데이터가 필요한데 이를 구현하기 위해서는 야놀자 클라우드의 솔루션과 연동해야 합니다. 야놀자 클라우드는 데이터를 기반으로 모든 호스피탈리티 서비스의 연결고리 역할을 하고자 합니다.

_____ 야놀자가 시공간 서비스의 메타플랫폼이 될 수 있기를 응원하겠습니다. 감사합니다.

PART 4

미래

디지털 기술이 몰고 올 변화

─────── 자칭 만물의 영장이라 부르는 인류의 역사는 역설적으로 눈에 보이지도 않는 박테리아나 바이러스와 같은 미생물에 의해 크게 바뀌어왔다. 2020년과 2021년을 강타한 코로나19 바이러스도 우리의 일상을 크게 바꾸어놓았다. 재택근무와 비대면 문화가 확산하면서 인류의 기술 진보가 이를 뒷받침하기에 충분할 만큼 발전했다는 사실을 실감했다.

전 세계 많은 석학은 코로나가 기술 진보로 인해 서서히 변해가던 인류의 일상을 짧은 순간에 빠르게 바꾸어놓았고, 이렇게 코로나가 앞당긴 기술 도입은 앞으로도 점점 빨라질 것으로 예측한다. 2021년 현재, 다양하고 흥미로운 기술들이 끊임없이 탄생하고 발전해가고 있다. 이 파트에서는 최신 기술 중에서도 디지털 플랫폼과 접목해 큰 시너지를 발휘하고 있는 인공지능, 블록체인, 메타버스라는 세 가지 디지털 기술에 대해 자세히 살펴볼 것이다. 각 디지털 기술이 디지털 플랫폼들에 어떻게 적용될지 함께 상상해보자.

CHAPTER 1

인간의 지능을
복제하려는 노력

—— 기술 진보는 인간의 불완전한 신체 기관을 보완하고 대체하는 방식으로 발전해왔다. 작은 체구, 치명적일 수 없는 치아와 손톱, 느린 다리, 말랑말랑 뜯어먹기 좋은 피부를 가진 인간은 맹수들이 들끓는 야생에서 살아남기에는 너무나 부족한 신체조건을 가지고 있었다. 아주 먼 우리의 조상은 맹수로부터 목숨을 지키고, 먹을 것을 구하기 위해 돌로 도구를 만들었다. 충분히 날카롭지 못한 치아나 손톱을 보완하고 자신들보다 몸집이 큰 동물을 사냥하기 위해서다. 신체적으로 열등한 인류가 지구 현존 생물 중 최고의 지위를 누리며 세계 자원을 독점해서 살아갈 수 있게 된 이유는 '뇌', 좀 더 구체적으로는 집단지성을 이어나갈 수 있는 '지능' 덕분이었다. 우리 조상은 과거 숱한 생존의 문제 앞에서 이를

가장 잘 해결하는 방법을 경험적으로 터득하였을 것이다. 그리고 이렇게 체득한 방법들은 다른 동물들보다 뛰어난 '뇌' 덕분에 계속해서 후대로 전달되고, 그 과정에서 더 효율적인 방식이 등장하고 발전해갔을 것이다. 그리고 몇십만 년의 시간이 지나고 현대 과학 문명은 이제 인간을 다른 동물과 구분하며 '만물의 영장' 지위에 올려놓았던 작은 기관인 '뇌'를 대체하는 기술까지 만들었다.

디지털 플랫폼에도 가장 일반적으로 사용되는 기술 중 하나가 '인공지능'이다. 그도 그럴 것이 인간의 뇌가 할 수 있는 기능들은 워낙 다양해서 이를 모방한 인공지능 역시도 굉장히 다양한 기능들을 포괄하고 있다. 그림이나 사진을 인식하고, 사람들의 말소리를 듣고 이해하는 것부터 시작해서 체스를 두거나, 다른 언어로 번역해주거나, 상황과 관련된 법률 조항이나 판례를 찾아주는 것까지 인간의 지능이 할 수 있는 다양한 범위에서 인공지능 기술이 연구·개발되고 있다. 인공지능 기술의 시작과 현재 그리고 나아갈 방향을 함께 이야기해보자. 이를 통해 각 디지털 플랫폼에 기술 도입을 결정할 때 조금이나마 도움이 되길 바란다.

인공지능의 역사

—

'뇌'를 대체할 기술을 만들었다고 간단하게 쓰기는 했지만, 결코 쉬운 여정은 아니었다. 무엇보다 기술 그 자체만이 아니라 그것을 뒷받침할 대규모 데이터 기술과 하드웨어 성능도 인공지능 기술의 발전에 큰 영향을 끼쳤다. 이를 이해하기 위해 1950년으로 거슬러 올라가 보자.

당시 컴퓨터는 계산을 비롯해 단순한 작업에 사용되었다. 영국의 천재 수학자 앨런 튜링(Alan Turing)은 이런 컴퓨터와 같은 기계가 인간의 지능을 가질 수 있을까 하는 의문을 가졌다. 그리고 자신의 논문「컴퓨팅 기계와 지능(Computing Machinery and Intelligence)」에서 기계 지능의 개념을 고안하고 자신의 이름을 딴 '튜링 테스트'라고 부르는 기계 지능 실험을 제안했다. 이 테스트의 핵심은 인간 평가자가 있어서, 기계 혹은 인간과 대화를 하고 이 대화의 대상이 인간인지 기계인지 구분하는 것이다. 구분이 되지 않으면 기계가 인간과 같은 지능으로 대화했다고 볼 수 있다는 것이다. 다소 철학적인 부분이 있고 직접적으로 기계가 지능적 행동을 했는지를 측정하지 못한다는 한계가 있지만, 분명히 이는 기계가 인간의 지능을 대체할 수 있는지에 대해 처음으로 진지하게 고찰한 논문이었고, 인공지능 역사의 시작점이 되었다.

이후 1956년 당시 다트머스대학에 재직 중이던 전산학자 존 매카시(John McCarthy) 외 10명의 과학자들은 '스스로 학습할 수 있는 기계'를 제작하기 위해 다트머스학회에 모였고 이곳에서 처음으로 '인공지능'이라는 용어가 탄생했다. 이후 인공지능은 세 번의 황금기와 두 번의 침체기를 겪으며 발전해간다.

다트머스학회 이후 1973년까지는 인공지능의 첫 번째 황금기라고 볼 수 있다. 이 시기 학자들은 인공지능의 가능성에 대해 굉장한 확신이 있

그림 4-1 │ 인공지능의 발전

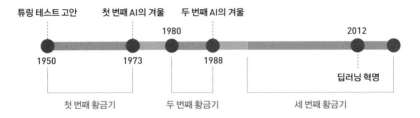

었다. 그들은 컴퓨터가 향후 20년 안에 사람이 할 수 있는 모든 일을 대체할 수 있으리라 생각했다. 대수학 문제를 푸는 프로그램, 기하학의 정리를 증명하는 프로그램, 언어를 학습하는 프로그램 등을 만들면서 인공지능이 모든 영역에서 이용 가능할 것이라는 믿음을 가졌다.

1970년대 무렵, 그동안 쏟아졌던 인공지능 낙관론은 연구에 대한 기대치를 높여놓았지만, 당시의 인공지능 기술은 그 기대를 충족시킬 만큼의 기술 수준에 이르지 못했다. 당시까지 나온 인공지능 프로그램들은 시험용 버전이었고, 메모리와 처리속도 등 하드웨어가 뒷받침되지 않은 상황이었다. 무엇보다 인간에게는 상식적인 단순한 사실과 언어를 인공지능 프로그램이 처리하려면 어마어마한 양의 정보가 필요하다는 '상식의 저주'는 당시의 컴퓨터 성능으로 풀기 어려웠다. 이뿐만 아니라 인간에게는 쉬운 것들, 예를 들어 보고 듣고 만지고 하는 일 등이 인공지능에게는 어렵다는 '모라벡의 패러독스(Moravec's Paradox)'도 당시에 제기된 인공지능에 대한 중요한 비판 중 하나였다. 이러한 난제들을 해결하지 못하자, 컴퓨터로는 복잡한 현실 문제를 풀 수 없고, 인간의 지능을 컴퓨터로 실현하는 것이 불가능하다는 회의론이 퍼졌다. 곧 풍부했던 인공지능 연구에 대한 재정 지원이 급격히 줄어들었다.

1980년대부터 전 세계적으로 특정 영역의 문제를 해결해주는 '전문가 시스템'이 등장하면서 인공지능은 다시 한 번 황금기를 맞이한다. 전문가 시스템은 다루는 영역에 제한을 두어 앞서 제기되었던 '상식의 저주'와 '모라벡의 패러독스' 문제를 피할 수 있었다. 즉, 특정 분야에 관해 거대한 데이터베이스를 구축하여 컴퓨터가 그 분야에 대해 전문가가 될 수 있도록 했다. 이는 결국 인공지능을 구축하기 위해서 많은 양의 데이터로 컴퓨터를 학습시키는 방법밖에 없다는 점을 인정한 셈이었다.

전문가 시스템에 대한 기대와 관심이 커지자, 곧 이에 대한 실망이 따라올 것이라는 우려가 있었다. 그리고 곧 우려는 현실이 되었다. 1980년대 말, 주어진 현실 상황에서 목적과 관련이 있는 정보만 선택적으로 고려할 수 있는 인간의 능력에 비해, 어떤 것이 목적과 관련 있는 정보인지를 구분하는 작업에서부터 많은 시간을 허비하는 인공지능의 기능에 대한 문제가 크게 비판을 받았다. 전문가 시스템을 쓰더라도 주어진 문제를 해결하는 데에는 여전히 인간보다 비효율적이라는 것이다. 또한 이 시스템은 일반적이지 않은 질문을 했을 때 괴상한 행동을 보이기도 했다. 이로 인해, 전문가 시스템은 특별한 경우에만 유용하다는 결론에 이르렀다. 이때부터 또 투자가 급감하자 연구원들은 이러한 인공지능 침체기를 'AI의 겨울'이라 부르기 시작했다.

　이후 인공지능을 학습시키는 방법에서 혁신이 일어나며 다시 한 번 인공지능 기술이 부상한다. 1980년대의 전문가 시스템은 인공지능을 학습시키기 위해 주로 지식을 데이터 형태로 저장한 데 반해, 1990년대 패턴 인식 기법에서 출발한 기계학습(machine learning) 방식은 이와는 반대로 방대한 데이터로부터 새로운 지식을 도출한다. 이는 시기적으로도 1990년대 중반 인터넷의 폭발적 성장과 그에 따른 대량의 데이터를 확보할 수 있었던 상황 덕분에 가능했다. 그러나 기계학습도 한계가 있었다.

　기계학습에서의 학습이라는 것은 데이터들의 특징을 발견하고 분류하는 것이었는데, 이러한 특징들은 여전히 인간이 입력할 수밖에 없었다. 예를 들어, 갓 태어난 아기는 다양한 동물을 보며 스스로 특징을 찾아내고 이들을 구분한다. 하지만 기계학습을 통한 인공지능은 동물을 구분할 수 있도록 인간이 특징을 입력해야만 하는 것이다. 이러한 학습에서의 문제를 '특징 설계의 문제'라고 한다.

　특징 설계의 문제는 2006년 AI 분야의 4대 천왕 중 한 명으로 꼽히는 제프리 힌턴(Geoffrey Hinton)이 심층 신경망(deep neural network)의 가중치를 결정하는 알고리즘을 발전시키면서 해결의 실마리를 보이기 시작한다. 그리고 이것이 이미 많이 들어본 딥러닝(deep learning) 기술의 기초가 된다. 딥러닝은 인공지능에 특징을 입력시켜주지 않아도 데이터를 바탕으로 스스로 특징을 만들 수 있다. 즉, 기계학습은 사람에 의해

그림 4-2 | 기계학습과 딥러닝

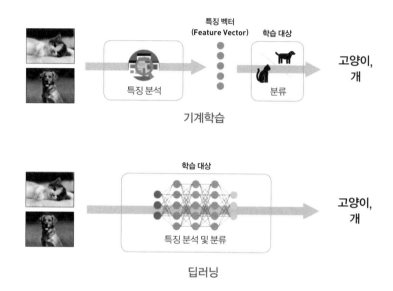

특징을 입력받았다면, 딥러닝은 인공지능이 스스로 가장 적절한 특징을 찾아내는 것이다. 사실상 딥러닝과 같은 인간의 뇌 신경세포 구조를 수학적으로 모델링하여 인공지능을 만들고자 했던 노력은 이미 1940년대부터 시작되었다. 다만 이러한 접근법은 몇 번의 한계에 봉착하고 어려움을 겪다가 제프리 힌턴이 몇 가지 딥러닝의 고질적 문제를 해결하며 다시 주목받았다. 때마침 빅데이터와 하드웨어 기술도 발전함에 따라 '딥러닝 혁명'이라고 불릴 정도의 큰 반향을 불러일으켰다.

CHAPTER 2

인공지능이 만들어가는
플랫폼의 미래

―――― 우리나라 대중들은 2016년 전 세계적 주목을 받았던 구글 딥 마인드의 알파고(AlphaGo)와 이세돌의 대국을 기점으로 인공지능에 관심을 보였고, 많은 이들이 인공지능이 가지고 올 미래에 주의를 기울이기 시작했다. 당시는 2016년 세계경제포럼에서 '4차 산업혁명'이라는 용어가 처음 주창된 때였다. 그 때문에 4차 산업혁명과 함께 많은 기업과 산업 전문가, 학계가 이 기술에 주목했다.

현재 인공지능 관련 연구는 그 어느 때보다 활발하다. 학계만이 아니라 전 세계 주요 기업들이 매년 거액의 돈을 인공지능 관련 사업에 투자하고 있다. 대기업은 물론 스타트업들도 인공지능을 이용한 사업을 많이 시작하고 있다. IT 조사·분석업체인 벤처 스캐너에서 제공하는 통계에 따르면, 2016년 대비 2019년 말 전 세계적으로 등록된 AI 스타트업은 58% 증가한 2,649개 기업으로 나타났다.[7]

인공지능을 이용한 큐레이션

이제 인공지능은 높은 수준의 기술 성숙도를 보이며 다양한 서비스에 적극적으로 활용되고 있다. 주로 사람이 사용하는 언어로 작성된 문서를 처리하고 이해하는 자연어 처리, 데이터에서 유용한 정보를 추출하는 데이터 마이닝(data mining), 사람의 음성언어를 컴퓨터가 해석하여 문자데이터로 전환하는 음성 인식, 시각 인지를 위한 컴퓨터 비전, 특정 문제 영역에 대해 전문가 수준의 해법을 제공하는 전문가 시스템을 중심으로 응용연구와 개발이 활발하게 일어나고 있다.

디지털 플랫폼에서 인공지능을 활용한 가장 익숙한 기능 중 하나가 큐레이션이다. 머신러닝 알고리즘을 이용하여 사용자가 선호할 만한 상품이나 영상 혹은 사용자에게 가장 혜택을 많이 줄 수 있는 금융상품 등을 추천해주는 것이다. 스포티파이(Spotify)는 약 3억 명의 사용자를 가진 세계 최대 음원 스트리밍 플랫폼 기업이다. 2020년 9월 기준 전 세계 시장점유율 1위(34%)를 차지하고 있다. 스포티파이의 이름은 '발견하다'의 뜻을 지닌 'spot'과 '식별하다'의 의미인 'identify'가 합쳐진 것으로, 이름 그대로 스포티파이는 인공지능 기술을 사용하여 음원 데이터를 분석

해 사용자의 취향을 발견하고, 좋아할 만한 선곡 서비스를 제공한다.

스포티파이는 '협업 필터링'이라는 기술을 이용하여 사용자의 나이 및 성별 등 개인 정보와 음원 청취 행동 데이터를 분석하여 비슷한 유형의 사용자들이 선호할 만한 음원을 예측한다. 또한 뉴스, 블로그, 저널 등에 나타난 코멘트, SNS에 '좋아요' 등의 평가를 자연어 처리를 통해 분석하고, 오디오 분석 모델을 통해 스포티파이가 보유한 음원들의 장르, 음조, 조성 등을 분석하여 비슷한 음원들끼리 분류한다. 수백만 데이터를 협업 필터링, 자연어 처리 분석, 오디오 분석 기술로 분석하여 이를 바탕으로 스포티파이의 마케팅 키워드인 '나보다 날 더 잘 아는' 사용자 맞춤형 음원 추천 서비스를 제공할 수 있는 것이다.

인공지능 큐레이션 기능은 개인뿐만 아니라 비즈니스 운영에도 유용하다. 카카오모빌리티도 인공지능과 빅데이터 기술로 택시 서비스 품질을 크게 높였다. 카카오모빌리티는 전국 25만 대의 택시를 비롯해 1,600 만 사용자를 갖춘 '카카오내비'로부터 빅데이터를 확보하고 이를 바탕으로 맞춤형 배차 서비스를 제공한다. 예를 들어, 택시기사마다 차고지, 주거지, 운행패턴, 선호 지역 등이 다르다. 개별 택시기사들의 데이터가 쌓이면, 개인별로 어떤 지역의 운행을 선호하는지 혹은 선호하지 않는지를 알 수 있다. 이러한 데이터를 반영하여 콜 수락 가능성이 높은 기사들에게 선별적으로 콜 카드를 보내준다. 카카오모빌리티는 맞춤형 배차 인공지능 알고리즘을 통해 택시의 수요와 공급 불균형을 크게 해소했다.

인공지능으로 비용과 노력을 줄인다

—

인공지능 기술은 큐레이션만이 아니라, 음성 인식, 이미지 인식 등 다양한 방면에서 활용되며 발전하고 있다. 글로벌 리서치 전문 회사 가트너의 보고서에 따르면 2019년 7억 2천만 달러를 기록했던 '가상 개인비서' 시장이 오는 2021년에는 35억 2천만 달러 규모로 확대되리라 전망했다. 기존에는 개인용으로 사용되던 가상 개인비서 플랫폼이 비즈니스용으로 도입되리라 전망한 것이다.

국내에 인공지능 기술을 기반으로 종합 업무 플랫폼과 인공지능 비서 서비스를 제공하는 대표적인 기업이 카카오엔터프라이즈이다. 카카오엔터프라이즈는 '카카오i'라는 카카오엔터프라이즈의 인공지능 엔진을 기반으로 기업용 업무 플랫폼 '카카오워크'와 인공지능 비서 '캐스퍼' 서비스를 제공한다. 카카오엔터프라이즈의 백상엽 대표는 고도의 인공지능 기술을 갖추기 위해서는 모델, 방대한 데이터, 그리고 컴퓨팅 인프라를 갖추어야 한다고 말한다. 하지만 이 세 가지 요소를 모두 갖출 수 있는 기업은 전 세계적으로도 많지 않다. 그는 카카오엔터프라이즈가 그 몇 안 되는 기업 중 하나이고, 순수 국내 기술로 이루어졌다며 카카오i에 대한 애착과 자부심을 내보였다. 카카오엔터프라이즈는 이러한 우수한 기술을 새로 비즈니스를 시작하거나 기존 디지털 플랫폼에 인공지능 기능을 넣고자 하는 기업에 클라우드 컴퓨팅을 통해 구독 서비스의 형태로 제공하고 있다.

카카오의 축적된 노하우를 담은 우수한 인공지능 기능을 이용한다면 비용과 노력을 크게 줄일 수 있을 것이다. 카카오i는 시각엔진, 자연어 처리엔진, 음성엔진, 번역엔진, 음악엔진으로 구성되어 있다. 각각의 엔진은 우리가 인식하지 못할 뿐 일상에서 사용하는 다양한 카카오 플랫폼에서 이미 많이 사용되는 기술이다. 카카오i의 인공지능 엔진들을 자세히 살펴보면, 인공지능 세부 분야가 얼마나 발전해왔고 어떤 방식으로 발전해가고 있는지를 확인할 수 있다.

시각엔진은 이미지에 담긴 다양한 정보를 인식하고 분석한다. 종이에 쓰인 글자나 사진에 찍힌 물체, 사람 등을 인식하고 추적할 수 있다. 게다가 상품의 속성을 분석해서 유사하거나 어울리는 상품을 추천해주기도 한다. 다음(Daum) 모바일 앱의 꽃 검색은 카카오i 시각엔진을 사용하여 꽃을 촬영하면 그 꽃이 무슨 꽃인지를 알려주는 재밌는 기능이다. 카카오톡 검색이나 다음 쇼핑하우에도 카카오i 시각엔진이 적용되어 있다. 이미지를 입력하면 그와 유사한 이미지를 0.01초 만에 찾아주고, 이미지에 담긴 상품과 비슷한 상품들을 추천해줄 수도 있다. 또한 카카오스토리, 티스토리 등에 사용되는 서비스로 이미지를 입력하면 입력된 이미지를 가장 잘 표현할 수 있는 썸네일을 자동으로 생성해주는 '스마트 썸네일' 기능도 있다.

　자연어 처리엔진과 음성엔진은 카카오미니 등 음성 인식 인공지능 서비스에 사용된다. 자연어 처리엔진은 사용자가 질문하면 질문의 의도를 분석하여 이해하고, 질문에 맞는 정보를 찾고, 자연스러운 문장을 생성하여 설정된 톤으로 어투를 바꿔 적절한 답변을 제공한다. 또한 문장을 입력하면 문법, 띄어쓰기, 철자, 외래어 표기 오류 등 맞춤법을 교정하고, 의미를 지닌 최소 단위인 형태소로 분석한다. 음성엔진은 사람의 말소리를 분석하여 텍스트 문자열로 변환시키는 음성 인식과 텍스트를 입력하면 자연스러운 사람의 목소리로 생성하는 음성합성 기능을 제공한다. 특정 키워드에 반응하여 기기를 호출하고 등록된 사용자의 목소리를 구별할 수 있다. 카카오미니를 깨울 때 "헤이, 카카오" 하고 부르면 카카오미니가 반응하는 것이 음성엔진을 사용했기 때문에 가능하다. 또 카카오내비에서 손으로 목적지를 직접 입력하지 않고 "예술의 전당 가는 길 알려줘" 하면 카카오내비가 목적지까지 경로를 보여주는 기능도 음성엔진을 사용한 것이다.

번역엔진을 통해 한국어, 영어를 포함한 19개국의 모든 언어쌍에 대한 번역 결과를 제공한다. 한국어의 특수성을 감안하여 예사말 또는 높임말로 변환해주기도 한다. 음악엔진은 TV나 라디오 혹은 택시에서 우연히 흘러나오는 음악을 휴대전화로 인식하여 곡 정보를 찾아준다. 우리가 일상생활 속에서 간편하게 사용하던 많은 서비스가 카카오라는 인공지능 엔진 덕분이라는 사실이 흥미롭다. 게다가 이러한 세부 기능들이 이미 상당한 수준에 이르렀다는 점도 알 수 있다.

인공지능 기술은 앞서 살펴본 바와 같이 계속해서 큐레이션, 이미지 인식, 음성 인식, 번역 등 특정 분야에서 필요한 기능을 잘 제공하기 위해 발전해왔다. 1980년대에 각광받던 주제에서 크게 벗어나지 않았지만, 훨씬 강력해진 컴퓨팅 능력을 바탕으로 특정 분야에서는 인간을 뛰어넘는 수준의 퍼포먼스를 보여왔다. 바둑에서의 알파고처럼, 특정 영역에서 딥러닝 기술로 스스로 발전하는 인공지능이 인간의 수준을 뛰어넘는 것이 이제 불가능한 일은 아니다. 그리고 많은 디지털 플랫폼은 특정 기능을 중심으로 서비스를 제공하기 때문에 앞으로도 전문가 시스템 중심의 인공지능 기술이 디지털 플랫폼에 활발하게 적용될 것으로 보인다. 또한 카카오엔터프라이즈처럼 기술들을 클라우드 형식으로 제공하는 디지털 플랫폼도 늘어날 것이다. 인공지능은 스포티파이나 카카오처럼 사용자들의 편의를 증대하는 디지털 플랫폼뿐 아니라 다양한 산업에서도 활발하게 연구·이용되고 있다. 뇌공학과 유전체 연구 등의 의료 분야, 제품 불량 비전 검사, 방범을 위한 CCTV 등의 제조 분야가 대표적이다.

범용인공지능 기술의 확산

인공지능 기술 자체를 생각해보면 아직도 갈 길이 멀다. 앨런 튜링을 비롯한 초기 인공지능 연구자들은 실제 인간과 같이 지능적으로 사고할 수 있는 기계를 꿈꿨다. 다양한 문제 상황 앞에서 추론하고, 판단하고, 계획하고, 의사소통하며 문제를 해결해나갈 수 있는 인간과 같은 지능을 목표로 했다. 하지만 현실적인 제약들로 인해 특정 분야의 문제를 지능적으로 해결하고자 하는 목표로 축소되어 발전하게 되었다. 이는 기계가 인간 수준의 지능을 재현하기보다는 사람의 지능적 행동을 흉내 낼 수 있는 수준이라고 표현하는 것이 적확할 것이다.

앞서 살펴본 스포티파이나 카카오i의 인공지능 기능은 '약한 인공지능'으로 분류된다. 약한 인공지능이란 미리 정의된 규칙에 따라 특정 영역의 문제를 푸는 기술이다. 현재까지 실용적인 목표를 가지고 개발되고 있는 모든 인공지능 서비스는 약한 인공지능이다. 이와 대비되는 것이 '강한 인공지능'이다. 강한 인공지능의 가장 큰 특징은 외국어 번역이나 음성 인식 등 특정한 분야뿐만 아니라 모든 분야에서 인간과 동등하거나 우월한 능력이 있다는 것이다. 그 때문에 강한 인공지능을 '범용인공지능 혹은 일반인공지능(AGI: Artificial General Intelligence)'이라고 부르기도 한다.

2019년 7월 마이크로소프트가 10억 달러를 투자한 '오픈AI'는 인간의 뇌와 같은 인공지능을 만들기 위해 '애저(Azure) AI 슈퍼컴퓨팅 기술'

개발에 매진하고 있다.[8] 이들은 범용인공지능 기술이 모든 인류에게 혜택을 줄 수 있다고 믿는다. 그래서 범용인공지능 기술을 안전하게 배치하고 그 경제적 이득을 널리 확산하는 것을 목표로 한다. 지금까지 앨런 튜링으로부터 시작된 수십 년간의 인공지능 발달사를 간략하게 살펴보았다. 우리는 현재 인공지능 비서, 인공지능 스피커 등이 제공되는 약한 인공지능의 시대를 살고 있으며, 강한 인공지능 개발에 도전하고 있다. 강한 인공지능 기술이 성공한다는 것은 사람과 동일한 지능 혹은 그 이상을 가진 기계를 만들어낸다는 의미다. 따라서 강한 인공지능 기술을 탑재한 인공지능 비서는 미리 학습시키지 않은 다양한 상황 앞에서 "잘못 알아들었습니다. 다시 한 번 말씀해주시겠습니까?"라든가 "죄송합니다. 아직 지원하지 않는 기능입니다"라고 하지 않을 것이다. 상사가 시킨 업무를 완수하기 위해 인간 비서가 하려는 시도와 같은 행위를 할 것이다. 그리고 인간이 업무를 배우고 성장해나가는 것과 같이 인공지능 비서도 그 과정에서 스스로 경험 데이터를 쌓아 성장할 것이다.

아직 그 길이 요원해 보이지만, 범용인공지능 기술이 성공했을 때 디지털 플랫폼 역시 그 역할이 현재와는 크게 달라질 것이다.

CHAPTER 3

네트워크 컨센서스와
블록체인의 등장

────── 기원 1000년경 그리스 다도해상의 한 작은 섬, 팩소스(Paxos) 섬에는 법령을 제정하는 의회가 있었다. 이 의회의 의원들은 한곳에 모여 법을 제안하고, 표결에 참여하여 새로운 법을 제정하거나 폐기했다. 법을 제정하고 나면, 의원들은 각자 자신의 양피지에 기록된 전체 법령에 새로 합의된 법령을 추가로 기록하고, 이것에 기초해 섬을 다스렸다. 그러나 이 의회는 다른 어떤 의회에서도 볼 수 없는 몇 가지 특이한 구조적 한계가 있었다.

팩소스섬은 해상 무역의 메카였다. 의원들의 본업 역시 대부분 무역업이었고, 의원 업무는 파트타임으로만 맡았다. 그 누구도 사업을 팽개치고 법 제정에 모든 시간을 쏟으려 하지 않았다. 그래서 의회에 모든 의원이 참석하는 일은 거의 없었고, 가끔은 의장이나 서기마저 출장을 가 의회 기능이 마비되었다. 이것이 이 의회의 첫 번째 문제였다.

그다음으로는 의회라는 공간 자체에 문제가 있었다. 의원들은 자신의 사회적 영향력에 기반하여 자리를 배정받았고, 체면 때문에 한 번 자리에 앉으면 의회가 종료될 때까지 그 자리에서 일어나 이리저리 움직이지 못했다. 사람이 많아 큰 소리로 논의할 수도 없는 상황에서 의원들은 모든 의사소통을 자신을 대신할 전령을 통해서 할 수 있었다. 예를 들어 한 의원이 '1톤의 올리브를 판매할 때 3드라크마를 세금으로 거둔다'는 법안을 제안하고 싶다면, 그 의원은 참여한 의원들 한 사람 한 사람에게 전령을 보내어 자신의 법안을 제안하고, 답변을 받아야 했다.

모든 메시지가 일대일로 느리게 전달되기 때문에 혹시 자신이 법안을 제안하기 전에 '올리브에 대해서는 세금을 매기지 않는다'는 법안이 통과된다면 전령을 보내어 한 명씩 답을 받다가 중도에 멈춰야 하는 등 골치 아픈 문제가 속출했다. 설상가상으로 전령들은 종종 메시지 전달에 실패하기도 했다.

골치 아픈 의회 문제를 해결하기 위해 의원들은 수학자들에게 '어떻게 하면 이 파트타임 의회가 아무 문제 없이 작동할 수 있을지' 자문을 구했다. 섬의 수학자들은 딱 세 가지 규칙을 적용하면 모든 문제가 해결될 수 있다고 답했다. 그리고 실제로 의회는 그 이후 아무런 문제 없이 잘 작동되었다.[9]

과연 어떤 방법으로 문제를 해결했는지 궁금하지 않은가? 그보다도 왜 블록체인을 논하는 이번 챕터에서 의회 이야기가 나오는지 더 궁금한 가? 사실 이 팩소스섬 의회 이야기는 블록체인과 암호화폐의 첫 이론적 기반을 제시한 레슬리 램포트(Leslie Lamport)가 1989년에 제출한 논문에 나오는 서문이다. 팩소스섬 이야기 마지막에 레슬리 램포트는 '고고 학자들은 위의 규칙들을 발굴하는 데 성공했으나, 실제 의회가 어떤 방식으로 작동했는지 알아낼 수는 없었다. 그러므로 이제 나는 어떻게 이 파트타임 의회가 작동할 수 있었는지 상상해보고자 한다'라며 논문을 전개한다.

이 이야기를 이해하고자 노력했을 독자들에게는 미안한 말이지만, 사실 팩소스섬의 이야기는 램포트가 순전히 재미로 지어낸 허구였을 뿐이다. 그러나 램포트는 이로 인한 대가를 치러야 했다. 그가 지어낸 팩소스섬 이야기로 인하여 논문이 너무나 장황하고 복잡해지는 바람에 당시 학계의 그 누구도 이 논문의 의미를 눈치채지 못했다. 저널 편집자는 9년 동안이나 이 논문을 무시하다가 네트워크 시스템에서 컨센서스를 이루는 방법에 대한 이론적 논의가 진행된 후, 1998년이 되어서야 비로소 논문 게재를 승인했다.

램포트는 2001년 자신의 아이디어에서 팩소스섬 이야기를 뺀 정상적인 논문을 다시 출판하고 나서야 블록체인에 적용되는 탈중앙화 네트워크에서의 합의 과정에 대한 첫 이론적 기반을 제시했다는 것을 학계에 온전히 알릴 수 있었다. 역설적이게도 이 최초의 아이디어에는 '팩소스 알고리즘'이라는 이름이 붙었다. 팩소스 알고리즘은 네트워크상의 참여자들이 같은 정보를 가지고 있다는 '컨센서스'를 이루는 방법을 처음으로 제시했다. 이후 네트워크 컨센서스 분야는 계속해서 발전하며, 네트워크상에서 공유되는 정보의 위·변조를 지극히 어렵게 하는 블록체인 기술과 연계되었다. 이를 화폐 이론과 금융 시스템에 적용한 결과 탈중앙화 화폐 거래 시스템인 암호화폐가 탄생하는 데 크게 기여하게 된다.

블록체인을 생각할 때 우리에게 익숙한 것은 비트코인, 이더리움 등의 암호화폐일 것이다. 심지어 암호화폐와 블록체인을 구분하지 않고 사용할 때도 있을 것이다. 그러나 사실 암호화폐는 블록체인 기술을 적용한 한 분야일 뿐이다. 조금 더 정확하게는 블록체인과 네트워크 컨센서스 알고리즘을 더하여 가치 교환에 사용하는 화폐로 사용하자는 아이디어다.

실제 블록체인은 암호화폐뿐만 아니라 무궁무진한 방법으로 산업에 적용될 수 있다. 한 가지 주의할 점은 대중매체 등에서 암호화폐에 관한 내용을 다룰 때 블록체인과 네트워크 컨센서스 알고리즘을 구분하지 않고, 이 둘이 합쳐진 개념에 대해서도 블록체인이라고 혼용하여 부른다는 것이다. 이 책에서는 이 둘을 나누어 설명하지만, 여타의 상황에서 블록체인을 두 개념을 통칭하는 정의로 사용하더라도 큰 혼란이 없기를 바란다. 여기서는 블록체인이 무엇이고, 현재 어떤 방식으로 산업에 적용되고 있는지, 그리고 블록체인이 미래 산업에 어떤 영향을 미칠지를 생각해보고자 한다.

중앙화와 탈중앙화의 장단점

—

중앙화와 탈중앙화는 네트워크 내에서 정보를 교환하는 방식에 차이가 있다. 그림 4-3에서 보듯이 중앙화 네트워크는 정보가 모두 한 점을 지나간다. 이 한 점에 모든 참여자 간의 거래 내역이 저장되며, 거래의 신뢰성을 보증하는 역할을 한다. 반면 탈중앙화 네트워크에는 거래 정보가 한 점에 모이지 않기 때문에 참여자 간의 거래를 보증하기가 매우 어렵다. 예를 들어 생각해보자. A가 B에게 돈 2만 원을 보내고 B는 대가로 어떤 물건을 제공한다고 하자. 중앙화 시스템에서는 한국은행과 같은 중앙

그림 4-3 │ **중앙화 네트워크와 탈중앙화 네트워크의 모식도**[10]

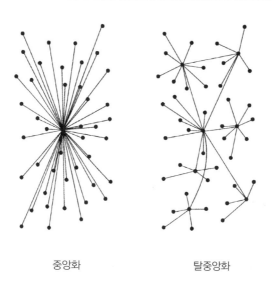

중앙화   탈중앙화

기관이 2만 원의 가치를 보증해준다. 하지만 탈중앙화 시스템에서는 A가 B에게 주는 돈 2만 원이 진짜 2만 원의 가치를 지니고 있다는 것을 보증할 '한국은행'이 없는 것이다. B는 A가 주는 돈이 어떤 가치를 지니는지 확인할 방법이 없다. A에게서 돈 2만 원을 받았다고 가정하더라도, 다른 참여자 C에게 가서 사용하려면 C 또한 이 돈에 대한 신뢰가 없으므로 거래에 응하지 않을 가능성이 크다. 그러므로 누군가 네트워크 내의 화폐가 특정 가치를 가진다고 보장해주지 않는다면, 참여자 간 신뢰 문제 때문에 전체 네트워크가 결코 유지되지 못할 것이다.

중앙화는 정보 교환의 신뢰성을 담보하는 직관적이고 고전적인 방법이다. 그림처럼 네트워크에 참여한 모든 사람의 정보와 암호화된 비밀번호를 원장에 모아두고, 이를 관리하는 관리 주체를 두어 '신뢰할 수 있는 제3자(trusted third party)'로 삼는다. 그 관리 주체가 각 거래를 입증하는 것이다. 이렇게 하면, 정보 교환을 할 때 당사자들이 단 한 곳, 신뢰할 수 있는 제3자에게 상대방의 정보를 요청하면 된다. 모든 정보를 가지고 있는 제3자의 입증을 통해 각 거래를 신뢰할 수 있고, 정보 교환을 원활하게 유지할 수 있다.

신뢰할 수 있는 제3자에 의해 모든 정보 교환을 기록하고 관리하는 것은 굉장히 효율적인 방법이다. 전체 거래 내역을 관리하는 장부가 하나이기 때문에 새로운 거래가 발생할 때 한 곳의 기록만 추가하면 된다. 거래할 때 제3자의 인증을 한 번만 받으면 되므로 신뢰성을 입증하기에 쉽고 빠르다. 또한 정책이나 규제가 변할 때 이에 대한 반영이 신속하게 이

그림 4-4 | 중앙화 원장을 통한 신뢰 확보

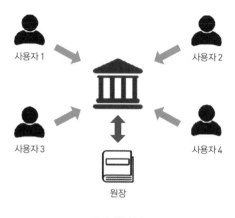

중앙화한 원장

루어지며 관리자가 명확하므로 책임 소재를 따지기도 쉽다.

중앙화 네트워크의 대표적인 예시 중 하나가 금융 시스템이다. 아직 대부분의 금융거래는 중앙화되어 있다. 사람들은 은행이라는 신뢰할 수 있는 제3자에게 돈을 맡긴다. 은행은 고객의 계좌 정보를 가지고 있으며, 이체 요청이 들어오면 예금 금액 안에서 이체를 진행한다. 해당 거래는 은행의 데이터베이스에 저장되며, 지속적으로 업데이트된다.

그러나 여러 강점을 가진 중앙화 네트워크는 몇몇 사건으로 그 단점이 드러났다. 가장 잘 알려진 사건이 2008년 전 세계적 금융위기를 불러온 서브 프라임 모기지 사태다. 2008년 금융위기는 서브 프라임 모기지에 기반한 파생상품에 과도하게 투자한 여러 은행과 회사의 파산을 불러일으켰다. 베어 스턴스, 리먼 브라더스, 메릴린치, AIG, 씨티그룹 등 유수의 금융회사들이 파산하거나 정부로부터 구제금융을 받아야만 했다. 은행들이 파산하고 대출을 중지하자 기업들의 자금 융통이 어려워지며 대량 해고가 발생했다. 정부는 여러 회사의 파산이 경제 시스템에 불러올 파급효과를 계산한 뒤 금융계에 긴급 자본을 수혈하여 최대한 충격을 완화하기로 한다. 그러나 이는 '실패자'들에게 세금을 사용한다는 인상을 주어 국민들의 분노를 초래했다. 금융기관의 도덕적 해이, 과도한 욕심이 불러온 위기와 그런데도 세금으로 구제받는 상황은 사람들이 가지고 있던 기존의 '중앙화'된 금융 시스템에 대한 신뢰에 큰 타격을 주었다.

한국에서는 특히 민감한 개인 정보 유출 사건이 빈번하게 일어나며, 중앙화 시스템의 약점을 드러내기도 했다. 2000년대 말, 국내 최대 전자상거래 회사 중 하나가 해킹을 당해 회원 1천만 명의 이름, 주민등록번호, 주소, 계좌번호가 유출된 사건이 있었다. 이어서 2010년대에도 유명 포털사이트가 해킹을 당해 가입자 3,500만 명의 아이디, 비밀번호, 주민등록번호가 유출되기도 했다. 그뿐만 아니라, 국내 주요 카드사의 외주업체 직원이 약 1억 건의 이름, 주민등록번호, 휴대전화번호, 카드번호, 유효기간, 계좌번호, 1년 내 카드 결제금액 등 민감한 정보를 유출하기도 했다. 데이터베이스의 관리자가 자신의 사사로운 이익을 위해 민감한 정보를 유출한 이 사건 또한 특정한 주체가 데이터베이스를 관리하는 중앙화 시스템의 약점을 시사한다.

또 다른 면으로는, 중앙화 금융 시스템은 고객들에게 소소한 불편을 불러일으키기도 한다. 시스템 업데이트가 있는 경우, 카드 결제나 인터넷 뱅킹 등 금융 서비스가 중지되는 일이 발생한다. 만약 재난이나 테러 등 긴급상황으로 인하여 중앙 관리 시스템이 작동을 멈춘다면 그 네트워크상의 서비스도 중단될 수 있다.

위 예시들은 중앙화의 약점을 보여준다. 중앙화 네트워크 참가자의 모든 개인 정보를 한 곳에 저장했기 때문에 해킹이나 정보 유출에 피해를 볼 가능성, 한 곳에서 정보 업데이트가 이루어지기에 그 시스템이 중단될 경우 거래가 어려워진다는 점 등이 대표적인 단점들이다. 특히 사용자의 개인 정보를 입증하기 위해 반드시 중앙 시스템에 입력해야 하므로 익명성이 보장되지 않아 정보 유출의 문제가 커진다. 또한 대량의 거래가 단시간에 발생하면 처리속도가 느려지는 병목 현상이 발생할 수도 있다는 점, 집중된 권력자들에 의해 정책 결정이 이루어지기 때문에 정치적 영향을 배제할 수 없다는 단점 등도 있다. 위와 같은 문제들이 있기에 중앙화 시스템은 실패할 가능성이 있으며, 네트워크가 사용자의 삶과 밀접할수록 전체 네트워크 사용자가 받는 피해가 커진다는 점은 중앙화 네트워크 자체에 대한 신뢰 문제를 일으킨다.

중앙화는 이러한 단점에도 불구하고 적은 자원을 효율적으로 이용하여 네트워크 내의 정보 교환을 담보할 수 있는 가장 좋은 방법이다. 그렇기에 현재까지도 대부분의 네트워크가 중앙화 시스템으로 이루어져 있다. 그러나 컴퓨터의 연산 속도와 저장 능력이 기하급수적으로 발달하고, 네트워크 컨센서스 이론과 정보 보안 이론이 발전함에 따라 탈중앙화 네트워크를 실현할 수 있게 되었다.

　탈중앙화 네트워크에 대한 본격적인 논의에 앞서, 몇 가지 용어 정리를 간단히 하고 넘어가자. 탈중앙화 네트워크 내의 각 참여자가 소유한 거래 정보를 우리는 '분산원장'이라고 부른다. '네트워크 컨센서스' 또는 '네트워크 합의'는 모든 참여자가 동일한 분산원장을 보유했다는 것을 담보하는 과정을 말한다. 어떤 네트워크 내에 합의가 이루어졌다는 것은, 모든 참여자가 같은 분산원장을 공유했다는 뜻이다.

　탈중앙화 네트워크는 중앙화 네트워크보다 뚜렷한 단점이 있다. 기존의 중앙화 네트워크에서는 한 곳에서만 저장했던 '교환 정보'를 각 참여자가 가지고 있다. 그러므로 중앙화 시스템에 비해 네트워크 참여자의 배수만큼 많은 저장공간이 필요하다. 또한 특정 거래가 일어나면 모든 네트워크 참여자가 이를 공유해야 하므로 정보를 업데이트하는 데에도 네트워크 참여자의 배수만큼 많은 자원이 소모된다. 또한 정보의 업데이트도 느려진다. 규제 등에 맞추어 네트워크의 정책이나 구조를 바꾸려고 한다면 중앙화 네트워크와는 비교할 수 없는 시간과 노력이 소모될 것이다. 이런 특성들은 탈중앙화 네트워크를 실현하는 것을 막는 큰 장애 요소로 작용했다. 그러나 디지털 기술의 발달, 무어의 법칙(반도체 집적회로의 성능이 18개월마다 두 배로 증가한다는 법칙)에 의한 저장공간과 컴퓨터 연산 속도의 기하급수적 증가로 인해 탈중앙화 네트워크를 실현할 수 있는 토대가 마련되었다.

블록체인과 네트워크 컨센서스

—

'탈중앙화'는 중앙화의 반대 개념이다. 중앙화는 정보 교환 데이터를 한 곳에 모아 민첩하게 정보를 편집하고 업데이트한 정책을 집행한다. 그러나 탈중앙화 네트워크는 '모든 참여자'들이 전체 네트워크의 거래 정보를 보유한다. 이를 통해 얻는 가장 큰 이점은, 네트워크를 통제하는 중앙 주체가 필요 없어진다는 것이다. 그러나 여기에서 신뢰의 문제가 발생한다. 기존에는 중앙화 데이터베이스를 관리하는 주체가 데이터를 보유하고, 개인들은 이에 접근할 수 없었다.

예를 들어 A는 은행을 해킹하지 않는 한, 인터넷 통장의 잔고를 100배 늘려서 저장하지 못한다. 자신의 통장 장부에 접근할 권한이 없기 때문이다. 그러나 만약 모든 사람이 거래 장부를 가지고 있다면, 자신이 가진 장부를 조작해서 잔고를 늘리는 것이 가능할 것이다. 각 사람이 자신의 모든 정보를 소유하는 탈중앙화 네트워크에서 거래를 진행할 때 어떻게 상대방의 정보가 변질되지 않았음을 확신할 수 있을까?

탈중앙화 네트워크가 작동하려면, 참여자가 보유한 분산원장의 위·변조가 불가능하거나 무척 어려워야 한다. 이것을 담보하는 기술이 바로 '블록체인'이다. 블록체인의 이론적 기반은 1991년 스튜어트 하버(Stuart Haber)와 스콧 스토네타(W. Scott Stornetta)에 의해 처음으로 제시되었다. 블록체인의 보안 핵심은 '암호화'다. 블록체인에 사용되는 대표적인 암호화 알고리즘으로 SHA-256(Secure Hash Algorithm-256)이 있다.

이 알고리즘을 사용하면 그 어떤 길이의 데이터라도 무작위처럼 보이는 256자리의 이진수 또는 64자리의 16진수[11]로 바꾸어 매칭해준다. 이렇게 암호화된 결과로 나온 값을 '해시값(hash value)'이라고 부른다.

SHA-256 방법은 암호화되기 전의 정보가 '아주 조금'이라도 바뀌는 경우, 결과가 완전히 달라지는 특성이 있다. 예를 들어 SHA-256 함수에 "안녕하세요"와 "안녕하세요!"를 넣는 경우 생성되는 해시값의 차이가 얼마나 될까? 겨우 '!' 하나를 추가했으니 암호화 결과도 한두 자리에서만 차이가 날까?

SHA-256("안녕하세요") = 2c68318e352971113645cbc72861e1ec 23f48d5baa5f9b405fed9dddca893eb4

SHA-256("안녕하세요!") = e0f639938481a5a0c0632b36b0fc7d36 3c18c8ee5b0a2484d168d5c99b55b9f3

위의 16진수 해시값 결과를 보면, 오히려 단 두 자리의 값만 똑같고, 그 외에는 완전히 다른 결과가 나오는 것을 확인할 수 있다. 이렇게 조금만 입력값이 변해도 완전히 출력값이 바뀌는 현상을 '눈사태 효과'라고 부른다. 특정 정보를 변환한 해시값과 완전히 똑같은 해시값이 나올 확률은 2의 256승분의 1, 10의 77승분의 1 정도가 된다. 지구를 이루는 모든 원자의 수는 10의 48승 개 정도 된다. 지구 위의 모든 모래알 수는 10의 22승 개 정도다. 지구의 모래알 수만큼 지구가 있고, 그 모래알 지구의 모든 원자 개수를 다 합하면 대략 10의 70승 개의 원자가 있고, 이 숫자에 천만 배를 곱하면 SHA-256 해시값이 같을 경우의 수가 된다. 로또 1등에 열한 번 연속으로 당첨될 확률, 한 사람이 벼락에 14번 연속으로 맞을 확률 정도와 비견할 수 있다. 한마디로, 암호화 기법으로 기록된 데이터를 변조하는 동시에 그 해시값을 변하지 않게 하는 것은 불가능에 가까울 정도로 어렵다는 얘기다.

1991년에 제안된 블록체인 아이디어는 거래의 투명성을 담보하기 위해 고유한 블록 번호, 거래 내용, 거래 참여자의 고유한 디지털 사인, 거래가 이루어진 정확한 시간, 이전 블록의 해시값 등을 포함한 정보를 한 개의 블록으로 정의했다. 핵심은 '이전 블록'의 해시값이 포함되었다는 점이다. 모든 블록이 이전 블록의 해시값을 포함하여 체인처럼 연결되기 때문에 '블록체인'으로 명명된다.

그림 4-5 | **블록체인의 모식도**

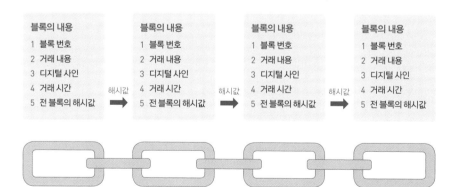

그렇다면 블록체인은 정확히 어떤 구조적 원리로 인해 위·변조를 막을 수 있는가? 예를 들어 다섯 번째 블록까지 체인이 만들어졌다고 가정하자. 어떤 특정 인물 A가 3번 블록에 있는 거래 내용을 바꾸었다. 그렇다면 A가 3번 블록에 만들어낸 약간의 변화로 인하여 눈사태 효과가 일어나 3번 블록의 해시값이 랜덤하게 바뀔 것이다. 4번 블록은 3번 블록의 해시값을 포함하여 만들어진 해시값이므로, 4번 블록의 해시값도 바뀌고, 5번 블록까지 바뀐 해시값이 적용된다. 무작위 값을 추가하여 해시값을 원래대로 돌리려면 위의 계산과 같이 10의 80승이라는 어마어마한 경우의 수를 뚫어야 하므로 변조할 수 없다. 특정 블록체인이 위조되었는지 안 되었는지를 알려면, 해당 블록의 해시값을 구해서 원본과 비교해보면 된다.

블록체인은 탈중앙화 네트워크의 분산원장에 적용했을 때 신뢰성을 담보하는 아주 중요한 알고리즘이다. 그러나 아직 중요한 문제가 남아있다. 팩소스 알고리즘을 제안했던 레슬리 램포트는 그 이전인 1982년에 다른 두 학자와 함께 '비잔틴 장군의 문제'를 제시했다.[12] 그는 전쟁에 나간 비잔틴 장군을 상상하여 탈중앙화 네트워크에서 발생하는 컨센서스의 문제를 지적했다. 문제는 다음과 같다. (팩소스 알고리즘과 다르게 비잔틴 장군의 문제는 곧바로 학술지에 게재되었다.)

여러 명의 비잔틴 장군들은 적군 도시를 에워싸고 있다. 대부분의 장군들은 충성파이지만, 일부 배신자들이 있을 것이 의심되었다. 배신자들이 몇

명인지는 알 수 없었고, 적군 도시를 함락하기 위해서는 일정 수 이상의 군대가 동시에 공격해야 하는데, 연락은 전령으로 일대일로만 가능한 상황이다. 이 시점에서 아래 두 가지 목적을 달성할 수 있는 알고리즘은 무엇인가?

1 모든 충성파 장군이 '배신자가 어떤 행동을 하든 상관없이' 한날한시에 공격하기로 합의해야 한다.
2 일정 수 이하의 배신자 숫자는 무시할 수 있어야 한다.

비잔틴 장군의 문제는, 네트워크 내에 '사기꾼'들이 있어 정상적인 거래를 바꾸어 위조된 거래로 퍼뜨린다고 할 때 어떻게 이를 극복하고 정상적인 거래에 전체 '사기꾼이 아닌' 참여자들이 합의할 수 있을지를 질문한다. 다시 말해서, 블록체인은 이전의 거래 내역이 변조되지 않았음을 담보한다. 그러나 '현재' 발생하는 새로운 거래 내역이 변조된 상태로 네트워크를 장악하는 것을 막기 위한 방법이 있을까? 사기꾼이 네트워크를 장악하려면 얼마나 많은 비율을 장악해야 하는가? 이에 대한 알고리즘적인 해법이 바로 서두에서 소개했던 팩소스 알고리즘이다. 시간이 지날수록 팩소스 알고리즘을 단순화하여 실제 적용 가능한 방법으로 많은 알고리즘이 제안되었고 현재의 블록체인 기술에 적용되었다. 이 중 하나가 바로 비트코인에 적용된 '작업증명 알고리즘'이다. 이에 대해서는 다음 챕터에서 자세히 알아보자.

CHAPTER 4

블록체인과의 필연적 만남, 비트코인

───── 네트워크 컨센서스 알고리즘과 블록체인이 성공적으로 적용된 사례가 가상화폐를 탄생시킨 비트코인이다. 2008년 사토시 나카모토라는 가명을 쓴 학자가 블록체인과 네트워크 컨센서스 이론을 기반으로 논문을 발표했다.[13] 이 논문은 네트워크 내 컴퓨팅 리소스와 비례하여 담보되는 '신뢰성'과 이로 인한 화폐의 '탈중앙화' 가능성을 다루었다. 이 논문에 기반하여 2009년 실제로 비트코인 소프트웨어가 발표되며 블록체인 시대가 열렸다.

비트코인은 디지털 서명을 기반으로 한 가상화폐 거래 시스템이다. 블록체인 기술을 도입하여 분산원장의 확실성을 담보하고 모든 개인이 전체 거래 내역을 파악할 수 있게 했다. 또한 작업증명 알고리즘을 사용하여 비잔틴 장군의 문제를 '네트워크 전체 연산력의 51% 이상이 정상적인 참여자인 경우' 해결할 수 있게 했다. 비트코인의 원리는 모든 블록체인 기반의 탈중앙화 시스템의 모범사례로 들 수 있으며, 실제로 블록체인을 적용할 때 비트코인의 제반 기술과 논리를 알면 큰 도움이 된다.

이제부터 비트코인의 원리를 설명하고자 한다. 조금 어려운 주제다. IT에 대한 사전 지식이 없거나 평소 블록체인 논리에 관심이 별로 없었던 독자가 읽기에는 어려울 수 있다. 챕터 5는 블록체인의 기업 적용 부분에 관해 썼는데, 이 장을 읽지 않아도 챕터 5를 이해하는 데 큰 문제가 없다. 조금 읽어보고 너무 전문적이라고 느껴지면 건너뛰고 챕터 5로 넘어가면 된다. 나중에 블록체인의 논리나 기술에 대한 지식이 조금 더 축적되면 그때 이 챕터만 따로 읽는 것도 좋은 방법이다. 하지만 앞에서 잠깐 말했듯이 비트코인의 원리는 블록체인 기반의 탈중앙화 시스템의 모범사례다. 기업이 블록체인을 본격적으로 경영 혁신의 도구로 도입하기로 할 때 비트코인의 제반 기술과 논리를 상세하게 알아두면 도움이 된다.

비트코인의 원리
—

비트코인의 원리는 두 가지 개념으로 설명할 수 있다. 거래 기록에 대한 신뢰 문제와 그리고 비트코인 블록의 구조와 작업증명이다. 먼저 거래 기록에 대한 신뢰 문제에 대해 살펴보자. 비트코인 거래는 앞서 말한 블록체인의 구조를 반영하여 공개키(public key)와 개인키(private key)로 암호화된 '디지털 서명'으로 거래 주체를 담보한다. 쉽게 이해하자면, 공개키는 거래 주체의 ID이고, 개인키가 비밀번호라고 생각할 수 있다. 거래가 일어난 후 거래 주체는 거래 내용을 개인키를 이용해 암호화하여 '서명'하고 전체 네트워크에 공유한다. 네트워크에 있는 사람들은 거래 주체의 ID인 공개키로 그 기록을 확인할 수 있다. 거래 주체의 개인키와 공개키가 맞아야만 기록이 열리기 때문에 네트워크상의 사람들은 이를 통해 그 거래 기록의 진위를 알 수 있다.

예를 들어, A가 B에게 3비트코인을 보내는 거래를 기록한다고 하자. 여기서 A가 실제로 돈을 보낸 것인지, 아니면 다른 사람이 A인 척하고 B에게 돈을 보낸 것인지 알 수가 없다. 그러나 위의 거래 내용이 담긴 블록을 A의 개인키를 이용하여 암호화하고 공유하면, 네트워크상의 사람들은 공개키로 해당 거래의 암호를 풀었을 때만 원래 거래 기록을 확인할 수 있다. 이를 통해 진위를 가릴 수 있다. 당연히 A의 개인키를 모르는 사람은 A의 개인키와 똑같은 방식으로 암호화된 블록을 만들어낼 수 없다. 또한 네트워크에 전파되는 과정에서 한 부분이라도 바뀌면 눈사태 효과로 인하여 원래 거래 기록이 완전히 변하므로 다른 누군가가 메시지를 바꿀 염려도 없다.

그림 4-6은 각각 다른 사람인 ㄱ, ㄴ, ㄷ에게서 1비트코인을 받은 A가 B에게 3비트코인을 줄 때 실제 거래정보의 이동을 보여준 모식도이다. 현금으로 거래를 하면 A는 자신이 가진 현금, 예컨대 10만 원을 B에게

그림 4-6 │ 비트코인 내의 블록에 저장되는 거래 내역의 모식도

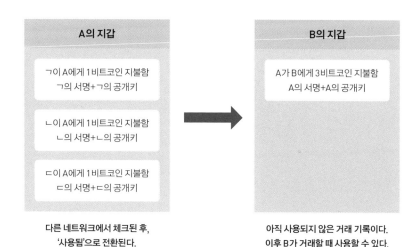

A의 지갑
ㄱ이 A에게 1비트코인 지불함 ㄱ의 서명+ㄱ의 공개키
ㄴ이 A에게 1비트코인 지불함 ㄴ의 서명+ㄴ의 공개키
ㄷ이 A에게 1비트코인 지불함 ㄷ의 서명+ㄷ의 공개키

다른 네트워크에서 체크된 후,
'사용됨'으로 전환된다.

B의 지갑
A가 B에게 3비트코인 지불함 A의 서명+A의 공개키

아직 사용되지 않은 거래 기록이다.
이후 B가 거래할 때 사용할 수 있다.

주면 거래가 끝날 것이다. 그러나 비트코인에서는 1비트코인을 지불한다는 거래 기록을 받으면 1비트코인의 가치를 받은 것이다. A가 B에게 3비트코인을 지불한다고 생각해보자. A는 이전에 자신이 ㄱ, ㄴ, ㄷ에게 '1코인씩을 받았던 암호화된 기록'을 'A가 B에게 3비트코인을 보낸다'는 기록과 같이 보낸다. 네트워크 내의 다른 참여자는 A가 'ㄱ, ㄴ, ㄷ에게 1코인씩 받은 기록'을 자신들이 가진 분산원장과 대조하여 확인할 수 있다. A가 예전에 받은 비트코인의 합이 A가 B에게 보내려는 양과 같다면 해당 거래는 정당한 거래로 분류된다. 조금 더 생각해보면, A와 B 사이의 거래에서 'ㄱ, ㄴ, ㄷ'이 A에게 준 코인을 사용했음이 모든 사람의 분산원장에 기록되기 때문에 A는 'ㄱ, ㄴ, ㄷ에게 받은 비트코인'을 다시 사용

할 수 없다. 즉, 이미 쓰인 기록은 네트워크상의 모든 사람의 분산원장에 기록되어 A는 B에게 지불한 3비트코인을 다시 쓸 수 없게 된다.

만약 A가 B에게 2.5비트코인만 주려고 하면 어떻게 해야 할까? 그때는 B에게 2.5 비트코인을 보낸다는 거래 기록 마지막에 'A가 A에게 0.5 비트코인을 준다'는 내용을 덧붙이면 된다. ㄱ, ㄴ, ㄷ에게 받은 비트코인의 총합과 A가 사용하는 코인의 총합이 일치한다.

이는 겉으로 보기에는 완벽해 보이나, 네트워크에 적용할 때 '이중 지불 문제'가 생긴다. 이 문제는 앞서 설명했던 '비잔틴 장군의 문제'가 비트코인에 적용된 것이다. 구체적으로 이중 지불 문제는 다음과 같다. 참여자 A가 나쁜 마음을 먹고, B에게 준 이전 거래 내역을, 다른 인물인 C와의 거래에서 한 번 더 사용했다고 하자. 만약 이 메시지가 충분한 시간 차를 두고 보내졌다면, 이미 다른 참여자들의 분산원장에서 '사용된 기록'이 발견되기 때문에 해당 거래를 거절하게 된다. 그러나 만약 짧은 시간 내에 전파되었다면, 아직 이전 A가 B에게 준 내용이 전달되지 않은 참여자들에게 거래가 인정될 수도 있다. 가짜 거래를 받은 참여자들은 가짜 거래가 진짜인 줄 알고 공유해나갈 것이다. A가 서로 다른 두 명에게 준 거래가 네트워크를 떠돌게 되는 것이다. 만약 A가 B에게 준 거래가 진실이라고 믿고 B가 A에게 어떤 '현물'을 주었다고 가정하자. 만약 A가 두 번째 보낸 C와의 거래 내용이 다른 참여자들에 의해 참이라고 인정된다면, B는 물건을 보냈으나 비트코인은 받지 못하게 되는 것이다. 이때 어떤 거래가 진실인지 어떻게 판명할 수 있을까? 여기에서 '블록체인'과

'작업증명'이 나오게 된다. 즉, 블록체인과 작업증명은 비트코인 네트워크에서 발생한 '비잔틴 장군의 문제'의 일종인 '이중 지불 문제'를 해결하기 위한 알고리즘인 것이다.

이제 두 번째 개념인 비트코인 블록의 구조와 작업증명에 대해서 알아보자. 작업증명이 무엇인지 알아보기 위해 우선 비트코인에서 사용하는 블록의 구조를 알아야 한다. 블록은 각 블록의 번호에 해당하는 '버전', 이전 버전 블록의 해시값, 유닉스 시간[14]으로부터 초 단위로 경과된 시간을 명시하는 '타임스탬프', 디지털 서명된 여러 거래를 합쳐서 만든 '거래 리스트', 그리고 이전 블록의 해시값을 섞어서 암호화한 해시값, 추가적으로 '목표값(bits)', '임의값(nonce)'을 연결해 만들어진다.

블록의 해시값은 '블록'에 SHA-256 해시 프로토콜을 두 번 수행해 만들어진다. '버전'은 블록체인에서 만들어지는 블록의 순서다. 만약 현재 자신이 가진 블록이 100번째 블록이라면, 다음번에 자신이 만들어 공유하거나 네트워크상에서 공유될 블록은 101번째 블록이 된다. 이전 블록의 해시값은 이전 블록을 SHA-256 프로토콜에 두 번 적용하여 만들어진 256자리의 이진수이다. 이전 버전 블록의 해시값이 들어가기 때문에 '블록체인'으로 불린다고 앞서 설명했다.

'타임스탬프'는 블록이 만들어진 시간을 뜻한다. 블록 내에 포함되는 모든 거래는 블록의 타임스탬프 시간대에 한꺼번에 거래된 것으로 가정된다. 비트코인은 한 블록이 만들어지는 시간을 10분 정도로 맞춘다. '맞춘다'고 표현한 이유는 시간을 맞추어놓지 않을 경우, 짧은 시간 내에 너무 많은 블록이 생겨 낭비가 발생하기 때문이다. 이에 대해서는 아래 목표값과 임의값에서 좀 더 자세히 설명하겠다.

'거래 리스트'는 이전에 본 것처럼 암호화된 'A가 B에게 3비트코인을 보낸다'는 거래 기록과 A의 공개키를 말한다. 거래 리스트에는 블록이 만들어지기 전 10분간의 모든 거래 기록이 포함된다. 여기서 네트워크에 전파되기는 했는데 아직 블록에 포함되지 않은 거래가 생긴다. 이는 '미확정' 거래라고 불린다. '목표값'과 '임의값'은 새로운 블록이 생기는 시차를 10분 정도로 '맞추기' 위해서 설정한 값이다. 이 값들이 '작업증명' 알고리즘의 핵심이며, 구체적으로는 2002년 제시된 해시캐시(HashCash) 알고리즘[15]에서 약간 변경하여 설정한 값이다.

블록을 만든다는 것은 금을 캐는 것과 같다. 사토시 나카모토는 블록을 만드는 과정을 '채굴'이라고 불렀다. 그리고 채굴하여 블록을 생성하는 개인 또는 조직의 연산장치(컴퓨터나 서버 등)를 '노드'로 정의했으며 블록을 만드는 데 성공한 노드에는 비트코인을 성공 보상으로 준다. 그렇기에 점점 많은 사람이 채굴하기 위해 모여든다. 금을 캐는 사람들이 많아지면 금맥을 찾을 확률이 높은 것처럼, 채굴하는 노드의 숫자가 많아지면 채굴은 빨라진다. 블록체인 네트워크에서 채굴하는 참여자가 많아지면 새 블록이 짧은 순간에 엄청나게 많이 발생할 것이고, 각 개인은 분산원장을 업데이트하는 데 지나치게 많은 용량과 연산력을 소모하게 될 것이다.

그래서 '목표값'이 등장한다. 목표값은 말하자면 문제의 난이도를 설정하는 것이다. 예를 들어 목표값이 각 블록 해시값 256자리의 첫 40자리가 전부 0일 것을 요구한다고 생각해보자. 앞서 보았듯이, SHA-256 암호화 과정을 예측하는 것은 불가능하다. 임의값이 1이라도 차이가 난다면 전체 해시 결과가 바뀌기 때문에, 실제적으로 각 노드는 계산된 해시값을 목표값에 맞추기 위해서 랜덤한 '임의값'을 추가해서 계산해봐야 한다. 목표값은 이전 블록이 몇 분에 한 번씩 만들어지는지를 계산하고, 자동으로 변경되며 조정된다. 만약 목표값이 해시의 첫 40자리를 0으로 맞추라고 요구한다면, 이를 만족하는 임의값이 발견될 확률은 약 1조분의 1이다. 채굴자들이 만약 앞의 40자리가 0이 되는 숫자를 찾아냈다면, 이 블록을 해시값과 함께 전체 네트워크에 전파한다. 네트워크 참여자들은 전파된 블록의 임의값을 이용하여 계산한 해시값의 초반 40개가 0인 것을 쉽게 확인할 수 있으며, 이런 과정은 그 블록이 만들어질 때까지 약 '1조 번'의 계산 '작업'이 수행되었음을 '증명'해준다.

각 노드가 만들어내는 블록에 포함된 거래 내용과 임의값은 다 다르다. 그러나 이 경우에도 탈중앙화된 네트워크의 문제가 다시 대두된다. 블록체인 네트워크의 블록 번호가 100번이고, 101번을 만드는 상태라고 가정하자. 만약 네트워크 내에서 서로 다른 두 개의 블록 I와 J가 확률적으로 동시에 만들어지면 어떻게 될까? 블록 I를 먼저 받은 노드는 I가 101번이라고 생각할 것이고, 블록 J를 먼저 받은 노드는 J가 101번이라고 생각할 것이다. 이 경우, 모든 노드는 I와 J를 일단 보관해두고, 먼저 도착한 블록의 체인 위에 102번 블록을 쌓게 된다. 네트워크 내에서 101

번 블록이 I가 될지 J가 될지 경쟁하게 되는 것이다. 만약 블록 I를 포함한 블록체인이 J를 포함한 블록보다 길어지면, I블록이 조금 더 많은 연산이 소모된 '적통' 블록체인이 되어, 네트워크 내의 전체 컴퓨터가 J 블록을 버리게 된다. 비트코인은 동시에 여러 블록체인이 경쟁할 때 체인이 더 긴 거래를 무조건 적통으로 여긴다. 사토시 나카모토는 확률적으로 6개 이상의 블록이 자신의 거래 뒤에 쌓였다면, 거래를 '최종 검증'된 것이라고 믿고 안심해도 좋다고 했다.

만약 어떤 거래 기록이 경쟁 블록에만 포함되고 적통 블록에는 포함된 적이 없다면, 그 거래 기록은 다시 '미확정' 거래 기록이 되어 적통 블록에 포함되기를 기다려야 한다. 그 때문에 작업증명을 통한 이중 지불 문제는 'A가 B에게 3비트코인을 보낸다'라는 거래 기록을 포함한 블록이 체인에 포함되어 확정될 때까지 B가 기다린 다음에 교환을 진행하면 해결된다. 또한 체인 안에 있는 각 블록은 이전 블록의 해시값을 포함하기 때문에 해당 거래는 이후 절대로 변경될 수 없다. 이를 통해 블록체인은 사기 거래를 막고 신뢰성을 담보할 수 있다.

CHAPTER 5

블록체인과 가상화폐가 그리는
플랫폼의 미래

───── 블록체인을 처음으로 제시한 논문에서 블록체인은 해시값을 이용하여 변경할 수 없는 방식으로 저장하고 탈중앙화된 시스템에서 신뢰할 만한 분산원장 기록법을 제시하는 데 주안점을 두고 서술되었다. 해당 논문에서 네트워크 안의 다른 참여자의 거래 증명에 관해서도 서술하지만, 본질적으로 블록체인은 '새로운 저장기법'이다. 그러나 비트코인이 대두된 이후 대중매체나 현업 실무에서는 네트워크 컨센서스 알고리즘과 블록체인이 합쳐진 개념으로 사용하거나, 탈중앙화된 네트워크 시스템 전체를 통칭하여 블록체인이라고 부르기도 한다. 이 책에서는 명확한 이해를 위해 분리하여 설명했지만, 현재 블록체인이라는 단어는 '블록체인 기술을 도입한 네트워크 컨센서스 시스템과 블록 생성의 인

센티브로 지급되는 암호화폐'까지 의미가 혼합되어 있다. 디지털 플랫폼 비즈니스에서의 블록체인 분류는 후자의 의미로 사용되는데, 혼란이 없기를 바란다.

비즈니스에서 블록체인의 분류

—

비즈니스상에서 블록체인은 우선 크게 두 가지, 퍼블릭 블록체인과 프라이빗 블록체인으로 나뉜다. 그다음으로 서로의 장점을 동시에 누리기 위해 만들어진 '하이브리드 블록체인'[16]이나 '컨소시엄 블록체인'[17] 등이 있는데, 아직 명확한 구분과 정의가 내려지지 않은 상태다.

퍼블릭 블록체인

퍼블릭 블록체인은 모든 사람이 원하는 대로, 원하는 만큼 네트워크에 참여할 수 있는 시스템이다. 전 세계 누구나 블록체인 거래를 할 수 있으며, 누구나 블록의 해시값을 제시하며 블록체인의 길이를 연장할 수 있고, 물론 누구나 전체 거래 내역을 확인할 수도 있다. 그러나 퍼블릭 블록체인에는 이후 설명할 다른 블록체인 시스템에 비해 여러 단점이 있다. 가장 큰 단점은 거래 검증 속도가 지나치게 느리다는 것이다. 수많은 사람이 합의해야 하는 데서 발생하는 문제다. 또한 거래량이 늘어남에 따라 분산원장의 길이가 길어져 저장이 어려워진다는 것, 채굴에 소모되는 막대한 양의 전기와 환경 파괴, 과반수 이상의 노드가 배신하는 경우 네트워크 전체의 신뢰가 깨질 가능성(비록 확률이 아주 낮지만)이 있다는 것, 여러 채굴자가 연합을 형성한 '채굴 풀'이 연산을 독점하고 비트코인의 신뢰성을 좌지우지할 수 있다는 것, 한번 만들어진 네트워크는 본질적으로 업데이트가 매우 어렵다는 점 등 문제가 산적해 있다.

업데이트가 힘들어 나중에 버그나 문제가 발견되더라도 고치기 어렵다. 무엇보다 작업 속도가 느려 실질적으로 퍼블릭 블록체인을 금융 등 특정 산업에 적용하기 쉽지 않다. 그러나 오로지 블록체인 알고리즘 내에서 제공되는 인센티브만으로 운영된다는 점, 전체 블록체인을 운영하는 과정에서 그 누구의 통제도 받지 않는다는 점에서 가장 탈중앙화된 블록체인이라고 볼 수 있다.

퍼블릭 블록체인의 대표적인 예시가 비트코인을 포함한 암호화폐다. 비트코인 외 유명한 퍼블릭 블록체인 중 하나가 2013년 발표된 '이더리움'이다. 이더리움은 '스마트 계약' 개념을 실현한 블록체인이다. 스마트 계약은 1994년 미국 컴퓨터과학자 닉 재보(Nick Szabo)가 제안한 개념으로,[18] 거래계약 조건을 프로그램 코드로 변환하여 기록하고, 조건이 충족됐을 때 자동으로 계약이 이행되는 것을 말한다.

프라이빗 블록체인

퍼블릭 블록체인의 대척점에는 프라이빗 블록체인이 있다. 주로 회사 내의 데이터베이스 구축에 사용되기 때문에 '엔터프라이즈 블록체인'으로 불리기도 한다. 프라이빗 블록체인은 허가받은 사람만이 블록체인 네트워크의 참여자로 거래 생성, 블록 해시값 제안, 거래 내역을 확인할 수 있는 시스템이다. 참여하는 모든 노드가 한 관리 주체에 의해 공유되기 때문에 해킹의 위험이 낮으며, 노드 수가 적어 데이터 공유가 상대적으로 빠르다. 무엇보다 정부 기관의 규제와 정책에 맞추어 블록체인 구조 개발이 가능하고, 알고리즘 업데이트가 쉬운 중앙화의 장점을 반영한다. 본질상 거래 내역이 중앙화되어 다뤄지며, 각 노드의 거래를 파악할 수 있어 중앙화된 시스템이라고 볼 수 있다.

대표적인 프라이빗 블록체인의 디지털 플랫폼 적용은, 국내에서는 인증사업을 들 수 있다. 카카오페이의 사설 간편인증 서비스인 '카카오페이 인증', 이동통신사 3사의 'PASS 인증', KB국민은행의 '간편인증' 등이 이미 적용되고 있는 블록체인 서비스의 예시다.[19] 그 외에도 정부 부처에서는 병무청에서 이미 프라이빗 블록체인을 도입하여 인증 서비스를 시행하고 있다. 치안, 의료, 농업, 식품안전, 사회안전망, 인증, 교통, 환경 등의 분야에서도 블록체인 기술을 도입해 공공 주도 시범사업을 시행하기도 했다.[20] 대표적인 해외 사례로는 하이퍼레저 패브릭(Hyperledger Fabric)이 있다. 오픈소스 프라이빗 블록체인 플랫폼이다.[21]

하이브리드 블록체인

퍼블릭 블록체인의 투명성과 확장성, 프라이빗 블록체인의 빠른 속도와 유연성 등의 장점을 최대한 끌어내고자 고안된 하이브리드 블록체인도 있다. 하이브리드 블록체인의 대표적인 예시로는 회원 기업들이 정보 교환과 개발을 진행하는 하이퍼레저[22], R3[23], 엔터프라이즈 이더리움 어라이언스(Enterprise Ethereum Alliance)[24] 등의 '컨소시엄 블록체인'이 있다. 각 시스템은 등록된 회사만 접속할 수 있으며, 이들은 여러 산업에 종사하는 기업들이 동시에 정보를 교환하며 각 산업에 적용될 '프라이빗 블록체인' 구축을 도울 수 있다.

사물인터넷도 하이브리드 블록체인을 통해 보안을 적용하려는 분야의 하나다. 예를 들면, 한 가정 안에서 서로 연결된 여러 사물이 퍼블릭 블록체인에 전부 접속해 있는 경우, 누구나 분산원장 데이터에 접속할 수 있기 때문에 보안상 문제가 생길 수 있다. 그렇기에 한 가정 내에서는 '서브 블록체인'이라고 명명되는 프라이빗 블록체인을 이용하여 내부적으로 정보 교환을 하고, 필요하면 외부 블록체인에 접속하는 방법을 개발하고 있다.[25] 그 외에도 서로 다른 블록체인 간의 연결을 모색하는 인터체인 등 여러 방면으로 블록체인 구조를 확장하려는 시도도 계속되고 있다.

블록체인은 4차 산업혁명 시대의 핵심적인 데이터 저장 기술이며, 스마트 계약, 인증사업, 식품과 의약품의 원산지 추적 등 무궁무진한 적용 가능성을 보인다. 위·변조가 어렵고, 보안과 데이터베이스 관리에 드는 비용을 줄일 수 있다는 블록체인의 특성은 디지털 플랫폼의 기능을 한층 더 강화할 것이다.

CHAPTER 6

메타버스로 인한
플랫폼의 무한한 가능성

——— 최근 메타버스 세계에서만 쓸 수 있는 가상 가방이 실제 명품 가방보다 높은 가격에 거래된다는 뉴스를 보며, 대체 메타버스 세계가 무엇이길래 이런 현상이 벌어지나 생각한 분들이 많을 것이다. 실제로 사용하지도 못하고 만져볼 수도 없는 가방이 수백만 원의 가치가 있다는 것은 가상세계를 이용해본 적 없는 사람들에게는 이해하기 힘든 일이다. 특히나 일상의 대부분 시간을 현실 세계에 매몰되어 경제생활을 해야 하는 사람들에게는 '메타버스'가 공상과학 영화 같은 이야기로 들릴 수도 있다. 하지만 메타버스 세상의 매력에 빠진 사람들의 수는 나날이 증가하고 있고, 이와 함께 사회·경제적 영향력도 점차 커지고 있다.

그림 4-7은 구글 트렌드에서 뽑은 지난 2년간 전 세계에서 발생한

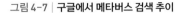

그림 4-7 | 구글에서 메타버스 검색 추이

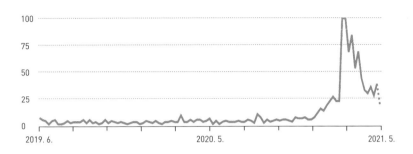

'메타버스'라는 키워드에 대한 검색 추이이다. 작년까지만 해도 검색 수준이 미미하다가 올해 초를 기점으로 급격하게 검색량이 늘어난 것을 볼수 있다. 물론 로블록스(RBLX)나 제페토(ZEPETO)와 같은 대표적인 메타버스 플랫폼들은 꽤나 이전부터 있었지만, 최근 들어 그 영향력이 실물 경제가 주목할 만큼 커졌다. 글로벌 컨설팅회사인 프라이스워터쿠퍼스(PwC)는 메타버스 시장이 2019년 50조 원에서 2025년엔 540조 원, 2030년엔 1,700조 원까지 성장할 것으로 내다봤다. 실제로 미국 증권시장에서는 메타버스 관련 기업들이 굉장한 주목을 받고 있다.

젊은 세대들을 타깃으로 하는 많은 명품 패션 브랜드들도 메타버스 플랫폼으로 활발하게 진출하고 있다. 2025년이 되면 세계 명품 소비의 45%가 Z세대(1990년대 중반에서 2000년대 초반에 걸쳐 태어난 젊은 세대)에서 발생할 것이라는 전망에 따라 이들은 앞다투어 자신의 브랜드를 Z세대에 노출하려고 애쓰고 있다. 앞서 소개된 수백만 원에 거래된 디지털 명

로블록스 디지털 명품 가방	
출시 가격	**재판매 기준 최고 가격**
475로벅스	35만 로벅스
약 5.5달러	약 4,115달러
한화 약 6,000원	한화 약 465만 원
같은 모델 현실 매장 가격	
약 340만 원	

품 가방은 로블록스라는 온라인 게임 플랫폼에 명품 브랜드 구찌가 한정판으로 판매했던 아이템이다. 최초 판매가는 우리 돈 6천 원 수준이었지만 재판매 가격은 약 465만 원에 판매되며 실물 가방 대비 약 100만 원 이상 비싸게 거래되었다. 구찌만이 아니라 다른 명품 브랜드들도 적극적으로 메타버스 플랫폼에서 홍보하기 위해 노력하고 있다.

명품 브랜드뿐만 아니라 최근 코로나 사태와 더불어 재택근무가 권장되면서 현실 세계의 사무실로 출근하지 않고, 메타버스에 구현된 사무실로 출근하는 회사도 생겨났다. 의료 현장에서도 수술실을 메타버스로 구현하여 전 세계 많은 의료진에게 수술 과정을 중계하여 좀 더 생생한 비대면 교육을 제공한다.

사실상 앞에서 소개했던 인공지능이나 블록체인과 달리 메타버스는 단순한 기술의 개념이 아니다. 또 인공지능이나 블록체인처럼 실용적 기능을 제공하는 목적보다는 재미와 새로운 사회적 관계 욕구를 충족시키는 것이 메타버스 이용의 주된 목적이다. 여기서는 메타버스의 개념과 종류를 자세히 살펴보며 디지털 플랫폼과 어떻게 접목할 수 있을지 생각해본다.

메타버스란 무엇인가

—

…3차원적 동화상을 한 면당 2킬로픽셀의 해상도로 나타나게 하면, 시각의 한계 내에서는 가장 선명한 그림이 되었다. 게다가 그 작은 이어폰을 통해 디지털 스테레오 음향을 집어넣으면, 이 움직이는 3차원 동화상은 완벽하게 현실적인 사운드 트랙까지 갖추게 되는 셈이었다. 그렇게 되면 히로는 이 자리에 있는 것이 아니었다. 그는 컴퓨터가 만들어내서 그의 고글과 이어폰에 계속 공급해주는 가상의 세계에 들어가게 되었다. 컴퓨터 용어로는 '메타버스'라는 이름으로 불리는 세상이었다…

1992년 닐 스티븐슨(Neal Stephenson)의 소설 『스노 크래시(Snow Crash)』에 나오는 메타버스에 대한 묘사이다. 소설에서는 고글과 이어폰을 통해 들어가는 가상의 세계를 '메타버스'라고 부른다. 메타버스는 쉽게 말해 가상세계를 의미한다. 다만 아직 메타버스에 대해 단일하게 정립된 정의는 없다. 그래서 학자나 기관에 따라, '실생활과 구분되는 가상 세계'라는 넓은 범위로 정의하기도 하고, 혹은 '참여자들이 아바타를 가지고 사회·경제·문화적 활동을 하는 3차원의 가상 공간'이라는 보다 협소한 의미로 정의하기도 한다. 메타버스는 아직 활발하게 진화하고 있기 때문에 그 누구도 한정된 의미로 정의하기는 어렵다.

메타버스에 대해 합의된 정의는 없지만 아직은 가장 많이 인용되는 미국의 기술연구기관 ASF(Acceleration Studies Foundation)에서 2007년에 발표한 『메타버스 로드맵』을 따른다. 여기서 그림 4-8과 같이 메타버스를 '기술과 현실 간의 관계'와 '기술과 이용자 간의 관계'에 따라 증강현실, 라이프로깅, 거울세계, 가상세계라는 네 가지 유형으로 구분한다. 이 네 가지 유형의 메타버스 중 현재 주목을 받는 메타버스 플랫폼은 가상세계 유형에 속하고 이를 협의의 메타버스로 정의할 수 있다. 다만 개념을 제대로 이해하기 위해 나머지 유형들도 간단히 살펴보면 좋을 듯하다.

4가지 메타버스 종류

—

우선 기술과 현실 간의 관계를 나타낸 세로축은 증강(augmentation)과 시뮬레이션(simulation)으로 구분된다. 증강은 물리적 현실 세계 위에 새로운 통제 시스템을 한층 더 올리는 것을 의미하고, 시뮬레이션은 실제 물리적 공간과 전혀 상관없는 완전히 새로운 환경 구축을 의미한다.

그림 4-8 | 메타버스의 4가지 분류

	외적 기술	내적 기술
증강기술	증강현실 ⚡SNOW POKÉMON GO ◉INGRESS	라이프로깅 kakao**story** ◎ Instagram f **twitter**
시뮬레이션	거울세계 Ⓐairbnb 배달의민족 Google Earth 📍kakao**map**	가상세계 Lineage MINECRAFT ZEPETO FORTNITE WORLD WARCRAFT ROBLOX

AR(augmented reality)과 VR(virtual reality)의 차이를 안다면 쉽게 이해
될 것이다.

메타버스에 접속했을 때 내 주변 환경과 전혀 무관하고 일관된 세계가
펼쳐진다면 기술과 현실 간의 관계는 시뮬레이션이라고 볼 수 있다. 몇
년 전 출시되어 큰 인기를 끌었던 '포켓몬 고'와 같이 내가 위치한 환경을
바탕으로 그 위에 새로운 화면이 펼쳐진다면 기술과 현실 간의 관계는
증강인 것이다.

한편, '기술과 이용자 간의 관계'는 '내적 기술(intimate technology)'과

'외적 기술(external technology)'로 나뉜다. 내적 기술은 이용자에게 집중하며, 이용자가 자신의 아바타나 디지털 프로필 등을 통해 자신의 정체성을 드러낼 수 있게 해주는 기술이다. 외적 기술은 이와 반대로 개인보다는 외부 상황에 대한 정보를 주는 것을 목적으로 하는 기술이다. 즉, 구글어스(Google Earth)와 같이 개인의 아바타나 프로필 없이 정보 제공을 목적으로 하는 메타버스가 여기에 해당한다.

구분을 하긴 했지만, 사실 많은 메타버스 플랫폼들은 시간이 지나며 기능을 확장함으로써 점차 경계가 무너지고 있다. 사실상 한 카테고리에 분류하기 힘든 메타버스 플랫폼들이 많아져 분류의 의미가 퇴색됐지만, 대표 사례로 네 가지 분류를 간단히 이해해보자.

증강현실 (증강 + 외적 기술)

증강현실은 현실의 물리적 환경 위에 가상의 사물과 인터페이스 등을 겹쳐 놓음으로써 만들어진 혼합현실이다. 가장 대표적인 예가 2016년 나이언틱(Niantic)이 닌텐도와 합작해 출시한 '포켓몬고'이다. 나이언틱은 구글의 사내 스타트업으로 시작했다가 2015년에 분사하여 설립된 기업이다. 포켓몬 고는 길거리를 돌아다니면서 스마트폰의 포켓몬 고 앱을 보면 현실 세상의 모습 위에 포켓몬들이 겹쳐서 보이고, 이용자들은 앱을 통해 보이는 포켓몬을 모으는 재미를 느낄 수 있다.

나이언틱은 '포켓몬 고' 이외에도 '인그래스(Ingress)'라는 증강현실 플랫폼을 가지고 있다. 이용자들은 계몽군과 저항군의 진영으로 나눠서 포탈(portal)을 공략한다. 실제 현실 세계의 공간에 포탈이라는 위치를 만들어 점령한 포탈 세 점을 이으면 그 선으로 둘러싸인 삼각형의 지역은 우리 편의 색상으로 채워진다. 이런 식으로 땅따먹기의 면적을 늘려나가는 재미가 있다. 스마트폰 GPS 정보를 기반으로 증강현실을 통해 게임을 하기 때문에 실제로 포탈이 설치된 장소까지 직접 이동하여 공격하고 점령할 수 있다.

증강현실 플랫폼에는 이러한 게임 앱 외에도 SODA나 B612 등의 카메라 필터 앱도 있다. 필터 앱들은 내 모습이 찍힌 사진에 눈 크기를 키우고 얼굴형을 갸름하게 만들고, 피부톤을 보정하고 화장까지 하는 효과를 낼 수 있다. 사진만이 아니라 영상에서도 눈, 코, 입을 자신이 이상적이라 생각하는 대로 설정하여 촬영할 수 있다. 자신의 외형이 이상적 외형으로 증강된 것이지만 MZ세대는 이러한 모습을 자신의 모습으로 생각하고 서로 인정해준다.[26]

라이프로깅 (증강 + 내적 기술)

라이프로깅은 삶을 의미하는 라이프(life)와 기록을 의미하는 로깅(logging)의 합성어로 일상생활에서 일어나는 경험들을 텍스트나 사진, 영상의 형태로 캡처하여 공유하는 활동이다. 페이스북, 인스타그램, 트위터 등의 소셜네트워크 서비스가 모두 라이프로깅 메타버스에 해당한다. 사람들은 자신의 일상, 그중에서도 남들이 보기에 나쁘지 않은 부분들을 잘라내고 다듬어 라이프로깅 메타버스에 올린다. 『메타버스』의 저자 김상균 교수는 카카오톡 프로필 사진이나 페이스북에 올라오는 사진들이 하는 역할이 아바타와 같다고 보았다. 예를 들어 카카오톡 프로필 사진에 꽃 사진을 올리는 사람들은, 그러한 사물 사진을 통해 자신의 또 다른 자아를 표출하는 것이다. 가상세계의 아바타와 같이 꽃 사진을 올림으로써 내가 다른 사람들에게 보여주고 싶은 나의 모습을 표현한다는 것이다.

거울세계 (시뮬레이션 + 외적 기술)

거울세계는 현실 세계를 그대로 반영하여 표현하며, 그 위에 정보가 추가되어 효율성과 유용성이 늘어난 메타버스다. 구글어스, 네이버 맵이 대표적인 예다. 구글어스는 전 세계의 위성사진을 수집하여 세계 대부분의 모습을 입체적으로 보여준다. 한편 김상균 교수는 배달의민족과 같은 플랫폼도 거울세계 메타버스에 속한다고 본다. 배달의민족이라는 플랫폼 위에 올라와 있는 오프라인 매장들은 현실에 존재하는 매장들이기 때문이다. 같은 의미에서 에어비앤비 플랫폼도 자신이 사는 공간을 플랫폼에 복제했다는 의미에서 거울세계 메타버스로 볼 수 있다.

가상세계 (시뮬레이션 + 내적 기술)

메타버스 플랫폼 중 최근 가장 큰 화두는 가상세계 메타버스다. 현실에 존재하지 않는 전혀 다른 세계, 이를 가상세계 메타버스라 부른다. 가상세계에서 이용자들은 자신을 표현하는 아바타를 만들고, 사회적·경제적 활동을 한다. 앞서 문제가 되었던 로블록스나 제페토, 포트나이트 등이 여기에 속한다. 사실상 최근 회자되는 '메타버스'는 앞서 설명했던 증강현실, 라이프로깅, 거울세계보다는 나의 또 다른 페르소나를 지닌 아바타가 새로운 사회적 관계를 형성하며 일련의 활동을 하는 3D 기술을 이용해 만든 가상세계를 가리킬 때가 많다.

이 책에서는 가상세계를 '협의의 메타버스'라고 정의한다. 마인크래프트, 제페토, 로블록스, 포트나이트, 동물의 숲 등이 이러한 협의의 메타버스 플랫폼에 해당한다. 이들의 디지털 플랫폼으로서의 가치와 사회·경제적 영향력은 앞서 언급된 것처럼 굉장하다. 브랜드사부터 아이돌 스타, 정치인 들까지 이들 메타버스 플랫폼에서 사용자를 만나고 소통하고 싶어 한다. 과연 이러한 가상세계 메타버스는 어떤 특징을 공유하는지 좀 더 상세하게 논의해보자.

메타버스의 세계관

—

앞서 말한 것과 같이 우리는 협의의 메타버스, 즉 가상세계 메타버스를 중심으로 그 특징을 살펴보자. 앞서 봤던 인공지능이나 블록체인 기술과는 달리 메타버스는 실용성과 편의보다는 '재미', '즐거움'이라는 가치가 주된 목적이다. 그래서 메타버스 플랫폼은 자신만의 흥미로운 세계관을 가지고 그 속에서 사용자가 동화되어 움직이도록 한다.

2020년 전 세계적으로 인기를 누리는 아이돌 그룹 방탄소년단(BTS)

의 신곡 〈다이너마이트〉의 안무 버전 뮤직비디오를 최초로 공개했던 메타버스 플랫폼인 포트나이트(파티로얄)도 아주 흥미로운 세계관을 가지고 있다. 포트나이트의 세계관에는 현실 세계와 다른 차원의 공간 '루프(loop)'가 있다. 현실 세계의 사람들이 루프에 가면 그 공간에는 그 사람과 똑같은 사람이 나타난다. 이를 '스냅샷(snapshot)'이라고 부르고, 이 스냅샷들은 초기에는 본체의 기억이 있지만 루프로 진입하면서 일부 기억이 사라지고, 본인들이 스냅샷이라는 것을 인지하지 못한다.

한편, 현실 세계에는 I.O 단체가 있다. 이들은 루프라는 현실 세계와 다른 차원에 있는 공간들을 연구하고 있다. I.O는 루프에 있는 '포트나이트'라는 섬에 요원들을 보내어 그곳을 연구한다. 하지만 그곳에 요원들과 똑같은 스냅샷들이 생겼다는 것을 깨닫는다. I.O는 자신들의 단체가 하는 일이 외부로 유출되는 것을 막고, 현실 세계의 본체와 스냅샷이 만났을 때의 부작용을 고려하여 스냅샷이 현실 세계로 탈출하지 못하도록 감시한다. 그들이 탈출하기 위해서는 제로포인트라는 에너지 구체를 이용해야 하기 때문에 I.O는 철저히 제로포인트를 수호한다. 사실 루프에 존재하는 스냅샷들은 처음에는 탈출할 생각도 없었다. 왜냐하면 루프에서는 '루프'라는 말 그대로 일정한 시간대가 계속 반복되었고, 스냅샷들도 이러한 상황을 인지하지 못하도록 기억을 잃어갔기 때문이다.

그렇게 기억하지 못하는 스냅샷들이 평화롭게 살던 어느 날, I.O도 예상 못 한 운석 하나가 포트나이트 섬에 떨어진다. 그 운석에는 I.O와 상충되는 목적, 즉 스냅샷들을 해방시키고자 하는 세력 '더 세븐'이 보낸 '비지터'가 있었다. 이야기는 비지터가 포트나이트들의 스냅샷을 해방하기 위한 계획을 함께 만들어가면서 이어진다. 이러한 스토리는 사용자들에게 몰입감을 제공한다. 시즌이 거듭되며 스토리는 계속 이어지고, 사용자들은 이러한 포트나이트가 제공하는 세계관을 공유하며 마치 이야기 속의 주인공처럼 미션을 수행한다. 사용자들은 현실 세계를 살아가지만, 포트나이트 세상에 접속하면 현실과는 또 다른 세계를 여행하는 듯한 경험을 얻는 것이다.

메타버스 속 아바타

메타버스 플랫폼의 두 번째 특징은 바로 아바타이다. 현실 세계에서는 표현하지 못했던 나의 또 다른 면모를 아바타를 통해서 자유롭게 표출할 수 있다. 요즘 유행하는 '부캐'라는 개념으로 이해할 수 있다. 원래 '부캐'는 온라인 게임 사용자들 사이에서 사용되던 용어로, 본 캐릭터와는 다른 콘셉트와 스타일, 세계관을 가진 보조 캐릭터라는 의미로 사용되던 말이다. 최근 들어 많은 연예인이 예능 프로그램에서 본업과는 다른 일을 하는 캐릭터를 연기하며 널리 알려졌고, 일상생활에서도 흔히 사용되고 있다. 메타버스 플랫폼의 많은 사용자가 아바타를 자신의 부캐로 여기며, 현실 세계에서는 드러내지 못했던 자신의 색다른 모습을 표출한다. 더 나아가 아바타를 둘 이상 보유하며 부캐를 만들기도 한다.

네이버의 자회사인 네이버Z에서 출시한 3D 아바타 플랫폼 제페토에서는 증강현실과 인공지능을 활용해 사용자가 사진을 올리면 사용자와 닮은 가상 캐릭터 제페토를 생성해준다. 그리고 사용자는 이 제페토를 자신의 취향에 따라 얼굴을 변형시키고, 옷과 액세서리 등으로 꾸밀 수 있다. 제페토는 자신과 닮은 캐릭터를 보유하고, 또 이를 취향에 맞게 꾸밀 수 있다는 점에서 10대들에게 큰 인기를 끌고 있다. 2018년 서비스를 시작한 이후 현재 전 세계 2억 명의 가입자를 보유하고 있다. 이들 중 80%가 10대이고, 90% 이상이 해외에 거주한다.

3D 캐릭터는 자유롭게 제페토 플랫폼 내의 '맵'을 돌아다니면서 콘서트를 즐기거나 이용자 간 게임을 할 수 있다. 한강 공원 맵, 벚꽃 카페 맵 등 현실 세계를 반영한 다양한 맵들이 있다. 또 아바타의 SNS가 있어서 사진을 찍어 올릴 수 있고, 타 계정을 팔로우하며 피드를 받아 볼 수도 있다. 아바타를 통해 현실 세계의 페르소나와 다른 메타버스만의 페르소나를 통해 사회적 관계의 다양한 욕구를 해소할 수 있도록 하는 것이 메타버스 플랫폼의 특징이자 강점이다.

메타버스에서 쓰이는 디지털 화폐
—

메타버스의 또 다른 특징은 디지털 화폐이다. 메타버스는 그 세계 내에서 나름의 경제 시스템을 구축하고 있다. 앞서 실물 구찌 가방보다 비싼 가상 구찌 가방이 팔렸던 로블록스 플랫폼을 살펴보자. 2006년 출시된 로블록스는 2021년 1분기 기준으로 4,200만 명의 일간 사용자를 보유하고 있고, 전체 사용자 규모는 1억 1,500만 명을 넘어섰다.

로블록스에서는 사용자들이 레고같이 생긴 아바타를 머리부터 발끝까지 꾸밀 수 있다. 사용자들은 현금으로 '로벅스'라는 로블록스만의 가상화폐로 아이템을 구입할 수 있다. 구찌 가방도 그 아이템 중 하나다. 그렇게 아바타를 꾸미고 나면, 다른 사용자들이 만든 다양한 게임 방에 들어갈 수 있다. 로블록스는 게임 개발도구인 로블록스 스튜디오를 제공하여 많은 사용자가 게임을 직접 개발할 수 있도록 한다. 몬스터를 잡는 게임부터 롤플레잉 게임, 드라이브 게임, 공포 게임 등 장르가 굉장히 다양하다. 그 안에서 자유롭게 돌아다니며 게임을 하기도 하고, 게임을 만들어 돈을 벌기도 한다.

로벅스를 얻는 방법에는 두 가지가 있다. 하나는 실제 현금으로 구입하는 방법이고 다른 하나는 게임패스와 아바타 아이템을 직접 만들어 판매하여, 판매수익이 펀드에 쌓이면 이를 로벅스로 교환할 수 있다. 로벅스의 환율은 80로벅스가 0.99달러로 약 1,500원 정도다. 50로벅스 정도면 옷 한 벌을 구입할 수 있다. 옷 이외에도 로벅스로 게임 아이템, 유료 게임 입장권 등을 살 수 있다. 다만 셔츠와 바지 같은 아바타 아이템을 팔거나 다른 플레이어와 교환하기 위해서는 유료 프리미엄 서비스에 가입되어 있어야 한다.

사실상 메타버스의 디지털 화폐는 아직 몇 가지 문제점이 있다. 플랫폼 내의 디지털 화폐에 대한 소유권이 사용자가 아니라 플랫폼에 있기 때문이다. 이런 경우, 절도나 횡령 등으로부터 사용자 개인이 법적으로 보호받기 어렵다. 한편 이러한 문제를 블록체인 기반의 가상화폐를 이용하여 해결하려는 움직임도 있다. 업랜드(upland)는 구글 맵에 있는 실제 부동산 정보를 바탕으로 메타버스 내에서 부동산을 사고파는 게임 플랫폼이다. 그런데 여기서 거래에 사용되는 UPX라는 업랜드의 디지털 화폐는 EOS 블록체인을 기반으로 구동된다. 그리고 모든 거래는 블록체인 원장에 기록되어 사용자의 소유권을 보장해준다. 물론 이런 방식으로 사용자의 소유권을 보장하게 될 경우 플랫폼 자체의 자율성은 떨어진다. 게임 아이템에 대해서도 소유권을 부여하면 게임 회사들은 아이템을 업데이트할 때마다 소유권을 가진 사용자들에게 동의를 얻어야 한다. 또한 플랫폼 운영을 종료할 때도 모든 소유권을 지닌 사용자들에게 소유 권한을 넘겨받아야 할 수도 있다.[27]

실감 기술

—

마지막으로 메타버스 플랫폼에 중요한 요소 중 하나가 실감 기술이다. 증강현실, 가상현실, 혼합현실 등이 모두 몰입감 부여를 통해 현실에 가상세계를 실현하는 실감 기술이며, 확장현실(extended reality)로 불리기도 한다. 실감 기술은 하드웨어와 콘텐츠 기술이 합쳐진 융합 기술이다.

하드웨어적 요소인 5G의 활성화로 인한 초고속 통신기술, 그리고 디스플레이 기술, 헤드 마운티드 디스플레이(HMD: Head Mounted Display) 등의 장비 기술을 포함한다. 한편 실감 콘텐츠 기술이란 인간의 오감을 자극하여 몰입도를 높이는 융합형 콘텐츠 기술로, 사용자의 감각과 인지 영역을 확장해 실제와 유사한 경험을 제공하는 특수 기술이다. 컴퓨터 그래픽으로 만든 세계에서 사용자가 실제와 유사한 체험을 할 수 있도록 하는 가상현실(VR) 기술과 눈으로 보이는 현실에 가상의 정보나 이미지를 더해 다른 경험을 할 수 있도록 도와주는 증강현실(AR) 기술도 실감 콘텐츠 기술의 일부다.

2019년 가트너가 발표한 보고서에 따르면 가상현실 기술은 이미 높은 수준의 성숙도를 갖춘 것으로 보인다. 가상현실 기술은 이미 계몽 단계로 2~5년 이내에 기술이 안정화될 것으로 예상한다. 증강현실이나 헤드 마운티드 디스플레이 기술도 5~10년 이내에 안정화될 것으로 예상한다.

현재의 가상현실 기술은 주로 헤드 마운티드 디스플레이(HMD)에 의해 이루어지고 있다. HMD 기기는 100도 이상의 화각(field of view)을 제공하여 TV 모니터나 스크린을 통해 보는 것보다 훨씬 생생한 효과를 얻을 수 있다. 이런 가상현실 기기들이 점차 발달해 페이스북 서라운드(Facebook Surround)나 오딧세이(Odyssey)처럼 360도 전 방향으로 실시간 영상 정보를 획득할 수 있는 기술이 등장하고 있다. 거대 통신사업자들에 의해 초고속 안정적인 통신 환경이 마련되어 있고, 높은 수준의

기술 성숙도를 보여주는 5단계 하이프 사이클

하이프 사이클(hype cycle)은 미국의 연구 자문회사 가트너(Gartner)에서 개발한 기술 성숙도를 표현하는 도구다. 하이프 사이클은 개별 기술들을 다섯 단계로 나누어, 해당 기술이 어느 정도의 기술 성숙도를 가지는지 보여준다.[28]

- 기술 촉발 단계Technology Trigger : 잠재적인 기술 혁신의 시작 단계. 초기 개념 증명에 관한 기사와 미디어의 관심이 상당히 높은 수준. 대부분 실제 사용 가능한 제품이 없거나 상업적 타당성이 입증되지 않은 단계.
- 부풀려진 기대치의 최고치Peak of Inflated Expectations : 기술 촉발 단계에서 주어진 대중의 높은 관심으로 인해 여러 성공 사례와 실패 사례가 생성되는 단계.
- 환멸의 골Trough of Disillusionment : 실험 및 구현이 결과물을 내놓는 데 실패함에 따라 관심이 시들해진다. 제품화를 시도한 주체들은 포기하거나 실패한다. 살아남은 사업 주체들이 소비자들을 만족시킬 만한 제품 개발에 성공한 경우에만 투자가 계속된다.
- 계몽 단계Slope of Enlightenment : 기술이 기업에 어떤 혜택을 줄 수 있는지에 대한 더 많은 사례가 구체화하고 더 널리 이해되기 시작하는

단계. 기술 제공업체에서 2세대 및 3세대 제품 제공. 많은 기업이 자금을 지원하고, 보수적인 기업들은 여전히 조심스러운 단계.

- 생산성 고원Plateau of Productivity : 해당 기술이 본격적으로 주류로 채택됨. 기술 제공자의 생존 가능성을 평가하는 기준이 더욱 명확하게 정의됨. 시장에서 명확한 성과를 거두는 단계.

기기들이 공급되고 있어 개별 플랫폼들은 이런 기술들을 활용해 사용자들을 더욱 몰입하게 할 수 있는 콘텐츠 제작에 심혈을 기울여야 할 것이다. 특히 앞서 설명한 것과 같이, 사용자들이 몰입할 수 있는 세계관과 동화될 수 있는 아바타를 만드는 것이 메타버스 플랫폼에서 가장 중요한 요소다.

다양한 디지털 플랫폼에서 메타버스 기술의 부상에 주목하며 플랫폼에 적용할 방법을 고민 중이다. 의료산업이나 교육산업 등에서 실용적인 목적을 위해 적용하는 경우 기능에 더 주의를 기울여야겠지만, 그 외 기타 산업에서 사용자 모집을 위한 목적으로 메타버스 도입을 고려할 때는 단순히 메타버스 기술로 공간과 아바타만 제공하는 데서 그칠 것이 아니라, 사용자들이 계속해서 '재미'를 느끼고 참여하며 스스로 콘텐츠를 재생산해나가는 하나의 생태계를 구성해야 한다.

전 세계에서 가장 많이 팔린 게임 1위로 선정된 마인크래프트도 이러한 생태계를 잘 구성해놓았다. 사용자들은 아바타로 게임에 접속하여 몬스터들을 피해 원료를 캐서 도구를 만들고 집을 지으며 생존한다. 이들은 마인크래프트 안에 경복궁이나 에펠탑과 같은 유명 건축물들을 만들어놓았다. 코로나 사태로 인해 도시가 봉쇄되었을 때는 마인크래프트 내에 똑같이 생긴 학교를 만들어 교실 안에서 수업을 하기도 하고, 가상 캠퍼스에서 졸업식을 열기도 했다.[29] 사용자는 스스로 멋진 건축물을 만들고 성취감을 느낀다. 이러한 건축물들을 보기 위해 더 많은 참여자가 모여든다. 이런 생태계가 구성되었을 때 메타버스 플랫폼은 단순한 게임 속 공간을 뛰어넘어 현실 세계를 대체할 수 있는 가상세계를 제공할 수 있다.

카카오엔터프라이즈와 두나무,
차세대 기술이 만드는 플랫폼

────── 대표적인 첨단 디지털 기술인 인공지능과 블록체인 기술을 활용한 플랫폼 기업인 카카오엔터프라이즈와 두나무를 인터뷰했다. 카카오엔터프라이즈는 인공지능 엔진인 카카오i를 활용한 종합 업무 플랫폼 '카카오워크'를 운영하고 있다. 두나무는 블록체인 생태계로 들어가는 관문이자 분산경제(deconomy, 모든 참여 주체가 각자의 경제적 인센티브를 위해 자신의 역할을 하고 중앙기관이나 중개자 없이 합의에 도달하는 분산된 경제모델) 생태계의 기반인 가상화폐 거래소 '업비트'를 운영하고 있다. 디지털 기술들이 플랫폼에 어떤 방식으로 활용되고 있고, 어떻게 발전해갈 수 있을지 두 기업의 사례를 통해 함께 생각해보자.

카카오엔터프라이즈는 독보적인 기술력과 풍부한 데이터를 바탕으로 개발된 인공지능 엔진을 업무 플랫폼 카카오워크에 적용하여, 플랫폼

을 이용하는 개개인들에게 마치 비서를 고용한 듯한 생산력 향상을 경험
하게 하는 것을 목표로 한다. 카카오엔터프라이즈의 백상엽 대표는 출근
하는 그 순간부터 퇴근할 때까지 모든 순간에 발생하는 업무를 유연하고
효율적으로 처리할 수 있는 종합 업무 플랫폼을 꿈꾼다고 말한다. 협업
플랫폼을 넘어선 지능형 종합 업무 플랫폼이 우리가 일하는 모습마저 바
꿔나갈 날이 머지않았다.

두나무는 국내 1위 가상화폐 거래 플랫폼인 업비트와 비상장 기업의
유가증권을 거래할 수 있는 '증권플러스' 비상장 플랫폼을 운영하고 있
다. 두나무는 가상화폐 거래소 플랫폼을 바탕으로 국내 블록체인 생태계
발전을 위한 다양한 지원과 투자를 진행하고 있다. 가상화폐 거래소만이
아니라, 람다256이라는 자회사를 통해서 블록체인을 자체 개발하기 어
려운 기업에 BaaS(Blockchain as a Service)를 제공하기도 한다. 두나무
의 이석우 대표는 분산경제의 글로벌 리더가 되고자 블록체인을 기반으
로 사업을 창의적으로 확장해나가고 있다.

인공지능을 탑재한 종합 업무 플랫폼
카카오엔터프라이즈

회사 소개

카카오엔터프라이즈는 2019년 12월 카카오에서 인공지능 및 챗봇 등을 개발하고 운영해왔던 사내 독립 기업 'AI랩'이 분사해 설립한 회사다. 카카오의 혁신적인 인공지능 기술과 사용자 경험 관련 IT 기술을 기반으로 기업에 다양한 디지털 서비스를 제공하는 것을 목표로 한다. 카카오i 엔진이라는 자체 개발한 인공지능 엔진을 기반으로 B2B 플랫폼과 솔루션을 개발·제공하고 있다.

백상엽 카카오엔터프라이즈 대표 소개

1996년부터 24년간 LG 그룹에서 그룹 차원의 신사업과 미래 성장동력 발굴을 추진해왔다. 대법원 등기 시스템이나 민원24, 정부 통합전산센터, 출입국 시스템, 연말정산 시스템 등 웬만한 공공기관 전산화가 그의 손을 거쳤다. 2007년 전자정부 구축 공로를 인정받아 산업포장을 받기도 했다. (주)LG 사장으로 자리를 옮긴 이후에는, 신성장 사업인 전기차 부품, 배터리, OLED, 스마트에너지 등 그룹 신상장 사업들을 총괄하기도 했다. 2019년 B2B 분야에서 신성장 동력을 찾겠다는 김범수 카카오

의장의 의지에 따라 카카오에 영입됐다. 2019년 12월 카카오엔터프라이즈를 설립하고 약 1년 만에 현대기아차, 한국은행, 특허청, NH투자증권, 에버랜드, 교보생명, KBS 등 다양한 기업 파트너들과 업무협약을 체결하며 활약을 이어가고 있다.

인터뷰

____ 카카오워크가 베타 출시 6개월 만에 13만여 기업과 단체 고객과 38만 사용자를 유치했다고 들었습니다. 협업 플랫폼으로는 사실상 후발 주자임에도 단기간에 성과를 올릴 수 있었던 핵심 경쟁력은 무엇인가요?

____ 카카오워크가 다른 경쟁 제품에 비해서 짧게는 3년, 길게는 5년 정도 늦게 출시됐습니다. 패스트 팔로우(fast follow) 전략으로, 조금 만족도가 떨어지는 와중에도 존재감을 드러내기 위해서 작년 9월에 일단 출시했습니다. 실질적으로 내용상 충실하게 출시하는 것은 카카오워크 2.0으로 2021년 9월 말을 목표로 잡고 있습니다.

일단 카카오워크는 따로 사용설명서가 없고, 앞으로도 사용설명서 없이도 쉽게 쓸 수 있도록 하는 것을 지향합니다. 그래서 카카오톡을 쓰는 분들은 카카오워크를 어떤 교육 프로그램이나 소개 자료 없이도 당장 쓸 수 있습니다. 카카오톡이 가진 익숙함, 사용 편의성, 그리고 친근한 캐릭터들을 기반으로 꾸준히 신뢰하고 좋아할 수 있는 워크플레이스가 되기 위해서 많이 노력합니다.

_____ 앞으로도 카카오워크의 사용자들이 꾸준히, 더 빠른 속도로 늘어날 것 같은데요, 카카오워크는 앞으로 어떤 목표를 가지고 발전해나갈까요?

_____ 카카오워크의 지향점은 종합 업무 플랫폼입니다. 그래서 출근해서 퇴근할 때까지 카카오워크로 모든 업무를 처리할 수 있도록 하는 것을 지향합니다. 또 카카오워크 플랫폼에는 기본적으로 순수 국내의 자체 기술로 개발된 AI 어시스턴트가 탑재되어 있습니다. 실제로 고객분들께서 AI가 이해하기도 어렵고, 기업이나 개인이 AI를 사용하려면 일단 모델링부터 전문 분야이다 보니 어찌해야 할지 큰 난관에 봉착하게 된다고 어려움을 토로하곤 합니다. 사실 모델링은 고도의 수학적·통계적 전문 지식이 없으면 사용하기가 굉장히 어렵습니다. 저희 AI 어시스턴트를 사용하면 AI를 더욱 쉽고 편리하게 업무에 활용할 수 있습니다. 기본적인 AI 어시스턴트의 기능과 함께 전문 분야로 어시스턴트 기능을 쉽게 확장할 수 있도록 빌더(builder) 등을 제공해 AI의 현장 응용을 좀 더 쉽게 하는 것이 목표입니다. 카카오워크를 사용하는 분들은 기본적으로 AI 어시스턴트를 통해서 기본 지능을 받음으로써 전문적인 업무라 하더라도 빠르게 적응하고 상당한 성과를 올리는 사용자 경험을 이내 느낄 수 있으리라 생각합니다.

_____ 다양한 협업 플랫폼들이 많이 존재하는데, 이들과 비교해서 카카오워크 플랫폼의 차별점 혹은 강점은 무엇일까요?

_____ 각 협업 플랫폼마다 '어떤 회사에서 출발했느냐?'에 따라서 다른

특성이 있습니다. 슬랙(Slack) 같은 경우에는 게임 개발자들을 중심으로 출발했기 때문에 아무래도 개발자들의 개발 효율성을 높이는 모델로 되어 있습니다. 네이버웍스는 출발 자체가 그룹웨어를 바탕으로 시작했다는 이야기가 있습니다. MS팀즈는 MS 오피스와의 연동을 핵심으로 출발했습니다. 저희의 출발점은 물론 카톡입니다. 그런 면에서 저희의 철학은 기존 협업 툴과 다르게 문서작업을 줄이는 방향을 지향합니다. 물론 향후에는 베스트 프랙티스(best practice, 판매나 제품 혁신 등 특정 경영 활동 분야에서 세계 최고의 성과를 창출해낸 운영 방식)를 상호 경쟁사 간에 만들어내면서 플랫폼 간의 기능이 벤치마킹을 통해 수렴하는 현상은 있을 것 같습니다. 좋은 플랫폼을 보고 장점을 채택하고, 그래서 결국은 비슷한 기능과 역할에서 누가 더 고객가치의 실현과 차별화를 제공하는지를 두고 경쟁할 것 같긴 합니다. 다만, 현재의 출발점은 서로 다르다고 말씀드릴 수 있습니다.

저희는 종합 업무 플랫폼을 지향하므로 업무의 구성을 잘 살펴보고, 업무의 특성을 최대한 잘 반영하기 위해 노력합니다. 예를 들어 문서작업, 커뮤니케이션 업무, 회사 기본 프로세스 업무와 같은 정형 업무가 있을 수 있고, 그 외에 비정형 업무나 계획 업무 등 유형이 다양합니다. 이런 모든 유형의 업무를 다 카카오워크 내에서 처리하고 지원받을 수 있게 하려고 합니다.

그렇게 하려면 기본적으로 각 산업의 선도 기업들 그리고 협력사들과 에코 생태계를 구축해야 합니다. 오피스 툴과의 연동도 제공하고, SAP와 같은 글로벌 ERP 시스템과도 봇을 이용하여 연동하는 등 다양한 업무를 지원하기 위해 굉장히 신경을 많이 쓰고 있습니다. 그리고 그룹웨어로 통용되는 결재, 커뮤니케이션 작업도 다 수용해서 올인원(all-in-one)으로 제공하려고 합니다. 또 그때그때 발생하는 업무들, 예를 들어 경비를 처리한다거나 이동을 한다거나 하는 부분도 다 카카오워크 내에서 지원받을 수 있게 하려고 합니다. 고급 기능으로 AI 어시스턴트가 가진 기본 지능을 이용해서 탐색, 검색, 사전 분석, 추천 기능을 제공함으로써 효율적으로 업무를 처리할 수 있는 기능을 제공하고자 합니다.

_____ **B2B 업무 플랫폼 기업임에도 불구하고 결국은 사용자의 마음까지도 사로잡아야 해서 더 고민이 많을 것 같습니다. 이 부분을 해결하기 위해 특별히 노력하는 부분이 있는지요?**

_____ 저희는 카카오에서 분사한 회사이기 때문에 결국 카카오톡이 사용자들과 고객의 마음을 사로잡았던 그 성공 스토리를 계속 이어가려고 합니다. 그래서 친숙성, 사용 편리성, 관심이나 사랑, 애착을 줄 만한 포인트를 잡으려고 많이 노력합니다. 캐릭터도 많이 활용합니다. 기본적으로 '왜 업무용 플랫폼이나 소프트웨어는 이렇게 심각해야 하는가?'를 자문해봅니다. 앞으로도 계속 친숙하고 편리하게 다가갈 수 있도록 더 노력할 겁니다. 그렇다고 뭐 캐릭터만 사용하는 단선적인 방식은 아니겠지요. 다양한 영역에 좀 더 편하고 재미있는 부분을 계속 넣으려고 합니다.

사실 카카오톡은 아주 다양한 사용자들을 대상으로 하기 때문에 특별하게 사용할 수 있는 기능을 뽑아내기가 쉽지 않았습니다. 카카오워크는 사무실에서 흔히 일어나는 일들을 계속 연구하기 때문에, 그 안에서 재미를 주거나 일상 업무에서 일어나는 일을 도와줄 수 있는 기능을 찾아내는 것은 상대적으로 쉬워서 이러한 개선점을 지속해서 반영하려고 합니다. 예를 들어 직장인이 잘 가는 근처 맛집을 추천해준다거나, 점심 내기 사다리 타기를 한다거나, 되게 뻔하지만 있으면 재미있고 편리해질 수 있는 부분에 좀 더 집중하려고 합니다.

카카오워크를 개발하면서 지표로 삼고 있는 것이 바로 카카오워크를 열 때 사용자들의 마음이에요. '또 일이 시작됐구나…' 하는 마음이 아니라 카카오워크를 열면서 '오늘은 또 무슨 일이 펼쳐질까?' 하는 마음, 이렇게 호기심을 자극할 수 있는 플랫폼이 되는 것이 저희의 주요 목표입니다. 대부분 사람들이 아침에 눈뜰 때 카카오톡에 어떤 메시지가 와 있을까, 기대하고 설레는 마음을 가집니다. 카카오워크에도 설레는 그 마음을 그대로 전달해드리려고 노력합니다.

_____ **혹시 카카오엔터프라이즈에 카카오워크 사용자들을 유치하기 위한 특별한 전략이 있나요?**

_____ 현재 카카오워크를 쓰는 기업을 분석해보면, 아주 큰 대기업이나 오래된 기업들보다는 판교나 강남 지역에 밀집해 있는 빠르게 성장하는 소위 젊고 뜨는 회사들이 많습니다. 그러니까 아마존웹서비스(AWS)가 초기에 성장했던 히스토리와 좀 비슷합니다. AWS도 처음엔 아주 큰 회

사들은 거의 쓰지 않았습니다. 그때 AWS를 제일 많이 쓴 회사가 넷플릭스같이 막 성장하는 회사들이었고, AWS를 쓰면서 함께 성장했다고 해도 과언이 아닙니다. 저희가 그 전략을 일부러 차용했다기보다는 우연히 그렇게 되어가고 있습니다. 사실 아직도 전통 기업들의 경영진 중에는 카카오톡을 아예 안 쓰는 분들도 많습니다. 사실 그런 경영진들이 있는 기업은 지금 당장 카카오워크를 사용하기는 어렵습니다. 저희는 이런 분들께도 조만간에 카카오워크를 안 쓰면 뒤처진다는 느낌을 주려고 합니다. 생각해보면 저희 플랫폼을 사용하는 것은 각 조직원에게 AI 어시스턴트가 하나씩 제공되는 것이니 마치 전투에 나갈 때 옆에 드론 하나씩 달고 싸우는 것과 같습니다. 전쟁터에서 혼자 싸우느냐, 드론과 한 팀이 되어 싸우느냐? 너무 간단한 선택지죠. 저희는 그런 차이로 차별화를 만들려고 합니다.

굳이 전략을 얘기하자면 대세론을 만들려고 해요. 카카오워크를 쓰는 것이 대세가 되어서 고객들이 먼저 찾는 플랫폼이 되는 것입니다. 저희는 B2B로 분류되지만 사실은 AI, 클라우드 기반의 엔터프라이즈 IT 플랫폼 회사예요. 그래서 다른 플랫폼 회사의 기본 방향과 마찬가지로, 고객이 먼저 찾아오는 인바운드 세일즈를 대폭 늘리는 것을 목표로 합니다. 그래서 사업의 성격이 B2B2C의 성격이 많아서 기업 고객뿐만 아니라 개인 사용자들에 대해서도 굉장히 신경을 많이 씁니다.

____ 카카오 그룹 하면 '애자일하다'는 인식이 많은데요, 혹시 카카오엔터프라이즈도 이런 애자일 문화를 가지고 있나요?

____ 카카오워크 버전 1.0은 초기 개발자와 기획자까지 포함해서 총 17명으로 시작해서 단 5개월 만에 개발되었습니다. 맨 마지막에 출시할 즈음에는 개발자가 70명까지 늘었는데, 사실 중간값을 보면 한 30~40명이 5개월 만에 다 개발한 겁니다. 거의 소프트웨어 업계의 신기록 같은… 그런데 얼핏 보고는 '아, 카톡에서 만들어진 프로그램들을 다 활용해서 만들었으니 그렇겠지' 하고 생각할 수도 있지만, 카카오워크 플랫폼은 기본 기술구조가 다릅니다. 카카오톡은 인스턴트 메신저라서 클라이언트에 데이터를 내려주고 서버에서는 2~3일 만에 데이터를 지우는 구조라면, 카카오워크는 서버 컴퓨팅 중심이어서 구조부터 전혀 달라 자체 개발을 해야만 했습니다.

____ 고객의 목소리는 어떻게 듣고, 또 이들의 피드백이 제품에 반영되기까지 시간이 얼마나 걸리는지 궁금합니다.

____ 고객의 피드백은 주로 고객센터나 카카오워크 닷컴에서 실시간으로 받고 있습니다. 또 영업을 통해 들어오는 불만 사항과 주요 크루(krew, 카카오에서는 임직원을 Kakao+Crew의 줄임말인 krew로 부름)들이 고객들과 사용자들을 만나서 청취한 다양한 의견들, 구글 플레이나 애플 앱스토어에 올라오는 평점과 불만 사항들, 파트너사들의 피드백들도 계속해서 확인해 반영하고 있습니다. 그런 피드백들을 취합해서 개발 반영

여부와 시기에 대해 정말 치열하게 논의합니다. 개발자들이 자존심을 걸고 일하기 때문에 굉장히 치열하게 토론합니다. 만약에 서버 프로그램을 건드려야 할 때는 두세 번씩 미팅하기도 하고, 논의만 한 달 이상 할 때도 있습니다. 물론 대부분 논의는 1~2주에 다 끝납니다. 그 후에 개발은, 클라이언트만 건드리는 경우는 1주 정도, 서버까지 건드리는 경우는 한두 달이 걸리기도 합니다.

사실, 카카오워크는 소프트웨어를 클라우드로 제공하는 SaaS 플랫폼이기 때문에, 많은 사항을 독립적으로 결정할 수 있는 반면, 고객의 반응을 민감하게 감지하지 않으면 엉뚱한 길로 가다가 도태될 수 있다는 위험도 있습니다. 그 때문에 고객의 반응 감지에 무뎌지지 않도록 계속 노력합니다. 저 역시도 고객 피드백을 듣고 와서 여러 경로로 때론 일부러 그런 부분을 심각하게 공유하기도 합니다.

____ 마지막으로 5년 후에 카카오워크를 상상해본다면 어떤 모습일까요?

____ 대한민국의 직장인들이 약 1,700만 명 된다고 합니다. 그중에서 1천만 명 정도가 사용하는 워크 플랫폼이 되지 않을까 희망해봅니다. 출근해서 퇴근할 때까지 카카오워크를 사용하고, 카카오워크가 제공하는 맞춤형 AI 어시스턴트를 통해서 업무시간은 줄이고 성과는 기본 이상으로 올릴 수 있게 도와줄 수 있으면 좋겠습니다. 또 사용자들이 쉬는 동안에도 AI 어시스턴트들은 열심히 일하고 미리 업무를 준비해주어 개개인의 생산성이 크게 향상되었으면 합니다. 더불어 여기서 나오는 잉여 생

산성을 더 전문적으로 사고하고 창의적으로 생각하는 곳에 활용했으면 합니다. 아니면, 이런 생산성 향상이 사용자 본인을 위한 시간에 다 사용되었으면 하는 바람도 있습니다. 설레는 마음으로 카카오워크를 열고 업무시간에 사용하면서 때로는 피식 웃고 때로는 고개를 끄덕이는 모습도 기대해본다면 제가 너무 욕심이 많은가요? 하하하.

_____ 대한민국 직장인 모두가 카카오워크 플랫폼의 우수한 기술을 지원받는 날이 오기를 기대합니다. 그때까지 함께 응원하겠습니다. 감사합니다.

블록체인이 만들어낸
두나무

회사 소개

두나무는 가상화폐 거래 플랫폼인 업비트와 비상장 기업의 유가증권을 거래할 수 있는 증권플러스 비상장 플랫폼을 운영하는 기업이다. 두나무가 운영하는 업비트는 국내 1위 가상화폐 거래소이며, 거래금액 기준으로 전 세계에서 순위권 안에 든다. 가상화폐 거래소는 블록체인 생태계로 들어가는 관문이자 분산경제 생태계의 기반이다. 두나무는 가상화폐 거래소 플랫폼을 바탕으로 국내 블록체인 생태계 발전을 위한 지원 및 투자를 진행하고 있으며, 차세대 중점 기술 트렌드 중 하나인 분산경제의 글로벌 리더가 되기 위한 길을 다지고 있다. 벤처캐피털인 두나무앤파트너스를 설립하여 국내에서 유망한 블록체인 프로젝트에 펀딩해주고 있으며, 블록체인 연구소인 람다256을 설립하여 한국의 블록체인 기술 경쟁력을 세계적으로 인정받기 위해 노력하고 있다.

이석우 두나무 대표 소개

업비트를 운영하는 두나무의 대표이사이다. 중앙일보 기자로 경력을 시작했다. 미국으로 건너가 미국 변호사 자격증을 취득하고 한국 IBM에서 사내변호사를 거쳤다. 2004년부터 NHN에서 근무하면서 인터넷업계와 인연을 쌓았다. NHN에 근무하던 중 대표이사를 지낸 적이 있는 김범수 카카오 이사회 의장과의 인연으로 2011년에 카카오에 합류하게 된다. 이후 카카오의 공동 대표이사로 취임하고, 카카오톡을 국민 메신저로 만드는 데 큰 기여를 한다. 다음 합병 이후에는 다음 카카오의 공동 대표를 지내다가 2015년 다시 중앙일보의 디지털사업 총괄을 맡는다. 그러던 중 2017년 말부터 두나무의 대표이사로 취임하여 현재까지 두나무의 대표로 활약하고 있다.

인터뷰

＿＿ 가상화폐 거래 플랫폼 시장 진입은 어떻게 시작하게 되었나요?

＿＿ 두나무는 2012년에 창업했습니다. 처음에는 온라인 출판업으로 시작했는데, EBook 시장이 너무 초기였기 때문에 수요가 부족해서 사업을 접었다고 들었습니다. 그러다가 뉴스와 증권 콘텐츠 비즈니스를 시작했는데, 당시 초창기 멤버 중 HTS(home trading system), MTS(mobile telesystems)를 개발했던 인력이 많았습니다. 증권플러스라는 서비스를 만들게 된 동기 중 하나입니다. 창업자인 송치형 의장은 창업 초기에 이미 카카오벤처스로부터 투자를 받으면서 사업을 시작했습니다.

증권플러스를 기반으로 개발하다 보니 자연스럽게 가격 매칭 엔진을 개발하게 되었습니다. 그러던 와중 2017년 가상화폐 가격이 크게 변동하기 시작했는데, 송치형 의장이 아이디어를 내서 암호화폐 거래 플랫폼을 만들게 되었다고 합니다. 당시 저희보다 먼저 사업을 시작한 거래소들은 있었지만 웹으로만 서비스를 제공하고 있었습니다. 저희가 앱을 만들어서 거래 편의성을 높이면 충분히 가능성이 있다고 판단했습니다. 이후 초기 유동성 확보를 위해 외부 투자를 받아 코인을 구매해서 2017년 10월 업비트 서비스를 시작했습니다. 런칭 한 달 만에 세계에서 거래량이 제일 많은 거래소가 되었습니다. 다른 거래소는 트래픽이 몰리면 서버가 다운되었지만, 저희는 다날과 카카오 출신의 대용량 트래픽을 취급해본 개발자들이 많아서 서비스 안정성이 높았습니다. 그래서 별다른 광고 없이도 가상화폐 거래 플랫폼 시장에 안착할 수 있었습니다.

＿＿ 블록체인 생태계에서 두나무의 역할은 무엇인가요?

＿＿ 가치의 교환을 중개하면서 블록체인 생태계가 잘 구축될 수 있도록 하는 것이 두나무의 역할입니다. 블록체인 생태계에 참여하기 위해서는 해당 블록체인 프로젝트의 코인이 필요합니다. 하지만 해당 블록체인 프로젝트에 참여하고자 하는 모든 참여자가 채굴할 수는 없습니다. 이들이 초기에 가상화폐를 구매하여 플랫폼에 참여할 수 있도록 해주는 것이 거래소의 역할입니다. 또한 특정 블록체인 메인넷을 활용하던 디앱(Dapp)이 다른 블록체인 메인넷으로 갈아탈 때도 거래소를 통해 가상화폐를 거래하면 훨씬 쉽게 전환할 수 있습니다. 즉, 거래소는 블록체인 프로젝트의 관문 역할을 한다고 생각하면 됩니다.

_____ 다른 블록체인 거래소들과 비교해서 업비트가 더 빠르게 성장한 경쟁력은 무엇인가요?

_____ 모바일 앱을 가장 처음 만들었다는 점이 크게 작용했습니다. 그리고 서버 안정성이 높은 점도 큰 경쟁력이었습니다. 일부 플랫폼들은 서버 안정성이 낮아 가격 변동성이 커졌을 때 서버가 다운되어 고객들이 손실을 볼 때가 많았습니다. 저희는 이런 부분이 적다 보니 타사 대비 빠르게 성장할 수 있었습니다.

그리고 업비트가 시장에 진입하기 전까지는 국내에서 원화로 거래되는 코인이 얼마 없었습니다. 두나무는 오픈할 때 미국의 비트렉스와 제휴하여 비트렉스 상장 코인 중 유망한 코인을 국내로 도입할 수 있었습니다. 덕분에 유망 블록체인 프로젝트에 투자하고자 하는 고객들을 저희 플랫폼으로 유입시킬 수 있었습니다.

_____ 두나무가 현재 집중하는 분야는 무엇이고, 향후에는 어떤 쪽으로 집중하실 계획인가요?

_____ 저희가 영위하는 사업은 크게 증권과 가상화폐 관련 사업입니다. 이 두 시장에 모두 집중해야 한다고 생각합니다. 가상화폐 관련해서는 기관 투자자 대상으로 보관 및 관리를 해주는 커스터디(custody) 서비스를 계획하고 있습니다. 하지만 너무 초기 시장이기 때문에 천천히 준비하고 있습니다. 가상화폐 투자와 관련한 사업 외에도 람다256이라는 자회사를 통해서 기업들이 블록체인 도입을 더 쉽게 할 수 있도록 BaaS

를 제공하고 있습니다. 전통 기업들 중 블록체인을 자체 개발하기 어려운 기업을 대상으로 기존 사업을 블록체인에 접목할 수 있도록 람다256이 도와줍니다.

증권 쪽 사업은 아이디어가 많지만 라이선스 비즈니스이기 때문에 독자적으로 진행하기는 어려운 상황입니다. 그래서 증권사와 제휴하여 사업을 진행하고 있습니다.

향후에는 저희가 가진 가격 매칭 엔진을 바탕으로 구매자와 판매자가 있고 가격이 변동하는 모든 시장에 진입하고자 합니다.

_____ **블록체인 생태계에서 업비트 같은 거래소가 왜 필요한가요?**

_____ 가상화폐 거래 과정에서는 거래의 투명성을 확보하는 것이 중요합니다. 특히 건강한 거래소의 존재가 중요한데, 건강한 거래소가 거래의 투명성을 확보해주기 때문입니다. 익명화되어 있는 전자지갑에 있던 가상화폐가 거래소로 들어오는 순간 해당 가상화폐는 실명화됩니다. 달러, 원화 등을 기반으로 거래하는 업비트나 비트렉스 같은 거래소는 실명화된 계좌를 바탕으로 하기 때문에 입금이 되는 순간 해당 자금의 소유주가 명확하게 결정됩니다. 반면 거래 자체를 가상화폐로 하는 거래소들은 가상화폐의 소유권이 불투명한 시장이 만들어집니다. 이 때문에 불법 자금 등의 문제를 막기 위해서는 국가별로 건강한 거래소 기업을 키워야 합니다.

____ 앞으로 두나무에 가장 크게 증가할 수 있는 비용에는 무엇이 있을까요?

____ 기본적으로 트래픽이 증가하면서 서버 관련한 비용이 증가할 수 있습니다. 하지만 가장 크게 올라갈 비용은 자금세탁방지 시스템 운영비용 등 법 준수(컴플라이언스)와 관련한 것으로 생각합니다. 가상화폐에 대한 제대로 된 법과 규제가 생기기 시작하면 거래소 입장에서는 백오피스(거래의 기록이 정리되고 보관되는 장소) 기능이 더욱 많이 필요해질 것입니다. 컴플라이언스 비용 외에도 가상화폐 같은 경우, 국내에서만 거래되는 자산이 아니다 보니 글로벌 자산 가격을 모니터링하는 툴과 관련한 비용이 많이 들 것 같습니다.

____ 두나무는 현재 벤처캐피털 자회사를 통해 여러 스타트업에 투자하는 것으로 알고 있습니다. 이런 직접 투자는 향후 플랫폼 강화를 위한 것인가요?

____ 두나무는 두나무앤파트너스라는 자회사를 통해 스타트업에 투자하고 있습니다. 설립 이유는 크게 두 가지입니다. 업비트가 블록체인 생태계의 관문이라고 하면 두나무앤파트너스는 그 생태계를 구성하는 구성요소들이 만들어질 수 있도록 투자하고 보조하는 역할을 합니다. 전략적 투자자 성격으로 투자하기도 하고, 일부 기업들은 단순 투자 목적이기도 합니다. 두나무앤파트너스를 운영하기 위해 소프트뱅크 출신인 이강준 대표를 영입했으며 현재 60여 개 회사에 투자하고 있습니다. 투자한 기업을 보면 50%가량이 블록체인 기업이고, 나머지는 금융 영역에서 새로운 솔루션을 만들고 있는 회사들입니다.

＿＿ 두나무의 장기 비전은 무엇인가요?

＿＿ 저희는 트레이딩을 기반으로 한 금융회사가 되고자 합니다. 이 과정에서 블록체인을 기반으로 사업을 창의적으로 확장할 계획입니다. 이러한 활동의 하나로 자체적으로 코인 인덱스를 만들기도 했습니다. 향후 이 인덱스를 활용해서 금융상품도 만들어보고자 합니다.

＿＿ 두나무가 한국의 투명하고 건강한 블록체인 생태계를 만드는 데 지속적으로 이바지하길 바랍니다.

토큰

토크노믹스가 그리는 미래 플랫폼

――――― 초연결 시대에 디지털 혁신은 지금도 급속히 진행 중이며 산업과 기업의 경쟁 체계를 바꾸고 있다. 그런데 또 다른 급진적인 혁신이 나타나고 있다. '웹 3.0 플랫폼'이라고 불리는 미래 플랫폼이 그것이다. 파트 4에서 인공지능, 블록체인, 메타버스 등의 미래 기술들에 대해 알아보았다. 이러한 미래 기술들을 기반으로 디지털 혁신을 시작했던 IT 산업에서 최근에 또 다른 혁신을 하면서 탈중앙화 금융과 토크노믹스가 부상하고 있다. 블록체인을 기반으로 탈중앙화 모델과 토크노믹스가 적용된 플랫폼을 '웹 3.0 플랫폼'이라고 부른다. 많은 시행착오를 겪고 있음에도 불구하고 지속적으로 진화하고 있는 웹 3.0 플랫폼은 젊은 세대들에게 '먼저 온 미래'라 불린다. 그런 의미에서, 산업과 세상을 새롭게 정의하고 있는 웹 3.0플랫폼을 '미래 플랫폼'이라고 이름 붙였다.

파트 5는 탈중앙화 금융과 토크노믹스가 만들어내는 미래 플랫폼에 대한 이야기이다. 전통 기업에게 토크노믹스는 디지털 플랫폼 모델과 함께 새로운 혁신의 도구로 떠오르고 있다.

CHAPTER 1

새로운 혁신의 중심에 선
디지털 플랫폼

──── 디지털 혁신은 2007년 IT 산업에서 시작되었다. 그런데 최근에 IT 산업에서 급진적인 또 다른 혁신이 진행되고 있다. 컴퓨터 이론과 과학으로 산업을 재편하고 세계를 구축하기 시작했다. 이 새로운 혁신은 끊임없는 논란의 중심에 서 있다. 하지만 시행착오를 되풀이하면서, 기존 규제들과 충돌해가면서, 불안하지만 지속적으로 새로운 미래를 향해 가고 있다.

파트 4에서 설명했던 블록체인, 메타버스 등의 미래 기술을 기반으로 한 탈중앙화 금융과 토크노믹스가 새로운 혁신의 중심에 섰다. 탈중앙화 금융과 토크노믹스는 IT 산업에서 진화하는 산업 플랫폼이면서 타 산업들에 광범위한 영향을 미치고, 기존 금융 체계와 사회 체제에 도전적인 성격을 가지고 있으며, 지금도 여전히 시행착오를 거치면서 진화하고 있는 단계이므로 '미래 플랫폼'이라고 이름을 붙였다. '미래'라는 이름 자체가 내포하고 있듯이 아직은 불확실한 부분이 많고 기존 산업으로는 정의하기 어려운 부분이 많다.

파트 5에서는 파트 4에서 설명했던 미래의 기술들이 만들어내고 있는 '미래 플랫폼'에 대해서 집중적으로 설명하고자 한다. 특히 웹 3.0이라고 불리는 블록체인은 다양한 분야에서 응용되고 있는데, NFT나 메타버스 등의 기술적 기반이다. 또한 탈중앙화 금융 체계나 토크노믹스도 블록체인을 기반으로 만들어지는 새로운 경제 모델이다. 블록체인 업계에서는 이러한 탈중앙화 금융 체계를 '프로토콜 이코노미'라고 부르기도 한다. 구성원들 간에 합의된 컴퓨터 알고리즘인 프로토콜에 의해서 중앙의 개입 없이 의사결정이 일어나는, 탈중앙화 금융 체계의 기본 사상에 따라 붙여진 이름이다. 프로토콜 이코노미라는 이름 자체만 보더라도 컴퓨터 과학의 관점에서 만들어진 경제 체계임을 알 수 있다.

루나·테라 사태에서도 알 수 있듯이 미래 플랫폼은 아직 불안하고 불투명한 모델이다. 그럼에도 불구하고 파트 2에서 설명한 '산업 디지털화 모델'의 '디지털 산업'에 속한 기업들에는 핵심적인 모델이다. 또한 산업 디지털화 모델의 다른 세 분류에 속해 있는 전통 기업들에도 점점 중요한 혁신의 도구가 되고 있다. 전통 기업이 기존의 가치사슬 모델에 디지털 플랫폼 모델을 적용하고 탈중앙화 금융 모델이나 토크노믹스까지 도입한다면 수많은 새로운 혁신 기회들을 발굴할 수 있다. 이미 금융이나 유통 산업 등에서 토크노믹스를 도입하는 기업들이 나타나고 있다. 2장 부터는 미래 플랫폼의 기본 사상인 탈중앙화 금융과 토크노믹스에 대해서 본격적으로 알아보자.

블록체인,
IT 산업의 기술적 진화를 일으키다

───── 파트 4에서 블록체인의 이론과 모델에 대해서 상세히 알아보았다. 파트 5에서는 블록체인의 활용과 블록체인 기반으로 만들어지는 웹 3.0 세계, 미래 플랫폼에 대해서 알아보자. 블록체인 기술을 한마디로 표현하면 '디지털 공간에서의 소유를 증명하고, 서로를 믿지 않아도 공동의 목표를 달성할 수 있게 만들어주는 기술'이다. 상점에서 물건을 구매하는 것으로 예를 들어보자. 구매자는 판매자에게 지폐를 주고 물건을 구매한다. 구매자는 물건을 구매해서 얻는 효용이 물건 가격보다 높기 때문에 만족하고, 판매자는 판매 마진을 얻을 수 있어 만족한다. 이 과정을 통해 사회 전체의 효용이 증가한다. 이때 판매자는 구매자의 신원을 검증하는 것이 아니라 구매자가 지급한 화폐의 진위 여부를 검증한다.

금액이 적으면 직접 확인하고 금액이 크면 특수 기계나 검증 기관에 의뢰할 수도 있다. 그럼 디지털 세상에서의 거래는 어떨까? 네이버쇼핑에서 물건을 구매할 때 판매자는 구매자가 지급하겠다고 하는 전자 지폐를 신뢰할 수 있을까? '리니지'라는 게임에서 사용할 디지털 무기를 구매할 때 구매자는 판매자가 가짜 무기를 판매하지 않는다는 것을 어떻게 믿을 수 있을까?

현재 디지털 세상에서의 거래는 대부분 중개자를 거친다. 판매자와 구매자는 모두 비자, 마스터카드 같은 신용카드사나 네이버, 카카오, 쿠팡과 같은 플랫폼 업체를 신뢰하고 거래를 진행한다. 이런 중개 업체는 자체 신용을 기반으로 다양한 수요와 공급을 중개해 사회에 부가가치를 창출하고 이 중 일부를 수수료로 수취한다. 하지만 우리 사회가 디지털화되고, 고도화되고, 세계화되며 중개자가 없거나 중개자를 신뢰할 수 없는 문제점이 생기고 있다. 수요와 공급이 있지만 중개 업체가 없어서 거래가 성사되지 못하거나, 기부를 하고 싶지만 중개 업체를 신뢰할 수 없어 못 하는 경우도 있다. 소비자가 카카오 플랫폼에서 구매한 디지털 자산(아이템 등)을 네이버 플랫폼에서 사용하거나 판매할 수 없으며, 국가 단위에서는 경쟁 국가가 개발한 플랫폼을 사용하는 깃을 원천적으로 꺼려한다. 이러한 디지털 공간에서의 중개자 문제를 해결할 수 있는 기술이 바로 블록체인 기술이다. 블록체인 기술이 적용된다면, 개인은 디지털 세계의 자산을 직접 소유할 수 있고 중개 업체가 없이도 디지털 화폐를 신뢰할 수 있다. 이러한 특징 덕분에 더 다양한 거래가 성사될 수 있고 디지털 플랫폼 간 장벽이 무너지며 더 확장된 생태계가 만들어질 수 있다.

이제부터 블록체인이 적용된 대표적인 활용 영역을 살펴보자. 블록체인은 디파이, NFT, SBT, P2E, 메타버스 등 다섯 분야에서 활용되고 있고, 이들이 다시 융합되어 미래 플랫폼이 만들어진다. 블록체인의 다섯 가지 활용 영역에 대해서 하나씩 좀 더 깊이 있게 살펴보자.

디파이

디파이(DeFi, Decentralized Finance)는 탈중앙화 금융 서비스를 뜻한다. 기존의 금융 서비스는 은행, 증권사, 신용평가사 등 신뢰를 제공해줄 수 있는 중개 업체를 통해 제공되지만, 디파이는 제3의 신뢰 기관 없이 다양한 금융 서비스가 제공된다. 기존 금융 서비스를 이용하려면 신원을 공개하고, 개인 정보를 제공하고, 해당 기관에 계좌를 만드는 등의 절차가 필요하지만 디파이는 신원을 공개하지 않아도 보유하고 있는 암호 화폐나 디지털 자산을 기준으로 서비스를 이용할 수 있다. 다시 말해 이용자의 국적이나 신용 등급, 과거 행적 등의 요소와 관계없이 인터넷이 연결되고 담보물로 사용할 디지털 자산만 존재한다면 서비스 이용에 제약이 없는 것이다. 또한 디파이는 프로그래밍 코드가 오픈 소스로 공개되기 때문에 누구나 검증에 참여할 수 있고 해당 디파이와 연계된 또 다른

그림 5-1 | 금융 중개 기관의 수익(2019년)

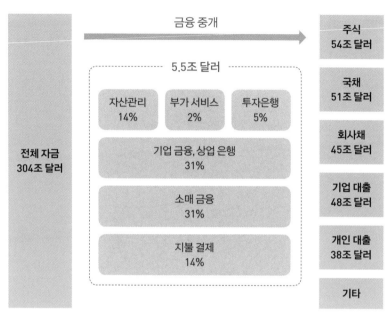

금융 중개

주식
54조 달러

국채
51조 달러

회사채
45조 달러

기업 대출
48조 달러

개인 대출
38조 달러

기타

전체 자금
304조 달러

5.5조 달러

자산관리
14%

부가 서비스
2%

투자은행
5%

기업 금융, 상업 은행
31%

소매 금융
31%

지불 결제
14%

출처: SWF institute, Mckinsey, Grayscale, Messari

디파이를 출시할 수도 있다.

대표적인 서비스로는 예금과 대출이 있다. 예금자가 자신이 보유한 암호 화폐를 디파이 풀(pool)에 예치하면, 차용자는 자신이 보유한 디지털 자산을 담보로 풀에서 대출을 받을 수 있다. 중개 기관이 없기 때문에 예대마진이 매우 낮거나 없다. 또한 거래, 이자 지급, 담보물 청산 등이 스마트 계약(계약을 코드로 구현하고 특정 조건이 충족되었을 때 해당 계약이 자동으로 이행되게 하는 프로그램)을 통해 블록체인에서 구현되기 때문에 누구도 수정할 수 없다. 다시 말해 코드로 정해진 약속, 즉 스마트 계약 외에는 플랫폼, 대출자 등 그 누구도 신뢰할 필요 없이 서비스를 이용할 수 있는 것이다.

디파이는 예금과 대출 외에도 거래소, 어그리게이터, 스테이블 코인 발행 등 다양한 서비스를 제공하고 있다. 글로벌 컨설팅사 맥킨지는 2019년 기준 금융 중개 시장의 규모가 5.5조 달러에 달한다고 추정한 바 있다. 디파이는 스마트 계약의 신뢰성, 탈중앙화의 효율성을 통해 전통 금융 중개 시장을 공략하고 오픈 소스의 확장성을 통해 혁신을 이어 갈 것으로 예측된다.

NFT

—

NFT(Non Fungible Token)는 대체 불가 토큰을 뜻한다. 일반적인 토큰은 동일한 토큰으로 대체가 가능하다. 예를 들어 내가 가진 비트코인 1개는 다른 사람이 가진 비트코인 1개와 동일한 가치를 지니며 서로 대체할 수 있다. 5만 원짜리 지폐 역시 다른 5만 원짜리 지폐와 동일한 가치를 지니며 서로 대체할 수 있다. 그런데 만약 내가 가진 5만 원짜리 지폐에 손흥민 선수의 서명이 있다면 어떨까? 또는 명품 브랜드의 한정판 로고가 붙어 있다면 어떨까? 이 5만 원짜리 지폐에는 희소성이 부여됐기 때문에 다른 5만 원짜리 지폐로 대체되지 않을 것이며 훨씬 더 비싼 지폐와 교환할 수 있을 것이다.

각각의 NFT는 고유 값을 지니고 있어 다른 토큰으로 대체될 수 없고 복제나 위조도 불가능하다. NFT를 통해 디지털 자산에 희소성을 부여할 수 있다. 이에 따라 디지털 자산을 소유할 수 있게 되었고, 그 소유권을 제3의 신뢰 기관 없이 전송하거나 판매할 수 있게 되었다.

NFT는 크게 다섯 가지 유형으로 구분할 수 있다. 첫 번째는 수집용 NFT로 스포츠 영상이나 연예인 사진 등이 여기에 포함된다. 수집용 NFT의 선구자인 'NBA Top Shot'은 NBA 리그의 주요 라이브 영상 장면들을 NFT에 담아 판매했는데 월간 판매액이 1천억 원을 넘기기도 했다.

두 번째는 예술 NFT로 각종 디지털 예술 작품이 여기에 포함된다. 미국의 아티스트 비플(Beeple)이 5000일 동안 제작한 NFT가 800억 원에 판매되기도 했다.

세 번째는 프로필 NFT로 개인 SNS에 프로필 사진으로 올릴 수 있는 NFT이다. 일반적으로 하나의 IP(Intellectual Property, 지적재산권)를 기반으로 액세서리, 헤어스타일, 얼굴 형태, 색조 등에 차별점을 두고 1만 개가 발행된다. 소비자는 유명 NFT 컬렉션을 프로필 사진으로 등록하며 디지털 공간에서 유대감을 형성하거나 자신을 과시하고 있다. 글로벌 1위 프로필 NFT인 BAYC(Bored Ape Yacht Club, 지루한 원숭이들의 요트 클럽) NFT 1만 개의 시가총액은 2조 원에 달한다.

네 번째는 멤버십 NFT로서 특정 NFT 컬렉션 보유자들에게 멤버십 권한을 제공하는 것이다. 국내 유통기업인 신세계, 롯데 등이 이러한 멤버십 NFT를 발행하며 유저들에게 실물과 연계된 각종 혜택을 제공하고 있으며, 해외에서도 BAYC, 두들스(Doodles), 클론X(Clone X) 등 다양한 NFT가 멤버십 기반의 커뮤니티를 보유하고 있다.

다섯 번째는 게임용 NFT이다. 게임의 캐릭터나 아이템을 NFT로 만들어 판매하고 유저는 자신의 NFT를 활용하여 게임을 할 수 있다.

디지털 세계가 고도화되며 SNS, 게임, 패션, 유통 등 다양한 산업에 NFT가 접목되고 있다. 현실 세계의 소비자들이 제품 브랜드를 통해 자아를 실현하는 것처럼 디지털 세계의 소비자들이 NFT를 통해 자아를 실현하는 시대가 오는 것이다.

SBT

—

SBT(Soul Bound Token)는 양도할 수 없는 토큰(non-transferable token)을 뜻한다. '영혼이 묶인' 토큰이라는 의미로 게임에서 '귀속 아이템'과 유사하다. 누군가에게 SBT를 받으면 디지털 지갑에 귀속되어 다른 지갑으로 옮기거나 시장에 팔 수 없다.

SBT는 NFT나 디지털 신분증(Digital ID)과 다르다. NFT는 대체 불가능한 토큰이지만 전송이 가능하다. 따라서 디지털 세상의 사원증을 NFT로 나눠준다면 사원증의 전송과 거래가 가능해 사원증을 보유하고 있는 것만으로 사원이라는 정체성을 담보할 수 없다. 멤버십 NFT의 경우도 마찬가지이다. 프로젝트의 멤버로서 자격을 갖춘 사람들이나 기여자에게 NFT를 주고 각종 혜택을 제공하는 경우에도 시간이 지남에 따라 각종 거래가 성사되기 때문에 해당 NFT는 멤버로서 자격이 없고 프로젝트에 기여하지 않았으면서 단순히 돈이 많은 사람에게 넘어갈 수 있다.

또한 디지털 신분증은 대부분 중앙화 플랫폼에서 제공하는 개념으로 실제 신원을 기반으로 운영된다. 중앙화 플랫폼을 신뢰해야 하며, 현실 세계의 실제 신원과 연동이 필수인 경우가 많다. 다른 플랫폼과 자율적인 호환을 지원하기 어렵고 신원 데이터의 소유권 또한 플랫폼이나 제3자에게 있다. 반면 SBT는 중앙화된 플랫폼을 신뢰할 필요가 없고, 현실 세계의 신원과 연동할 필요도, 단일 ID를 가질 필요도 없다. SBT를 통하면 웹 3.0 세상에서 해당 지갑을 통해 진행한 작업에 대한 경력과 역량을 증명할 수 있다. 나의 신원을 밝히지 않고도 내가 가진 역량과 경험을 인증할 수 있는 것이다.

플랫폼은 다양한 SBT를 발행하며 진정한 기여자에게 각종 권리를 제공해줄 수 있고, 특정 SBT를 보유하고 있는 사람에 대한 타깃 마케팅도 가능해질 것이다. 전송이 불가능하기 때문에 생태계는 특정 SBT를 보유하고 있는 사람을 진정으로 인정해줄 수 있다(이를테면 웹 3.0 게임 우승자가 우승자 SBT를 보유하고 있으면 진짜 우승자라고 인정할 수 있지만, 우승자 NFT를 보유하고 있으면 돈 주고 샀거나 해킹으로 얻었을 수도 있어 인정해주지 않는다). 결국

SBT는 영혼이 없는 디지털 세상에 감정과 영혼을 불어넣고, 지갑 간 신뢰 관계를 형성할 수 있게 도와줄 것이다.

SBT는 2022년 5월 이더리움 창시자 비탈릭 부테린과 두 명의 저자가 작성한 「탈중앙화 사회: 웹 3.0의 영혼을 찾아서(Decentralized Society: Find Web 3's Soul)」라는 논문을 통해 처음 시장에 소개되었다. 이후 두 달도 되지 않아 SBT 관련 아이디어로 만들어진 프로젝트들이 블록체인 해커톤을 휩쓸고 있다. SBT는 현실 세계에서도 활용 가능하다. 예를 들어 스타벅스 프리퀀시가 SBT를 통해 발행된다면 회사는 실제로 커피를 자주 마시는 소비자를 신원 확인 없이 식별해내고 각종 혜택을 제공할 수 있을 것이다.

P2E

—

P2E(Play to Earn)는 돈을 벌 수 있는 게임을 뜻한다. 기존의 게임은 이용료, 아이템 구매, 캐릭터 업그레이드 등을 위해 비용을 지불해야 하지만 P2E는 게임을 즐기며 오히려 수익을 창출할 수 있다. P2E 게임은 일반적으로 캐릭터와 아이템을 NFT로 제작하고 게임 내 화폐로 토큰을 이용한다.

게임 개발사는 게임 출시 전이나 게임 출시 초반에 NFT와 토큰을 판매하며 자금을 확보할 수 있다. 또한 돈을 벌 수 있다는 강력한 인센티브를 유저에게 제공할 수 있어 마케팅 비용을 대폭 절감할 수 있다. 다만 NFT로 판매한 캐릭터나 아이템의 소유권이 유저에게 이전되기 때문에 전통 게임과 달리 일부 통제권을 유저에게 양도하게 되고 게임 내 화폐가 블록체인 기반의 토큰이기 때문에 미리 정해진 룰에 따라서만 화폐를 발행할 수 있다. 반면 유저는 보다 투명한 환경에서 게임을 즐길 수 있고, 게임 아이템이나 캐릭터를 개인 디지털 지갑으로 전송한 뒤 플랫폼의 허가 없이 자율적으로 거래할 수 있다. 다시 말해 게임 플레이를 통해 키운 캐릭터와 모아둔 게임 화폐를 직접 소유할 수 있는 것이다.

P2E 게임 개발사는 NFT와 토큰 판매로 투자금을 더 빠르게 회수할 수 있고, 단순히 게임에서 발생하는 수익만 인식하는 것이 아니라 게임 내에서 만들어지는 생태계 자체를 유동화할 수 있다. 전통 게임사의 기업가치는 게임을 통해 벌어들이는 이익에 멀티플이 곱해져 평가되지만 P2E 게임의 토큰 시가총액은 게임 내에서 발생하는 이익에 게임 생태계 자체의 가치가 더해져 평가된다. 이러한 이유 때문에 P2E 게임 토큰의 시가총액이 P2E 게임 개발사의 시가총액보다 더 큰 경우가 많다.

P2E 게임 열풍은 2021년 여름 '엑시인피니티(Axie Infinity)'라는 P2E 게임이 일 평균 200억 원의 매출을 기록하는 등 크게 흥행하며 시작됐다. 뒤이어 수많은 P2E 게임이 출시되며 시장의 관심이 집중됐고 대형 게임사들도 P2E 시장에 참여하기 시작했다. 하지만 대부분의 P2E 게임은 실패하였는데 수익을 지나치게 추구한 나머지 게임의 재미 요소가 떨어졌고, 투기 수요가 증가하며 게임 NFT와 화폐의 가격 변동이 심

해져 실유저의 플레이에 지장이 생겼으며, 개인 디지털 지갑을 만들고 게임 NFT를 구매해야 하는 등 신규 유저의 진입 장벽도 높아졌기 때문이다. 이러한 한계점은 P2E 게임이 극복해야 할 과제이다. 현재는 P2E 외에도 걸으면서 돈을 버는 M2E(Move to Earn), 만들면서 돈을 버는 C2E(Create to Earn) 등 다양한 X2E(X to Earn)가 등장하고 있다.

메타버스

—

메타버스는 현실 세계와 같은 사회·경제·문화 활동이 이뤄지는 가상 세계를 뜻한다. 파트 4의 6장에서 자세히 설명했듯이 네 가지로 분류될 수 있다. 즉 메타버스의 성격은 증강/가상, 내적/외적 등 2개의 축으로 나누어, 특수 렌즈나 카메라 등으로 현실 세계에 가상의 디지털 정보가 덧입혀지는 '증강현실', 개인의 생활이 디지털화되는 '라이프로깅', 현실 세계의 구조나 정보를 복제해서 만드는 '거울세계', 현실 세계에는 없고 주로 아바타나 캐릭터를 통해 활동하는 '가상세계'로 분류된다. 다시 말해 메타버스는 단순히 증강현실이나 가상세계만을 의미하는 것이 아니라 가상 세계를 구현하는 모든 형태의 서비스를 포함한다고 이해할 수 있다.

AR/VR 기기의 등장, 통신 인프라의 발전, CG/VFX 기술의 고도화 그리고 디지털 콘텐츠의 진화로 메타버스를 구축하기 위한 선제 조건들이 갖추어지고 있다. 이에 각종 게임, 소셜 플랫폼 등이 메타버스 공간에서

그림 5-2 │ 메타버스의 소유 경제

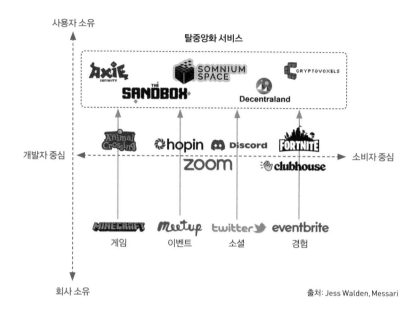

출처: Jess Walden, Messari

의 서비스를 출시하며 시장을 선점하려고 노력 중이다. 대표적인 메타버스 플랫폼으로는 로블록스, 제페토, 디센트럴랜드(Decentraland), 더 샌드박스(The Sandbox) 등이 있다. 메타버스 플랫폼은 디지털 자산의 소유권을 누가 갖고 있는지에 따라 중앙화 메타버스 플랫폼과 탈중앙화 메타버스 플랫폼으로 구분할 수 있다. 로블록스, 제페토 등은 기업이 플랫폼을 소유하고 통제하는 중앙화 메타버스 플랫폼으로 분류되고, 디센트럴랜드, 더 샌드박스 등은 유저가 자신의 디지털 자산을 온전히 통제할 수 있고 네트워크가 퍼블릭 블록체인에서 운영되고 있어 탈중앙화 메타버스 플랫폼으로 분류된다.

메타버스의 발전 가능성은 무궁무진하다. 기존의 디지털 플랫폼은 메신저(카카오톡), SNS(페이스북), 전자상거래(쿠팡), 게임(리니지) 등 사업 영역이 명확했으나 메타버스 플랫폼은 하나의 가상 세계 안에 모든 디지털 플랫폼을 통합할 수 있기 때문이다. 비교적 단순한 형태지만 이미 하나의 메타버스 플랫폼에서 다른 유저와의 소통, 업무 회의, 연예인의 공연, 전자 제품 구매, 심지어는 대선 캠프 기능이 동시에 운영되고 있다.

IT 산업에 블록체인이 적용되며 진화와 혁신이 일어나고 있다. 블록체인을 통해 디지털 공간에서의 소유를 증명하고, 서로를 믿지 않아도 공동의 목표를 달성할 수 있게 되었기 때문이다. 웹 2.0으로 대변되었던 디지털 플랫폼은 웹 3.0으로 진화할 것이다. 이제 다음 장에서 지금까지 살펴보았던 다양한 활용 영역에 적용된 블록체인 기술들이 어떤 미래 플랫폼을 만들어나가고 있는지에 대해 알아보자.

탈중앙화 생태계를 구축하는
웹 3.0 플랫폼

———— 인터넷의 등장 이후 디지털 플랫폼은 계속해서 진화해왔다. 인 터넷 등장 초기부터 2000년대 초반까지는 웹 1.0의 시대였다. 오프라 인에 존재했던 다양한 정보와 데이터가 디지털 공간으로 이동하는 것 에 초점을 맞췄으며 신문 기사나 날씨 정보와 같은 콘텐츠를 생산자가 소비자에게 일방적으로 제공하는 형태였다. 이에 검색 플랫폼을 중심으 로 디지털 플랫폼이 구축됐다. 이후 2007년 디지털 혁신이 시작되면서 유튜브, 페이스북, 에어비앤비 등의 디지털 플랫폼이 등장하며 웹 2.0의 시대가 시작되었다. 웹 1.0과 웹 2.0의 가장 큰 차이점은 양방향 소통이 가능한지 여부다. 웹 1.0에서는 생산자와 소비자가 분리되어 있었지만, 웹 2.0에서는 생산자가 소비자가 될 수 있고 소비자도 생산자가 될 수

있다. 예를 들어 페이스북 이용자는 다른 유저가 쓴 글을 읽을 수도 있고, 자신의 콘텐츠를 생산해 다른 유저에게 제공할 수도 있다.

인터넷 보급률 상승과 세계화, 정보화 시대가 도래하며 중앙화된 IT 기업들을 중심으로 디지털 플랫폼이 크게 성장했다. 플랫폼의 성장 전략은 명확했다. 수요와 공급이 있는 디지털 공간에 플랫폼을 론칭하고 마케팅과 프로모션을 통해 초기 콘텐츠 공급자와 수요자를 확보했다. 그리고 기간에 따라 구독료를 받거나, 거래에 따라 중개 수수료를 수취하거나, 유저에 따라 맞춤형 광고를 진행하여 큰 수익을 창출했다. 플랫폼 이용자가 늘어날수록 네트워크 효과가 발생했고, 참여자 간 연결을 강화하며 플랫폼의 사업 영역을 확장했다.

하지만 그 과정에 여러 문제도 있었다. 이미 시장 지배력을 갖춘 플랫폼이 독점적 지위를 활용해 과도한 이익을 추구하거나, 이용자의 편의성보다는 플랫폼의 이익 극대화를 위해 독단적으로 거버넌스를 행사하는 경우가 많았다. 또한 플랫폼 성장에 따른 수익도 플랫폼 생태계에 기여한 사람이 아닌 플랫폼을 소유하고 있는 IT 업체와 그 IT 업체를 소유하고 있는 주주에게 귀속됐다.

이러한 상황에서 디지털 플랫폼에 블록체인 기술이 적용되며 웹 3.0 플랫폼이라는 새로운 디지털 플랫폼이 부상하고 있다. 웹 3.0은 탈중앙화된 블록체인 네트워크 위에 구축되어 빌더와 이용자에 의해 소유되는 인터넷을 뜻한다. 웹 2.0이 읽기와 쓰기를 제공했다면, 웹 3.0은 읽고 쓰는 것뿐만 아니라 창작자가 만든 디지털 자산에 대한 소유권을 인정해준다.

그림 5-3 | 웹 생태계별 주요 특징

	Web1	Web2	Web3
소통 방식	읽기	읽기, 쓰기	읽기, 쓰기, 소유
핵심 주체	개인, 회사	플랫폼	네트워크
주요 인프라	컴퓨터	모바일, 클라우드	블록체인
구조도			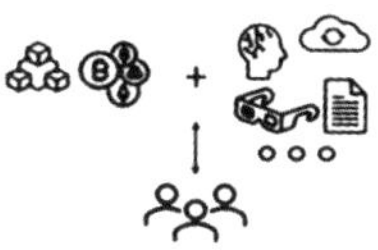

출처: Global data

웹 3.0의 디지털 플랫폼은 특정 기업이 소유하는 것이 아니라 플랫폼 참여자가 공동으로 소유하고 지배한다. 또한 플랫폼에서 발생한 이익은 약속된 메커니즘을 통해 플랫폼 참여자들과 나누고, 플랫폼에 제공된 디지털 자산의 소유권은 참여자에게 온전히 귀속된다. 즉 웹 3.0 플랫폼은 특정 기업이 운영하는 중앙화된 디지털 서비스가 아니라 플랫폼 빌더와 참여자가 함께 운영하고 수익을 나누는 탈중앙화된 디지털 서비스인 것이다.

이와 같은 웹 3.0 플랫폼을 만들기 위해서 가장 중요한 핵심 요소는 토

그림 5-4 | 토큰 생태계의 구조

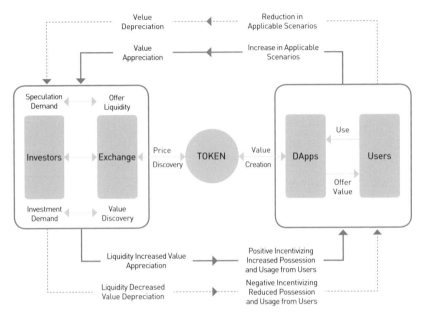

출처: MetisDAO

큰이다. 그리고 이 토큰으로 만들어지는 경제 생태계를 토크노믹스라고 부른다. 토크노믹스를 통해서 탈중앙화 금융 서비스도 가능해진다. 웹 3.0 플랫폼은 디지털 플랫폼에 토큰과 토크노믹스가 접목되어 만들어 진다고 정의할 수 있다. 토큰은 웹 3.0 플랫폼 내에서 사용되는 화폐이 자 플랫폼의 주식이다. 토큰을 지불해 플랫폼 내의 디지털 자산을 구매 하거나 서비스를 이용할 수 있고, 거버넌스 시스템을 통해 토큰 보유량 만큼의 의결권을 행사할 수도 있다. 여기서 토큰은 웹 2.0 플랫폼에서 제

그림 5-5 | **토크노믹스의 구조**

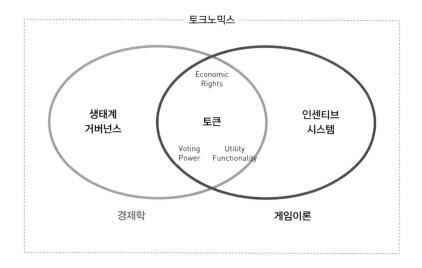

공하는 포인트나 게임 화폐와는 다르다. 토큰은 탈중앙화되어 있는 블록체인 네트워크에서 발행되기 때문에 유저가 온전한 소유권을 행사할 수 있다. 플랫폼이 마음대로 변경하거나 발행할 수 없으며 P2P, 거래소 등 플랫폼 외에서도 자유롭게 사용할 수 있다.

토크노믹스(Tokenomics)는 '토큰(Token)'과 '경제학(Economics)'의 합성어로 토큰을 기반으로 구축한 경제 생태계를 뜻한다. 여기에는 토큰의 사용처와 기능, 플랫폼 기여자에 대한 보상, 수요와 공급 등 각종 다이내믹스가 포함된다. 웹 3.0 플랫폼은 토큰이라는 경제적인 인센티브를 중심으로 탈중앙화 생태계를 구축하고, 생태계 참여자들은 토크노믹스에 따라 생태계 내에서 자율적으로 각종 경제 활동을 수행한다.

모든 웹 3.0 플랫폼이 미래 플랫폼으로서 성공할 수 있는 것은 아니다. 웹 3.0 플랫폼은 웹 2.0 플랫폼 대비 대중의 진입 장벽이 높고, 강력한 리더십의 통제를 받지 못하는 등 플랫폼의 성장에 불리한 요소들도 많기 때문이다. 결국 웹 3.0 미래 플랫폼의 핵심은 토크노믹스 모델의 설계이다. 토큰이 어떤 가치를 가질 수 있게 만들지, 그렇게 만들어진 강력한 인센티브를 어떻게 활용해 플랫폼을 키워갈 것인지에 대한 전략이 토크노믹스에 담겨 있기 때문이다.

CHAPTER 4

먼저 온 미래,
토크노믹스

───── 우리는 이번 장에서 토큰의 내재가치, 기능과 사용처, 수요와
공급, 초기 분배 등 토크노믹스를 설계하기 위해 고려해야 할 네 가지 요
소를 알아보겠다.

토큰의 내재가치

―

웹 3.0 플랫폼은 인센티브 시스템을 설계하기 위해 토큰을 사용한다. 플
랫폼 기여자들에게 충분한 인센티브를 제공하기 위해서는 토큰의 가격
이 충분히 높거나 안정적으로 유지돼야 한다. 따라서 플랫폼 개발자는

그림 5-6 | **토크노믹스의 구성**

토크노믹스

자본차익 배당 의결권	화폐 수수료 거버넌스 기타	실수요 투기 수요 초기 공급 중기 공급 장기 공급	트레저리 개발자 투자자 기여자 마케팅
내재가치	유틸리티	수요/공급	분배

토큰이 내재가치를 지닐 수 있도록 설계해야 한다(물론 단기적인 토큰 가격은 내재가치 외에도 마케팅, 기대 심리, 투기 자금 등 다양한 변수의 영향을 받는다). 토큰이 내재가치를 지니기 위해서는 자본차익, 배당, 의결권의 세 가지 측면을 고려해야 한다.

자본차익

자본차익의 근본적인 질문은 '생태계가 성장함에 따라 토큰 가격이 상승하는 구조를 갖고 있는가?'이다. 카카오톡이 성공할 것이라고 예상하는 투자자는 카카오톡을 소유하고 있는 카카오 주식에 투자한다. 설령 카카

그림 5-7 | 주식 보유자와 토큰 보유자 비교

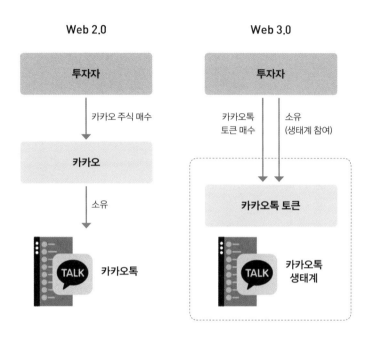

오가 배당이나 자사주 매입을 실시하지 않더라도 주가 상승분, 즉 자본차익을 얻을 수 있기 때문이다. 카카오톡이 성공한다면 장기적인 관점에서 배당이나 자사주 매입 등 주주환원정책을 추진할 것이라는 기대감 때문에 새로운 투자자들이 더 비싼 가격에 카카오 주식을 매수해줄 것이다.

토큰 투자자는 주식 투자자보다 더 직관적인 자본차익을 얻을 수 있다. 주식 투자는 플랫폼을 소유한 회사에 투자하며 플랫폼에 간접적으로 투자하지만, 토큰 투자는 플랫폼에 직접적으로 투자하고, 플랫폼을 소유하며, 플랫폼 생태계에 참여하는 것이기 때문이다. 그러므로 토큰이 플

그림 5-8 | 자본차익(Capital gain) 설명

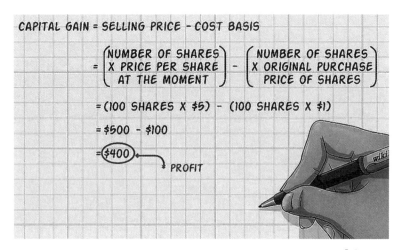

출처: wikihow

랫폼 내의 의결권 역할을 수행하거나 플랫폼 화폐로 쓰이는 등 플랫폼 생태계의 성장이 토큰 가격 상승으로 이어질 수 있는 토크노믹스 구조를 갖추고 있다면 토큰은 주식보다 더 우위의 투자 수단이 될 수 있다.

배당

배당은 곧 토큰 보유자에게 생태계의 이익 또는 수수료가 얼마나 배분되는가 하는 질문이며, 자산의 가치 평가를 위한 가장 직관적인 지표이다. 그림 5-9의 고든 성장 모형(GGM, Gordon Growth Model)에서 알 수 있듯, 특정 자산을 보유함에 따라 수취할 수 있는 배당금을 자기자본비용과 배당성장률의 차로 나누어 해당 자산의 가치를 구할 수 있다. 고든 성

그림 5-9 | 고든 성장 모형

$$Stock\ Value = \frac{Expected\ Dividend}{(Cost\ of\ Equity - Growth\ rate)}$$

장 모형은 배당할인모델(DDM, Dividend Discount Model) 중 가장 보편적으로 사용된다.

일부 웹 3.0 플랫폼은 생태계에서 발생한 이익이나 수수료를 토큰 보유자에게 직간접적으로 배분해준다. 자체 마켓 플레이스를 보유한 플랫폼은 거래 수수료의 일부를 트레저리를 통해 생태계 참여자에게 환원해주기도 하고, 디파이 플랫폼은 수수료 수익의 일부를 자체 토큰을 소각하는 데 사용한다. 프로젝트의 장기 수익을 추정하고 토크노믹스와 연결한다면 배당할인모델을 통해 가치 평가를 진행할 수 있다.

다만 이러한 과정에서 배당의 형태로 지급되는 토큰의 원천이 프로젝트 수익에 기반한 것이 아니라 신규 발행에 의한 것(토큰 인플레이션)이라면 실제 가치를 만들어내는 것은 아니다. 신규 발행 토큰을 스테이킹(플랫폼에 토큰을 예치함)한 유저에게 지급하는 것은 가치 창출 없이 토큰의 로크업(lock-up)만을 유도하는 것이기 때문이다. 다만 이 경우에도 시장에서 유통되는 토큰이 줄어들어 단기적인 가격에는 긍정적인 영향이 발생할 수 있다.

의결권

의결권은 토큰 보유자가 생태계 발전 방향이나 주요 안건 결정에 얼마나 영향을 줄 수 있는가에 대한 질문이다. 여러 자회사를 보유한 지주사들이나 대주주가 개인의 이익을 위해 회사를 경영하는 상장사일수록 시장에서 높은 할인율을 적용받는다.

미국보다 거버넌스가 취약하다는 평가를 받는 국내 상장사는 미국 상장사와 동일한 이익을 창출해도 더 낮은 시가총액에 거래되기도 하고, 많은 자회사를 보유해 거버넌스가 복잡한 지주사는 단 하나의 자회사보다도 낮은 시가총액에 거래되기도 한다. 이는 의결권의 가치가 기업가치에 반영되기 때문이다.

위와 같은 메커니즘은 웹 3.0 플랫폼에도 동일하게 적용된다. 유사한 플랫폼이라도 합리적인 거버넌스 체계하에 토큰 보유자들이 프로젝트의 주요한 결정에 참여할 수 있는지 여부에 따라 토큰의 가치는 달라질 수 있다. 특히 대부분의 웹 3.0 지지자들이 탈중앙화를 지향한다는 점에서 거버넌스는 주식 시장보다 더욱 중요하게 작용할 수 있다.

유틸리티, 토큰의 기능과 사용처

—

토큰은 주식의 성격 외에도 생태계 내에서 사용되는 화폐의 성격도 지니고 있다. 따라서 토큰이 어디에 어떻게 사용될 수 있는지에 대한 고민도 필요하다. 이때에도 화폐, 수수료, 거버넌스라는 세 가지 방향에서 접근해볼 수 있다.

화폐

토큰이 웹 3.0 플랫폼 내에서 재화 구매나 서비스 이용 등을 위해 화폐와 같이 사용되는 경우다. 이때에는 플랫폼 내에서 재화의 수요와 공급이 충분히 발생할 수 있을지 고민할 필요가 있다. 다시 말해 토큰을 이용해 사고 싶은 재화가 있는지, 재화에 대한 새로운 수요가 지속적으로 창출될 수 있을지 그리고 그 재화가 지속적으로 공급될 수 있을지 등을 판단하는 것이다.

특정 생태계에 쓰이는 화폐의 가치는 피셔(Irving Fisher)의 교환방정식 관점에서 접근해볼 수 있다. 이 방정식에 따르면 토큰의 시가총액과 유통 속도의 곱은 생태계의 총 거래 횟수에 평균 거래 가격을 곱한 것과 같다. 그리고 토큰의 개당 가격은 토큰 시가총액을 발행량으로 나눈 값이다. 물론 토큰의 유통 속도를 측정하기 어렵고 발행량도 시시각각 변

그림 5-10 | **피셔의 교환방정식**

$$MV = PT$$

M : **전체 통화량(전체 토큰 가치)**
V : **거래 속도(토큰 유통 속도)**
P : **물가 수준(평균 거래 가격)**
T : **거래 총량(생태계 토큰 거래 규모)**

하는 등 계산의 한계점도 있다. 하지만 이 방정식을 통해 알 수 있는 점은 토큰 가격을 높이기 위해서는 ①생태계 경제 규모를 키우거나, ②토큰 발행량을 줄이거나, ③토큰의 유통 속도를 늦출 필요가 있다는 것이다.

수수료(가스비)

이더리움이나 솔라나와 같이 자체적인 네트워크를 보유한 레이어1 프로젝트를 이용하기 위해서는 해당 코인에 대한 수수료를 지급해야 한다. 이 수수료는 소각되거나 네트워크 운영자에게 보상으로 지급된다. 만약 웹 3.0 프로젝트가 자체 네트워크를 구축하고자 한다면 수수료 정책을 어떻게 가져갈지 결정해야 한다.

수수료를 많이 걷게 되면 소각량이 늘어나 코인 가격이 상승할 수 있지만 네트워크 이용자의 비용 부담이 가중되어 생태계 확장이 어려워진다. 반면 수수료를 적게 걷게 되면 소각량이 감소해 코인 가격에 불리하지만 네트워크 이용자의 비용 부담이 완화되어 생태계 확장과 대중화가 가능하다. 따라서 웹 3.0 플랫폼별로 추구하는 가치와 본연의 특징에 따라 자체 네트워크를 구축하여 수수료 정책을 결정할 수 있고, 이미 검증된 다른 레이어1 네트워크를 이용할 수도 있다.

거버넌스(의결권)

거버넌스는 웹 3.0 플랫폼의 진정한 소유권이자 프로젝트의 미래 방향을 결정할 수 있는 권리를 의미한다. 초기 플랫폼은 개발자와 기관 투자자를 중심으로 운영되지만 발전 과정에 따라 커뮤니티의 영향력이 증가하고 다양한 기여자가 나타난다. 이런 성장의 과정에서 중요한 선택의 갈림길에 이르면, 거버넌스 메커니즘을 통해 중요한 결정이 이뤄진다.

탈중앙화 생태계의 핵심은 생태계 참여자, 즉 토큰 보유자이다. 따라서 토큰 보유자의 비전과 프로젝트의 비전을 일치시키는 거버넌스를 갖추지 못한다면 토큰 보유자들이 생태계를 떠나면서 토큰을 매도할 것이고, 토큰 가격이 하락하며 인센티브 시스템이 붕괴될 것이다. 단기적으로는 토큰의 화폐적 성격이나 소각 시스템 등 유틸리티가 주목받을 수 있지만, 장기적으로는 프로젝트의 지속 가능성을 이끄는 거버넌스 시스템의 중요성이 부각될 것이다.

최근에는 같은 토큰을 보유하고 있어도 더 많은 기여를 하는 투자자에게 스테이킹을 통해 더 많은 투표 가중치를 부여하는 방식이나 자신의 투표권을 믿을 수 있는 전문 투자자에게 위임하는 방식 등 다양한 거버넌스 메커니즘이 생겨났다.

또한 거버넌스의 가치를 부각시키기 위해 화폐 성격의 유틸리티 토큰과 의결권 성격의 거버넌스 토큰을 분리하는 듀얼 토큰(Dual Token) 방식도 도입되고 있다. 단순히 1주당 1장의 의결권만 행사할 수 있었던 주식과는 달리 플랫폼의 성격에 따라 다양한 거버넌스 메커니즘을 디지털 공간에서 부여할 수 있는 웹 3.0 플랫폼의 혁신이 주목받고 있다.

위의 세 가지에 포함되지는 않지만 논의할 가치가 있는 사례도 있다.

어떤 토큰들은 기능이나 사용처가 없거나 명확하지 않음에도 가치를 가지는데, 대표적으로 도지, 시바이누, 피플 등 밈 토큰이 그렇다. 이러한 토큰의 가격은 강력한 커뮤니티를 지지 기반으로 삼기 때문에 커뮤니티가 형성된 이후 후행적으로 사용처가 추가된다.

토큰의 수요와 공급

토큰의 가격은 토큰을 사고 싶어 하는 사람(수요)과 토큰을 팔고 싶어 하는 사람(공급)이 결정한다. 토큰의 수요는 플랫폼 이용을 위한 구매, 생태계 성장에 대한 기대, 투기성 자금의 유입 등 매우 다양하고 예측 불가능

그림 5-11 | **토큰의 수요와 공급에 의해 결정되는 가격**

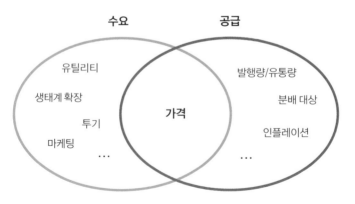

출처: CRYPTORANK

PART 5 토큰 — 토크노믹스가 그리는 미래 플랫폼

그림 5-12 | 토큰 가격의 흐름

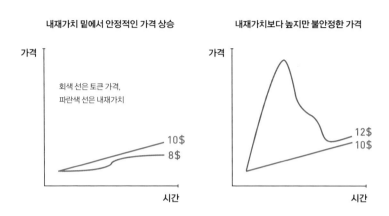

한 영역에서 발생한다. 반면 토큰의 공급, 특히 초기 공급은 플랫폼 설계자에 의해 조절이 가능하다. 또한 중기 공급은 토큰 분배 정책의 영향을 받기 때문에 초기에 어느 정도 예측할 수 있고, 장기 공급은 인플레이션 정책, 주요 보유자의 자금 운용 전략 등의 영향을 받는다. 하지만 장기로 갈수록 공급보다는 수요가 더 중요해진다.

수요 창출을 위해서는 우리가 위에서 다루었던 토큰의 사용처와 기능, 각종 다이내믹스 등을 잘 설계하고 마케팅, 파트너십 체결 등을 통한 생태계 확장 노력이 필요하다. 반면 공급은 초기 설계가 가장 중요하다.

토큰 공급량 설계 과정에서는 유통량(Circulating Supply, 현재 시장에서 거래되는 물량), 총 공급량(Total Supply, 블록체인 네트워크에 생성된 모든 물량), 최대 공급량(Max Supply, 최대로 공급될 수 있는 물량) 등 세 가지 측면을 고려할 필요가 있다. 초기에는 공급량 설정에 따라 동일한 프로젝트를 진행하더라도 그림 5-12와 같이 서로 다른 가격 흐름을 유도할 수 있다. 플랫폼 개발자는 토큰의 가격이 내재가치보다 낮아지더라도 안정적인 가격 상승을 목표로 공급 모델을 구축하고 안전 장치를 설계할 것인지, 토큰 가격을 최대한 높이는 것에 집중하여 시장의 관심을 모으고 초기 생태계 기여자 인센티브를 최대한 높여 초기 생태계 활성화를 도모할 것인지 선택할 수 있다.

토큰의 분배

—

기존의 스타트업은 초기에 대표가 대부분의 지분을 보유하고, 투자를 받는 과정에서 신주를 발행하며 대표의 지분이 희석되고 주주의 수가 늘어난다. 반면 웹 3.0 플랫폼은 초기부터 필요한 운영비, 개발비, 생태계 인센티브 등을 미리 염두해두고 토큰 배분 계획을 수립한다. 토큰 보유자가 생태계 기여자라는 특성을 고려했을 때 최적화된 토큰 분배는 매우 중요하다. 플랫폼 개발자는 토큰을 누구에게 배분해주고 무엇을 요구할지, 배분된 토큰 가치를 어떻게 극대화할지에 대한 심도 깊은 고민이 필요하다.

토큰 배분은 크게 여섯 가지 주체를 대상으로 진행된다. 트레저리, 플랫폼 개발자, 프라이빗 투자자, 퍼블릭 투자자, 생태계 기여자, 마케팅(인

6가지 주체에 대한 토큰 배분

부문	내용
트레저리	• 프로젝트의 유연한 운영을 위해 토큰을 보관하는 금고 역할 • 장기적인 거버넌스를 DAO(탈중앙자율조직)를 통해 구축하고자 할 때 트레저리 물량을 DAO 인센티브로 활용 • 그 외에도 바운티 헌터 보상, 해킹 보상 등 다양한 용도로 활용
플랫폼 개발자	• 과거 POW(채굴) 프로젝트에서는 팀 할당량이 낮았으나, 2017년 이더리움 Dapp(탈중앙화 서비스)이 활성화되며 팀 할당량이 15~20%로 높아짐 • 팀원 물량은 최소 2년 이상 로크업되는 경우가 많으며 베스팅 기간을 고려하면 현금화까지는 5~10년이 소요됨 • 커뮤니티는 배분 지갑 주소를 지속적으로 관찰하며 팀원의 매도 여부를 추적함 • 초기 단계에서는 팀원 물량과 트레저리를 보유하며 강력한 지배권을 행사함
프라이빗 투자자	• 퍼블릭 투자자 대비 저렴한 가격으로 토큰을 구매할 수 있음 • 벤처캐피탈, 전략적 협업 업체 등 프로젝트의 브랜드 인지도를 높여주고 신용을 보강해줌 • 2018년까지 25% 정도를 할당받았으나 최근에는 커뮤니티의 중요성이 부각되며 벤처캐피탈의 비중이 줄어들고 있음
퍼블릭 투자자	• 2018년까지는 약 25%가 퍼블릭 세일을 통해 퍼블릭 투자자에게 배분되었음 • 하지만 퍼블릭 투자자의 역할이 미미하고 각국의 규제도 있어 배분 물량이 줄어들거나 없어지고 있음 • 퍼블릭 세일에 참가하고 싶어도 KYC 인증, 미션 수행 등 진입 장벽이 존재함 • IEO(Initial Exchange Offering), IDO(Initial Dex Offering) 등을 통한 퍼블릭 세일을 진행하며 일부 물량을 시장에 유통하기도 함
생태계 기여자	• 2020년 컴파운드(디파이 프로젝트)가 유동성 제공자에 대한 토큰 분배를 발표하며 부각되기 시작함 • 이후 유동성 채굴(LP farming) 외에도 P2E 프로젝트의 게임 플레이, M2E 프로젝트의 걷기 등 다양한 채굴 방식이 생겨남 • 현재 약 20%의 물량이 배분되고 있으며, 그 중요성은 지속적으로 높아지고 있음
마케팅	• 2018년까지는 투자자의 관심을 끌기 위한 용도로 사용되었음 • 2020년 유니스왑(Uniswap)이 자체 토큰을 초기 서비스 이용자에게 에어드롭(무료로 분배)해준 것을 계기로 에어드롭 사례가 많아짐 • 홍보와 더불어 초기 기여자에게 보상을 주는 수단으로 할당량이 증가하는 추세

출처: Coopahtroopa twitter

그림 5-13 | 토큰 분배

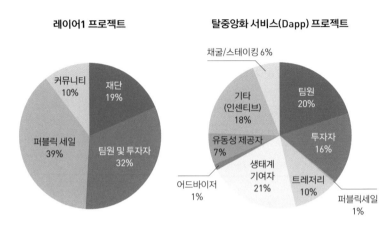

레이어1 프로젝트

- 커뮤니티 10%
- 재단 19%
- 퍼블릭 세일 39%
- 팀원 및 투자자 32%

탈중앙화 서비스(Dapp) 프로젝트

- 채굴/스테이킹 6%
- 기타(인센티브) 18%
- 팀원 20%
- 유동성 제공자 7%
- 투자자 16%
- 어드바이저 1%
- 생태계 기여자 21%
- 트레저리 10%
- 퍼블릭세일 1%

출처: lstephanian

플루언서, 일반인 에어드롭) 등이 그 주체들이다.

토큰 분배의 주도권은 개인에서 기관으로, 투자자에서 기여자로 이동하고 있다. 자금 조달에 대한 수요보다 생태계 확장에 대한 수요가 더 커졌기 때문이다. 플랫폼은 각자가 보유한 역량(자금력, 개발 단계, 네트워크, 이용자 등)에 따라 분배 대상을 설정할 필요가 있다. 예를 들어 이미 자금력과 유저 그리고 시장의 신뢰를 확보하고 있는 대기업이 웹 3.0 플랫폼을 출시한다면 프라이빗 투자자 대비 생태계 기여자의 지분이 더욱 늘어날 수 있다.

순수 웹 3.0 플랫폼의 경우에도 프로젝트 성격에 따라 토큰 배분이 다르게 설계된다. 개발 난이도가 높고 각종 서비스 론칭이 필요한 레이어1과

그림 5-14 │ 최적화 토큰 배분 예시

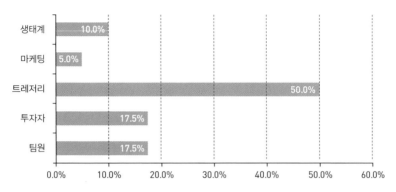

출처: Cooper Turley와 Lauren Stephanian, lstephanian

토큰 배분 트렌드 변화

분류	특징
플랫폼 빌더	팀 할당량이 늘어나고 있음
투자자	투자자 할당량이 줄어들고 있음
개인투자자	퍼블릭 세일(공개 판매)이 거의 사라짐
마케팅	에어드롭이 분배의 초석이 됨
커뮤니티, 기여자	커뮤니티 트레저리와 생태계 기여자가 핵심 주주가 됨

출처: Cooper Turley와 Lauren Stephanian, lstephanian

같이 대규모 자금 조달이 필요한 프로젝트는 퍼블릭 세일 비중이 높고 생
태계 분배 비중이 낮다. 반면, 탈중앙화 서비스(Dapp) 프로젝트와 같이 이

용자 확보가 중요한 프로젝트는 생태계 기여자 비중이 높다. 이와 같이 웹 3.0 플랫폼은 큰 틀에서의 주주, 즉 토큰 보유자를 선택할 수 있다. 정교한 토크노믹스 설계를 통해 프로젝트의 가치를 가장 잘 반영하고 탈중앙화 생태계의 발전에 기여할 수 있는 토큰 보유자를 확보하는 것이 필요하다.

CASE STUDY 5

컴투스와 데브시스터즈,
미래 플랫폼을 만들어가다

──── 토크노믹스는 디지털 플랫폼 모델과 함께 전통 기업의 새로운 혁신 도구로 떠오르고 있다. 웹 3.0이라고 불리는 블록체인 기반의 미래 플랫폼은 토크노믹스라는 토큰 이코노미에 그 기반을 두고 있다. 토크노믹스는 아직 초기 모델이고 불확실성을 많이 가지고 있지만 향후 많은 전통 기업들이 도입할 때 또 다른 혁신의 기회를 제공한다.

전통 기업에서 토크노믹스를 활용하는 사례는 파트 6의 아이티센 그룹에서 다룰 예정이다. 아이티센 그룹은 전통적인 금거래소를 디지털 골드 플랫폼 회사로 변신시켜 디지털 코인을 적용한 대표적인 산업 플랫폼 사례를 보여준다. 파트 5의 사례에서는 블록체인, 메타버스, NFT 등을 가장 활발하게 적용하고 있는 엔터테인먼트/미디어 산업 컴투스(COMTUS)와 데브시스터즈(DEVSISTERS)의 CEO들과 인터뷰를 진행하였다.

컴투스는 게임 회사로 시작했지만 콘텐츠, 블록체인, 메타버스 등의 영역으로 공격적으로 확산하며 디지털 그룹을 만들고 있다. 컴투스의 송재준 대표와 컴투스가 그리는 미래에 대해서 알아보자. 데브시스터즈는 쿠키런으로 글로벌 성공을 거둔 모바일 게임 업체이다. 데브시스터즈의 김종흔 대표와 쿠키런으로 만들어가는 세계관에 대해서도 살펴보자.

미래 시장을 준비하는 종합 콘텐츠 기업 컴투스

회사 소개

컴투스는 국내 대표 모바일 게임 회사다. 1999년 국내 최초로 모바일 게임을 개발 및 서비스했고, 2000년에는 세계 최초로 휴대폰용 자바 게임을 개발하였다. 2013년 게임빌에 인수되었고, 2015년 출시된 '서머너즈 워'가 세계적으로 흥행을 하며 성장의 가도를 달렸다. '서머너즈 워' 외에도 '낚시의 신', '프로야구 시리즈' 등 다양한 게임을 성공시켰다. 2020년부터는 각종 게임사, 미디어사 등을 인수하고 다수의 콘텐츠 제작사와 인터넷은행, 암호화폐 거래소 등에 지분 투자를 진행하는 등 종합 콘텐츠 기업으로 발전하면서 웹 3.0 시장을 초기에 선점하기 위한 준비를 하고 있다.

송재준 컴투스 대표 소개

송재준 대표는 서울대학교를 졸업하고 친형인 송병준 의장이 설립한 게임빌(현 컴투스홀딩스)에 합류하며 게임 업계에 진출했다. 마케팅, 영업 등 다양한 업무를 두루 경험하였으며 게임빌의 대표 프로젝트인 '프로야구 2011'을 총괄 제작하고 흥행시켰다. 게임빌이 컴투스를 인수한 뒤에는

컴투스 부사장을 맡았고, 2021년에는 컴투스 대표로 취임하며 게임, 콘
텐츠, 블록체인 영역에서의 각종 인수합병과 투자를 이끌고 있다.

송재준 대표의 웹 3.0 사업 역량도 주목할 필요가 있다. P2E 게임 플랫
폼인 C2X는 글로벌 벤처캐피탈들에게 투자를 받고 글로벌 거래소에 상
장하는 등 성과를 거두었으며 지금도 조 단위의 기업가치를 인정받고 있
다. 또한 메타버스 플랫폼인 컴투버스는 가상 오피스를 시작으로 현실
세계의 모든 활동을 메타버스로 옮기는 것을 목표로 국내 주요 대기업들
을 주요 협력사로 두고 있다.

송재준 대표는 컴투스를 단순한 게임 회사에서 메타버스 기반의 종합
콘텐츠 기업으로 업그레이드시키고, 넥스트 플랫폼으로 부상하고 있는
웹 3.0 생태계에서 주도권을 갖춘 기업으로 성장시킬 계획이다.

인터뷰

____ 컴투스는 어떤 회사이고, 어떤 경영 전략으로 운영되고 있나요?

____ 모태는 게임빌이라는 게임 회사입니다. 모바일 게임을 세계 최초
로 만든 회사 중 하나이지요. 게임빌이 당시 경쟁사였던 컴투스를 인수
하고 사명을 컴투스홀딩스로 바꾸면서 지금과 같은 '컴투스홀딩스-컴투
스-자회사'의 지배구조를 완성했습니다.

저희가 컴투스를 2013년에 인수했는데, 2014년에 '서머너즈 워'라는
게임이 글로벌 빅히트를 기록했습니다. 누적 매출이 3조 원에 달할 정도
입니다. 이에 따라 회사에 현금이 많이 쌓였고, 새로운 성장을 위해 게임

인접 영역으로 두 가지를 찾았습니다.

첫째는 K-콘텐츠이고, 둘째는 블록체인입니다. 둘 다 게임과 연관성이 높지요. 드라마와 영화 IP가 게임 IP와 연동될 수 있고, 게임 IP도 드라마, 영화, 웹툰 등으로 만들어질 수 있습니다. 대형 IP를 만들고 그 IP를 확장하기 위해 콘텐츠를 접목시키는 것입니다.

블록체인은 게임과 속성이 비슷합니다. 생태계를 만들고 많은 유저들을 참여시켜 다양한 활동을 수행하도록 만들기 때문입니다. 게임의 중앙화된 서버에 블록체인이 적용된다면 게임 머니가 토큰으로, 게임 아이템이 NFT로 대체되며 디지털 자산의 소유권을 탈중앙화된 방식으로 유저들에게 이전해줄 수 있습니다.

저는 이 두 가지 영역에 속하는 VFX 업체, 드라마 제작사, 웹툰사, K팝 공연 플랫폼, 가상화폐 거래소, 인터넷은행 등에 대한 투자를 진행하고 관련 사업을 적극적으로 추진했습니다. 그리고 그 과정에서 게임, 콘텐츠, 블록체인이 합쳐진 그림을 보니 메타버스가 그려졌습니다. 메타버스도 블록체인이 받쳐줘야 하고, 게임 기반의 기술력이 필요하며, 유저들이 즐길 수 있는 다양한 콘텐츠가 있어야 하기 때문입니다. 이에 저희는 지금 컴투버스라고 하는 메타버스 플랫폼을 기획 및 제작하고 있습니다.

결국 저는 지금 게임, 콘텐츠, 블록체인, 메타버스 이렇게 네 가지 사업을 중심으로 회사를 경영하고 있습니다.

_____ 대표님은 어떠한 미래를 보셨기에 게임부터 콘텐츠, 블록체인에 이르는 다양한 사업을 진행하고 있나요?

_____ 게임은 과거 피처폰에서 서비스를 했습니다. 게임을 출시하기 위해서는 모든 나라의 이동통신사 플랫폼과 개별적으로 협상을 진행해야 했지요. 그런데 구글플레이와 앱스토어가 등장하자 게임을 전 세계로 한 번에 출시할 수 있었고, 컴투스를 비롯한 국내 게임사들의 매출이 폭발적으로 증가할 수 있었습니다. 글로벌 통로가 열리면 우리나라 업체가 해외로 나갈 수 있고 해외 업체도 우리나라로 들어올 수 있는데, 게임은 해외로 나가는 게 훨씬 강력했던 것입니다.

저는 넷플릭스나 디즈니플러스가 한국에서 서비스를 시작할 때, 게임에서 일어났던 일이 영화와 드라마에서도 똑같이 일어날 수 있다고 봤습니다. K-콘텐츠가 게임과 비슷하게 해외로 나가며 매출이 폭발적으로 증가하는 것이지요. 그래서 위지윅스튜디오를 비롯한 다양한 K-콘텐츠 업체를 인수한 것입니다.

그리고 블록체인에서도 이와 동일한 느낌을 받았어요. 디파이의 TVL(Total Value Locked, 총 예치금)이 J커브처럼 증가했습니다. 저는 금융에서 발생하는 비효율성이 스마트 계약으로 해소 가능할 거라고 예상했어요. 특히 예치금이 폭발적으로 증가하니 규제의 장벽도 조금씩 무너지는 것도 보였습니다. 그래서 현실 금융의 일부가 블록체인으로 이동할 때 누가 돈을 버는지 생각해봤는데 그게 바로 암호화폐 거래소였습니다. 암호화폐 거래소는 현실 세계의 은행, 자산운용사, 증권사 등이 하는 일을 전부 다 하고 있기 때문입니다.

그래서 1,000억 원을 투자해 코인원 지분을 인수했습니다. 그리고 업비트 고객 증가가 케이뱅크 이용자 증가로 이어지는 것을 보고 케이뱅크에 500억 원을 투자했습니다. 회사 자체적으로도 C2X 게임 플랫폼을 만들어 블록체인 게임을 온보딩하는 플랫폼으로 운영하고 있습니다. C2X를 글로벌 플랫폼으로 포지셔닝하기 위해 해외 대형 벤처캐피탈에서 투자받고 해외 거래소에 토큰을 상장시키기도 했습니다. 더 나아가 C2X가 사용하는 메인넷으로 'XPLA'라는 자체 메인넷을 직접 만들어 론칭했습니다. 저희가 만든 P2E 게임은 물론이고 다른 전 세계의 게임사들이 P2E 게임을 만들어 글로벌로 서비스하고 싶으면 저희 플랫폼을 이용할 수 있습니다. 저는 블록체인 게임이 3년 내에 전체 게임 시장의 20% 이상이 될 것으로 예상하고 있습니다. XPLA가 웹 3.0 세상의 스팀(웹 2.0 세상의 글로벌 1위 게임 유통 플랫폼)으로 자리 잡는다면 엄청난 부가가치가 나올 것입니다.

_____ 블록체인 생태계에는 이미 엑시인피니티, 갈라게임즈(Gala Games)와 같은 다양한 P2E 게임이 있는데요. 컴투스의 P2E 게임이 차별화되는 부분은 무엇인가요?

_____ 가장 차별화되는 부분은 웹 2.0 플랫폼을 활용할 수 있다는 점입니다. 엑시인피니티와 같은 P2E 게임은 구글플레이나 앱스토어에 업로드가 불가능합니다. 그런데 저희 게임은 구글플레이나 앱스토어에서 다운

로드받을 수 있습니다.

저희는 게임과 지갑을 분리해서 업로드하는 방식을 채택했습니다. P2E 게임과 암호화폐 지갑을 구글플레이나 앱스토어에서 다운로드받으면, 게임과 암호화폐 지갑이 연동되어 게임에서 획득한 디지털 자산을 암호화폐 지갑에서 운용할 수 있습니다. 쉽게 말해 전통 웹 2.0 게임을 암호화폐 지갑과 연결하여 웹 3.0으로 온보딩한 것입니다.

이 외에도 게임과 메타버스에 최적화된 저희의 자체 레이어1 메인넷을 이용하는 점, 유저의 편의를 위해 제공되는 다양한 혜택과 세심한 배려들도 있습니다. 웹 3.0의 대중화가 실현된다면 그 가운데에는 저희의 C2X 게임과 XPLA 메인넷이 있을 것이라 생각합니다.

_____ 이더리움이나 솔라나와 같이 이미 많은 개발자와 유저를 보유하고 있는 레이어1들도 많은데, 자체 레이어1을 구축하는 이유는 무엇인가요?

_____ XPLA에 최적화된 메인넷(레이어1)을 만들고, 게임사나 엔터사가 저희의 메인넷에서 메타버스 서비스를 하고 싶을 때 빠르게 지원해줄 예정인데요. 저희가 자체 메인넷을 구축하는 이유는 크게 세 가지가 있습니다.

첫째는 저희가 컨트롤 못 하는 영역의 영향을 최소화하고 싶기 때문입니다. 저희 서비스는 문제가 없는데 저희 서비스가 올라가 있는 메인넷에 문제가 생겨 저희가 영향을 받은 경험도 있습니다. 다른 메이저 메인넷들도 종종 다운되는 것을 목격했고요.

둘째는 저희가 원하는 요구사항을 들어주는 메인넷이 없었기 때문입니다. 예를 들어 P2E 게임을 처음 할 때 유저는 가스비로 20~30원어치의 레이어1 코인을 필요로 합니다. 그런데 거래소에서 코인을 사서 전송하는 게 너무 불편합니다. 20원어치를 개인 암호화폐 지갑에 보내기 위해서 7만 원 정도 되는 최소 송금 금액을 모두 매수해야 합니다. 블록체인 서비스는 초기 유저에 대한 장벽이 너무 높습니다. 그래서 저희는 초기 가스비를 대납해주는 등의 뭔가 조치를 취하고 싶었는데, 이런 것을 다른 메인넷은 들어주지 않았습니다. 참고로 저희의 메인넷에서는 대형 게임사들이 가스비를 자체 토큰으로 대납할 수 있게 만들어주려고 합니다.

셋째는 저희가 제일 잘 만들 수 있을 것 같기 때문인데요. 메인넷 만드는 블록체인 회사 인원이 몇십 명에 불과한 곳도 있습니다. 저희는 인원만 2천 명이 넘습니다. 더불어 게임사가 갖고 있는 서버 기술, 보안 등 뛰어난 IT 역량을 보유하고 있습니다. 디도스 공격 등 여러 해킹에도 완벽하게 대응하고 있고요.

____ **컴투스의 메타버스 생태계인 컴투버스에 대한 생각도 궁금합니다.**

____ 지금의 메타버스는 커뮤니티 기반(제페토, 이프랜드), 게임 기반(로블록스, 마인크래프트, 포트나이트), 블록체인 기반(더 샌드박스, 디센트럴랜드) 등 크게 세 가지 카테고리로 분류됩니다. 제가 생각하는 메타버스는 '넥스트 인터넷'입니다. 인간의 삶, 다시 말해 지금 인터넷을 할 수 있는 모든 것을 3D 기반의 가상 세계로 옮겨놓는 것입니다. 제가 스스로 정의한 메

타버스에 대한 개념인데요. 제 정의에 따르면 로블록스나 마인크래프트는 웹 2.0 게임이라고 볼 수 있고, 포트나이트는 그냥 게임이고요. 제페토나 이프랜드는 웹 2.0 커뮤니티 툴에 더 가깝다고 생각합니다. 더 샌드박스나 디센트럴랜드의 특징은 땅 개념을 적용해 유한함을 추가했다는 점입니다.

조금 더 자세히 말씀드리면, 메타버스를 다양한 서비스와 현실 세계가 연결되어 있는 '오픈 월드'라고 생각하고 있습니다. 메타버스 안에서 친구와 "무슨 건물 앞에서 만나자"라고 했다면, 나의 아바타가 그 건물에 갔을 때 그 친구를 만날 수 있는 개념이 되어야 진정한 메타버스가 될 수 있다고 생각합니다.

그런데 이런 식으로 사람들의 실생활을 오픈 월드(메타버스)로 옮기자는 시도가 전 세계에 없습니다. 이걸 왜 못 만들까 생각해보면, 기술적 장벽이 높기 때문이지요. 이런 서비스는 MMORPG를 만들 수 있는 회사만 만들 수 있습니다. 우리나라에서 이런 MMORPG를 높은 수준으로 만들 수 있는 회사가 10개 정도 있습니다. 그런데 이 10개의 회사가 게임만 만들지 이런 시도를 할 생각이 없습니다. 제가 제시한 오픈 월드는 게임을 만드는 개념이 아니기 때문입니다. 넥스트 네이버를, 넥스트 카카오를 만드는 개념입니다. 저는 넥스트 인터넷이 메타버스가 되는 시대가 온다면 이 플랫폼을 만드는 회사가 시장을 잠식할 거라고 생각합니다.

컴투버스는 이 시장을 타깃으로 만들어지고 있고요. 초기에는 저희 파트너사들의 업무 공간을 디지털로 옮겨오는 작업을 진행할 예정입니다.

이를 위해 자본금 150억 원에 추가로 400억 원 투자를 받고 있습니다. 보통 MMORPG를 만들려면 500억 원 정도 필요하기 때문에 이 규모 정도면 가능할 것 같습니다. 아마 미래에는 구글 워크스페이스, 마이크로소프트 팀즈에 더해 가상 오피스 용도로 컴투버스를 함께 쓰게 될 것입니다. 천만 명의 직장인이 한 달에 1만 원씩만 내도 연 1.2조 원 시장입니다.

_____ 기존 플랫폼들은 SNS, 메시징, 쇼핑 등 각자 영역에 따라 다양한 플레이어들이 있었습니다. 그런데 메타버스 생태계는 이 모든 영역을 하나의 플랫폼에 포함할 수 있습니다. 제페토, 로블록스, 더 샌드박스 등 다양한 메타버스 경쟁자가 있는데 컴투버스의 경쟁력은 무엇인가요? 메타버스 플랫폼의 성공을 위해서는 무엇이 필요할까요?

_____ 플랫폼은 대세와 기세의 싸움입니다. 저희가 직접 만든 서비스와 저희 플랫폼에 투자한 회사들을 중심으로 메타버스를 구축하며 플랫폼을 빠르게 키워서 다른 회사들도 들어오고 싶도록 만들 것입니다.

저희는 말씀해주신 경쟁사들처럼 MZ 세대를 타깃으로 하지 않고 2040 세대를 타깃으로 합니다. 특히 가상 오피스 시장을 먼저 공략할 예정인데요. 현재 제휴 업체들의 직원만 해도 각각 수만 명이 됩니다. 이들이 먼저 쓰게 만들면 그 뒤에 커머스, 금융, 엔터테인먼트 등도 알아서 들어올 것입니다.

경쟁사처럼 메타버스 안에 공간을 무제한 만들 수 있으면 희소성이 떨어집니다. 그리고 오픈 월드인 것과 아닌 것도 완전히 다릅니다. 이용할 때 재미가 없고, 실생활 접목도 불가능합니다. 물론 기술적으로도 MMORPG 형태의 서비스를 제작하는 것도 쉽지 않으며 최적화된 서비스를 제공하는 것도 노하우가 없이는 어렵습니다. 이런 측면에서 저희가 만드는 메타버스 플랫폼은 충분히 경쟁력이 있다고 생각합니다.

_____ 토큰과 NFT를 이용해 XPLA 탈중앙화 생태계를 구축하면 회사가 통제할 수 있는 영역이 줄어들 것 같은데 괜찮을까요?

_____ 괜찮습니다. 웹 3.0은 선택이 아니라 필수입니다. 웹 2.0이 웹 1.0을 이겼잖아요. 회사는 껍데기만 만들고 유저가 내용을 채우는 플랫폼이, 회사가 껍데기와 내용을 함께 만드는 플랫폼을 이겼습니다. 그런데 웹 2.0은 독과점, 불공정한 분배 등의 문제가 있지요. 저는 유저의 몫이 훨씬 더 많아져야 한다고 생각합니다. 이를 가능하게 하는 것이 블록체인 토크노믹스 기반으로 운영되는 웹 3.0이고, 미래 플랫폼은 웹 3.0에서 나올 것이라고 확신합니다. 웹 3.0의 철학이 웹 2.0보다 좋지 않나요? 철학이 좋으면 결국엔 이깁니다(웃음). 독재에서 민주화된 국가가 다시 독재로 돌아가기 어렵듯, 웹 3.0에서 주권을 갖게 된 소비자는 다시 웹 2.0으로 돌아가기 어려울 것입니다.

_____ 컴투스와 컴투버스가 웹 3.0 시대를 선도하는 미래 플랫폼으로 성장하기를 응원하겠습니다. 감사합니다.

새로운 재미를 찾는 글로벌 게임 플랫폼
데브시스터즈

회사 소개

데브시스터즈는 세상을 더 즐겁게 만들 다양한 콘텐츠를 개발 및 서비스하는 게임 회사로, 쿠키런 IP를 기반으로 성장했다.

주요 게임으로는 2013년 국내 및 2014년 해외 시장에 출시돼 국내외 1억 다운로드를 기록한 모바일 러닝 게임 '쿠키런(Cookie Run)'과 2016년부터 5년 넘게 글로벌 서비스를 이어가며 누적 이용자 4,500만 명을 돌파한 후속작 '쿠키런: 오븐 브레이크', 2021년 출시 이후 국내는 물론 미국, 일본, 대만, 태국, 홍콩, 캐나다 등 세계 전역에서 흥행한 모바일 RPG '쿠키런: 킹덤' 등이 있다. 특히 '쿠키런: 킹덤'은 2021 대한민국 게임대상 최우수상, 한국 구글플레이 2021 올해의 베스트 게임, 영국 포켓게이머(Pocket Gamer) 모바일 게임 어워드 피플 초이스 등을 수상하며 2021년 최고의 게임으로 인정받았다.

쿠키런 게임 프랜차이즈는 현재 전 세계 2억 명 이상의 누적 이용자 수를 달성했으며, 그 뒤를 이어 쿠키런 IP의 가능성을 확대할 차기작인 실시간 배틀 아레나 '쿠키런: 오븐 스매시', 퍼즐 어드벤처 게임 '쿠키런: 마녀의 성', 모바일 캐주얼 협동 액션 게임 '프로젝트 B', 팬 통합 플랫폼 '마이쿠키런' 등을 추진 중이다.

뿐만 아니라 건설 시뮬레이션 '브릭시티'와 사이드스크롤 멀티액션 건
슈팅 '데드사이드클럽' 등 다양한 장르의 신규 IP 게임을 개발하며 미래
성장 모멘텀을 넓혀가고 있다.

김종흔 데브시스터즈 대표 소개

김종흔 대표는 서울대학교 경영학과를 졸업한 뒤 PwC 컨설팅을 거쳐
스탠포드 MBA를 수료했다. 테크놀로지와 엔터테인먼트가 미래를 바꿀
키워드라는 생각으로 스톰벤처스(Storm Ventures)에 입사해 4년간 실리
콘밸리의 수많은 열정적인 창업가들을 만났다. 국내 시장의 높은 가능성
을 직감한 김 대표는 한국으로 돌아와 창업에 도전, 두 개의 스타트업을
거쳐 2011년 현재의 데브시스터즈에 공동 대표로 조인했다.

10년 넘게 데브시스터즈를 이끌어온 김종흔 대표는 쿠키런을 독보적
인 글로벌 IP로 성장시킨 것과 더불어, 일하는 공간과 문화, 사람에 투자
하며 지속 가능한 기업을 만드는 데 앞장섰다. 그 결과 GPTW 인스티튜
트에서 주관하는 '2017 아시아에서 일하기 좋은 기업' 4위를 수상했고,
대한민국의 존경받는 CEO상과 2021 대한민국 콘텐츠대상, 해외진출유
공 문체부장관 표창 등을 공동 수상했다. 현재는 쿠키런 및 신규 IP를 필
두로 데브시스터즈의 미래 가치 확장에 집중하고 있다.

인터뷰

____ **데브시스터즈를 어떤 전략으로 경영하고 계신가요?**

____ 모바일 게임 시장은 매년 역동적으로 변화합니다. 게임업의 본질은 엔터테인먼트라 할 수 있고, 이는 'Hit or Miss(성공 아니면 실패)'입니다. 저희는 이 본질에 집중해, 많은 사람들이 즐길 수 있는 성공하는 게임을 만드는 것을 목표로 하고 있어요.

다행히도 2013년 첫 선을 보인 쿠키런은 성공을 했습니다. 우리나라에서 국민 러닝 게임에 등극했을 뿐만 아니라 해외에서도 큰 인기를 끌었어요. 러닝 장르의 게임은 저희가 가장 잘 만들 수 있다고 자부합니다.

러닝 게임으로서의 성공을 토대로 쿠키런은 독보적인 IP로 자리매김했습니다. 그런데 회사가 계속 성장하려면 또 다른 도전을 해야 합니다. 저희는 그 도전을 쿠키들과 함께 해보기로 했습니다. 단순히 성공한 게임 하나에서 끝나는 것이 아니라, 이를 시작으로 IP의 가능성과 확장성을 키워가는 데 집중하는 것입니다. 쿠키런의 강점은 친숙하면서도 독창적인 존재인 '쿠키'를 통해, 인종이나 문화, 지역, 배경 등을 아우르는 다양성을 갖고 있다는 점입니다. 이 고유성을 중심으로 캐릭터와 스토리, 세계관 등은 계속해서 넓어지고 있어요.

2021년 새롭게 출시한 '쿠키런: 킹덤'은 "쿠키는 왜 태어났을까? 왜 달려왔을까? 어디로 가는 걸까? 어딘가에 정착할 수는 없을까?"와 같은 의문을 풀어가는 과정에서 탄생했습니다. 이 게임을 통해 쿠키런은 모험과 전투, 왕국 건설을 모두 즐길 수 있는, RPG(Role Playing Game)와

SNG(Social Network Game)의 요소가 결합된 하이브리드 장르로 확장됐어요. 더불어 4개의 고대 왕국과 쿠키 문명이라는 방대한 역사가 생겨났고, 어썸브레드 대륙과 바다 건너 크렘 공화국까지 더 넓은 세계도 펼쳐졌죠.

쿠키런은 여기에서 더 나아가 퍼즐 어드벤처, 배틀 아레나, 협동 액션 등 새로운 장르에 도전하고 있습니다. 그리고 2D를 넘어 3D로, 모바일을 넘어 PC 스팀 및 콘솔 플랫폼으로 다각적인 확장을 추진할 계획입니다.

____ 쿠키런이라는 하나의 IP로 충분한가요?

____ 모든 엔터테인먼트나 게임 회사 등이 IP를 만들고 싶어 합니다. IP가 많다면 더 좋겠죠. 그런데 제대로 된 IP 하나를 갖는 것도 쉽지 않습니다. 일단 살아남는 것이 중요합니다. 그런 측면에서 보면 쿠키런은 이미 10년 이상 살아남은 강력한 IP라고 할 수 있어요. 그만큼 탄탄한 세계를 구축해왔고, 게임만이 아니라 그 이상의 확장성을 갖고 있습니다.

쿠키런은 인형, 쿠션, 피규어, 문구, 팬시, 리빙, 도서 등 일상 속에서도 다양한 카테고리의 상품으로 만나볼 수 있습니다. 캐릭터 자체도 매력적이지만 그간 쌓아온 스토리와 세계관이 있어 상품의 의미와 가치는 더 배가됩니다.

이와 더불어 웹툰이나 애니메이션 등 새로운 유형의 콘텐츠로도 쿠키런의 가능성을 넓힐 예정입니다. 그리고 쿠키런을 사랑하는 고객들의 니즈를 바탕으로 쿠키런과 관련된 모든 즐거움을 함께 나눌 수 있는 공간,

'마이쿠키런'이라는 팬 플랫폼도 개발하고 있습니다. 이처럼 게임 안팎으로 끊임없는 성장을 이어갈 쿠키런 IP의 미래를 기대하고 있습니다.

물론 신규 IP를 향한 도전도 지속하고 있습니다. 사이드스크롤 멀티액션 건슈팅과 모바일 건설 시뮬레이션 등 지금까지 저희가 쿠키런을 기반으로 선보였던 것과는 다른 새로운 장르에 재미를 담고 있습니다. 향후이 신작들을 통해 색다른 경험을 전달하고, 또 새로운 IP로써 성장하고 확장하는 것을 목표하고 있습니다.

_____ 데브시스터즈도 블록체인 관련 연구개발을 진행하고 계신다고 들었습니다. 데브시스터즈는 웹 3.0에 대해 어떤 전략을 보유하고 있나요?

_____ 블록체인은 게임 산업과 매우 잘 맞는 분야라고 생각합니다. 블록체인을 통해 탈중앙화 생태계가 구축되고 토큰은 그 생태계의 화폐로 사용되잖아요. 게임은 이미 이와 비슷한 경제 시스템을 자체적으로 갖추고 있는 모델이고, 유저들과 끊임없이 소통하고 업데이트하면서 살아 숨 쉬는 생태계가 견고하게 구축돼 있어요. 그렇기 때문에 게임에 블록체인이 접목되면 또 다른 세계가 열릴 수 있다고 생각합니다.

다만, 블록체인을 기반으로 생태계를 형성하는 요소들에 대한 소유권과 결정권 등이 유저들에게 확대되기 때문에 IP 거버넌스가 조금 더 확립될 필요는 있습니다. 저희는 일단 쿠키런 IP를 바탕으로 하는 게 좋을지, 블록체인에 적합한 새로운 IP가 필요할지, 어떤 웹 3.0 생태계를 구축하면 좋을지 등을 고민하며 관련 방향성을 검토하고 있습니다.

_____ **NFT를 게임 사업에 어떻게 접목할 수 있을지 예를 들어 설명해주실 수 있을까요?**

_____ NFT의 시작은 아트였다고 생각합니다. 보통 현실에서 그림은 갤러리에 판매되는 순간 그 소유권이 원작자의 손을 떠나게 됩니다. 그런데 NFT를 활용하면 거래가 생성될 때마다 원작자가 수익을 얻을 수 있는 구조를 만들 수 있죠. 저는 이 창작의 가치가 지속적으로 성장할 수 있는 NFT 생태계에 주목하고 있습니다. 유저들이 직접 재미를 만들고 나누며 수익을 창출하는 등 보다 자유로운 공유 활동이 일어날 수 있는 환경인 것이죠.

예를 들어 게임에서 유저가 캐릭터를 직접 창작해 공유하고 관련 수익을 얻거나 캐릭터의 희소가치를 형성해나갈 수 있습니다. 캐릭터 외에도 맵이나 장식 아이템 등 게임 내 다양한 요소들도 디자인할 수 있겠죠. 즉, 유저들 스스로 생태계를 구성하고 이끌어나가는 구조인 겁니다.

게임 산업의 사업 모델은 시대에 따라 계속 변화했습니다. 게임 패키지를 구매해야만 플레이할 수 있었던 유료 모델을 시작으로, 무료로 설치한 게임 내에서 플레이 중간중간 광고를 시청해야 하는 광고 모델, 게임 무료 다운로드 후 필요에 따라 재화를 선택 구매하는 인앱 구매로 발전됐어요.

앞으로는 NFT 등 블록체인을 이용한 새로운 모델도 충분히 나올 수 있을 것 같습니다. 단, 가장 중요한 것은 유저들이 충분히 즐기고 만족할 수 있는 콘텐츠와 서비스를 만드는 것이죠. 유저들에게 새로운 즐거움과

최고의 경험을 제공하는 것을 최상위 목표로 다양한 가능성을 모색해나

갈 생각입니다.

_____ 끊임없이 세계관과 스토리를 확장시켜 나가는 쿠키런의 행보와 데브시

스터즈의 미래가 기대됩니다. 감사합니다.

PART 6

산업

전통 기업의 진화, 산업 플랫폼

———— 디지털 플랫폼 모델로 무장한 스타트업들은 전통 산업의 경쟁 구도를 뒤흔드는 혁신을 끊임없이 일으켰다. 전통 기업들도 가만히 있지 않았다. 디지털 플랫폼 모델을 도구로 사용하여 새로운 혁신을 시도하고 있다. 특히 전통 기업들은 기존의 가치사슬 사업들과 연계하여 새로운 경쟁우위를 가질 수 있는 사업 모델들을 만들어내고 있다. 이른바 '산업 플랫폼'의 등장이다. 한국은 전통 산업 중심의 경제 구조를 가지고 있다. 아마존, 마이크로소프트, 구글 등이 이끌고 있는 IT 산업 혁신의 결과를 이용하여 전통 산업에 디지털 플랫폼을 도입함으로써 세계를 선도할 수 있는 잠재력을 가지고 있다. 또한 블록체인과 같은 웹 3.0은 한국이 선도하고 있는 국가 중의 하나이므로, 미래 플랫폼을 각 산업별 가치사슬에 적용하여 미래적인 산업 플랫폼을 만들어나간다면 세계를 선도할 수 있다.

CHAPTER 1

산업별 가치사슬과
디지털 플랫폼의 융합

—— 2007년에 시작된 디지털 혁신은 IT 산업의 혁신에서부터 시작되었다. 스마트폰과 클라우드의 등장은 초연결시대를 열었고, 디지털 기술의 보편화를 가져왔다. IT 산업, 특히 스타트업들이 클라우드를 이용하여 IT 서비스나 소프트웨어를 구독 방식으로 판매하면서 디지털 플랫폼 모델이 시작되었다. IT 산업의 뒤를 이어, '데이터와 디지털'을 중심으로 사업이 이루어지는 콘텐츠 중심의 기업들이 디지털 플랫폼을 이용하여 많은 성공들을 이루었다.

IT 산업에서 시작된 디지털 혁신은 전통 산업으로 빠르게 확산되고 있다. 그러나 전통 기업은 디지털 기업이나 콘텐츠 기업들과는 달리 가치사슬 기반의 기존 사업을 가지고 있다. 산업별로 가치사슬도 다르고, 고려해야 할 요인들도 많기 때문에, 디지털 플랫폼 모델을 전통 기업에 적용할 때에는 훨씬 더 복잡한 도전이 필요하다.

파트 2에서 설명하였던 '속도' 차이의 문제도 그 복잡성을 더욱 크게 만든다. 디지털 플랫폼 사업을 분사해서 별도 스타트업같이 운영할 수도 있겠지만, 기존 가치사슬 사업을 디지털 플랫폼을 이용해 혁신해야 하는 근본적인 과제를 해결하지는 못한다.

그러나 이러한 도전을 받아들여 전통 기업이 디지털 플랫폼 모델을 기존의 가치사슬 모델과 적극적으로 융합하여 새로운 비즈니스 모델을 만든다면 강력한 경쟁력을 가질 수 있다. 사실, 가치사슬과 디지털 플랫폼의 융합은 무한한 혁신의 가능성을 제공한다. 이와 같이 특정 산업에서 기업이 기존의 가치사슬과 연계, 융합하여 만드는 디지털 플랫폼을 통칭하여 '산업 플랫폼'이라고 정의한다.

파트 2에서 설명했던 유통업의 사례에서도 볼 수 있듯이, 스타트업으로 시작해서 성장한 플랫폼 기업들과 플랫폼을 도입하는 전통 기업들 간에 치열한 경쟁이 이미 다양한 산업에서 벌어지고 있다. 금융산업, 소비재산업, 유통산업, 물류산업, 제조업 등 각 산업의 가치사슬이 매우 다르기 때문에 치열한 경쟁의 결과도 산업별로 다르게 나타나고 있다. 이렇게 산업별 기업의 혁신 결과로 나타나는 새로운 산업 플랫폼은 전통 산업의 대대적인 변화를 이끄는 주요한 동인이 되고 있다.

'산업 플랫폼'을 좀 더 구체적으로 이해하기 위해서는, 파트 2의 지식 코너에서 설명했던 산업의 정의 및 구분에 대해서 한 번 더 논의할 필요가 있다. 산업은 '동일한 기본 고객 필요'를 만족시키는 제품 혹은 서비스를 공급하는 기업집단이다. 시장은 산업 내에서 고객들의 개인적인 속성이나 수요의 특수성에 따라 다른 고객과 차별화되는 고객의 집단을 말한다.

산업의 경계는 고객의 필요가 시간이 경과함에 따라 발전하기 때문에 변화할 수 있다. 필자가 경험했던 대부분의 글로벌 선도 기업들은 15개에서 25개 사이의 산업을 구분하고 기업의 전략을 수립했다. 약간의 용어 정의나 분류에서 차이가 있었지만 대부분은 비슷했다. 산업계에서는 평균 20개 정도의 산업들을 묶어서 5개 정도의 섹터(sector)로 분류하여 사용하는 경우가 일반적이다. 또한 20개 정도의 산업을 다시 세분화하면 산업당 평균 2~3개로 분류되어 총 50개 정도의 세부산업(sub industry)이 나올 수 있다.

필자가 일했던 글로벌 기업에서 분류했던 5개 섹터를 예로 들면 금융/공공 섹터, 제조 섹터, 소비재/유통 섹터, 전자/통신 섹터, 서비스 섹터 등이 있다. 전자/통신 섹터는 IT 산업, 전자산업, 반도체산업, 통신산업 등으로 분류했으며, IT 산업은 다시 하드웨어 세부산업, 소프트웨어 세부산업, IT 서비스 세부산업 등으로 분류했다. 글로벌 기업들의 산업 분류를 참고하면 도움이 많이 되지만 기본적으로 섹터, 산업, 세부산업 등의 정의는 개별 기업의 의사결정 사항이다.

일반적으로 산업 플랫폼은 산업을 기준으로 정의한다. 섹터나 세부산업에서의 보편적인 플랫폼 형태는 '섹터 플랫폼'이나 '세부산업 플랫폼'이라고 부를 수도 있다. 하지만 앞에서 논의한 것과 같이 이 분류 자체에 세계 표준 정의가 있는 것도 아니고, 기업별로 다르게 정의해서 전략을 수립할 수 있으므로, 섹터나 세부산업에서의 보편적인 플랫폼 형태도 모두 가장 일반적으로 사용되는 명칭인 '산업'을 사용하여 '산업 플랫폼'이라고 부르는 것이 적합하다고 생각한다.

재차 설명했듯 산업은 '동일한 기본 고객 필요'를 만족시키는 제품 혹은 서비스를 공급하는 기업집단이기 때문에 산업별로는 차이가 있지만 같은 산업 부류 내에서는 보편적인 가치사슬을 가지게 된다. 이러한 산업별 가치사슬에 각 기업은 디지털 플랫폼 모델을 이용한 플랫폼 사업을 결합시키면서 산업의 혁신을 주도하고자 한다.

창의적인 산업 플랫폼을 통해서 혁신하는 기업은 미래 산업의 새로운 경쟁 구조에서 승자가 될 유리한 위치를 확보하게 된다. 이러한 분위기에서 다양한 시도를 하는 선도 기업들이 늘어나 혁신적인 산업 플랫폼들이 등장하고 있다. 예를 들면 금융산업에서는 마이데이터 법이 2021년에 통과되면서 개인 고객별로 다양한 서비스를 제공하는 마이데이터 플랫폼이 산업 플랫폼으로 등장하게 되었고, 개별 금융회사의 개인 자산운용 사업과 맞물리며 다양한 차별화된 시도들이 이루어지고 있다.

데이터와 디지털로만 되어 있는 플랫폼은 플랫폼별로 산업들의 융합이 일어난다. 이미 언급했듯 디지털 플랫폼은 사업을 확산하는 방식이 매우 다르다. 디지털 세계에만 있기 때문에 새로운 디지털 서비스들의 확장이 고객의 필요에 따라 고객 단위에서 일어난다. 그렇게 디지털 플랫폼은 산업을 넘나들며 확장하고 산업의 융합이 고객과 플랫폼을 중심으로 일어난다. 그러나 산업 플랫폼은 다르다. 산업 플랫폼에는 기업/산업 단위로 확장하는 가치사슬 모델과, 고객과 플랫폼 중심으로 확장하는 디지털 플랫폼 모델이 공존한다.

기존의 가치사슬 사업은 같은 산업 내에서 가치사슬을 중심으로 수직적 통합을 하거나, 새로운 산업으로 사업다각화를 시도하거나, 세계화 시대를 발판으로 지리적으로 확대해서 사업을 확장한다. 이렇게 기업/산업 단위로 확장을 시도하는 기존 가치사슬 사업에, 고객 단위로 확장하는 디지털 플랫폼 모델을 융합하면 수많은 창의적인 비즈니스 모델들이 만들어질 수 있다. 이러한 비즈니스 모델들을 몇 개의 대표적인 개념으로 포괄하여 정의한 것이 산업 플랫폼이다. 그러므로 산업별로는 복수의 산업 플랫폼들이 존재할 수 있다.

미국의 '우버'와 한국의 '타다', 그리고 '카카오 택시' 등을 예로 들어 산업 플랫폼을 설명해보자. 우버와 카카오 택시는 서비스 섹터, 여행/운송/물류 산업, 그리고 운송 세부산업에 속하는 '차량공유서비스 산업 플랫폼'으로 분류할 수 있다.

같은 '차량공유서비스 산업 플랫폼'으로 분류되더라도 두 회사의 모델은 다르다. 우버는 데이터와 디지털로만 구성된 전형적인 다면 디지털 플랫폼이다. 초기 '타다' 모델이나 카카오 택시 모델은 한국의 운수산업 규제로 인해서 출발점이 차량을 인수하거나 택시 회사를 인수해서 운전 서비스 인력을 고용하는 형태로 시작되었다. 가치사슬과 디지털 플랫폼의 융합 모델이면서 단면 모델이다.

이와 같은 예에서 볼 수 있듯이 '차량공유서비스 플랫폼'은 '운수업'의 대표적인 산업 플랫폼이지만 그 구체적인 모델은 국가에 따라, 개별 기업의 차별 전략에 따라 다른 비즈니스 모델로 나타난다. 미국의 우버, 동남아시아의 '그랩', 한국의 '타다', 카카오 택시 등을 보면 다양한 차별화된 비즈니스 모델들이 국가별 규제나 운수법에 따라 나타나고 있음을 알 수 있다.

기업들의 끊임없는 차별화 경쟁은 모든 종류의 산업에서 수많은 산업 플랫폼을 탄생시키고 있다. 산업 플랫폼은 산업별로 나타나므로 20개가 넘는 모든 산업 부류 내에서 나타나고 있다. 모든 산업을 다 다룰 수는 없으므로 이 책에서는 그중 금융산업, 유통산업, 물류산업에서의 산업 플랫폼에 대해서 좀 더 논의해보기로 하자.

가치사슬 모델의 혁신

디지털 플랫폼 모델의 등장으로 새로운 형태의 사업이 확산됨에 따라 가치사슬 모델도 창의적인 진화를 지속적으로 해왔다. 산업 플랫폼은 가치사슬 사업과 디지털 플랫폼 사업을 연계하는 것이 기본이므로, 가치사슬 모델의 진화에도 많은 관심을 기울여야 한다. 가치사슬 모델의 창의적인 진화로 최근에 가장 많이 논의되는 혁신이 세계화와 전문화이다. 세계화와 전문화는 동전의 양면과 같다. 세계화가 진행되면서 많은 국가에서 많은 법인들을 효과적이고 효율적으로 운영하기 위해 가치사슬의 전문화를 주요한 어젠다로 삼고 있기 때문이다.

기업들은 세계화 시대의 기술 발전과 시장의 요구를 반영하여 비즈니스 모델 혁신을 하기 위해 점점 더 전문화되고 있다. 즉 핵심적 업무에 집중하여 경쟁사와 차별화 요소를 만들고, 비핵심적 업무는 전문 파트너 업체들에 의존하고자 한다. 성공적인 미래 기업의 모습은 고도로 전문화된 기업이다. 과거 대부분의 기업들은 제조, 판매, 운영 등의 가치사슬을 스스로 소유했다. 이를 위하여 물리적 자본에 기반을 두었으며 자산을 효율적으로 관리하려고 노력했다. 하지만 이제는 비핵심적인 영역은 아웃소싱을 통해 전문 파트너 업체에 맡기고 소규모의 물리적 자본을 지닌 핵심 역량 중심의 기업으로 변모하고 있다.

전문화 혁신을 위해서는 우선적으로 자사의 상대적 우위 영역에 대한 객관적 평가와 판단이 필요하다. 전문화의 세계에서 기업들은 각 비즈니스 영역의 성과를 평가하여 자사의 우위, 즉 자사가 어느 분야에서 가장 많은 가치를 창출할 수 있는지 판단해야 한다. 그리고 이러한 평가와 판단을 바탕으로 기업의 상대적 우위에 직접적으로 기여하지 않는 영역을 비전략적 영역으로 분류하여 이를 외주 전문가에게 의탁할 수 있다. 외부 전문가가 더 효과적으로 제공할 수 있는 기능을 내부적으로 개발하는 것은 차별화 및 상대적 우위 향상에 저해가 되며 기업 전문화를 어렵게 만든다.

CHAPTER 2

마이데이터 플랫폼이 이끄는
전통 금융업의 혁신

───── 2장에서는 금융산업의 대표적인 산업 플랫폼인 마이데이터 플랫폼에 대해서 논의해보자. 금융산업 내 디지털 플랫폼 도입은 스타트업부터 시작되었다. 각종 금융 관련 법안과 규제들이 전통 금융사들의 디지털 플랫폼 도입에 제한을 가했기 때문이다. 금융에서 본격적으로 디지털 플랫폼 도입을 시작한 대표적인 스타트업들은 뱅크샐러드와 토스이다. 뱅크샐러드는 2014년 레이니스트에서 출시한 서비스이다. 지출 내역과 카드 혜택을 분석해서 고객에게 필요한 맞춤 카드를 추천해주는 서비스로 시작하였다. 이후 예금, 주식, 보험 등 모든 금융 데이터를 수집하여 고객들이 하나의 앱에서 관리할 수 있도록 해주는 서비스로 발전하였다. 토스는 2015년에 출시되어 초반에는 송금 서비스에 집중하여 사업

을 전개하였다. 이후 앱 내에서 대출, 보험, 계좌 관리 등 모든 서비스를 이용할 수 있도록 사업을 확장하였고 현재도 사업을 진행하고 있다. 이렇듯 스타트업들은 디지털 플랫폼 도입을 통해 고객들이 하나의 애플리케이션에서 통합 서비스를 제공받을 수 있게 해주었다.

금융산업 내 디지털 플랫폼 도입이 스타트업을 중심으로 시작된 이유는 스타트업들의 기존 사업 구조가 단순하여 혁신을 시작하는 것이 용이했기 때문이다. 스타트업들이 디지털 혁신을 통해 전통 금융사들의 사업 영역을 침범하였지만, 전통 금융사들은 곧바로 대응을 하지 못하였다. 개인정보보호법, 신용정보법 등 각종 법안들로 인하여 금융 데이터 활용에 제한을 받았기 때문이다. 금융산업은 기본적으로 규제를 많이 받는 산업이다. 전통 금융사들은 섣부른 판단이 기존에 영위하고 있는 비즈니스에 오히려 악영향을 줄 수도 있어 디지털 플랫폼 도입에 소극적일 수밖에 없었다.

이러한 상황은 데이터 3법 통과로 변화하기 시작하였다. 정책 당국은 데이터 3법을 개정하고, '본인 신용정보관리업(이하 마이데이터 사업)'에 대한 규정을 신설하여 기업들이 익명 처리된 정보에 대해서는 제한 없이 사용할 수 있도록 해주었다. 이 법안 덕분에 전통 금융사들도 비로소 디지털 플랫폼을 적용하여 스타트업의 위협에 대항하는 산업 플랫폼을 형성할 수 있게 되었다.

금융산업 내 디지털 플랫폼 도입은 크게 두 가지 측면에서 산업에 변화를 주었다. 첫 번째 변화는 파편화된 서비스들을 통합하여 고객의 편

그림 6-1 │ API 생태계 모델과 마이데이터 모델

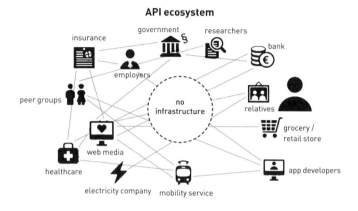

API ecosystem

My Data Model

출처: Poikola et al. (2014)

의성을 높인 것이다. 마이데이터 사업 도입 이전의 개인 데이터는 API(인터페이스) 생태계를 따라서 유통되었다. 이 유형은 서비스 간 필요한 개인

그림 6-2 | 금융상품 제조, 판매 구조의 변화

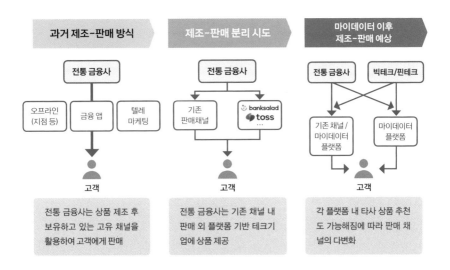

데이터를 각각의 API로 연결하는 방식인데, 개인이 제3자에게 정보 전달하는 것을 동의하면 정보처리기관이 비즈니스 목적에 따라 데이터를 제3자에게 API를 통해 전달한다. 개인이 그때그때 허가한 정보만을 허가받은 기업이 사용할 수 있게 되는 것인데, 이 경우 시간이 지날수록 개인이 자신의 정보가 어디에서 사용되고 있는지 확인하기 어려워진다는 단점이 있다. 또한 각각의 서비스에 따로 가입해야 한다는 불편함도 있다. 하지만 마이데이터 도입 이후, 개인 데이터 유통은 마이데이터 모델을 따라서 유통할 수 있게 되었다. 이 덕분에 하나의 애플리케이션에서 개인 데이터를 관리하고 다양한 서비스를 이용하는 것이 가능해졌다.

그림 6-3 | KB 그룹의 마이데이터 사업

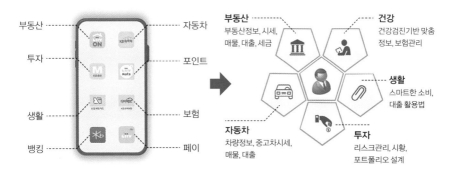

Multi Source Data & Service

통합된 관점의 고객 수익 극대화 추구

공급자 중심의 파편화되어 제공되던 서비스

고객 중심의 금융-비금융 통합 자산관리 및 리밸런싱

출처: KB국민은행

　두 번째 변화는 금융상품의 제조, 판매, 유통 과정에서 발생하였다. 산업 플랫폼 형성 이전에 기존 금융 서비스들은 대부분 오프라인 고유 채널을 통해 금융상품을 판매하였다. 일부 온라인 혹은 애플리케이션을 통해서도 판매하기는 했지만, 마이데이터 모델 도입 이전에는 각각의 서비스가 파편화되어 있었기 때문에 편의성이 부족하여 큰 성과를 얻지는 못하였다. 하지만 통합 애플리케이션이 출시되면서 상품 판매 채널에도 유의미한 변화가 생겼다. 전통 금융사들은 디지털 플랫폼 도입을 통해 기존 오프라인 채널뿐만 아니라 온라인 채널로도 사업을 확장할 수 있었으며, 판매하는 상품군도 자사의 상품뿐만 아니라 타사의 상품까지 판매할 수 있게 되었다. 고객의 입장에서도 기존에는 원하는 금융상품을 찾기 위해 다양한 사이트, 애플리케이션에 접속해야 하는 등 많은 탐색 시간이 필요했지만, 마이데이터 플랫폼 도입을 통해 이러한 시간들을 획기적으로 줄일 수 있게 되었다.

전통 금융사가 디지털 플랫폼 도입을 통해 산업 플랫폼을 구축한 대표적인 예시로 KB 그룹의 마이데이터 서비스가 있다. KB 금융그룹은 데이터 3법 통과 이후 적극적으로 마이데이터 사업을 전개하였는데, 파편화되어 있는 서비스를 통합하여 하나의 앱에서 자사 계열사들의 다양한 서비스를 사용할 수 있도록 하였다.

삼성 그룹의 금융 계열사들도 '모니모(monimo)'라는 애플리케이션을 출시하여 고객들이 자산을 효율적으로 관리할 수 있는 금융 관련 통합 서비스를 제공하고 있다. 이렇듯 데이터 3법 개정 이후 전통 금융사들은 스타트업에 대항하여 빠르게 디지털 플랫폼을 기존 사업에 적용하였고 산업 플랫폼을 형성하였다. 수십 년 동안 쌓은 고객과의 관계와 고객 데이터를 바탕으로 빠르게 이용자들을 확보하면서 다시금 시장 지배력을 키울 수 있는 기회를 잡은 것이다.

미래 유통 플랫폼이
오프라인과 만났을 때

―――― 유통기업들이 디지털 플랫폼을 도입한 역사는 비교적 오래되었다. 1990년대 후반부터 초고속 인터넷이 보급되기 시작하면서 인터넷 쇼핑 소비가 늘어났고 이때부터 인터넷 쇼핑몰이 급성장했기 때문이다. 역사는 오래되었지만 본격적인 물류 혁신을 통한 품목 확장은 2010년대 스타트업을 중심으로 시작되었다.

이 시기 유통 혁신을 이끈 대표적인 스타트업은 쿠팡과 마켓컬리이다. 쿠팡과 마켓컬리는 각각의 분야에서 생활용품 및 잡화, 신선식품이라는 카테고리를 온라인 판매로 확장하였는데, 물류 혁신을 통한 디지털 플랫폼 도입을 통하여 기존 전통 오프라인 유통사들이 장악한 시장에 성공적으로 침투할 수 있었다.

유통업에서 디지털 플랫폼을 도입하기 위해서는 물류에 대한 투자가 선행되어야 한다. 때문에 쿠팡은 지속적으로 물류에 투자를 했으며, 상장을 한 이후인 2021년에만 1조 원 이상을 물류센터에 투자하였다. 마켓컬리도 설립 이후 지속적인 자본 조달을 통해 지속적으로 물류센터를 확충하였다. 이 덕분에 고객들은 온라인을 통해 신선식품 등 거의 모든 품목들을 주문할 수 있게 되었으며, 물품들을 빠르게 받아보는 것이 가능해졌다.

스타트업들의 시장 침투에 대응하여 전통 유통업을 운영하는 기업들도 디지털 플랫폼을 도입하기 시작했다. 이마트는 'SSG.com'을 출시하면서 기존 오프라인 중심의 산업 구조 위에 디지털 플랫폼을 추가하였다. 롯데 그룹도 '롯데온'이라는 통합 앱을 통해 기존 오프라인 중심 사업에 디지털 플랫폼을 활용하여 산업 플랫폼을 형성하였다.

하지만 단순히 온라인 판매 채널을 확장시키는 정도로는 시장에 빠르게 침투하는 스타트업들에 대항하기 힘들었다. 기존 오프라인 매장이 없었던 스타트업들은 모든 역량을 디지털 플랫폼과 물류 혁신에 집중할 수 있기 때문이다.

이에 전통 유통사들은 스타트업들이 따라 할 수 없는 방법으로 산업 플랫폼을 강화시키는 방안들을 고안해내기 시작했다. 기존 자사의 오프라인 플랫폼을 활용하는 방향으로 물류 혁신을 이루고 투자비를 획기적으로 절감한 것이다. 대표적인 예로 이마트의 PP센터가 있다.

유통 사업을 온라인으로 진행하기 위해서는 물류센터 건립이 필요하

그림 6-4 | 이마트 PP센터

출처: 매거진 한경

다. 특히 주요 도심 근교 지역에 물류센터를 만들어야 하기 때문에 조 단위 이상의 많은 비용이 필요하며 건립에 많은 시간이 소요된다. 쿠팡과 마켓컬리 등 오프라인 기반이 없는 스타트업들은 사업 진행을 위하여 많은 물류센터를 신규로 건립해야 했고 이 때문에 현재까지도 지속적으로 영업 적자가 발생하고 있다.

이마트 또한 디지털 플랫폼 확장을 위해서는 물류 투자가 필요하다. 하지만 이마트는 주요 도심 지역에 오프라인 매장들이 있기 때문에 이를 물류센터로 활용한다면 물류 투자 비용을 획기적으로 절감할 수 있다.

전통 유통사가 기존 자사가 가지고 있던 레거시 자산을 디지털 플랫폼을 강화하는 데 활용하여 산업 플랫폼을 공고하게 구축한 것이다. 현재 'SSG.com'은 150여 개 PP센터를 운영하고 있는데, 2025년까지 PP센터에 적극 투자하여 이커머스 업체와의 배송 경쟁에서 우위를 점하려 하고 있다. 이러한 이마트의 노력이 성공할 경우, 전통 오프라인 자산을 산업 플랫폼의 경쟁력 강화에 활용한 대표적인 사례가 될 수 있을 것이다.

데이터 서비스 플랫폼 기반의 고객 커뮤니티 앱 개발

전통 소비재 기업이나 유통기업이 고객 데이터 기반의 커뮤니티 플랫폼을 구축하고자 하는 경우, 최종 고객과 직접 소통할 수 있는 채널을 확보하는 것이 필수적이다. 기존의 시스템에도 고객 데이터 관련 내용이 존재하지만 주로 주문 및 거래 기록 데이터 중심이고, 최종 고객인 실사용자 데이터가 아니다. 그러므로, 클라우드 기반으로 신규 사용자 커뮤니티 플랫폼(앱)을 개발하고, 이를 통해 최종 고객 데이터를 수집하는 것이 중요하다.

여기서 주의할 점은 단순히 커머스를 위한 모바일 앱 채널을 추가로 구현하는 것이 아니라는 점이다. 고객 앱을 통해 먼저 고객 커뮤니티를 활성화하고, 사용자 편의 콘텐츠와 불편 해소 기능을 제공함으로써 실질적인 소통의 장을 만드는 것이 데이터 커뮤니티 플랫폼의 강점이라고 볼 수 있다.

이렇게 개발된 커뮤니티 플랫폼은 지속적으로 고객과 소통하며 진화해야 한다. 조직적으로는 애자일/데브옵스 체계가 구축되어야 하고, 기술적으로는 데이터 플랫폼이 구축되고 API(인터페이스)로 연결된 디지털 서비스 모델이 구현되어야 한다. 이러한 기술 구조를 '데이터 서비스 플랫폼'이라고 정의한다.

대부분의 전통 기업들은 IT 부서가 예전부터 개발해왔던 SQL 방식으로 데이터베이스와 통합하여 웹이나 앱을 구현한다. 하지만 디지털 플랫폼 모델로 고객과 소통하며 서비스를 지속적으로 만들어나가는 커뮤니티 기반의 커머스 플랫폼을 만들기 위해서는, 데이터 플랫폼을 구축하고 API를 설계하여 지속적으로 디지털 서비스를 만들어나갈 수 있는 기술 구조로 플랫폼을 구축해야 한다.

대부분의 앱들이 과거의 개발 방식으로 구축해놓고 고객의 새로운 요구사항이 나올 때마다 새로 앱을 개발하고 있지만, 최근에는 풀무원푸드앤컬처의 '드실' 플랫폼과 같은 데이터 서비스 플랫폼 기술 구조로 구축하는 사례도 나타나고 있다. 디지털 플랫폼을 구축할 때 고객 앱들을 단독으로 개발하기보다는 데이터 서비스 플랫폼을 구축하고, 그 기반으로 고객 앱들을 개발해나가는 것이 매우 중요하다.

고객 앱 개발과 데이터 서비스 플랫폼을 구분하는 것은 관심사의 분리이다. 하나의 고객 앱 개발은 특정 목적을 수행하기 위해서 데이터 모델과 기능들, 그리고 이를 위한 사용자 UI 개발로 이루어진다. 각각의 고객 앱은 전사 공통 데이터를 활용하더라도 다른 형태의 UI로 개발한다. 하지만 상대적으로 변경 가능성이 낮은 공통 데이터를 여러 고객 앱에서 동일하게 사용하는 것이 데이터 일관성 확보에 용이하다. 또한 향후 각각의 앱을 두고 교차 분석이 필요한 경우에 이러한 공통 데이터를 연결고리로 사용할 수 있다. 고객 앱에서는 특정 기능 및 그에 필요한 특정 데이터에 관심을 집중하고, 데이터 서비스 플랫폼에서는 공통 데이터의 관리 및 서비스에 관심을 집중한다.

이러한 데이터 서비스 플랫폼의 역할에 대해서 논의해보자. 아래 그림과 같이 다섯 가지 역할이 있다.

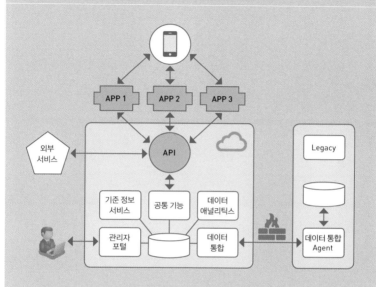

데이터 서비스 플랫폼의 첫 번째 역할은 '기준 정보 서비스'이다. B2B 전통 기업이 고객 커뮤니티 앱이나 콘텐츠 앱을 개발하더라도 조직 정보, 매장 정보, 제상품 정보 등 기준 정보는 레거시 시스템에서 사용하는 엔터프라이즈 데이터와 반드시 공유되어야 한다. 데이터 서비스 플랫폼에서 기준 정보를 서비스하고, 고객 앱은 API를 통하여 이를 활용해야 한다. 데이터 서비스 플랫폼은 엔터프라이즈 데이터로부터 기준 정보를 수집, 관리, 서비스하며 사용자용 콘텐츠를 보강하는 역할을 한다. 여러 개의 고객 앱을 순차적으로 늘려가는 경우, 기존에 개발되어 있는 데이터 서비스 API를 활용할 수 있기 때문에 후속되는 고객 앱의 개발 생산성을 매우 높일 수 있다.

두 번째 역할은 '안전한 데이터 통합'이다. 기업 내부 시스템에 존재하는 데이터와 클라우드에 존재하는 데이터를 양방향으로 통합하는 것이다. 일반적으로 기업의 보안 정책상 외부로부터 내부의 데이터베이스에 대한 접속은 엄격히 제한된다. 즉 클라우드에 위치하는 앱들이 기업 내부의 데이터에 직접 접근하는 것을 피해야 한다. 이러한 제약 사항을 해결하기 위한 방안으로, 먼저 기업 내부에 있는 데이터 통합 도구를 사용하여 클라우드의 데이터 서비스 플랫폼에 데이터를 제공한다. 그런 다음 여러 고객 앱들이 데이터 서비스 플랫폼에 제공된 데이터를 사용하도록 함으로써 보안을 강화할 수 있다.

세 번째 역할은 '공통 기능 API 제공'이다. 각각의 고객 앱은 목적에 필요한 고유 기능들을 보유하므로, 고객 앱 간 보유 기능에는 차이가 존재한다. 만약 각각의 고객 앱에서 공통으로 필요한 기능이 있다면, 이러한 공통 기능은 한 번 개발한 다음 여러 앱에서 재사용할 수 있게 해야 한다. 대표적인 공통 기능으로는 지불 게이트웨이 연계, 통지 서비스, 주소 팝업 서비스 등이 있다. 공통 기능은 표준 API를 통해 제공함으로써 여러 고객 앱에서 재사용할 수 있다.

네 번째 역할은 '데이터 애널리틱스'이다. 엔터프라이즈 데이터와 통합 분석, 고객 앱 간 교차 데이터 분석과 같은 고급 데이터 분석 기능은 개별 고객 앱이 자체적으로 내장하는 것보다 데이터 서비스 플랫폼에서 수행하는 것이 보다 효과적인 방법이다.

다섯 번째 역할은 '관리자 포털'이다. 요즘 고객 앱은 주로 모바일 디바이스를 위해 네이티브 앱 또는 하이브리드 앱으로 개발한다. 그러나 이러한 개발 방식이 고객 앱의 관리자 기능까지 모두 모바일 앱으로 만들어야 한다는 의미는 아니다. 오히려 관리자 기능을 웹으로 개발하여 PC, 노트북 또는 태블릿에서 사용할 수 있도록 하는 것이 관리자 업무 생산성을 높일 수 있다. 이처럼 데이터 서비스 플랫폼에서는 여러 고객 앱에서 필요한 관리자 기능과 관리 화면들을 역할과 권한에 맞게 접근할 수 있도록 관리자 포털 기능을 수행한다.

CHAPTER 4

전통적인 물류산업에서의
플랫폼 비즈니스 모델

———— 물류는 그 자체가 물리적인 플랫폼이다. 선박, 비행기, 트럭 등 다양한 운송 자산을 보유하는 가치사슬 사업이기도 하다. 물류산업 중 해운 물류 부문에서는, 가치사슬 기반의 물리적 플랫폼과 데이터 기반의 디지털 플랫폼 모델이 만나서 창의적인 해운 물류 산업 플랫폼이 만들어지고 있다. 물리적 플랫폼과 디지털 플랫폼의 창의적인 만남은 새로운 혁신 기회들을 만들어내면서 해운 물류업에 새로운 활력을 불러일으켰다.

해운 물류업계 기준 전 세계의 무역 거래로 인해 발생되는 수출입 물류 시장은 약 1,000조 원으로 추산된다. 전 세계 수출입 물류 중에서도 국내 해상 및 항공 국제운송 부문으로 국한해서 보아도 약 22조 원에 달하는 상당한 규모의 산업이다. 그리고 이 산업의 핵심 업체는 수출입 물류를 화주로부터 아웃소싱받아서 운영을 수행하는 국제 물류 주선 업체이다. 이러한 국제 물류 주선 업체는 '포워더(Forwarder)'라고 불린다. 포워더는 화주를 위해 전문성을 가지고 여러 프로세스를 대행한다. 국내에서 수출입을 하는 제조/유통 기업은 약 30만 개이고, 수출입 물류 대행업체인 포워더는 약 4천 개 업체가 국토부에 등록되어 있다.

그러나 이러한 시장 규모에 비해 포워딩 산업은 상당히 보수적인 문화를 가지고 있다. 이러한 이유로 서비스 공급망에 있는 다양한 참여사들 간의 시스템 호환성이 부족하여 데이터를 활용한 혁신이 어렵고, 정보의 자동화나 디지털화 수준이 상대적으로 낮다. 때문에 해운/항공/육상 운임 등의 물류 상품을 거래할 수 있는 국내 B2B 이커머스 플랫폼은 낮은 수준에 머물러 있고, 시도했던 몇몇 회사들도 사업적인 성과가 미약한 것이 현실이다.

판매자(포워더)와 구매자(실화주)가 다수인 물류 시장을 얼핏 보면 서로를 매칭해주는 플랫폼이 쉽게 적용될 수 있을 것이라 생각할 수 있으나 이는 결코 간단한 문제가 아니다. 포워더는 실화주에게 조금이라도 더 높은 판가를 불러야 선사(船社)에게 지불하는 원가를 제하고 최대한 수익을 가져갈 수 있다. 따라서 거래가 확실히 성사된다는 확신이 있지 않은 상태에서는 온라인상에 경쟁사가 쉽게 알아차릴 수 있는 자신의 가격 경쟁력을 노출시킬 동기가 부족하다.

이렇게 공급자인 포워더를 플랫폼에 참여시킬 수 있는 동기가 모호하면 실제 거래는 플랫폼 밖에서 오프라인 직거래로 이루어지게 되고, 플랫폼 내 정보의 가치가 떨어지게 되어 사용 빈도가 점차 줄어드는 악순환이 반복되는 것이다. 실화주의 견적 요청에 대해 복수의 포워더들이 단가를 제시하는 역경매 등과 같은 시도도 있었으나 이 역시 매칭의 방향이 다를 뿐 포워더를 플랫폼에 붙잡아둘 유인책이 부족해 시장에서 활성화되지 못하였다.

그러다가 최근 코로나19로 인한 물류 대란 속에서 수많은 수출입 기업들이 기존에 거래하던 포워더에만 의존하다가 급격한 운송비 상승 및 선복 부족으로 어려움을 겪게 되었다. 이로 인해 기존에는 사용 빈도가 낮았던 글로벌 선사의 이커머스 사이트로 포워더나 화주의 유입이 증가하였다. 게다가 국내 시장에서는 수출입 기업들의 물류 담당자로 디지털 네이티브인 젊은 세대들이 진출하여 점차 물류비 비교 견적이나 이커머스를 통한 투명한 정보 제공 요구가 증가하고 있다. 이에 자연스럽게 여러 선사 및 각 지역별로 경쟁력을 지닌 포워더들을 한데 모은 통합 플랫폼의 필요성이 많은 수출입 물류 관계자들 사이에 화두로 등장하게 되었다.

이에 따라 미국을 중심으로 플렉스포트(Flexport), 프레이토스(Freightos), 나우포츠(Nowports) 등과 같은 플랫폼 회사들이 생겨나 운영 동력을 갖추어나가고 있다. 국내에서도 K-Ship 얼라이언스 같은 스타트업이 소위 'B2B First Mile 해운 물류 전문 이커머스 플랫폼'을 표방하면서 사업 모델을 갖추어나가고 있다.

K-Ship 얼라이언스의 사업 모델을 보면 야놀자 클라우드 같은 다른 산업에서 성공한 플랫폼 모델과 크게 다르지 않다. 수요자와 공급자의

그림 6-5 │ 해운 운송 산업 플랫폼의 비즈니스 모델

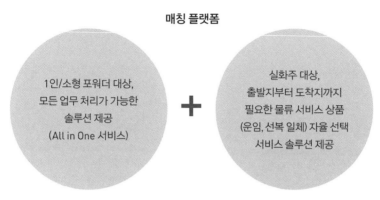

매칭 플랫폼

1인/소형 포워더 대상,
모든 업무 처리가 가능한
솔루션 제공
(All in One 서비스)

➕

실화주 대상,
출발지부터 도착지까지
필요한 물류 서비스 상품
(운임, 선복 일체) 자율 선택
서비스 솔루션 제공

※공급자 : 선사/물류 파트너사 서비스 보증(선복, 운송, 보관 등 인프라)

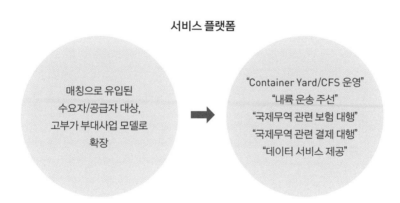

서비스 플랫폼

매칭으로 유입된
수요자/공급자 대상,
고부가 부대사업 모델로
확장

➡

"Container Yard/CFS 운영"
"내륙 운송 주선"
"국제무역 관련 보험 대행"
"국제무역 관련 결제 대행"
"데이터 서비스 제공"

매칭 플랫폼으로 시작해서 결국 각종 부대사업으로 서비스를 확장하는 종합 서비스 플랫폼으로 성장하려는 것이다.

이 플랫폼의 매칭 전략은 수요자인 실화주 또는 중소형 포워더와 공급자인 선사 또는 물류 파트너사 간에 실제 거래가 플랫폼 상에서 지속

해운 운송 산업 플랫폼의 기능

구분	As-Is	To-Be (플랫폼)
1인/ 소형 포워더	• 홍보 채널이 적은 대면 영업 환경 • 수작업 업무 많음, IT 능력 낮음	• 데이터 기반 마케팅(과거 실적, 해시태그) • 업무 자동화 IT 서비스 제공(ERP/협업/RPA 등 무료 또는 최소과금 정책)
실화주	• 가격 비교 어려움(전화/메일로 요청) • 미거래 포워더 서비스 품질 확인 어려움 • 체계화된 데이터 관리 어려움	• 가격 비교 기능 제공 • 데이터 기반 포워더별 서비스 품질 확인(과거 실적 및 구매자 피드백) • 데이터 기반 보고서, 대시보드 제공
선사	–	• 안정적인 물량 확보 • 고객 포트폴리오 다양화

※ 플랫폼과 강력한 협업 관계 유지를 위한 플랫폼 직접 투자 또는 계약 필요

적으로 이루어지도록 하는 것이다. 그러기 위해서는 현재 업계에 만연한 여러 프로세스상의 문제점과 불편함을 해결할 수 있는 우수한 디지털 플랫폼을 제공하는 것이 선결 조건이다. 그러지 않으면 디지털 플랫폼에 들어올 이유가 없을 것이다. 동시에 선사와의 제휴를 통해 일정 선복량을 사서 확보하는 것도 필요하다. 안정된 공급 물량을 정기적으로 확보하지 않으면 수요자의 신뢰를 얻기 어렵기 때문이다. 이러한 중간자적 역할을 위해 어느 정도의 자금이 드는 것은 피할 수 없다.

이 모델의 단점 중 하나는 매칭에서 나오는 수익만 가지고 수익성이 나기는 힘들다는 점이다. 충분한 트래픽이 확보될 때까지 투자가 지속적

으로 필요할 가능성이 크다. 운전 자금도 많이 투입되어야 할 것이다. 그러므로 서비스 플랫폼으로서 수익을 창출하는 전략이 병행되어야 한다. 서비스 플랫폼으로 자리 잡게 되면 일정 규모 이상의 수익을 기대할 수 있다. 특히 확보된 사용자들을 통한 가격 협상력과 다양하게 축적된 데이터를 토대로, 오프독 컨테이너 야드(ODCY, Off-Dock Container Yard), 육상 운송, 적하보험, 통관, 그리고 물류 정보 리포트 및 맞춤 광고 서비스 등 다양한 서비스를 제공할 수 있다.

이러한 사업 전개를 위해 가장 중요한 인프라는 디지털 플랫폼이다. 누구나 손쉽게 수출입 화물을 확보할 수 있고 포워더의 역할을 할 수 있도록 하는 디지털 서비스를 극히 저렴한 가격으로 제공하는 것이다. 현재 포워더 프로세스에서는 수많은 반복적 수작업이 존재한다. 대부분의 수작업들은 실화주로부터 이메일이나 전화로 받은 비정형 오더 정보를, 데이터 연계가 되어 있지 않은 자체 시스템과 선사 등의 파트너 시스템에 중복 입력하면서 발생한다. 중복되는 수작업에는 많은 오류가 따르게 된다.

이후 운송 현황을 주기적으로 관련 웹사이트에서 모니터링하면서 가시성도 별도로 정리해서 파악해야 하고, 결제/정산 역시 상당한 수작업이 요구된다. 디지털 기술을 활용한 수기 업무의 자동화나 다양한 데이터 분석 서비스를 제공하는 플랫폼이 구축된다면, 포워더나 실화주는 디지털 플랫폼의 장점을 충분히 누릴 수 있게 되고, 이는 플랫폼에 머무르게 만드는 동인이 될 수 있다.

이러한 방식으로 물류 이커머스 플랫폼의 선도 주자가 국내 시장에 안착할 수 있다면 이후의 성장 잠재력은 실로 크다고 예상할 수 있다. 국제 물류 업무는 세관 신고 등 지역의 특수성이 존재하지만 큰 틀에서는 상당히 유사해서 타 국가로의 확장이 매우 용이하기 때문이다. 또한 철저한 품질 관리 아래 일정 성장 궤도에 진입하게 되면, 참여자들의 추가 유입으로 데이터와 콘텐츠가 풍성해지는 전형적인 다면 플랫폼의 선순환 효과를 누릴 수 있다. 부가적으로는 각 물류 건에 대한 구매자 리뷰나 측정 지표들을 관리함으로써 포워더들이 규모가 아닌 능력으로 인정받게 되면 다양성과 공익성이라는 사회 가치를 추구하는 건강한 플랫폼으로 빠르게 성장할 수 있다.

요약해서 설명하면, 수출입 화주(수요자)는, 기존 포워더와 동일한 수준의 서비스를 받으면서, 해상 및 항공 운임, 통관, 육상 운송, 현지 제반 비용 등의 다양하고 복잡한 물류 상품 등을 즉시 조회할 수 있을 뿐만 아니라, 가격 경쟁력을 갖추고 있으면서 선복이 보증되는 상품을 구매할 수 있게 된다. 또한 과거의 주문 내역, 진행 건에 대한 이슈, 전체 현황 정보 등을 쉽고 정확하게 확인할 수 있다. 선사는 고객 중 수출입 화주의 비중을 플랫폼을 통하여 자연스럽게 넓혀갈 수 있으며, 플랫폼 운영자는 포워딩 업무 서비스를 제공하기 때문에 추가 인원 투입에 대한 부담이 줄어들 것이다.

공급자로서 포워더는 자신들만의 강점이 있는 지역의 수출입 화주를 플랫폼 사업자를 통해 고객으로 유치하게 될 것이다. 점점 전문화되고 복잡해지고 있는 'Last Mile 물류 서비스'와 비교할 때 언제나 이커머스와는 거리가 멀다고만 하고 있던 'First Mile 물류 시장'에서도 진정한 디지털 혁신을 선도할 수 있다.

CHAPTER 5

토크노믹스가 만들어내는
산업 플랫폼의 미래

———— 웹 3.0플랫폼이라고 불리는 블록체인 기반의 미래 플랫폼은 토크노믹스라는 토큰 이코노미에 그 기반을 두고 있다. 토크노믹스는 아직 초기 모델이고 불확실성을 많이 내포하고 있지만, 향후 많은 전통 기업들에 또 다른 혁신의 기회를 제공할 것이다. 전통 기업이 기존의 가치사슬 모델에 디지털 플랫폼 모델을 적용하고 탈중앙화 금융 모델이나 토크노믹스까지 도입한다면 창의적이고 파괴적인 혁신 기회들이 도출될 수 있다. 이미 소비재 산업이나 유통산업 등에서 토크노믹스를 도입하는 기업들이 등장하고 있다. 토크노믹스를 결합할 때 산업 플랫폼은 또 다른 혁신을 일으킨다.

블록체인 기반의 웹 3.0 미래 플랫폼은 특정 기업이 소유하는 것이 아니라 플랫폼 참여자가 공동으로 소유하고 지배한다. 또한 플랫폼에서 발생한 이익은 약속된 메커니즘을 통해 플랫폼 참여자들과 나누고, 플랫폼에 제공된 디지털 자산의 소유권은 참여자에게 온전히 귀속된다. 즉 웹 3.0 플랫폼은 특정 기업이 운영하는 중앙화된 디지털 서비스가 아니라 플랫폼 빌더와 참여자가 함께 운영하고 수익을 나누는 탈중앙화된 디지털 서비스이다.

웹 3.0 플랫폼은 디지털 플랫폼에 토큰과 토크노믹스가 접목되어 만들어진다. 토큰은 탈중앙화되어 있는 블록체인 네트워크에서 발행되기 때문에 유저가 온전한 소유권을 행사할 수 있다. 웹 3.0 플랫폼은 토큰이라는 경제적인 인센티브를 중심으로 탈중앙화 생태계를 구축하고, 생태계 참여자들은 토크노믹스에 따라 생태계 내에서 자율적으로 각종 경제 활동을 수행한다.

기존 가치사슬 모델에 디지털 플랫폼 모델을 적용하여 산업 플랫폼을 설계할 때 토크노믹스를 도입하면, 참여자들이나 고객들이 토큰이라는 경제적인 인센티브를 중심으로 탈중앙화 경제 생태계를 추가로 구축할 수 있다. 즉 물리적인 세계의 가치사슬과 가상 세계의 토큰 이코노미가 결합되는 것이다. 고객들은 물리적인 가치사슬 세계에서 일어나는 거래의 결과로 만들어지는 가상 세계의 탈중앙금융 경제에서 추가적인 가치를 창출할 수 있게 된다. NFT, SBT, 메타버스 등과 결합될 때 그 효과는 배가된다. 창의적인 기업들은 이러한 다양한 도구들을 이용하여 완전히 새로운 비즈니스 모델을 만들어내고 산업의 경쟁 구조를 파격적으로 바꿀 수 있다.

토크노믹스는 디지털 플랫폼 모델과 함께 전통 기업의 새로운 혁신 도구로 떠오르고 있다. 아이티센 그룹의 금거래소가 전통 기업이 디지털 플랫폼 모델과 토크노믹스를 활용한 대표적인 사례이다. 전통적인 금거래소가 디지털 골드 플랫폼 회사로 변신하여 디지털 코인을 설계, 적용한 모델은 매우 창의적이다. 이와 같이 전통 기업이 웹 3.0 플랫폼을 이용하여 새로운 비즈니스 모델들을 만들어내는 사례들은 앞으로도 지속적으로 나타날 것이다.

10년 후의 미래를 생각해보자. 많은 기업들이 토크노믹스를 기반으로 하는 미래 플랫폼을 기존 가치사슬에 적용하여 다양하고 창의적인 사업들을 하고 있는 모습이 펼쳐질 것이다. 다양한 산업 플랫폼들은 웹 3.0 기반의 토크노믹스와 연계되어 있어서 물리 세계와 가상 세계를 배경으로 두 가지의 경제 체계를 가지고 움직일 것이다. 새로운 구성원들이 스스로 만들어내는 가치를 기반으로 한 탈중앙화 경제 체계와 중앙화된 경제 체계가 기업과 산업을 중심으로 공존하는 모습일 것이다.

풀무원푸드앤컬처와 아이티센,
전통 산업의 플랫폼 혁신

——— 『플랫폼 비즈니스의 미래』가 출간된 이후 여러 기업으로부터 책에 수록된 모델에 대한 문의가 왔고, 몇몇 기업에서는 실제로 디지털 플랫폼 모델을 기존의 가치사슬과 연계하여 산업 플랫폼을 구축하는 프로젝트들이 실시되었다. 그중 풀무원푸드앤컬처(풀무원F&C)의 '드실'은 식품산업에서 시도한 산업 플랫폼의 성공 사례라고 할 수 있다. 풀무원 푸드앤컬처는 국내의 대표적인 단체급식, 외식, 구내식당 운영 기업으로, 전형적인 기업 고객 대상 기업이다. '드실'은 기업 구내식당 운영과 관련하여 만들어진 식당의 개인 고객들을 위한 커뮤니티 플랫폼인데, 최종 소비자 고객들의 피드백을 반영하여 점심시간에 할 수 있는 다양한 서비스를 지속적으로 제공하는 데이터 플랫폼을 기반으로 구축되었다. 이미 기업 구내식당 고객들이 실제로 이용하면서 상당한 성공을 거두고

있는 '드실'에 대해서 인터뷰를 하였다.

2021년 3조 3천억 매출로 급성장하고 있는 IT 서비스 기업인 아이티센 그룹은 2018년에 한국금거래소를 인수했다. 한국금거래소는 전형적인 전통 기업이다. IT 서비스 회사인 아이티센 그룹은 전통적인 금거래소를 디지털 골드 플랫폼 회사로 변신시켰다. 또한 한국금거래소의 금 관련 산업을 융합한 블록체인 플랫폼 서비스를 계획하고 있다. 파트 5에서 논의하였던 토크노믹스 모델과 디지털 플랫폼 모델, 그리고 가치사슬 모델이 모두 융합된 산업 플랫폼 사례이다.

식품산업의 혁신적인 차별화 전략
풀무원푸드앤컬처

회사소개

풀무원푸드앤컬처는 1995년 설립되어 위탁급식, 외식/컨세션(Concession) 등 푸드 서비스 사업을 영위하고 있는 풀무원의 계열사이다. 학교, 오피스, 산업체 등의 다양한 분야에서 고객에게 맞춤 푸드 서비스를 제공하며, 공항, 리조트 등에서 컨세션 사업 및 휴게소 사업도 하고 있다. "바른 먹거리로 사람과 지구의 건강한 내일을 만드는 기업"이라는 모토에 따라, 로하스(LOHAS) 가치 기반의 건강한 식생활과 행복한 문화 공간 구현을 통해 올바른 식문화 가치를 실현하기 위한 진정성 있는 노력들을 진행 중이다. 특히 2021년부터 위탁급식 고객들을 위한 디지털 플랫폼 혁신 프로젝트를 진행하여 업계 최초로 B2B 중심의 영업에서 한 발짝 나아가 B2B2C의 개인 고객들을 위한 초개인화 서비스로의 발걸음을 내디뎠다.

이우봉 풀무원푸드앤컬처 대표 소개

이우봉 대표는 1988년 풀무원에 신입사원으로 입사하여, 풀무원샘물 경영지원실장, 풀무원푸드머스 경영지원실장, 외식 사업부장, 전략구매

실장, 풀무원식품 경영지원실장, 전략경영원장을 역임하고 현재는 풀무원푸드앤컬처 대표이사로 재직 중이다. '욕지미래(慾知未來)면 선찰이연(先察已然)하라(미래를 알고자 하면 먼저 지나간 일을 살피면 된다)'를 좌우명으로 삼아, 현재를 충실히 살아가고자 한다.

2018년부터 풀무원푸드앤컬처의 대표이사를 맡으며 로하스 가치를 고객들에게 전달하기 위한 다양한 혁신 활동을 지휘하고 있다. 특히 코로나19로 인해 침체된 경영 상황을 극복하고자 '드실'과 '오다'를 비롯한 다양한 디지털 플랫폼을 도입하여 위탁급식업계의 패러다임 변화를 선도하였다.

인터뷰

_____ 풀무원푸드앤컬처가 최근 이 책에서 소개한 CDDI(고객 주도 디지털 혁신) 전략 기반 디지털 플랫폼 모델을 도입하였다는 소식을 들었습니다. 이러한 혁신적 시도를 하게 된 배경이 무엇인가요?

_____ 풀무원푸드앤컬처는 전통 기업으로 산업체, 오피스, 학교, 병원, 군대 등에 위탁급식 서비스를 제공하고 있으며, 오랫동안 고객사 중심의 B2B 관계성 및 데이터를 관리하고 있었습니다.

그런데 2019년 말부터 시작된 코로나19로 인해 많은 기업들이 재택근무를 시행하면서 위탁급식산업도 큰 영향을 받기 시작했는데, 재택근무를 하는 개인 고객들이 늘어나면서 사내 급식에 대한 수요가 줄기 시작했습니다. 이와 맞물려 쿠팡이츠, 배달의 민족 등 다양한 디지털 식품 유통 플랫폼들이 사업을 확장하면서 개인 고객들은 사내 급식이 아니더라도 다양한 종류의 음식을 배달받아 드실 수 있게 되었습니다. 이제는 전통적인 가치사슬 중심의 경쟁자들뿐만 아니라 디지털 경쟁자들도 등장한 것이지요. 특히 MZ세대가 경제 활동의 주축으로 등장하기 시작하면서 개인 고객들의 식사에 대한 니즈도 각자의 취향과 가치관에 따라 좀 더 명확하고 다양해졌습니다.

이렇게 과거에 비해 훨씬 다각화되는 시장에서 경쟁력을 확보하기 위해서는 개인 고객들의 니즈를 정확히 파악하고 이에 맞는 서비스를 제공할 수 있어야 합니다. 단순히 고객사가 아니라 고객사의 개인 고객 한 분한 분이 저희의 급식 서비스에 만족하고 지속적으로 선택할 수 있게끔 만들어야 한다는 것입니다. 이를 위해서는 개인 고객들과 쌍방향으로 상호작용하고 그들에 대한 데이터를 분석해야 합니다. 이러한 상호작용과 데이터를 위한 공간을 만들기 위해 2021년 말부터 CDDI 전략 모델을 기반으로 디지털 플랫폼을 설계하고 구축하였습니다.

____ 디지털 플랫폼을 구축하면서 가장 신경 썼던 부분은 무엇입니까?

____ 이미 저희 회사를 비롯한 많은 전통 기업들이 디지털 플랫폼을 구축하여 고객들에게 추가적인 서비스를 제공하고 있습니다. 그러나 그중에 많은 플랫폼들이 공급자적인 관점으로 만들어져 실제로 오픈하였을 때 고객들에게 잘 활용되지 못하고 사라지는 것도 사실입니다. 과거와는 달리 고객에게 주어진 선택지가 많기 때문에 아무리 멋지고 훌륭한 서비

스를 만들더라도 고객의 니즈에 부합하지 않으면 선택받을 수 없기 때문입니다.

이번에 플랫폼을 구축하면서 가장 많이 고민했던 부분은 바로 '고객'입니다. 저희가 오랫동안 이 산업에 종사하였기에 서비스를 준비할 때 기본적으로 공급자적인 관점에서 볼 때가 많습니다. 그런데 플랫폼을 이런 공급자적 관점에서 만들면 고객들에게는 선택받지 못하는 플랫폼이 될 수 있습니다. 그래서 이번에 디지털 플랫폼을 구축할 때는 기획부터 구축까지 지속적으로 개인 고객들의 목소리를 청취하였습니다. 기획 단계에서는 저희가 타깃으로 한 사업장의 개인 고객들을 대상으로 심층 인터뷰를 진행하면서 그들이 인지하고 있는 명시적인 페인 포인트(pain point)뿐 아니라, 인지 내면에 있는 페인 포인트들까지도 수집하였습니다. 이런 페인 포인트를 가설로 만들고, 설문 조사를 통해 가설 검증을 시행하였습니다.

이를 통해, 우리의 개인 고객들은 점심시간을 '휴식'으로 생각하고 있다는 것을 확인하였습니다. 이런 휴식을 방해하는 요소가 되는 대기 시간은 최소화하고, 업무에서 벗어난 편한 만남을 통해 점심시간만큼은 쉼을 누릴 수 있는 시간이 될 수 있도록 해야 한다는 방향성을 확인했지요. 그리고 이에 대한 솔루션들을 프로토타입으로 만들어 개인 고객들의 사용자 테스트를 수행하였습니다. 몇 가지 프로토타입 중 가장 반응이 좋은 기능 및 UX/UI를 최종 MVP(Minimum Viable Product, 최소기능제품)로 선정하고 설계하였습니다.

구축 단계에서도 소수의 개인 고객들을 중심으로 시범단을 형성하여 사용자 테스트를 시행하였는데, 이 과정에서 다양한 피드백도 수렴하여 반영하였습니다. 즉 플랫폼을 기획하고 설계하고 구축하는 전 과정이 철저히 고객들을 중심으로 일어난 것이지요. 이렇게 했기 때문에 고객들의 반응 역시 좋을 수밖에 없었습니다.

＿＿ 구축하신 디지털 플랫폼에 대한 소개 부탁드립니다.

＿＿ 저희 플랫폼은 위탁급식 서비스를 이용하시는 개인 고객분들께 휴식 같은 점심시간을 제공하기 위한 식문화 플랫폼입니다. 앞서 설명드린 것과 같이 개인 고객분들의 심층 인터뷰를 통해 이분들이 점심시간을 휴식으로 느끼기 위해 필요한 두 가지의 핵심적인 니즈를 발견하였습니다.

먼저, 오피스 사업장의 점심시간이 한정되어 있기 때문에 급식을 받기 위해 대기하는 시간을 최소화하고 싶다는 니즈가 있었습니다. 저희 플랫폼에서는 각 코너별 실시간 상황이라는 정보를 제공하여 고객분들께서 각자의 상황에 맞게 시간을 효율적으로 이용하실 수 있도록 하였습니다. 예컨대 빠르게 먹고 싶은 분들은 '스피드 추천 코너'를 통해 기다림 없이 먹을 수 있는 코너를 확인하고 바로 이용할 수 있는 것이지요.

두 번째로 개인 고객분들은 코로나로 인해 단절된 사회적 관계를 회복하고 점심시간만큼은 업무에서 벗어나 즐거운 대화를 통해 스트레스를 풀고 싶다는 니즈를 가지고 있었습니다. 또 상황에 따라 혼밥을 해야 하는 것이 스트레스로 다가오거나, 팀원들 외에 새로운 사람들을 만나 인

맥을 만들고 싶어 하는 분들도 있었지요. 이런 니즈들에 대한 솔루션으로 저희 플랫폼에서는 관심사 키워드로 점심식사 약속을 만들 수 있는 점심 약속 커뮤니티 서비스를 제공하고 있습니다.

그 외에도 당연한 것이지만 저희 업의 본질을 담은 메뉴 및 영양에 대한 상세 정보, 개인 고객분들의 식사 내역, 선호 메뉴 알림, 사원증 정보를 제공합니다. 또한 개인 고객분들이 식사를 한 메뉴에 대해 리뷰를 남기면 스탬프를 제공하고, 일정 개수의 스탬프를 모으면 리워드 쿠폰을 제공하는 기능도 담고 있습니다.

현재는 이러한 서비스를 MVP 서비스로 선정하여 제공하고 있지만 앞으로 고객 피드백에 따라 지속적으로 개선·발전시켜 나갈 예정입니다.

_____ 플랫폼에 대한 개인 고객들의 실제 반응이 궁금합니다.

_____ 아직 오픈한 지 얼마 되지 않았습니다만, 현재까지의 고객 반응은 긍정적입니다. 타깃 사업장 전체 입주 인원의 55% 이상이 저희 앱에 가입하고 임직원 회원으로 인증을 받으셨습니다. 또한 전체 회원 중 16% 이상의 고객분들이 매일 플랫폼에 방문하여 다양한 기능들을 이용하고 계십니다. DAU(일간 활성 사용자 수)가 전체 회원의 16%라는 것은 매우 유의미한 숫자입니다. 개인 고객에 대한 정보가 없었는데 이제는 16%나 되는 고객이 매일같이 데이터를 남기고 메뉴에 대한 리뷰도 적극적으로 남겨주시니 이제 개인 고객 트렌드 분석이 가능해지는 것입니다.

또한 오픈 전 시범단들을 대상으로 한 기능별 만족도 조사에서 전체 기능 5점 척도 기준 평균 4점 이상의 높은 평가를 받았습니다. 고객의 일차적인 니즈는 맞추었다고 볼 수 있지요. 이제 한 단계 더 나아가 데이터 분석을 통해 개인 고객들의 니즈들을 끊임없이 발굴하고 이에 맞는 서비스를 제공할 수 있도록 노력해나갈 것입니다. 특히 커뮤니티 서비스의 경우에는 기존에 없던 새로운 공간과 관행을 만든 것이라 고객들이 이해하고 사용하기 쉽도록 다양한 활용 전략을 시행해나갈 예정입니다.

____ 향후 디지털 플랫폼 전략이 궁금합니다.

____ 향후 디지털 플랫폼 전략은 크게 두 가지 방향으로 생각하고 있습니다. 첫 번째는 만들어놓은 플랫폼의 기능을 고도화시키는 방향입니다. 디지털 플랫폼을 통해 지속적으로 개인 고객의 데이터를 수집, 분석함으로써 우리 고객의 니즈들을 정확하게 파악하고 이에 맞는 서비스를 빠르게 제공할 수 있도록 노력할 것입니다. 고객의 피드백에 따라 현재 보유한 기능들을 좀 더 편리하게 만들고 부족한 부분들은 보완해나갈 예정입니다. 궁극적으로는 개인 고객들의 데이터를 꾸준히 쌓아 초개인화된 서비스를 제공하는 것도 가능할 것입니다. 이를테면 개인 고객분들의 식습관을 파악하고 좀 더 건강한 식사를 하실 수 있도록 맞춤형 식단 제안도 가능해지겠지요.

그리고 두 번째로는 타깃 사업장을 중심으로 플랫폼 검증을 마친 후 타 사업장으로 플랫폼을 확장해나갈 예정입니다. 현재의 고객 사이트와 유사한 성격의 사업장들 위주로 먼저 도입해보고, 성격이 상이한 사업장들도 분석해 채널별로 커스터마이즈된 플랫폼을 도입해나갈 것입니다. 향후에는 풀무원푸드앤컬처의 개인 고객분들이 전 채널의 디지털 플랫폼을 사용하실 수 있게끔 하는 것이 궁극적인 목표입니다.

＿＿ 고객 중심의 방향 설정이 남다른 플랫폼 탄생의 토대가 되었던 것 같습니다. 바른 먹거리뿐 아니라 편리하고 행복한 식사를 위해 도약하는 풀무원푸드앤컬처가 되길 바랍니다. 감사합니다.

회사 소개

아이티센 그룹은 컨설팅, 디지털 혁신, 디지털 전환, 플랫폼 혁신, 시스템 통합 사업 등을 영위하는 디지털 서비스 전문 업체이다. IT 역량을 기반으로 다양한 사업체를 인수하며 성장하고 있다. IT 부문 계열사로는 아이티센, 콤텍 시스템, 쌍용정보통신, 시큐센, 굿센 등이 있으며, 비(非)IT 부문 계열사로는 한국금거래소, 쓰리엠 등을 보유하고 있다. 세상의 모든 서비스에 디지털 가치를 부여하는 국내 대표 그룹으로 성장하고 있다. 2018년 한국금거래소를 인수한 뒤 '센골드'를 출시하고 낙후된 금 산업의 디지털 전환을 이끌어내며 매출액을 크게 키웠다. 올해는 플랫폼 혁신 컨설팅 기업인 INF 컨설팅을 설립하여 기업들의 디지털 전환을 지원하는 한편 금을 중심으로 한 담보형 스테이블 코인을 활용하는 디파이 사업도 추진하고 있다.

강진모 아이티센 그룹 회장 소개

강진모 회장은 우리나라 벤처기업 1세대인 다우기술에 입사하여 사업 경험을 쌓았다. 이후 동료들과 게임, 애니메이션 업체를 창업했지만 IMF

여파로 1년 만에 폐업했다. 이후 셋톱박스 전문 업체 열림기술에 입사, 신사업을 맡아 3년 만에 매출액 300억 원 규모의 부서로 성장시킨 후 만 36세의 나이에 다시 창업에 도전해 IBM 솔루션 판매를 주력으로 하는 아이티센을 설립했다. 창업 4개월 만에 매출액 70억 원, 5년 만에 1천억 원, 현재는 4조 원 규모의 그룹으로 성장시켰다.

인터뷰

____ **아이티센 그룹은 어떻게 만들어졌고, 어떻게 성장했나요?**

____ 아이티센은 2005년에 IBM 솔루션을 판매하고 서비스하는 회사로 출범했습니다. 당시 우리나라의 대기업 IT 서비스 시장은 패밀리 마켓이라 외부 업체가 진입하기 어려웠습니다. 그래서 저희는 오픈마켓인 공공 시장을 공략했습니다. 공공기관으로 IT 장비와 시스템을 판매하는 것을 시작으로, 교육기관까지 서비스 영역을 확대했습니다. 그 결과 회사 설립 5년 만에 매출액 1천억 원을 달성할 수 있었습니다. 하지만 동시에 이 정도 매출액이 한계치에 근접했다는 것도 알고 있었습니다.

기업이 지속적으로 성장하기 위해서는 시장 확대와 제품 확대가 필요합니다. 저는 사업이란 시장을 확대하고, 제공할 수 있는 제품을 늘리는 일이라고 생각합니다. 고객을 X축에, 제품을 Y축에 놓고 그 시장을 얼마나 채울 수 있는지가 중요합니다. 저희는 저희가 잘할 수 있는 곳에 좌표를 찍은 뒤 가장 유리한 시장부터 진입했습니다.

진입 전략은 M&A입니다. 당시 저희는 퀘스타 정보기술이라는 업체를 인수하며 국회, 법무부, 금융기관 등으로 고객을 늘린 것을 시작으로 17년 동안 20여 개의 회사를 설립하고 인수했습니다. 이 전략은 지금도 동일합니다. 저희의 고객을 늘리고 제품을 다양화할 수 있는 좋은 회사들을 인수하며 성장하고 있습니다.

＿＿＿ 기업의 성장 전략이라고 하신 M&A를 어떻게 했는지 조금 더 자세히 말씀해주실 수 있나요?

＿＿＿ M&A의 큰 틀은 먼저 말씀드렸던 것처럼, IT 서비스 분야에서 고객과 제품을 X, Y 축으로 놓은 후 우리가 거래하지 않는 고객을 갖고 있거나, 우리가 보유하고 있지 않은 기술이나 제품을 가지고 있는 회사를 인수하는 전략입니다. 고객(X축)을 갖고 있는 회사를 인수할 때에는 고객과의 관계가 얼마나 견고한지를 중심으로 봅니다. 대부분이 오랜 업력을 갖고 있는 회사인 경우가 많습니다. 반면 기술(Y축)을 갖고 있는 회사는 새롭게 시작하는 회사인 경우가 많습니다. IT 업계의 특징은 일정 주기마다 새로운 기술이 나오고 그 기술에 따라 시장이 재편된다는 것입니다. 예를 들면 피처폰에서 스마트폰으로의 전환이나, 서버에서 클라우드로의 전환이 있겠네요. 이런 큰 전환의 시점마다 규모는 작은데 특정 기술을 기반으로 아주 빠르게 성장하는 회사들이 있는데요. 바로 그런 회사를 인수하는 것입니다. 지금도 새로운 업체 세 곳에 대한 M&A를 준비하고 있습니다.

____ 그런데 인수하신 금거래소 같은 경우에는 완전히 새로운 산업이라 기존의 M&A 전략과는 조금 다른 것 같은데요. 금거래소는 어떤 배경에서 인수하셨는지 궁금합니다.

____ 지금까지는 고객의 일만 해주었습니다. 고객이 원하는 대로 만들어주는 것이 저희 업종의 특징이었지요. 저희가 주도적으로 할 수 있는 부분이 매우 제한적이었습니다. 지금의 트렌드는 전통 기업의 디지털 전환입니다. 그래서 고객사를 인수한 뒤 저희가 갖고 있는 다양한 서비스와 기술력을 접목해 직접 디지털 전환 사업을 진행해보려고 했고, 그 대상이 바로 금거래 시장이었습니다.

일단 금 시장은 매우 큽니다. 그런데 대기업이 들어오질 못합니다. B2C 사업을 대기업과의 경쟁 없이 전개할 수 있다는 점에서 기회를 봤습니다. 제가 창업 초기에 대기업이 하지 않는 일을 하면서 회사를 키웠던 사례와 비슷하지요. 또한 금 시장은 매우 낙후되어 있습니다. 이 시장을 디지털로 바꾼다면 새로운 가치를 창출할 수 있을 것이라고 생각했습니다. 실제로 저희가 700억 원을 들여 1.2조 원 매출을 일으키는 금거래소를 인수했는데 디지털 전환을 실시한 이후 매출액이 2.5조 원으로 늘어나는 등의 성과가 있었습니다.

____ 금거래소의 디지털 전환에 대해 조금 더 구체적으로 설명해주실 수 있을까요?

____ 오프라인 도소매를 중심으로 한 귀금속 유통시장은 온라인 거래

비중이 16% 수준으로, 일반 소매시장의 온라인 거래 비중 대비 50% 수준에 불과합니다. 귀금속 시장은 상대적으로 다양한 디지털 기술을 활용한 비즈니스의 확장이 아직 이루어지지 않은 대표적인 시장입니다. 아이티센 그룹은 귀금속 시장에 그룹의 역량을 집중하여 새로운 시도를 펼쳐가고 있습니다.

그 첫 번째는 간편 투자 서비스 '센골드'입니다. 귀금속을 매매(투자)할 때에는 물리적으로 제품의 이동이 수반되어야 하지만, 센골드는 실물 귀금속과 교환이 가능한 상품 교환권을 소수점 단위로 간편하게 매매할 수 있도록 하여 거래의 편의성을 높인 서비스입니다. 2020년 서비스 출시 이후 현재까지 누적 85만 회원이 5천억 원의 거래를 했고, 올해 말까지 8천억 원 거래가 예상됩니다.

두 번째는 모바일 금은방 서비스 '금방금방'입니다. 소비자는 누구나 좋은 제품을 싸게 구입하고 비싸게 되팔기를 원합니다. 이런 소비자의 니즈에 착안하여 고객 간 직거래를 통해 거래 비용을 내리고 한국금거래소가 귀금속 제품에 대한 품질을 보증함으로써 안전 안심 에스크로 거래를 할 수 있도록 하였습니다. '금방금방'을 활용해 누구나 가지고 있는 귀금속을 간편하게 판매할 수 있으며, 일반 소매가보다 낮은 가격으로 귀금속 제품을 구입할 수 있습니다. 특히 센골드는 간편 투자의 이점을 활용해 SK플래닛, 롯데멤버스, 케이뱅크, 하나멤버스 등과 제휴를 맺고 서비스를 제공하고 있습니다.

_____ 블록체인 사업은 어떻게 추진되고 있나요? 센골드 프로젝트에도 블록체인이 접목되었다는 기사가 있었는데 어떤 차이점이 있는지 궁금합니다.

_____ 센골드는 거래의 안전성과 무결성을 확보하기 위해 처음부터 블록체인 기반의 분산 원장 시스템인 '센체인'을 구축하여 운영하고 있었습니다. 센체인에는 비즈니스 로직이 포함되어 있어 회원의 모든 거래 내역이 안전하게 관리되고 있습니다. 그러나 센체인은 프라이빗 블록체인으로 외부에서 거래 정보를 살펴볼 수 없으며, 센체인을 활용해 별도 파생 서비스를 개발하는 데 한계점이 있습니다.

최근 아이티센 그룹에서는 그동안의 경험을 기반으로 실물 '금'을 담보로 한 퍼블릭 블록체인 기반의 담보형 토큰 프로젝트를 추진하고 있습니다. 이는 그룹의 주요 미래 사업인 '크립토뱅크(Crypto Bank)'로 가기 위한 출발점이라고 할 수 있습니다. 크립토뱅크를 통해 회원은 제품 및 서비스의 구매, 여유 자금의 저축, 게임과 스포츠를 통한 여가생활, 다양한 이유와 목적으로 이루어지는 선물 등을 투자와 연계하여 활용할 수 있습니다.

_____ 웹 3.0 플랫폼인 크립토뱅크를 성공시키기 위해서는 무엇이 필요하다고 생각하시나요?

_____ 머뭇거림 없이 도전할 수 있는 용기라고 생각합니다. 처음 한국금거래소를 인수할 때도 그랬고, '센골드' 서비스도 그랬으며, 기존 전통 귀금속 거래의 혁신을 위해 시작한 '금방금방' 서비스도 실패에 대한 두려

움을 극복할 수 있는 우리의 용기가 있었기 때문에 가능했습니다. 하지만, 기존 시장의 틀에서 벗어나 바라볼 수 있는 참신한 아이디어와 시장에 대한 깊은 이해, 프로젝트를 실행할 수 있는 인재들이 없었다면 불가능했을 것입니다.

_____ 산업 시장의 미래를 읽고 플랫폼 혁신을 선도하는 아이티센 그룹의 도전을 응원합니다. 감사합니다.

이제 디지털 플랫폼은 비즈니스의 기본

——— 요즘 뉴스나 신문에서 하루에 한 번은 'MZ세대'라는 단어를 보는 것 같다. 기업들은 소비와 문화의 주력으로 등장하는 MZ세대에 주목하며 그들이 어떤 특징이 있는지, 그들에게 어떻게 접근해야 하는지를 분석하고 연구하고 있다. MZ세대를 사로잡기 위한 각종 전략이 소개되고 이를 공부하고자 하는 사람들이 넘쳐난다. 몇 년 전에는 이제 막 사회로 진출하기 시작하는 1990년대생들의 특징을 분석한 『90년생이 온다』라는 책이 베스트셀러가 되기도 했다.

사실 M세대이자 1990년대 초에 태어난 필자로서는 너무나도 당연하게 여겨지던 사실들이 특별한 프레임 안에서 분석된다는 것 자체가 신선하고 새롭기도 했다. 하지만 바꾸어 생각해보면, 필자도 그 아래 세대인 Z세대의 문화를 잘 이해하지 못하니, 그보다 더 어린 세대에 관해서는 정말 연구가 필요할 것이다. (사실 이번에 메타버스 플랫폼을 연구하면서 노력하지 않으면 더는 이들과 소통이 안 될 날도 머지않았다는 것을 깨달았다.)

생각해보면, 필자는 디지털 플랫폼 모델로 인해 발생하는 비즈니스의 혁신을 '혁신'이라고 생각할 수 있는 마지막 세대인 것 같다. 대학 2학년 시절 주변 친구들이 하나둘씩 스마트폰을 사용하기 시작했다. 필자도 늦지도 빠르지도 않은 적절한 시기에 첫 스마트폰을 갖게 되었다. 피처폰만 쓰다가 스마트폰을 사용한 첫 며칠간 타자가 잘 쳐지지 않아서 굉장히 고생했던 기억이 아직 생생하다. 이때만 해도 한 달에 보낼 수 있는 문자 수가 정해져 있어서, 해야 할 말만 간단하게 보내는 것이 당연했던 시절이었다. 그래서 처음 카카오톡에서 상대방에게 쓸데없는 말들도 무제한 보낼 수 있다는 것이 굉장히 놀라웠다. 그때만 하더라도 스마트폰이 나의 삶을 어떻게 바꿔놓을지는 상상하지 못했다.

혁신은 생각보다 빠른 속도로 일어났고, 놀랍게도 우리는 굉장히 빠르게 적응해갔다. 필자가 대학을 졸업하고 직장을 갖기 시작한 그 짧은 시간 동안에 세상은 정말 '뽕밭이 푸른 바다로 변했다' 할 정도로 변했다. 외출할 때 필수로 챙겨야 하는 지갑을 어느 순간부터 챙기지 않았다. 사실 어느 순간부터 지갑이 없어졌다. 연락부터 시작해서 결제, 주문, 여가, 작은 업무까지 모두 스마트폰에서 해결되었다. 사실 이제는 스마트폰으로 해결되지 않는 문제를 찾는 것이 더 어렵다. 이 모든 변화가 '디지털 플랫폼 모델'이 가져온 혁신의 소산이라는 것은 알지 못했지만, 필자를 비롯한 많은 사람이 이런 변화에 스며들듯이 적응해갔다.

그런데 아마 필자보다 더 이후에 태어난 세대들은 이런 변화가 오히려 기본값일 것이다. 그들에게는 식당에 가서 스마트폰으로 결제하는 것이 당연하다. 그들은 '비디오를 빨리 감는다'는 말이 무슨 뜻인지 이해하지 못할 것이다. 요즘은 두 살짜리 영아들도 스마트폰으로 유튜브를 보고 '광고 건너뛰기'를 누를 줄 안다는 사실을 듣고 깜짝 놀랐다. 이런 세상에 태어난 아이들에게 이 책에서 말하는 혁신은 너무나도 당연한 이야기일지도 모르겠다.

사실 이번에 책을 쓰고 인터뷰를 하며 가장 크게 느꼈던 점도 결국 이 연장선 위에 있다. 전통 기업들이 분석하고 적용을 위해 노력하는 여러 혁신적인 조직운영, 전략, 문화 등이 사실 디지털 플랫폼 스타트업 출신의 기업에는 태생부터 당연히 사용되었다는 사실이다.

이 책에서 말하는 많은 내용이 어떤 기업가 혹은 스타트업의 직원들에게는 '뭐 이렇게 당연한 걸, 이렇게 구구절절 길게 썼지?' 하고 생각할 수도 있다. 그리고 이렇게 생각하는 사람들, 기업들은 점차 더 많아질 것이다. 하지만 그런 세대에 속하지 않고, 변화와 혁신에 익숙하지 않다고 이런 변화들을 더 이상 '신포도' 취급하며 외면할 수는 없다. 이미 세상은 변화의 방향성을 인정하고, 변화를 이끈 기업들이 승승장구하고 있기 때문이다. 그리고 변화에 적응하고, 변화를 선도하는 기업만이 살아남을 수 있다.

이 책은 30년간 글로벌 컨설팅회사에서 주요 디지털 혁신 프로젝트를 수행하며 변화와 혁신을 직접 경험하고 이끌어온 이성열 박사님의 통찰을 담아 집필되었다. 지난 4년 동안 박사님의 지도를 받으며 함께 디지털 기업들을 분석해 디지털 플랫폼 모델을 연구해왔다. 지난 책의 부족한 부분들을 열심히 보충하고 도움이 될 만한 새로운 내용을 충실히 담고자 했다. 이 책이 필자와 같이 혁신과 변화가 당연하지만은 않은 독자분들께 조금이나마 도움이 되기를 진심으로 바란다.

2021년 10월

양주성

감사의 말

공저자 양주성과는 두 번째 책이다. 30대 초반의 젊은 공저자와 만나서 생각의 일관성을 가지고 책을 쓰는 것이 쉬운 일은 아니다. 하지만 4년에 걸쳐서 토론하고 여러 번 다시 쓰는 과정에서 어느 정도 조율이 된 것 같다. 매우 전문적인 내용을 얼마나 쉽게, 공감되게 쓰느냐는 것도 큰 도전이었다. 세대 차이는 나지만 둘 다 컨설턴트 출신이므로 글 중간중간에 컨설턴트 특유의 글쓰기가 나온다. 색을 빼려고 노력을 많이 했는데, 이해해주시기 바란다. 훌륭한 공저자를 만나는 것은 정말 중요하다. 토론은 아이디어를 구체화하기도 하고 생각의 혁신을 일으킬 수도 있다. 개인적으로는 토론을 통한 생각의 혁신을 더 중요하게 생각한다. 사례나 관찰을 통해서 이론과 모델을 만들 때 가장 중요한 건 창의적으로 생각하는 연구자들이다.

증보판에서는 토크노믹스가 어떻게 전통 기업의 산업 플랫폼에 새로운 혁신을 가져올 수 있는지에 대해 살펴보았다. 블록체인, 메타버스, NFT 등 떠오르는 기술들은 탈중앙화 금융 경제 모델을 제시하고 있고, 이에 기반하여 웹 3.0이라고 불리는 미래 플랫폼들이 등장하고 있다. 미래 플랫폼의 핵심 모델은 최근에 떠오르고 있는 '토크노믹스'이다. 웹 3.0 플랫폼과 토크노믹스의 전문성을 가지고 있는 공저자가 필요했다. 양주성 대표가 이끌고 있는 디지털혁신연구소(DIRI)에서 블록체인과 토크노믹스를 연구하고 있는 오태완 연구원을 공저자로 영입하였다. 오태완 연구원은 중국 베이징대학교에서 수학과 경제학을 공부할 때부터 블록체인을 연구하였고, 한국투자증권에서 통신 미디어 산업 애널리스트로 일하면서 지속적으로 토크노믹스 모델을 연구하였으며, 최근에는 토큰 설계 및 상장을 지원하는 마마벤처스(MAMA Ventures)에서 블록체인 컨설팅을 하고 있는 토크노믹스의 전문가이다. 양주성, 오태완 대표와 같이 디지털 플랫폼의 미래에 대해 논의하는 시간들은 즐겁고 가치 있는 시간들이었다.

DIRI(디지털혁신연구소)는 'Digital Innovation Research Institute'를 줄인 말이다. 2019년에 출간한 『디지털 비즈니스의 미래』에서 제시했던 디지털 플랫폼 모델에 관심이 있는 여러 분야의 전문가들이 모여서 만든 일종의 가상 연구 스터디 그룹이다. 30대 초반의 애널리스트, 투자운용역, 전략 컨설턴트, AI 과학자, 소프트웨어 엔지니어, 블록체인과 토크노믹스 전문가, 기자 등의 젊은 전문가들이 자발적으로 참여하여 온라인상에서 함께 토론하고 연구하는 모임이다. 다른 스터디 모임들과는 달리 주제 영역이 '디지털 혁신'에 한정되어 있고, 이 책에서 제시하는 디지털 플랫폼 모델을 기반으로 기업과 산업을 분석, 연구하고 있다. DIRI는 현재 책에 제시된 분석의 틀을 다양한 산업과 기업 영역에 적용하여, 분석하고 토론하며 모델을 검증하면서, 산업별로 혁신의 기회들을 탐색해보고 있다. 산업/기업 분석을 본업으로 하는 구성원들이 많아서 모델들을 실제 업무에 적용해보며 좀 더 구체적이고 체계적으로 다져나갈 계획을 가지고 있다. DIRI는 이 책을 쓰는 데 직접 참여하지는 않았지만 CEO들과의 인터뷰에는 많은 도움을 주었다. 특히 DIRI의 정진홍 위원은 인터뷰를 진행할 때 많은 도움을 주었다. 특별히 감사드린다.

1   박현익, "네이버·카카오, 라이브커머스 총력전… 누적 시청 1억 vs 2000만",《조선일보》, 2021.01.25.

2   "Clubhouse may fade. Group voice chat is here to stay", *Economist* 10th edition, 2021.

3   조성주, 『린 스타트업 바이블: 지속 성장의 비밀, 실리콘밸리의 과학적 로드맵을 배운다』, 새로운 제안, 2014.

4   Clayton M. Christensen, Scott D. Anthony, Gerald Berstell and Denise Nitterhouse, Finding the Right Job For Your Product, *MIT Sloan Management Review*, 2007.

5   박근범, "초개인화 시대, 데이터가 당신의 삶을 바꾼다",《EBN》, 2021.02.04.

6   박진우, "'동료 이름도 나이도 몰라'… 법인카드 전 직원에 주는 회사",《한국경제신문》, 2021.02.20.

7   윤태복, "기획시리즈—인공지능: 인공지능 동향과 기술 서비스 사례", 정보통신기획평가원, 2020.

8   박영숙, 제롬글렌, 『세계미래보고서 2021』, 비즈니스북스, 2021.

9   L. Lamport, The Part-Time Parliament, *ACM Transactions on Computer Systems*, vol. 16, no. 2, May 1998, pp. 133-169.

10   영어로 센트럴라이제이션(centralization)의 뜻은 한 점에 집중된다는 뜻이다. 한국어로 번역할 때 '중앙화', '중앙집중화' 등 여러 단어로 번역될 수 있지만, 이 장에서는 '중앙화'로 옮겼다. 디센트럴라이제이션(decentralization)은 중앙화의 반대말로, 가장 일반적으로 사용되는 표현인 '탈중앙화'로 사용했다.

11   2진수는 0과 1로만 이루어진 수다. 자리가 올라가면 2가 곱해진다. 16진수는 2진수 4자리를 각각 1, 2, 3… 9, a, b, c, d, e, f 에 대입하여 만들어진 수 체계로, 십진수로 a = 10, b = 11 순으로 f = 15의 숫자로 대응된다. 자리가 올라가면서 16씩 곱해주어야 한다. 예를 들어 16진수 '1fa'는 10진수 1*256 + 15*(16) + 10 = 506로 대응된다.

12   L. Lamport, R. Shostak, M. Pease, The Byzantine Generals Problem, *ACM Transactions on Programming Languages and Systems*, Vol. 4 no. 3, pp.382-401, July 1982.

13   S. Nakamoto, Bitcoin: A peer-to-peer electronic cash system, 2008.

14   1970년 1월 1일 0분 0초가 시작점이다. 유닉스 시스템에서 처음 사용되었으며, 해당 날짜는 임의로 합의된 날짜이다.

15 A. Back, "Hashcash—a denial of service counter-measure", http://www.hashcash.org/papers/hashcash.pdf, 2002.

16 Harsh Desai et al., "A Hybrid Blockchain Architecture for Privacy-Enabled and Accountable Auctions", IEEE International Conference on Blockchain(Blockchain), 2019.

17 https://www.coindesk.com/vitalik-buterin-on-public-and-private-blockchains, 비탈릭 부테린은 이더리움의 개발자이며, 블록체인의 적용과 개발에 관한 가장 유명한 프로그래머이다.

18 Nick Szabo, "Smart Contract", 1994.

19 https://www.mk.co.kr/news/economy/view/2020/05/536989/

20 과학기술정보통신부 공고 제2021-0662호.

21 https://hyperledger-fabric.readthedocs.io/en/release-2.2/

22 https://www.hyperledger.org/

23 https://www.r3.org.uk/

24 https://entethalliance.org/

25 Gokhan Sagirlar et al., "Hybrid-IoT: Hybrid Blockchain Architecture for Internet of Things—PoW Sub-Blockchains", IEEE, 30 July 3 Aug. 2018.

26 김상균, 『메타버스: 디지털 지구, 뜨는 것들의 세상』, 플랜비디자인, 2020.

27 김상균, 위의 책, 208쪽.

28 https://www.gartner.com/en/research/methodologies/gartner-hype-cycle

29 변희원, "코로나 시대, 내 아바타에 구찌를 입혔다", 《조선일보》, 2020.12.27.

참고문헌

- DMC미디어, "모바일 메신저 이용실태 및 의존도", DMC미디어, 2014.
- EY한영산업연구원, 『수퍼컨슈머』, 알에이치코리아, 2020.
- EY한영산업연구원, 『수퍼플루이드 경영 전략』, 알에이치코리아, 2019.
- Schilling, A. Melissa, 『기술경영과 혁신전략』, 6th Edition, McGraw Hills, 2020.
- 고토사카 마사히로, 『경영 전략의 역사』, 센시오, 2020.
- 그래디 민즈, 데이비드 슈나이더, 『메타 캐피털리즘』, 21세기북스, 2000.
- 김상균, 『메타버스: 디지털 지구, 뜨는 것들의 세상』, 플랜비디자인, 2020.
- 다나카 미치아키, 『아마존 뱅크가 온다』, 21세기북스, 2020.
- 돈 탭스코트, 알렉스 탭스콧, 『블록체인 혁명: 4차 산업혁명 시대를 이끄는 혁신적 패러다임』, 을 유문화사, 2018.
- 리차드 돕스, 제임스 매니카, 조나단 위첼, 『미래의 속도』, 청림출판, 2016.
- 마셜 밴 앨스타인, 상지트 폴 초더리, 제프리 파커, 『플랫폼 레볼루션: 4차 산업혁명 시대를 지배 할 플랫폼 비즈니스의 모든 것』, 부키, 2017.
- 바라트 아난드, 『콘텐츠의 미래』, 리더스북, 2017.
- 바이난트 용건, 『온라인 쇼핑의 종말』, 지식노마드, 2019.
- 박근범, "초개인화 시대, 데이터가 당신의 삶을 바꾼다", 《EBN》, 2021.02.04.
- 박영순, 제롬 글렌, 『세계미래보고서 2021』, 비즈니스북스, 2021.
- 박진우, "'동료 이름도 나이도 몰라'… 법인카드 전 직원에 주는 회사", 《한국경제신문》, 2021.02.20.
- 박현익, "네이버·카카오, 라이브커머스 총력전… 누적 시청 1억 vs 2000만", 《조선일보》, 2021.01.25.
- 변희원, "코로나 시대, 내 아바타에 구찌를 입혔다", 《조선일보》, 2020.12.27.
- 스콧 갤러웨이, 『플랫폼 제국의 미래』, 비즈니스북스, 2018.
- 암릿 티와나, 『플랫폼 생태계: 아키텍처, 거버넌스, 전략의 정렬』, Pi-TOUCH, 2018.
- 앤드루 맥아피, 에릭 브린욜프슨, 『머신 플랫폼 크라우드: 트리플 레볼루션의 시대가 온다』, 청림 출판, 2018.
- 윤태복, "기획시리즈—인공지능: 인공지능 동향과 기술 서비스 사례", 정보통신기획평가원, 2020.
- 이성열, 강성근, 김순신, 『4차 산업혁명 환경하의 디지털 경영혁신』, McGraw-Hill Education

Korea, 2017.

- 이성열, 양주성, 『디지털 비즈니스의 미래』, 리더스북, 2019.
- 이성열, 염승섭, "기업은 혁신을 통해 성장한다", 《한국경제신문》, 2006.
- 제이슨 솅커, 『코로나 이후의 세계』, 미디어숲, 2020.
- 조성일, "SSC(Shared Service Center)의 트렌드와 시사점", 《POSRI CEO Report》, 2011.
- 조성주, 『린 스타트업 바이블: 지속 성장의 비밀, 실리콘밸리의 과학적 로드맵을 배운다』, 새로운 제안, 2014.
- 조영서, "소비지출 관리 등 고객경험 혁신 시대", 《동아 비즈니스 리뷰》 305호, 2020.
- 최재천, 장하준, 최재붕, 홍기빈, 김누리, 김경일, 정관용, 『코로나 사피엔스』, 인플루엔셜, 2020.
- 클레이튼 크리스텐슨, 『파괴적 혁신 4.0 기업의 생존과 성장을 위한 11가지 핵심 가이드』, 세종서 적, 2018.
- 토머스 프리드먼, 『늦어서 고마워』, 21세기북스, 2017.
- 피터 틸, 블레이크 마스터스, 『제로투원』, 한국경제신문, 2014.
- A. Back, "Hashcash—a denial of service counter-measure", http://www.hashcash.org/papers/hashcash.pdf, 2002.
- Aurik, Johan, Martin Fabel, and Gillis Jonk, *The Future of Strategy*, McGraw-Hill Education, 2015.
- Brody, Paul, How Blockchains and Artificial Intelligence Will Create Speedy New Digital Markets, *Times of Malta*, 2017.
- Clayton M. Christensen, Scott D. Anthony, Gerald Berstell and Denise Nitterhouse, Finding the Right Job For Your Product, *MIT Sloan Management Review*, 2007.
- Clubhouse may fade. Group voice chat is here to stay, *Economist*, 10th edition, 2021.
- Fromhart, Steve, Therattil, Lincy, "Making Blockchain Real for Customer Loyalty and Rewards Programs", Deloitte Development LLC, 2016.
- Ghemawat, Pankaj, Managing Differences The Central Challenge of Globalization Strategy, *Harvad Business Review*, 2007.
- Gilder, George, *Life after Google*, Regnery Publishing, 2018.
- Gokhan Sagirlar et al., "Hybrid-IoT: Hybrid Blockchain Architecture for Internet of Things—PoW Sub-Blockchains", IEEE, 30 July-3 Aug. 2018.
- Harsh Desai et al., "A Hybrid Blockchain Architecture for Privacy-Enabled and Accountable Auctions", IEEE International Conference on Blockchain, 2019.
- Iansiti, Marco, Lakhani, Karim, *Competing in the age of AI*, Havard Business Review

Press, 2020.

- Ignatius, Adi, The Truth about Globalization, *Harvard Business Review*, Jul-Aug, 2017.
- King, Brett, *Bank 4.0: Banking Everywhere, Never at a Bank*, Wiley, 2014.
- Kluyver, Cornelis A., Pears II, John A. *Strategy: A View from the Top*, 4th edition, Pearson Publishing, Inc, 2012.
- L LAMPORT, L, The Part-Time Parliament, *ACM Transactions on Computer Systems*, vol. 16, no. 2, May 1998, pp. 133-169.
- L. Lamport, R. Shostak, M. Pease, The Byzantine Generals Problem, *ACM Transactions on Programming Languages and Systems*, vol. 4 no. 3, pp. 382-401, July 1982.
- Laudicina, Paul A., *Beating the Global Odds*, John Wiley & Sons International Rights, Inc., 2012.
- Leibenstein, Harvey., Bandwagon, Snob, and Veblen Effects in the Theory of Consumers' Demand, *The Quarterly Journal of Economics*, 1950, pp. 183-207.
- Liebowitz, S. J., and S. E. Margolis., Network externality: An uncommon tragedy, *Journal of Economic Perspectives*, 8(2), 1994. pp. 133-150.
- Maurya, Ash, *Running Lean: Iterate from Plan A to a Plan That Works*, O'Reilly, 2010.
- Mearian, Lucas, "SAP Pilots Blockchain-Based Supply Chain Tracker", Computerworld, 2018.
- Naisbitt, John, Naisbitt, Doris, *Mastering Megatrends*, JWM Group Inc., 2018.
- Nick Szabo, "Smart Contract", 1994.
- Palmasino, Samuel J., The Globally Integrated Enterprise, *Foreign Affairs*, 2006.
- Perez, Carlota, *Technological Revolutions and Financial Capital*, Edward Elgar Publishing Limited, 2014.
- Porter, Michael E., *Competitive Advantage*, Free Press, a division of Simon & Schuster, Inc., 1985.
- Porter, Michael E., *Competitive Strategy*, Free Press, a division of Simon & Schuster, Inc., 1980.
- S. Nakamoto, "Bitcoin: A peer-to-peer electronic cash system", 2008.
- Teixeira, Thales S., *Decoupling*, Crown Publishing Group, a division of Penguin Random House LLC., 2019.
- Wee, Willis, "KakaoTalk's Growth Chart: Hitting 90 Million Users Soon", Tech in Asia, 2013.

저자 소개

이성열

아이티센 그룹 부회장 | 전 SAP Korea 대표이사 사장/회장
전 A.T. Kearney Korea 대표이사 사장
전 IBM 컨설팅 미국 본사 글로벌 전자산업 리더
전 IBM 컨설팅 코리아 대표이사 | 전 PwC 컨설팅 코리아 부사장

30년간 글로벌 컨설팅 회사에 재직하면서 국내 대기업과 미국, 유럽, 일본, 중국의 글로벌 기업에서 경영 혁신 및 디지털 혁신 프로젝트를 수행해왔다. 디지털 혁신 분야에서 한국 최고의 전문가로 손꼽힌다. 2008년부터 2011년까지는 IBM 뉴욕 본사에서 전 세계 전자/IT 산업 컨설팅 총괄 리더로 재직했다. 현재는 아이티센 그룹에서 (주)INF 컨설팅, (주)FNF, (주)INF 크립토랩, (주)INF 로지텍 등의 컨설팅과 솔루션 관련 사업을 총괄하고 있다. 주요 저서로는, 『기업은 혁신을 통해 성장한다』(2006) 『4차 산업혁명 환경하의 디지털 경영혁신』(2017) 『디지털 비즈니스의 미래』(2019) 『플랫폼 비즈니스의 미래』(2021) 등이 있다.

양주성

디지털혁신연구소(DIRI) 대표 | INF 컨설팅 플랫폼 전략 팀장
전 SAP Korea 금융사업본부 | 전 A.T. Kearney Korea 전략 컨설턴트

서울대학교 경제학과를 졸업한 후 글로벌 전략 컨설팅 회사인 A.T. 커니 코리아에 재직하면서 디지털 신기술을 활용한 전략 수립과 변화 실행 컨설팅을 수행했다. 2018년부터 2021년까지 SAP 코리아 기획실과 금융사업본부에서 전략 및 사업개발 업무를 담당하였다. 현재는 디지털혁신연구소 대표이자 (주)INF 컨설팅에서 플랫폼 혁신 팀 리더로 일하고 있다. 저서로 이성열 박사와 함께 집필한 『디지털 비즈니스의 미래』(2019) 『플랫폼 비즈니스의 미래』(2021) 등이 있다.

오태완

마마벤처스 디렉터 | INF Crypto Lab 대표
전 한국투자증권 통신/미디어 섹터 애널리스트

베이징대학교 경제학과를 졸업한 후 한국투자증권 애널리스트로 활동하면서 블록체인 기술과 탈중앙화 생태계에 관심을 가지고 연구 활동을 시작했다. 이후 엑셀러레이팅 기반의 크립토 벤처캐피탈 마마벤처스에 디렉터로 합류하면서 기업들의 토크노믹스 설계와 생태계 확장을 지원하고 있다. (주)INF 크립토랩의 대표이사를 겸임하면서 토크노믹스 분야의 전문가로 활약 중이다.

플랫폼 비즈니스의 미래 개정증보판

토크노믹스 시대와 산업 플랫폼 전쟁, 어떻게 준비할 것인가

초판 1쇄 발행 2021년 10월 10일
2판 1쇄 발행 2022년 10월 17일

지은이 이성열, 양주성, 오태완

발행인 이재진 단행본사업본부장 신동해
편집장 조한나 교정교열 남은영
디자인 석운디자인
마케팅 최혜진 신예은 홍보 최새롬 반여진 정지연
제작 정석훈

브랜드 리더스북
주소 경기도 파주시 회동길 20
문의전화 031-956-7211(편집) 02-956-7087(마케팅)

홈페이지 http://www.wjbooks.co.kr
페이스북 www.facebook.com/wjbook
포스트 post.naver.com/wj_booking

발행처 ㈜웅진씽크빅
출판신고 1980년 3월 29일 제406-2007-000046호

ⓒ 2022 이성열, 양주성, 오태완

ISBN 978-89-01-26496-7 03320